KB148489

근대
일본과
불교

KINDAI NIHON TO BUKKYO
© FUMIHIKO SUEKI 2004
Originally published in Japan in 2004 by Transview
Korean translation rights arranged through TOHAN CORPORATION, TOKYO
and SHINWON AGENCY CO.
Korean edition © 2009 by GreenBee Publishing Co.

불교 사상 시리즈 02
근대 일본과 불교

초판 1쇄 인쇄 _ 2009년 9월 5일
초판 1쇄 발행 _ 2009년 9월 10일

지은이 · 스에키 후미히코 | 옮긴이 · 이태승, 권서용

펴낸이 · 유재건 | 주간 · 김현경
편집팀 · 박순기, 주승일, 박재은, 박태하, 강혜진, 김혜미, 임유진, 진승우, 박광수
마케팅팀 · 이경훈, 정승연, 서현아, 황주희 | 디자인팀 · 이해림, 신성남
영업관리 · 노수준, 이상원, 양수연

펴낸곳 · (주)그린비출판사 | 신고번호 · 제313-1990-32호
주소 · 서울시 마포구 동교동 201-18 달리빌딩 2층 | 전화 · 702-2717 | 팩스 · 703-0272

ISBN 978-89-7682-329-8 04100 978-89-7682-328-1(세트)
이 도서의 국립중앙도서관 출판시도서목록(CIP)은 e-CIP홈페이지(http://www.nl.go.kr/ecip)에서
이용하실 수 있습니다.(CIP제어번호: CIP2009002659)

이 책의 한국어판 저작권은 Tohan Corporation과 신원에이전시를 통해
トランスビュ와 독점계약한 (주)그린비출판사에 있습니다.
저작권법에 의해 한국 내에서 보호를 받는 저작물이므로 무단 전재와 무단 복제를 금합니다.
책값은 뒤표지에 있습니다. 잘못 만들어진 책은 서점에서 바꿔 드립니다.

그린비 출판사 **나를 바꾸는 책, 세상을 바꾸는 책**
홈페이지 · www.greenbee.co.kr | 전자우편 · editor@greenbee.co.kr

불교사상 시리즈 02

근대
일본과
불교

스에키 후미히코 지음
이태승·권서용 옮김

그린비

한국어판 서문

이 책의 일본어판은 2004년에 트랜스뷰에서 출판되었다. 『메이지 사상 가론』과 한 세트로서 '근대 일본의 사상·재고'라는 부제가 붙어 있다. 일본의 근대는 보통 메이지 유신(1868) 이후를 가리킨다. 메이지 유신에 의해 2세기 반 정도 이어진 도쿠가와 막부가 무너지고, 급속하게 구미의 과학기술과 정치제도를 도입한 근대 국가의 형성이 이루어졌다. 그러나 일본의 근대 국가는 천황 절대주의라는 특징을 드러내어 국내에서는 자유를 추구하는 세력을 탄압함과 함께 대외적으로는 아시아여러 나라를 침략함으로써 구미에 대항하는 국력을 갖추고자 하였다.

이와 같은 시대의 동향 속에서 오로지 새로운 구미 사상의 도입이 우선시되며, 그에 비해 불교 등의 전통적인 사상·종교는 전근대적이며 봉건적이라 생각되었고 그 영향력은 상실되었다고 하는 것이 지금까지의 통설이었다. 그러나 좀더 검토해 보면 그와 같은 통설은 매우 잘못된 것이었음을 알 수 있다. 확실히 표면적으로 불교는 자취를 감춘 것처럼 보이지만, 그러나 문화의 심층에서는 그렇게 모든 것이 급속하게 변하지는 않았으며, 구미의 근대 사상을 받아들이는 기반으로서 불교는 유효하게 기능하고 있었다. 종래의 사상사 연구자는 표면만을 봄으로써 그 근저에 있는 불교를 간과하였던 것이다.

이와 같이 근대 일본의 불교는 근대 국가의 진전과 극히 깊은 관계를 가지고 있다. 그것은 오늘날의 관점에서 볼 때 평가할 수 있는 측면과 비판하지 않으면 안 되는 측면의 양면을 가진다. 불교를 기반으로 함으로써 일본의 근대는 단순히 밖으로부터 들어온 수입 문화가 아니라 보다 깊은 곳에서 독자적인 근대 사상을 낳았다. 그것이 반드시 성공했다고 할 수 없지만 그 시도는 충분히 평가할 만한 가치가 있으며 또한 계승할 만한 점을 다수 지니고 있다. 그렇지만 다른 한편 강한 정치적 압력하에 불교가 비판정신을 상실하고 국가가 시키는 대로 따르게 된 점은 깊이 반성하지 않으면 안 된다.

나는 본래 일본 고대·중세의 불교 사상 연구를 전문으로 하였다. 연구를 진행하는 과정에서 오늘날의 고대·중세관이 실은 근대가 되어 형성된 것으로, 근대의 각인이 강하게 찍혀 있다는 느낌이 들었다. 역사 연구에서 연구자의 입장이 반영되는 것은 당연하고, 순수하게 객관적인 역사란 있을 수 없다. 역사는 과거와 현재의 대화에서 성립한다. 그러므로 과거를 연구하는 것은 동시에 현재의 자기 자신을 반성하는 것과 같다. 우리들은 근대적인 역사관·종교관에 빠져, 그것을 과거에 투영하는 것을 당연한 것으로 생각하고 있는 것은 아닌가. 우리들이 상식으로 여기고 있는 근대적인 관념을 다시 한번 되돌아보고, 그것이 과연 적절한 것인가를 재검토하는 것은 필요한 일이 아닌가.

이와 같은 반성에서 나는 근대불교 사상 연구를 착수하게 되었다. 그렇지만 연구를 하면서 지금까지 이 분야의 연구가 극히 불충분하다는 것을 느꼈다. 연구가 전혀 없는 것은 아니지만 그것들은 불교를 근대의 주변적인 영역의 문제로 한정해 버리고, 불교가 근대 일본에서 가진 중요성을 충분히 인식하고 있지 못하다는 것을 느꼈다. 근대 일본의 불교를 묻는 것은 바로 일본의 근대란 무엇인가를 묻는 것과 같은 것이다. 그와 같은 시점에서 불교를 직시하고 근대를 직시할 필요가 있고, 이 점은 이 책에서 일관하고 있는 기본적인 문제의식이다.

이 책과 한 세트를 이루고 있는 『메이지 사상가론』에서는 메이지 시대(1868~1911)의 불교와 관계가 깊은 사상가 열두 명을 체계적으로 다루었다. 그 개략은 이 책 제1부 2장에 요약되어 있으며, 1894~5년 일청전쟁에서 1904~5년 일러전쟁 기간까지 약 10년간 일본의 지식인은 종래 정치운동의 중시에서 자기의 내면을 되돌아보는 사색으로 전환하며, 거기에 불교가 큰 역할을 담당했다고 생각한다. 그 시대에 메이지 시대 불교사상의 정점을 볼 수 있다.

이와 같이 『메이지 사상가론』이 사상사적인 흐름을 묘사한 것에 비하여 이 책은 근대 일본에서 불교의 문제를, 반드시 통일적인 체계성에 구애받지 않고, 다양한 관점에서 제시한 논문을 수록하였다. 근대 일본불교의 문제가 대단히 폭넓은 영역에 걸쳐 있기 때문에 연구가 적은 현 상황에서는 가능한 한 다양한 문제를 넓게 지적해 두는 것이 필요하다고 생각했기 때문이다. 그러므로 이 책은 완성된 연구가 아니라 앞으로 연구를 심화시켜 가야 하는 다양한 문제점을 서술한 것이라 이해해 주길 바란다.

이 책 제4부에서는 일본의 근대불교와 아시아의 관계를 다루었지만, 대부분은 중국과의 관계이며 한국과의 관계에 대해서는 거의 논의하지 않았다. 이것은 전적으로 나의 공부가 미진한 까닭이며, 매우 부끄럽게 생각한다. 식민지 시대에 일본의 불교도 식민지 정책의 일부로서 한국에 진출했다. 또한 식민지 정부는 한국의 승려에게 대처帶妻를 강요하는 등의 폭거를 자행하였다. 그것은 깊이 반성하지 않으면 안 된다. 그러나 감정적인 태도만으로는 건설적인 미래를 구축할 수 없을 것이다. 그와 같은 부정적 측면을 포함하여 근대의 불교가 어떠한 사상을 전개하고 어떠한 활동을 했던가를 냉정하게 분석하는 것이 요구된다.

최근 점차 조금씩 한국과 일본, 나아가 중국의 연구자도 포함하여 심포지엄이 개최되는 등 공동 연구의 기회가 많아지고 있다. 이것은 극히 바람직한 일이며 이후 더욱 그와 같은 활동이 왕성히 이루어져야 한다. 나 자신도 2008년 두 번에 걸쳐 한국에서 개최된 학회에 참가하여 한국의 연구자로부터 큰 자극을 받았다. 진정한 의미의 상호 이해는 착실한 학술적 교류에 의해서 구축되지 않으면 안 된다.

이 책의 공동역자인 이태승 교수는 원래 일본의 고마자와대학에 유학하며 마쓰모토 시로 교수의 지도를 받았다. 마쓰모토 교수는 나의 친한 벗이며 그의 비판적인 불교 연구에서 나도 배운 바가 적지 않았다. 마쓰모토 교수의 『티베트 불교철학』에 대표역자로 참여한 이 교수가 공동역자인 권서용 교수와 함께 바쁜 시간을 할애하여 나의 저작을 번역해 준 것에 대해 진심으로 감사를 드린다. 이 책은 매우 불충분한 것이지만, 독자가 근대 일본의 불교에 대한 이해를 깊게 하는 것과 함께 그것을 단서로 한국의 근대불교는 어떠했으며 또한 한국과 일본의 관계는 어떠했는지 등의 새로운 연구가 이루어진다면 더할 나위 없이 기쁠 것이다.

2009년 4월

스에키 후미히코

차례

| 일러두기 |

1 이 책은 스에키 후미히코(末木文美士)의 『近代日本と仏教』(トランスビュー, 2004)를 완역한 것이다.

2 각주는 모두 지은이의 주이며, 옮긴이가 첨가한 말은 대괄호([ ]) 안에 두어 구분했다.

3 본문에 인용된 문헌의 출처는 '(지은이, 서명, 인용쪽수)' 순으로 간단히 표기했으며, 자세한 서지사항은 본문 뒤에 있는 참고문헌에 기록해 두었다.

4 외국의 인명이나 지명, 그리고 작품명은 〈국립국어원〉에서 2002년에 펴낸 '외래어 표기법'에 근거해 표기했다.

5 단행본·전집·정기간행물·장편소설 등에는 겹낫표(『 』)를, 논문·단편소설·기사 등에는 낫표(「 」)를 사용했다.

제1부
근대 사상과 불교

1. 일본의 근대는 왜 불교를 필요로 했는가

1) 일본 근대의 중층성

본래 '근대'라는 말이 무엇을 가리키는가는 극히 애매하다. 영어의 modern 및 그것과 같은 의미의 유럽어는 지시하는 폭이 대단히 넓다. 이 modern이라는 말은 근세·근대·현대라는 의미를 모두 포함할 수 있다. 그러므로 어디서 전형을 구하는가에 따라 이미지는 크게 바뀐다.

서구의 근대는 상식적으로는 르네상스, 지리상의 발견, 종교개혁 등에서 원류를 찾을 수 있다. 그로부터 전개해 가는 과정에서 신神에 의존하지 않는 인간 개체의 확립이 이루어졌다. 고전적인 근대의 정신은 칸트에 의해 이념적인 완성이 이루어지며, 그리고 독일 관념론의 전개를 통해 헤겔의 장대한 체계에 이르렀지만, 또한 자아自我의 비대화는 동시에 그 붕괴를 낳았다. 19세기 후반 이후, 맑스와 니체에 의해서 '근대 이후' 즉 포스트 근대로 돌진하게 된다. 사회사적으로 말하면 이것은 산업혁명 이후 시민사회의 변용과정을 반영하고 있다.

아시아 여러 나라의 근대화는 구체적으로는 갖가지 차이를 보이면서도 대체적으로 유사한 궤적을 그리고 있지만, 일본의 근대에서 보이는 특징은 에도江戶 시대에 시작된 독자적인 근대로의 방향이 반드시 그대로 직접적으로 진행되지 않았다는 점이다. 메이지 유신明治維新 시대에 서구 문화가 유입되자, 근대화가 한층 가속됨과 동시에 그것은 항상 서구화라는 개념과 함께 생각되었다. 더욱이 19세기 말에 이르면 당시의 서구는 이미 고전적 시민사회의 붕괴로 접어들게 되어 근대주의와 동시에 포스트 근대주의가 도입되었던 점도 간과할 수 없다. 저 악명 높은 '근대의 초극'이라는 이론은 실로 이미 메이지 유신 시기부터 대비되었던 과제였다.

이리하여 일본의 근대는 복잡한 양상을 띠게 되었다. 거기에는 전근대와 근대와 포스트 근대가 병존하여, 근대화를 말할 때는 동시에 전근대의 잔존을 인정하면서 또한 포스트 근대를 말해야 하는 삼중성을 떠맡으며 사상이 변해 간다. 그러므로 어떤 경우는 본래 포스트 근대인 것이 근대로서 말해진다. 가령 근대의 종언을 지시하는 니체는 오히려 일본에서는 그의 초인超人 사상이 강력한 자아를 주장한다는 점에서 개인의 확립을 추진하는 역할도 담당한다. 그리고 또 한편으로 포스트 근대는 한층 더 전근대의 전통으로의 회귀를 지향하기도 한다. 게다가 포스트 근대는 동시에 반反서구와 결합하여, 비서구=일본 또는 동양으로의 회귀를 지시하기도 한다. 짧은 생애 가운데, 국가주의·니체주의·일련주의日蓮主義 등 눈이 어지러울 정도로 동요하였던 다카야마 조규高山樗牛는 이러한 일본 근대의 상황을 상징적으로 보여 준다.

그 당시 발견된 전근대의 일본 혹은 동양 사상은 단순하게 전근대의 연장선상에 위치하는 것이 아니라 근대라는 장에서 재구성되었던 것이다. 따라서 그것을 수구, 보수, 혹은 반동이라는 꼬리표를 붙여서 처리할 수는 없다. 당시 대표적인 국가신도國家神道가 근대의 산물인 것은 새삼스럽게 말할 것까지도 없다.

이제 개체의 확립이라는 점을 조금 더 자세하게 고찰해 보면, 이 것은 분명히 근대 사상사 상의 큰 기준으로, 도식적으로 말하면 전근대의 봉건적 위계位階 관계를 전제로 한 공동체 안에서 해방된 '개인'이 주인공이 되었던 것이다. 그와 같은 개체의 확립은 후쿠자와 유키치福沢諭吉 등의 초기 계몽주의에서 백화파白樺派를 포함한 다이쇼大正 교양주의敎養主義, 나아가서는 오쓰카 히사오大塚久雄 등 전후의 근대주의까지 이르는 이념이었다. 이에家와의 전쟁, 부권父權과의 전쟁은 근대문학의 가장 큰 과제였다.

그렇지만 중요한 것은 일본에서 개체 확립의 과정이 항상 또 다른 한편으로 개체를 초월한 무엇인가의 탐구와 함께 이루어졌다는 것이다. 데카르트의 코기토cogito에서 칸트의 이성비판에 이르기까지 철두철미하게 초월적 존재를 배격하고 개체의 논리와 윤리를 추구해 왔던 강인함은 보이지 않는다. 개체의 확립이 개체의 확립으로서 충분하게 논리적인 귀결에 이르기 전에 이미 그 막다른 곳에서 생겨나는 것이 문제가 되어, 개체를 초월한 무엇인가에 개체의 구원을 추구하거나 혹은 거기로 도피해 간 것이다. 여기에 근대가 포스트 근대와 동시에 진행되는 일본의 독특한 특징이 나타난다.

2) 나쓰메 소세키의 경우

가령, 나쓰메 소세키夏目漱石의 경우를 고찰해 보자. 근대에 있어서 개체의 확립을 가장 양심적으로, 또한 단지 머릿속의 이론이 아니라 체화된 사상으로서 추진한 사람은 바로 나쓰메 소세키이다. "자기 개성의

발전을 이루고자 한다면 동시에 타인의 개성도 존중하지 않으면 안 된다"(『나의 개인주의』私の個人主義)라는 영국류의 상식common sense에 입각한 소세키의 개인주의관은 극히 타당하며 건전한 것이다. 그렇지만 주지하는 바와 같이 『그후』それから 이후 소세키의 소설들은 항상 그 건전함이 위협을 받고 공동체로부터 단절된 개체가 불안 속으로 떨어지는 과정의 검증이다. 『그후』에서는 부모와 자식, 형과 아우라는 인간관계가 공동체로서의 아름다운 윤리의 기초가 될 수 없고, 금전을 둘러싼 추한 갈등이 정면에서 나타난다. 공동체의 기본원칙에 의지할 수 없는 개체가 공공연히 개체로서 고립되고, 타자와 관련을 맺는 룰rule을 확립할 수 없다.

『마음』こころ은 소세키 작품으로서 가장 뛰어난 것이라고 할 수는 없지만, 내용의 도식이 극히 알기 쉽다는 점에 특징이 있다. 거기서는 이에家에 의지하지 않는 개체는 우정과 연애라는 새로운 개체 대 개체의 관계를 확립하는 데 실패하고 자살로 몰린다. 너무나도 급속하게 다가왔던 개체의 자립에 당연히 그것에 수반되는 윤리가 미치지 못했던 것이다. 서구의 고전적 근대에서 볼 수 있는 시간과 함께 성숙해지는 자립적인 개체의 공동체 이념을, 일본의 근대는 충분히 논의할 여유를 가지지 못하고 일거에 모순을 드러내는 길로 나갔던 것이다.

노기乃木希典 장군의 자살을 계기로, 모리 오가이森鴎外와 소세키라는, 가장 급진적으로 시대를 간파했던 두 지식인은 정반대의 방향으로 나아간다. 오가이는 역사소설이라는 전前시대적, 봉건적인 장 속에 스스로를 한정시킴으로써 「그와 같이」かのやうに의 철학에서 볼 수 있는 고뇌에 가득 찬 근대와의 갈등을 버린다. 그리고 자각적인 시대착오를 감추는 방법으로서 전근대라는 가상의 장 속에서 마땅히 있어야 할 윤리

를 추구하고 있다. 이에 반해 소세키는 바로 정면에서 이 위험을 응시한다. 『그후』 이후 소세키의 소설에는 구원이 없다고 말해진다. 안이한 타협적 해결을 거부한 것에서 '일본의 근대' 에 대한 소세키의 투철한 인식을 엿볼 수 있다.

그렇지만 다른 한편에서 소세키가 '칙천거사' 則天去私〔소세키가 만년에 사용한 말. 작은 나를 떠나 자연에 맡기며 살아가는 것〕를 주창하고 있는 것은 얼핏 보면 사람을 당황케 한다. 소세키에 있어 '칙천거사' 란 무엇인가. '칙천거사' 야말로 소세키가 도달한 경지였던가. 그렇다면 소설에 묘사되는 구원과 같은 것이 없는 인간관계는 어떻게 되는 것인가. 그렇지 않다면 '칙천거사' 는 너무나 절망적인 현실을 묘사하는 데 피로함을 느낀 소세키에게 그나마 기분전환용의 몽상이었던 것인가? 그렇지만 그 어느 사고방식도 일면적일 수밖에 없다. 어느 것이나 소세키에게는 모두 진실이었다.

오히려 중요한 것은 소세키가 양자를 안이하게 결합하지 않았다는 점이다. 개체를 초월한 '칙천거사' 적인 세계 ──그것은 『풀베개』草枕에서의 '비인정' 非人情의 전개이며, 전통으로의 회귀이기도 하다──를 근저에 두면서 혹은 두는 것에 의해서 다른 한편으로 철저하게 근대적인 개체로의 인간관계에 대한 절망을 묘사하는 것이 가능했다. 그렇지만 후자로부터 전자로 간단하게 도약하지 않는 것, 여기에 소세키의 양심이 있다. 양자는 소세키라는 한 사상가 속에서 사실상은 상보적이지만 논리적으로는 결코 곧바로 연결될 수 없다. 그 불가피한 모순된 병존이 소세키를 끊임없이 괴롭혔던 것이다.

3) '개체'와 '개체를 초월한 존재'

이렇게 해서 우리는 '개체'와 '개체를 초월한 존재'와의 관계라는 근대 일본 사상의 큰 과제로 향하게 된다. 사회 사상에서 보면 근대 일본 사상의 큰 특징은 독립한 '개체'의 모임으로서 사회나 윤리를 고려하지 않았던 점에 있다. 자유 민권은 사족士族의 불만과 결합한 속 빈 강정이며, 거기에는 사회계약설이 뿌리를 내릴 수가 없었다. 철학적으로 말하면 독아론獨我論도 불사하는 근대의 인간 탐구는 어중간하게 끝나 버렸다. 그러므로 그 도착하는 목적지로서 철저한 니힐리즘과도 관계가 없고, 유물론에 있어서도 그것이 어디까지 뿌리를 내리고 있는가는 심히 의문이다. 맑시즘으로부터의 '전향'이 아주 쉽게 이루어진 것은 유물론의 깊이가 얕음을 보여 주는 것이다.

일본에서 포스트 근대는 근대의 철저한 끝에서 생겨난 붕괴로부터 나타난 것이 아니라, 근대적인 개체의 확립 과정의 이면에 잠재해 있던 '개체를 초월한 존재'로의 소박하기까지 한 신뢰가 개체의 확립에 대항하는 원리로 자각적으로 주장된 곳에서 나타난다. 소세키가 그 두 개의 원리를 자각하면서 용이하게 결합시키거나 혼합하지 않고 논리적으로 결합시키지 않은 채로 방치한 것은 소세키의 한계가 아니라 역으로 소세키의 뛰어난 점이다. 시가 나오야志賀直哉가 『암야행로』暗夜行路의 최후에서 제시한 '개체를 초월한 존재' 속에 융합하는 형태의 화해를 소세키는 어디까지나 거부했던 것이다.

그런데 일본의 근대 사상에 이 '개체를 초월한 존재'는 어떠한 형태로 나타나는 것일까? '개체를 초월한 존재'의 실태는 대개의 경우 전근대적인 발상의 유입이다. 그렇지만 그것이 전근대적으로 간주되지 않고, 오히려 근대적인 '개체'를 초월하는 포스트 근대적인 것으로 자각적으로 파악되어 재편된다. 그와 동시에 거기에 반서구주의, 민족주의가 투영된다. '근대＝개체의 확립＝서구화'라는 등식에 대해서 '포스트 근대(＝전근대)＝개체를 초월한 존재＝일본(동양)'이라는 또 하나의 등식이 허구적으로 구성되는 것이다.

　　그런 까닭에 '개체를 초월한 존재'는 가장 단순하게는 '일본'이라는 장이며, 국가라는 공동체일 수도 있다. 왜 근대의 지식인이 쉽게 일본주의와 국가주의라는 올가미에 걸려들게 되었는가 하는 문제는 단지 서구적인 것에 대한 반발만으로는 설명되지 않는다. 봉건적 위계질서의 붕괴 속에서 공공연한 개체의 모순과 불안이 천황과 신민을 부모와 자식에 비유한 의사擬似 가족적인 국가일체감 속에서 편안함을 찾아내려 했던 면을 무시할 수 없다.

4) 근대불교가 담당했던 것

그렇지만 그와 같은 형태의 국가주의와 천황숭배는 '개체를 초월한 존재'로서는 너무나 노골적이고 구체적이며 지나치게 정치적이었고, 또한 심정에 호소할 수 있다고 해도, 근대적 비판을 견딜 수 있는 견고한 논리를 갖추고 있지 않았다. 지식인들은 보다 정교한 논리를 가지고 '개체'의 갈등과 불안을 가라앉혀 주었으면 하고 바랐던 것이다. '개체'의 확립이라는 근대의 과제를 담당하면서 동시에 '개체를 초월한 존재'를 부여해 주는 논리는 무엇인가? 서구적 근대와 동등한 역할을 담당하면서 또한 그것을 초월할 수 있는 일본의 논리, 동양의 논리는 무엇이었던가?

거기서 부상했던 것이 불교였다. 신도는 논리가 너무나 취약하며, 또한 정치적인 천황숭배를 넘어서지 못한다. 유교는 전근대의 봉건적 위계질서의 연속성이 너무나 강하다. 그 가운데 전통적인 전근대의 사상이며, 게다가 근대적 비판을 견딜 수 있는 사상으로 변형 가능하며, 해석 가능한 유일한 사상이 불교였다. 근대의 불교는 실로 일본의 근대 사상에 부과되었던 세 개의 과제 즉 전근대적·전통적임과 함께 근대적이며 동시에 포스트 근대적이라는 삼중성을 담당할 수 있는 사상으로서 등장한 것이다.

그렇지만 생각해 보면 공교롭기만 하다. 불교야말로 근대의 출발점에 있어서 폐불훼석廢佛毁釋과 신불분리神佛分離에 의해서 철저하게 비난받고 부정되지 않았던가? 불교가 계몽적인 개혁운동의 세례를 거쳐서——거기에는 시마지 모쿠라이島地黙雷로부터 이노우에 엔료井上円了, 무라카미 센쇼村上専精 등 미묘한 위치에 입각한 사상가군을 포함한다——근대 지식인의 문제로서 새로운 내실을 동반하여 부활한 것이 메이지 유신 후반 19세기 말의 일이다. 불교 연구자라고 말할 수는 없지만, 내면의 문제에 깊이 침잠하고 '개체'와 '개체를 초월한 존재'의 관계에 커다란 진전을 제시한 쓰나시마 료센綱島梁川은 그 시대의 상징적 존재이다.

그와 같은 상황에서 실로 일단 한 번 부정된 점은 불교 재생의 큰 강점이 되었다. 불교는 전근대의 사상이면서 또한 전근대와 단절된 사상으로서 발견된다. 조사祖師로 돌아가거나 혹은 나아가 원시불교原始佛敎로 돌아간다는 원점 복귀의 운동으로서 전개된 것이다. 전통적이면서 그 전통의 직접적 연장과 단절됨으로써 그 사상은 이념화하고 자각적인 재구성을 허용하게 된다. 원점 복귀를 치장하지만 실은 어디까지나 새로운 '근대불교'인 것이다. 근대의 신도가 복고신도復古神道의 흐름을 따르면서도 중세로부터의 지속을 단절하고 고대를 이념화하여 성립한 새로운 신도인 것과 동일하다.

위에서 기술한 바와 같이 근대의 국가주의는 확실히 제도로서는 강고한 속박을 지녔지만, 사상으로서 혹은 종교로서 어디까지 개체의 근거가 될 수 있는가는 의문이다. 뒤에 기타 잇키北一輝와 이노우에 닛쇼井上日召, 이시하라 간지石原莞爾 등의 일련주의가 잘못된 일련 이해로 초국가주의와 결합한 것은 자주 언급된다. 그렇지만 우리들은 오히려 그들이 왜 국가주의와 천황숭배로만 끝나지 않고 동시에 일련주의자로서 불교를 필요로 했던가를 물어야만 한다. 그들에게는 천황숭배에서 채워지지 않는 것을 메울 수 있는 종교가 필요했던 것이다. 그들의 일련신앙은 아무리 왜곡해서 보려고 해도 실은 근대 일본 사상에 있어서 불교의 필요성이라는 점에서 보다 광범위한 문제의 일부에 지나지 않는다.

근대에 전개된 불교 가운데 일련계日蓮系가 일부의 예외를 제외하고 다나카 지가쿠田中智学의 국주회國柱會의 압도적 영향하에 국가주의와 밀접한 관계를 보인 것에 비해, 보다 단순화된 불교로서 선禪이 지식인 사이에 호감을 주었다. 소세키 등의 남성뿐만 아니라 [사상가이자] 여성해방의 기수였던 히라쓰카 라이초平塚雷鳥 등도 또한 젊은 시절 선에 입문했던 사람이었다. 선은 한편으로는 철저한 개체를 추구한다. 그렇지만 동시에 그 개체를 돌파하여 '개체를 초월한 존재'로 향하게 하는 면도 함께 가지고 있기 때문에 실로 근대 일본 사상의 이중의 과제를 동시에 담당하게 된 것이다.

최근 자주 지적되는 바와 같이 스즈키 다이세쓰鈴木大拙로 대표되는 근대선近代禪은 선당禪堂이 가진 전통적인 의례성이나 집합성을 사상시킴으로써 비로소 근대 지식인의 거사불교居士佛教로 합리화되고 재편성되어 소생했다. 그렇지만 이러한 선도 국가주의의 그물에 쉽게 갇히게 된다. 그것은 깨달음과 국가라는 얼핏 보면 분명히 차원이 다른 '개체를 초월한 존재'가 '개체를 초월한 존재'라고 하는 한에서 무반성적으로 동일시되어 유착한 전형이다.

정토계淨土系도 또한 같은 요청에 응한다. 정토 사상은 얼핏 보면 개체의 확립과는 반대 방향으로 나아가는 것처럼 보인다. 기요자와 만시淸沢満之의 정신주의는 명확하게 "자가自家의 확립을 먼저 필요로 한다"(『기요자와 만시 전집』 6권, 4쪽)는 것을 강조한다. 타력他力이란 개체가 해소되는 곳에서 성립하는 것이 아니다. "그 타력이 각자의 정신에 느껴지는 바를 기본으로 한다."(74쪽) 타력이란 '개체를 초월한 존재'이면서 동시에 개체를 개체로서 있게 하는 것이다. 여기서도 훌륭하게 '개체'의 확립과 '개체를 초월한 존재'라는 일본 근대의 이중의 과제에 대한 답이 제시되고 있다. 기요자와 교학教學이 근대교학으로서 큰 영향을 미친 것도 이유가 없는 것이 아니다.

그렇지만 '개체'와 '개체를 초월한 존재'의 상즉相卽은, 그만큼 자명하게 예정 조화적으로 이루어지는 것이 아니다. 기요자와는 자기의 고뇌와 갈등하는 와중에 그 곤란을 고백한다. "진정으로 종교적 세계〔天地〕로 들어가려는 사람은 ……부모도 버리지 않으면 안 되고, 처자도 버리지 않으면 안 되며, 재산도 버리지 않으면 안 되고, 국가도 버리지 않으면 안 된다. 나아가 자기 자신도 버리지 않으면 안 된다."(같은 책, 77쪽)

이렇게 해서 기요자와의 생애는 고행적인 구도자의 길을 걷게 된다. 거기에는 소세키의 고뇌와 통하는 바가 있다. 그리고 여기서는 아슬아슬한 고비에서 '개체를 초월한 존재'로서 절대자와 국가의 동일화가 회피되고 있다. 그렇지만 그 아슬아슬한 선을 넘어 〔절대자와 국가가〕 애매화될 때 기요자와 문하가 전쟁협력에 휩쓸려 들어가게 되는 것도 또한 우연한 일이 아니다. 천황도 아미타불도 '개체를 초월한 존재'이며, 거기에 중점을 두는 한 양자를 구별하는 장치는 없다.

5) 니시다 철학의 과제

'개체'가 '개체를 초월한 존재'를 요청하면서도 실은 그만큼 자명하게 낙천적으로 양자의 결합이 성립될 수 없다는 것은 소세키가 온몸으로 보여 주었던 것이다. 시간이 훨씬 지나서 그 양자의 관계를 가장 첨예하게 논리화한 사람이 후기의 니시다 기타로西田幾多郎일 것이다. 초기 니시다의 순수경험이론이 '개체'와 '개체를 초월한 존재'의 애매화에 의해서 자기의식의 비대화의 방향으로 나아갔던 것에 비하여 후기 니시다에서는 '개체'와 '개체를 초월한 존재'(즉 '장場)의 양자의 존재와 그 필연적 관계가 요청되면서도 양자가 직접적으로 연결되지 않는 모순관계를 논리화하려고 노력한다. "유일한 하나의 개체는 개체가 아니다. 개체는 개체에 상대함으로써 개체이다. ……그러므로 개체란 자기모순적 개념이다. 우리의 자기自己는 자기모순적 존재이다." "절대적으로 개체적인 존재는 한정하지 않는 한정으로서 절대무絶對無의 자기한정으로서, 사실이 사실 자신을 한정하는 일회적인 사실, 절대의 사실로서 생각되어야만 한다." (「자각에 대하여」自覚について, 『철학논문집』5)

왜 '개체를 초월한 존재'는 '절대무'로서 표현되지 않으면 안 되는가? 왜 "세계는 무한한 자기모순"(같은글)인 것인가? 근대 일본의 사상사적 귀결로 보는 한 그것은 필연적인 표현이었다. 근대와 동시에 근대에 대한 회의로서의 포스트 근대를 끌어들이지 않으면 안 되는 상황에서 요청되었던 '개체를 초월한 존재'는 칸트가 말하는 바와 같이 단순한 실천이성의 요청에 그치지 않고, 그렇다고 해서 헤겔적인 절대이성이라는 장대하지만 사실은 우둔한 자기의 비대화에도 이를 수 없다. 그리고 또한 서구의 포스트 근대가 직면하였던 심각한 니힐리즘과 유물론으로 철저하게 이행하여야 함에도 전근대에서 유입한 '개체를 초월한 존재'가 계속 살아 있다. 그러나 그것도 또한 근대적 비판 앞에서 소박한 신뢰를 보낼 수 없다.

근대 일본에 있어서 '개체를 초월한 존재'의 이 모순된 성격은 실로 '무'無라는 부정표현으로밖에 표현할 수 없었다. 그리고 '개체'와 '개체를 초월한 존재'의 관계는 모순성을 가진 것으로 표현되었지만, 그 투철한 논리를 전개한 니시다조차도 "세계는 그 성립의 근저에 있어서 종교적이라는 것은 그것이 국가적이라는 것이다"(같은글)라는 형태로 조금도 망설임 없이 국가를 제시하였던 것이다.

니시다 철학은 결코 불교 그것의 논리화가 아니다. 그러나 그 자신의 깊은 선 체험에 기초하면서 불교가 근대에 있어서 담당해야 할 역할을 가장 적확하게 논리화했다고 말해도 좋을 것이다. 그러므로 그가 끼친 결정적인 영향하에 교토학파京都學派의 불교론이 전개되어 오늘에 이르기까지 불교 해석의 큰 흐름이 되었던 것은 우연이 아니다.

오늘날 또다시 마치 새로운 것인 양 포스트 근대가 말해지며 포스트 근대를 책임질 수 있는 것처럼 불교가 각광을 받고 있다. 무릇 진부하고, 이전의 '근대의 초극'론과 비교해도 상당히 차원이 낮은 논의가 뻔뻔스럽게 다시 반복되고 있다. 그와 같은 불교라면 장식불교葬式佛教와 함께 소멸하는 편이 훨씬 나을 것이다. 그렇지만 진부하여 조잡한 논의는 진부하여 조잡한 만큼 더욱더 만연하기 쉽고, 그 결말은 좋지 않고 위험하다. 그 소용돌이 속에 연루되어 놀아나지 않기 위해서는 다시 한번 근대 사상에 있어서 불교가 담당했던 역할과 제약을 대상화하여 똑바로 인식하는 것만이 우선 제1의 과제가 되어야 할 것이다. 근대는 아직 끝나지 않았다.

2. 안으로의 침잠은 타자에게 향할 수 있는가
—메이지 후기 불교 사상이 제기한 문제

1) 근대불교에 대한 시각

빅토리아의 『선과 전쟁』이 제기한 문제

근대 일본에서 불교가 어떠한 역할을 담당했는가는 지금까지 충분하게 해명되었다고 할 수는 없다. 물론 근대불교사에 관해서는 뛰어난 성과가 축적되어 왔지만, 그것들에 의해서도 일본 근대의 전체 속에서 불교가 어떠한 위치를 차지하는가는 분명하지 않다. 불교는 일본 근대에 있어 어디까지나 소수의 특수한 영역으로, 전체와 관계되는 일은 적은 것처럼 생각되어 왔다.

그렇지만 참으로 그러한가. 전후戰後 사상사 연구의 큰 약점 가운데 하나는 종교의 문제를 너무 경시했던 것이다. 거기에는 아마도 전후 사회과학이 맑스주의를 가장 우선시하여, 종교를 전근대의 유물과 같이 보아 역사적 관점에서 적절한 평가를 내릴 수 없었다는 사정이 있을 것이다.

또한 맑스에 대항하여 막스 베버에게 모범을 구한 연구자들이 종교와 근대화라는 문제를 설정하기는 하였지만, 그때 모범적인 형태로 간주한 것은 그리스도교 가운데서도 프로테스탄티즘으로, 불교에 관해서는 거의 무관심한 태도가 보통이었다.

이렇게 불교가 정당하게 평가되지 못했던 것은 불교 연구자 측에 책임이 있는 것도 사실이다. 근대 일본을 이해하는 큰 관건이 불교 속에 있음에도 불구하고, 그 점을 명확하게 지적한 불교 연구자는 거의 없었다. 근대불교사를 일관된 사관을 가지고 기록·정리하는 작업도 거의 이루어지지 않았다.

그러한 와중에 브라이언 빅토리아의 『선과 전쟁』*은 근대불교 연구에 큰 문제를 던진 하나의 획기적인 저작이라고 해도 좋을 것이다. 쇼와昭和의 전쟁 기간에 불교가의 전쟁협력에 관해서는 산발적이긴 하더라도 어느 정도 연구 축적이 이루어져, 그 점에서는 빅토리아의 연구가 반드시 새로운 것이라고 할 수는 없다. 그러나 빅토리아는 쇼와의 전쟁 시기에 한정하지 않고 메이지 형성기로부터 전후 현대에 이르기까지, 근대 전체를 관통하는 문제로서 불교가의 전쟁관이라는 문제를 설정해, 그 문제를 통사적인 형태라는 지금껏 볼 수 없는 새로운 시점을 제공하였다.

빅토리아의 저서는 문제를 선禪에 한정하고 있기 때문에 근대불교 전체를 어떻게 보는가라는 점은 분명치 않다. 선 이외의 불교에 대해서도 언급하지만, 그 선택은 상당히 자의적이다. 예를 들어 일련계에 관하여 세노 기로妹尾義郎의 신흥불교청년동맹의 운동을 다루면서도 전쟁이라는 관점에서 가장 중요한 국주회계國柱會系의 일련신앙에 대해서는

---

* Brian Victoria, *Zen at War*, Weatherhill, 1997. エイミ・ルイーズ・ツジモト 訳, 『禅と戦争』, 光人社, 2001. 단, 이 일본어 번역은 문제가 많다. 이시이 고세이(石井公成)의 서평(『駒沢短期大学仏教論集』 7, 2001) 참조.

전혀 언급하지 않는 이해하기 어려운 부분도 있다. 또한 전쟁협력인가 전쟁반대인가라는 양자택일의 가치판단에 근거하여 복잡한 문제를 너무 단순화시켜 역사의 실태에 걸맞지 않은 점도 많다.

그렇지만 그와 같은 결점을 가지면서도 이 책은 처음으로 일관된 큰 문제 설정하에 근대불교사를 비판적으로 도식화하여 제공했다는 점에서 이후 연구의 출발점으로서 큰 실마리를 제공한다. 지금껏 근대불교 연구는 극히 일부를 제외하면 사실의 서술이든가 찬미이든가 둘 중의 하나로서, 비판적인 연구가 반드시 많다고는 할 수 없다. 비판적인 관점을 도입함으로써 비로소 과거의 연구는 종파적인 폐쇄성을 벗어나 미래를 응시하는 보다 큰 문제로 발전할 수 있는 것이다.

근대불교에 대한 시각

그러면 빅토리아의 문제 제기를 수용하면서, 나아가 그것을 비판해 가면서 어떻게 새로운 근대불교사의 모습을 그릴 것인가. 빅토리아가 지적하는 선뿐만 아니라 불교의 주류가 전체로서 시류에 압도되어 전쟁의 비판에 대한 힘이 되지 못하고, 오히려 전쟁협력으로 달려간 것은 부정할 수 없는 사실이다. 그 중에서도 같은 불교국가인 아시아 여러 나라에 대한 침략을 지지하게 된 것은 극히 중대한 문제라 할 수밖에 없다.

그러나 그렇다면 반체제의 입장을 취한 소수를 제외하면 불교는 적극적인 의미를 전혀 가질 수 없는 것일까. 거기에는 국가의 폭주를 저지할 가능성조차 없었던 것일까. 혹은 어떤 가능성이 있었으면서도 그것을 충분히 전개할 수 없었던 것일까.

이 문제에 대응하기 위해서는 근대 일본에서 불교와 정치·사회관계를 다시 한번 검토해 볼 필요가 있다. 하지만 그것을 위해서는 단순히 불교가의 정치관 혹은 국가관, 전쟁관을 살펴보는 것만으로는 불충분하다. 오히려 역설적이지만, 불교의 비정치성, 현세 초월적 성격이야말로 주목하지 않으면 안 된다. 그래서 내가 주목하는 것은 메이지 후기, 일청·일러전쟁 사이의 10년간, 소위 근대적 자아의 형성기*이다.

근대 사상사에서 이 10년간은 극히 중요한 의미를 가지는 기간이다. 메이지 초기의 계몽으로부터 자유 민권을 향한 정치의 시대가 좌절로 끝나고, 메이지 22년(1889)에는 제국헌법이 공포되어 불충분하면서도 불평등한 조약의 개정에 손을 써 점차 근대 국가로서의 형태를 정비한다. 그렇지만 메이지 23년에는 계속해서 교육칙어教育勅語가 발표되어 사상·신념에 대한 압박은 점차 엄격해진다. 특히 그 다음 해인 메이지 24년의 우치무라 간조内村鑑三의 불경 사건不敬事件을 계기로, 25년에 이노우에 데쓰지로井上哲次郎가 불을 붙인 그리스도교 비판은 소위 '교육과 종교의 충돌' 논쟁으로 발전한다. 이에 자유로운 개인주의적 사상과 종교는 점점 더 압박을 받고, 교육칙어에 기초한 국민도덕론이 더욱 목소리를 높여 간다. 이런 상황에서 메이지 27~28년(1894~5)의 일청전쟁, 메이지 37~38년(1904~5)의 일러전쟁을 맞이한다. 이 두 차례에 걸친 전쟁에 의해 일본의 자본주의는 하나의 도달점에까지 이르고, 동시에 사회적 모순이 드러나 사회주의운동이 격화된다. 그것은 이윽고 대역 사건大逆事件의 충격과 그 탄압에 의한 '시대폐쇄'時代閉塞로 향하게 된다.

---

* 松本三之介, 『明治思想史』, 新曜社, 1996에서는 이 시기를 '자아의 고동(鼓動)', '고뇌하는 개인'의 두 장에서 논하고 있다.

그렇지만 여기서 주목할 것은 이와 같은 정치·사회의 동향이 아니다. 그러한 것이 아니라 일청·일러전쟁의 기간이야말로 지금까지 정치 사상을 중심으로 밖을 향하고 있던 지식인의 눈이 마침내 안으로 향하여 개인의 탐구, 자아의 탐구로 향하는 시기였다고 할 수 있다. 청년들의 정신적인 번민이 거의 유행현상이라 말할 수 있을 정도였다. 메이지 36년에, 제일고교의 학생이었던 후지무라 미사오藤村操가 인생을 '불가해'不可解라 단정하고 게곤華嚴폭포에서 투신자살한 사건은, 실로 이와 같은 시대정신을 가장 전형적으로 표현한 것이며, 그로 인해 사회적으로 큰 센세이션을 불러일으켰다. 메이지 38년 쓰나시마 료센이 그 전해에 자신의 종교적 체험을 '견신見神의 실험'이라 부르며 발표한 것도 또 찬반양론의 소용돌이를 일으켜 '교육과 종교의 충돌' 이상의 대논쟁으로 전개된다. 그것은 실로 이 내면의 시대를 총결산하는 것이기도 하였다.

　그런데 료센이 그리스도교에서 출발한 것에 반해 불교는 또한 이 내면의 시대 속에서 극히 중요한 역할을 담당하였다. 아니 오히려 불교 쪽이야말로 주역을 담당했다고 해도 지나친 말이 아니다. 메이지 33년 기요자와 만시는 고코도浩浩洞〔라는 신앙결사〕를 열었고 그 다음 해에는 『정신계』精神界를 발간하여 정신주의精神主義운동을 본격화하지만 메이지 36년 41세로 사망한다. 그 시기 국가주의로부터 개인주의로 전환한 다카야마 조규는 다나카 지가쿠의 새로운 일련주의운동에 촉발되어 일련신앙으로 나아가지만 그것을 완성시킬 여유도 없이, 메이지 35년에 사망한다. 선의 계통에서는 샤쿠 소엔釈宗演의 훈도를 받았던 스즈키 다이세쓰가 처녀작 『신종교론』新宗教論을 간행한 것이 메이지 29년이며, 그 다음 해 미국으로 떠났다. 이렇게 해서 정토·일련·선이라는 일본불교의 큰 세 흐름이 모두 뛰어난 인재를 얻음과 동시에 마음의 내면 개척으로 향했던 것이다.

불교에 관해서는 물론 이 내면화가 유일한 방향은 아니었다. 다나카 지가쿠의 운동은 교단의 근대화라는 일면을 가지면서도 국가주의와 결합하여 마침내 일련주의를 과격한 파시즘의 방향으로 나아가게 한 큰 원동력이 되었다. 또한 무라카미 센쇼가 『불교통일론』佛敎統一論에서 대승비불설론大乘非佛說論을 주장하여 충격을 던짐과 동시에 근대불교학의 출발점을 형성한 것도 이 시기 메이지 34년(1901)이었다. 이와 같이 이 시기는 근대불교의 확립이라는 점에서 극히 중요한 의미를 지니는 것이다.

그러나 지금은 그와 같은 전체의 문제로 들어가기보다는 일청·일러전쟁 기간 중 불교에서 개인의 내면 추구라는 면에 한정하여 살펴보기로 한다. 그것은 얼핏 보면 사회적 관심으로부터의 일탈과 같이 보일지도 모르며 실제 당시부터 그와 같은 비판이 있었다. 하지만 사실은 그렇지 않다. 개인의 내면에 틀어박혀 "나는 누구인가"를 물음으로써 비로소 '타자'와 어떻게 관계할 수 있는가의 문제로 나아갈 수 있기 때문이다. 그 '타자'는 '사람 사이'人の間라는 형태로 공동체로부터 출발하는 윤리와는 전혀 다른 것으로, 오히려 '사람 사이'의 붕괴 속에서 나타나는 보다 근원적인 '나'와 '타자'의 관계이다. 그 '타자'는 말할 것도 없이 동일한 공동체에 한정되지 않고 이질적인 문화 사회에 속하는 '타자'에 어떻게 대응할 수 있는가라는 문제이기도 하다. 그런 까닭에 얼핏 보면 연관이 없는 것처럼 보이지만 실은 아시아 인식의 문제와도 깊은 관계를 갖는다.

멀리 돌아왔지만, 이렇게 해서 마침내 불교와 전쟁이라는 최초의 문제로 되돌아간다. 내면 시대의 모색은 과연 침략과 전쟁에 대항할 수 있는 원리를 제시한 것일까. 만약 그와 같은 가능성이 있었다고 한다면 왜 그것은 그후 충분히 전개되지 않고 전쟁협력의 길로 휩쓸려 간 것일까. 다음 절에서는 대체적인 스케치가 되겠지만 이 점에 대해 검토하기로 한다.*

2) 절대천황제하의 불교

종교 자유의 득실

일청·일러전쟁의 문제를 다루기 위해 그 전제로서 거기에 이르는 과정을 살펴보기로 한다. 메이지불교의 큰 과제는 불교를 어떻게 근대화할 것인가라는 것이었다. 에도 시대의 불교는 여러 개혁가들을 낳았으면서도 전체로서는 막번체제하에서의 어용종교의 입장에 만족했다. 그러한 입장으로 인해 메이지 유신은 불교계에 있어서 큰 시련이 되었다. 메이지의 신체제는 히라타파平田派의 복고신도를 이데올로기적인 토대로 삼았기 때문에 당초부터 신도국교화를 목표로 하는 복고적인 종교 정책을 취했다. 즉 신기관神祇官을 부흥시키고, 제정일치의 방향을 지향함과 동시에 신불분리령神佛分離令을 발령하여 신사에서 불교

---

* 2절은 주로 잡지 『福神』(太田出版)에 연재 중인 졸고, '近代日本と仏教'에 근거한다. 연재한 각 회의 제목은 다음과 같다. 1. 「신불습합으로부터 신불보완으로—시마지 모쿠라이의 종교론을 중심으로」(2호, 1999). 2. 「윤리화한 종교—이노우에 데쓰지로」(3호, 1999). 3. 「강단불교의 성립—무라카미 센쇼」(4호, 2000). 4. 「순정철학과 불교—이노우에 엔료」(5호, 2000). 5. 「내면에의 침잠—기요자와 만시」(6호, 2001). 6. 「'개체'의 자립은 가능한가—다카야마 조규」(7호, 2001). 7. 「체험과 사회—스즈키 다이세쓰의 출발」(8호, 2002). 8. 「신을 본다—쓰나시마 료센」(9호, 2004). 2절은 특히 제1, 2, 5~8회에 의하는 바가 크다. 이 연재는 가필하고 보완하여 『明治思想家論』(近代日本の思想·再考 I)에 수록하였다.

색채를 일소했다. 그러나 이와 같은 시대착오적인 제정일치 정책은 뒤떨어진 근대화를 서둘러 열강에 대항하려는 일본에 있어서 적절한 방침이 아닌 것이 명백해져, 결국 신기관은 신기성神祇省으로 격하된 뒤 메이지 5년(1872)에 폐지되어 교부성教部省으로 교체된다.

교부성 정책이 신기관(성)과 다른 최대의 점은 신도 단독의 국교화를 단념하고 불교를 그 속에 끌어들이는 소위 새로운 형태의 관제官製 신불습합神佛習合을 의도한 것에 있다. 교부성은 대교원大教院 · 중교원中教院 · 소교원小教院으로 서열화된 교화시설을 설치하여, 거기서 새로운 종교직으로서 교도직教導職을 양성한다는 방침을 내세웠다. 그런데 시바芝의 조조지增上寺에 설치된 대교원에서 신도의 신에게 제사하는 등 신도 우위가 분명해지자 본래 신기神祇를 숭배하지 않는 경향이 강한 정토진종에서 반대의 목소리가 높아져, 결국 메이지 8년 진종이 대교원에서 분리되어 대교원은 해산하기에 이르렀다.

이것만이라면 대교원을 무대로 한 신불神佛의 싸움이라는 것에 지나지 않겠지만 그것이 일본 근대의 종교 역사상 획기적인 의미를 갖는 것은 그것에 의해 종교의 자유가 확립되었다고 간주되기 때문이다. 종교 자유의 이념을 가지고 대교원 반대운동을 지도한 것은 정토진종 서본원사파西本願寺派의 승려인 시마지 모쿠라이였다. 실제로 시마지는 그 전해인 메이지 4년에 교부성 설치를 청원하여 신도 단독의 국교화를 반대하고, 교부성 아래 신도 · 불교 · 유교가 일치하여 그리스도교를 배격해야 할 것을 역설하였다. 그것은 불교도 국교의 한 축을 담당해야 한다는 것을 목적으로 한 것이지만 그것은 이후 전개된 종교 자유의 주장과는 크게 다른 것이었다.

어떻게 해서 1년 사이에 이와 같은 큰 전환이 일어났던 것일까. 실현된 교부성의 정책이 시마지가 의도했던 것과는 달리 신도 우대 정책으로 흘러갔다고는 하나 그것만은 아니다. 메이지 5년에 시마지는 몇 개월 되지 않은 짧은 기간이었지만 서구를 시찰하고, 귀국하자마자 격렬하게 교부성·대교원 비판을 전개한다. 서구의 종교 사정을 두 눈으로 접한 충격이 얼마나 컸던가를 짐작케 한다.

시마지는 우선 귀국 직후인 메이지 5년 12월, 「삼조교칙비판건백서」三條教則批判建白書를 주상하고, 나아가 그 다음 해 「대교원분리건백서」大教院分離建白書로 대교원 정책을 격렬하게 비판했다. '삼조교칙'이라는 것은 교부성에 의해 교도직이 따라야 할 이념으로 정해진 교칙으로서, 경신애국敬神愛國·천리인도天理人道·봉대황상준수조지奉戴皇上遵守朝旨의 세 가지였다. 그 비판에 즈음해서 시마지는 무엇보다도 "본래부터 정교政教가 다르므로 서로 뒤섞여서는 안 된다"(『시마지 모쿠라이 전집』 1권, 15쪽)라고 하여 정교분리를 근본원칙으로 제시한다. 게다가 "정政은 인사人事다. 형태를 제어할 뿐이다. 그래서 우리나라에 한정된다. 교教는 신위神為이다. 마음을 제어한다. 그래서 만국에 통하는 것이다. 이로써 정은 감히 타인을 관리하지 않고 오로지 자신을 이롭게 하는 데 힘을 쓴다. 그러나 교는 조금도 자신을 돌보지 않고 오로지 타인을 이롭게 하는 것을 바란다"(15쪽)라고 하여 정치의 특수성과 대비되는 종교의 보편성을 주장하고 있다.

그러면 종교란 무엇인가. "무릇 종교의 요체는 심정心情을 올바로 하고, 사생死生을 편안케 하는 것을 달리 벗어나지 않는다"(「대교원분리건백서」, 같은 책, 38쪽)라고 말하고 있듯이 종교는 어디까지나 개인의 마음과 죽음과 삶의 문제에 관련하는 것이다. 그런 까닭에 "인격은 믿음에 있다. 어찌 자신의 믿음을 뒤로 하고 달리 믿는 바를 따르겠는가"(37쪽)

라고 하여 종교의 자유를 주장하는 근거를 밝히고 있다. 이렇게 종교의 습속적 성격을 버리고 개인의 문제로 한정한 것은 한편으로 종교의 다양한 기능을 제한하는 것이지만, 그러나 다른 한편으로 그것은 근대적인 종교의 원점이 된 것으로 후의 내면의 시대에 있어서 개인의 마음에 대한 문제가 깊어지는 단서가 되었다.

이와 같은 입장에서 "만약 무릇 천신天神·지기地祇, 수화水火·초목草木 소위 팔백만신八百萬神을 경배한다고 하면, 이것은 유럽의 아동조차도 유치한 것으로 웃는 바가 되는 것으로, 초황草荒·미개未開한 것으로 이보다 더한 것은 없다"(『삼조교칙비판건백서』, 『시마지 모쿠라이 전집』 1권, 18쪽)라고 하여 일본의 신도를 원시적인 저차원의 것으로 비판하고 있다. 본래 이와 같은 종교관에 입각할 때 신도가 종교라고 할 수 있는가조차 의문이다. "게다가 신도의 일에 있어 신臣은 아직 그것을 모두 능히 감당할 수 없다고 하더라도 결코 소위 종교인 것은 아님을 알라"(『건언』建言, 같은 책, 65쪽)라고 하여 그의 신도비판은 매우 엄격하다.

하지만 이와 같은 불교와 신도의 분리는 실은 메이지 정부가 신불분리 정책으로 행한 것과 같고 결국은 정부의 방침과 합치하는 것이 된다. 나아가 신도를 종교가 아니라고 하여 종교의 영역에서 배제한 것은 신도를 비종교라고 함으로써, 종교 자유의 테두리 밖의 것으로 국민에게 강제하는 국가신도의 발상과 연결되어 버린다.

실제 시마지는 "무릇 우리나라의 제신諸神은 우리들 각자의 조상, 국가 유공의 명신名臣이나 덕사德士로서 제사를 받는 자이다"(『삼조변의』三條弁疑, 같은 책, 385쪽)라고 하며, "그 사두社頭에 나아가 폐백幣帛을 거는 것과 같이 단지 경의를 밖으로 드러내는 것"(386쪽)이기 때문에 인정해도 좋지 않은가라고 말한다. 이렇게 되면 보기엔 급진적이었던 시마지의 종교 자유 주장과 신도비판은 실은 메이지 정부의 방침과 거의 일치되어 버린다.

이와 같은 출발점을 가진 것이 그후 일본 근대종교의 성격을 어느 정도 규정하게 되었다고 생각해도 반드시 틀린 것만은 아니다. 일본에서 종교의 자유는 싸워서 쟁취하거나 혹은 종교전쟁과 같은 비참한 역사의 끝에 얻어진 것은 아니었다. 싸워서 얻은 듯한 외견상의 모습을 가지면서도 실은 권력이 지향하는 방향과 일치하고 있었던 것이다. 정면으로 권력과 대치하는 경험을 갖지 않은 채 주어진 종교 자유의 취약성은 마침내 권력에 추종하여 쉽게 말려들어 가는 체질을 만들게 된 것이다.

도덕의 시대

메이지 22년(1889), 대일본제국헌법이 제정되어 일본은 입헌국가로서의 형태를 갖춘다. 그리고 제28조의 "일본 신민臣民은 안녕질서를 방해하지 않고 신민으로서의 의무를 거스르지 않는 한에서 신교信敎의 자유를 갖는다"라는 조건을 전제로 신교〔=종교〕의 자유가 공인된다. 하지만 이 조문은 중요한 의미를 지니고 있다. 제1조의 "대일본제국은 만세일계의 천황이 이를 통치한다"와 제3조의 "천황은 신성한 존재로서 침범해서는 안 된다"가 위압적으로 놓여져 있기 때문이다. 즉 종교의 틀 밖에 놓여진 신도는 신성불가침인 천황을 정점으로 하는 형태로 '일본 신민'에게 강제된다.

나아가 그 다음 해에는 헌법을 보완하는 형태로 교육칙어가 발표된다. 교육칙어에서는 "부모에게 효도하고 형제간에 우애하고 부부는 서로 화합하며 친구 간에 서로 믿음을 가져야 한다"라는 가족에서 출발하는 윤리가 "일단 화급한 일이 있으면 의용義勇을 공적인 데 바치고 그럼으로써 천양무궁한 황운皇運을 부익扶翼해야 한다"라는 신민의 의무로 귀착한다. 종교는 자유다. 그러나 신민의 의무로서의 도덕은 개인이 멋대로 거부할 수 없다. 국가에 있어 종교는 "안녕질서를 방해하지 않고 신민으로서의 의무를 거스르지 않는 한에서" 어찌되어도 좋다. 중요한 것은 신민으로서의 도덕이다. 이렇게 해서 국민도덕이 종교보다 중시된다. 비종교로서의 국가신도는 비종교로서의 신민의 도덕과 결합한다. 이제 불가침인 천황을 정점에 놓은 대일본제국헌법은 교육칙어의 도덕에 의해서 보완되고 완성된 것이다.

그와 같은 정세하에서 메이지 17년(1884)부터 유럽에 유학하고 있었던 소장 철학자 이노우에 데쓰지로井上哲次郎는 칙어가 발표되던 해 귀국하여 제국대학의 철학교수로서 아카데미즘의 정점에 섬과 동시에, 다음 해인 메이지 24년에는 『칙어연의』勅語衍義를 출판하여 체제 이데올로기로서의 입장을 분명히 했다.

하지만 이노우에가 국가의 편에 서서 활동을 막 시작한 그때 제일고등중학교 교원인 우치무라 간조에 의한 불경 사건이 일어나, 이때를 맞추어 이노우에에 의한 종교=그리스도교 비판이 전개된다. 메이지 25년에는 『교육시론』教育時論지의 인터뷰에 응하여 그것에 대한 그리스도교 측의 반론에 대항하여 「교육과 종교의 충돌」이라는 제목의 논문을 발표하고, 이로부터 종교계·교육계·언론계를 총망라하여 '교육과 종교의 충돌' 논쟁이 전개된다.* '교육과 종교'라고 제목을 붙였지만

---

* 그 전말은 関卓作 編, 『井上博士と基督教徒──一名「教育と宗教の衝突」顛末及び評論』(1893)에 이노우에의 논문과 그것에 대한 각 방면의 논평을 수록하고 있어 상세하다.

'교육'은 교육칙어와 다름 아니고 따라서 거기서 발현한 국가도덕이며 '종교'는 그 도덕에 합치하지 않는다고 보이는 그리스도교이다.

『교육시론』의 인터뷰는 간단한 것이지만 이노우에의 입장은 이미 거기서 명료하게 드러난다. 즉 거기서는 네 가지 점에서 그리스도교가 비판되고 있다. 첫째는 칙어의 도덕은 세간문世間門의 도덕인 것에 비하여 그리스도교는 '순연한 출세간의 도덕'이라는 것. 둘째는 칙어의 도덕이 현세주의인 것에 비하여 그리스도교가 현세를 무상으로 보고 내세에 치중한다는 것. 셋째는 칙어의 도덕은 유교적·차별적 사랑인 데 비하여 그리스도교는 묵자墨子의 겸애兼愛와 같은 무차별적 사랑을 설한다는 것. 넷째는 그리스도교가 충효를 설하지 않는다는 것이다.

요컨대 칙어가 국가라는 현세의 질서에 입각한 도덕인 데 비하여 그리스도교는 현세초월의 입장에 서서 국가나 가족과 같은 현세적인 질서를 부정한다는 것이다. 이 지적은 어떤 면에서는 지극히 옳다. 그렇지만 문제는 이노우에가 국가권력을 배경으로 강압적으로 그리스도교를 비판한 것에 비하여 그리스도교 측에서는 국가도덕을 비판할 길이 끊어졌다는 것이다. 즉 처음부터 승부가 결정된 시합을 하고 있었던 것이다. 그런 까닭에 그리스도교 측으로서는 그들도 결코 국가도덕에 위배되지 않는다는 것을 강조하고 타협을 시도하는 것 이외에 달리 길은 없었다. 세키 고사쿠関皐作가 엮은 『이노우에 박사와 그리스도교도』에 수록된 그리스도교도 측의 반론이 아무래도 이 사이에 무엇인가 긴듯한 어중간한 모습으로 끝날 수밖에 없었던 것도 이 때문이다. 이노우에에게 공격의 실마리를 제공한, 누구보다도 원칙주의에 입각한 우치무라 간조조차 "의식儀式을 뛰어넘는 경례敬禮가 존재하는데 칙어의 실행이 곧 이것이다"(『이노우에 박사와 그리스도교도』, 223쪽)라고 하여 칙어의 실행을 인정하고 있다.

그런데 이 논쟁에 대하여 불교가는 어떠한 태도를 취했던 것일까. 본래 이 논쟁은 칙어의 입장에서 그리스도교를 비판한 것이지만 '칙어와 종교의 충돌'이라는 테마 그 자체가 그리스도교뿐만 아니라 종교일반을 문제로 하고 있다. 실제로 이노우에는 그 뒤인 메이지 35년(1902)에 『윤리와 종교의 관계』를 간행하여 양자의 관계를 설명했지만, 결론은 종교는 윤리화한 '윤리종교'가 아니면 안 된다는 것이다. 그러므로 당연히 여기서 비난을 받아야 할 종교 중에는 불교도 포함되는 것이다. 마찬가지로 앞서 이노우에가 거론한 네 가지 점을 보면 그리스도교뿐만 아니라 불교에도 해당된다. 불교도 또한 현세 초월을 설하고 현세의 무상을 설하며 평등의 자비를 설한다. 그렇다면 이노우에의 그리스도교 비판은 그대로 불교에도 해당되는 것이다.

그런데 불교 측의 반응은 둔감했다. 그것보다도 다카야마 조규가 지적한 것처럼 "교육과 종교의 충돌론에 즈음해서 전심예의專心銳意로 이노우에를 원조하여 함께 그리스도교를 공격했다"(「메이지 사상의 변천」, 『조규 전집』 4, 296쪽)는 것이다. 이것은 '너무나 우스꽝스런 모순'이었다. 왜냐하면 "이노우에는 특히 그리스도교에 대해서 말한다고 하더라도 그 내용은 불교와 그리스도교의 두 종교에 대해서 균등하게 공격을 가했던"(297쪽) 것이었기 때문이다.

그렇지만 그리스도교도들과 마찬가지로 불교가라 하더라도 국가에 영합하는 것 이외에 어떠한 길이 가능하였을까. 정면에서 종교의 초월성을 설하고 칙어의 도덕을 비판하는 것은 허용되지 않았다. 모든 길이 막혀 꼼짝할 수 없는 것처럼 보인다.

그러나 그와 같은 상황하에서 다음 시대의 일부 불교 사상가들은 새로운 길을 모색한다. 그것은 직접적인 대항을 피하고 소위 게릴라전식으로 다른 차원에서 문제를 파고들어 간 것이다. 즉, 국가 사회의 문제를 직접 다루는 것을 단념하고 자기의 내면에 몰입하여 거기에서 근원적인 종교의 문제를 탐구하고자 한 것이다. 그것에 의해 국가에 흡수되지 않는 절대적인 종교적 가치관으로부터 견고한 개개의 확립을 지향함과 동시에 국가도덕을 상대화하고자 하는 것이다. 그것이 일청·일러전쟁 사이의 불교 사상의 과제이다. 그러므로 얼핏 보면 그들의 사상은 소극적·퇴영적으로 보이지만, 실은 보다 강력하고 보다 거대한 시야를 가지는 것이다. 과연 그들의 시도는 어디까지 성공하고 어디에서 한계에 이르렀던 것일까. 그것이 이 절의 중심 과제이다.

3) 무한책임과 무책임 —기요자와 만시의 경우

기요자와 만시의 활동은 초기의 『종교철학해골』宗敎哲學骸骨에 보이는 종교철학의 전개, 중기의 교단개혁운동과 그 좌절(1896~97) 등을 거쳐 만년의 정신주의운동으로 결실을 맺는다. 즉, 메이지 33년(1900)에 도쿄의 혼고本鄕 모리카와초森川町에서 고코도를 결성하고, 그 다음 해에는 잡지 『정신계』를 간행하여 그 사색의 궤적을 발표해 간다. 아주 짧은 3년의 기간이지만 그 사이에도 진종대학眞宗大學의 학감學監으로서 개혁을 단행하는 등 결코 사회적 활동에서 물러서지 않았다. 그러나 그 개혁의 실패에 좌절하고 가정적으로 장남과 아내가 사망하는 와중에 오로지 깊은 신앙을 가지고 최후를 맞는다.

　　정신주의의 근본은 "정신주의는 자기의 정신 속에 충족을 구하는 것으로, 그러므로 밖의 사물을 좇거나 타인을 추종하여 그로 인해 번민하거나 괴로워하지 않는다"라고 철저하게 '자기의 정신 속'으로 침잠할 것을 주장하는 것이다. 그때 중요한 것은 세속적·세간적인 것을 모두 버리는 것이 요구된다.

> 진정으로 종교적 세계[天地]로 들어가려는 사람은 …… 부모도 버리지 않으면 안 되고, 처자도 버리지 않으면 안 되며, 재산도 버리지 않으면 안 되고, 국가도 버리지 않으면 안 된다. 나아가 자기 자신도 버리지 않으면 안 된다. 달리 말하면 종교적 세계에 들어가고자 하는 사람은, 형이하[形而下]의 효행심도 애국심도 버리지 않으면 안 된다. 그 밖에 인의[仁義]에도, 도덕에도, 과학에도, 철학에도 일절 눈길을 주지 않게 될 때, 비로소 종교적 신념의 광대한 천지가 열리게 된다.(「종교적 신념의 필수 조건」, 77쪽)*

여기서는 국가도 애국심도 도덕도 모두 버린다. 실로 이노우에 데쓰지로가 비판한 '출세간'의 입장의 적극적인 표명이다. 그것은 이노우에적 국가도덕주의에 대한 정면으로부터의 도전이다. 얼핏 보면 극히 소극적인 자기 정신으로의 퇴각은 실은 매우 적극적인 의미를 가진다. 그리고 자기의 정신으로 퇴각함으로써 '절대무한자'와 만나게 된다. 정신주의는 폐쇄된 자폐적인 타자 부재가 아니라, 오히려 정신의 근저에서 비로소 참된 타자와 만나는 것이다. 거기에 타력주의가 성립한다.

그런데 기요자와는 윤리도덕에서 타력으로라는 길을 한층 인상적

---

* 이하 본 절의 기요자와 인용은 『기요자와 만시 전집』 6권에 의거한다.

인 논의를 통해 제시한다. 그는 화엄적인 '만물일체의 원리'를 주장한다. "우주 간에 존재하는 천만무량千萬無量의 물체가 결코 각각 개별적으로 독립·자존하는 것이 아니라 서로 간에 상의하고 상대하며 하나의 조직을 이룬다"(「만물일체」, 12쪽)는 것이다. 이와 같은 만물일체설은 자칫하면 전체주의가 될 수도 있지만 여기서부터 만시의 논의 진행방향은 독특하다. 만물일체라고 한다면, "천지만물이 모두 나의 재산이며, 일체 생물이 모두 나의 자식이다"(12쪽). 그렇다면 "우리들이 실로 만물을 귀중하게 여겨야 함은 물론 결코 그것을 해쳐서는 안 된다. 우리들은 참으로 생물을 사랑해야 함은 물론이고, 결코 그것을 괴롭혀서는 안 된다."(12쪽) 즉, 나는 천지만물을 더욱 귀중하게 여기고 일체 생물을 더욱 사랑할 책임이 있게 된다. 그 책임은 무한대이다.

하지만 우리들은 그와 같은 무한책임을 감당할 수 있는가. 도저히 불가능하다. 이 불가능한 절망이 도덕으로부터 바뀌어 종교로 들어가게 하는 것이다. 이와 같은 무한책임을 받아들이는 것은 실로 절대무한자 이외에는 있을 수 없다. 이 전환의 과정은 절필絶筆이 된 「나의 신념」我信念에서 극히 감동적으로 기술되고 있다.

소위 인류도덕의 가르침에서 나오는 의무만 하더라도 그것을 실행하는 것은 결코 쉬운 일이 아니다. 만약 진정으로 그것을 수행하려 하면 끝내 '불가능'의 한탄으로 돌아갈 수밖에 없다. 나는 이 '불가능'에 부딪혀서 대단한 고통을 초래하였다. …… 나는 무한대비無限大悲의 여래를 믿음으로써 오늘의 안락과 평온을 얻었다. 무한대비의 여래가 어떻게 해서 나에게 이러한 평안을 얻게 해주었는가는, 다름 아닌 일체의 책임을 받아 줌으로써 나를 구제해 준 것이다.(「나의 신념」, 164쪽)

무한책임에 짓눌려서 스스로의 불가능에 절망하는 와중에 무한대비의 여래를 만난다. 여래는 그 모든 책임을 받아들이고 구제해 준다. 인륜도덕은 도덕의 불가능성에 직면하여 도덕의 영역에서 종교의 영역으로 비약한다. 종교는 도덕을 초월한 곳에서, 도덕이 다한 곳에서 시작한다. 그렇다면 세간적인 도덕은 결국 "그 실행하기 어려움을 감지하게 하는 것이 목적"인 것이며 "도덕적 실행이 어렵다는 것을 감지함으로써 종교에 입문하며, 신심을 체득하는 길로 나아가는 모습이 되는"(「종교적 도덕(속제)과 보통 도덕의 교섭」, 153쪽) 것이야말로 핵심이다.

여기서부터 기요자와 만시는 극히 래디컬하게 종교는 도덕을 파괴하는 것에서 비로소 출발한다고 말한다. "종교를 설하기 위해 도덕을 파괴하는 것은 옳지 않다는 논의가 있다. 이것은 얼핏 곤란한 문제인 것 같지만, 아무런 문제가 되지 않는다. 도덕이라는 것이 그 정도로 위험한 것이라면 파괴해도 좋을지도 모른다."(157쪽) 물론 도덕을 파괴하는 것이 목적은 아니다. 오히려 "종교와 도덕의 구별이 분명하여 종교인은 종교의 본분을 지키고 도덕가는 도덕의 본분을 지켜 각각 자신의 능력을 다하면, 각각 그 공적으로 국가 사회에 공헌하는 것이다."(158쪽)

이와 같은 종교와 도덕의 구별은 극히 주목할 만한 것이다. 하지만 그렇다면 도덕을 초월하여 종교에 이른 자에게는 어디에 행동의 원리가 있는 것일까. 도덕의 원리와 다른 어떤 규준이 있는 것일까. 여래의 대비에 도달한 자는 거기에서 어떠한 행위를 이끌어 낼 수 있는가.

기요자와는 여기서도 극히 래디컬한 태도로 일관한다. 예를 들면 길가에 급한 환자가 있을 때 간호를 할 것인가, 조용히 지나가 버릴 것인가. 그 물음에 대해서 기요자와는 "무한대비가 우리들의 정신상에 나타나서 간호를 명하게 되면 우리들은 그 환자를 간호하고, 통과를 명하게 되면 그 환자를 통과해야 한다"(『정신주의와 타력』, 74~75쪽)라고 답한다. 실로 타력이며, 거기에 자기의 판단이 가해지는 것은 인정되지 않는다. 절대무한이며 무한대인 여래에게 모든 것을 맡긴 이상, 그의 행위는 더 이상 일체 세속의 도덕적 평가와는 관계하지 않는 것이다.

이렇게 해서 기요자와는 세속도덕을 초월하여 그 힘이 미치지 않는 곳에 타력의 종교를 위치 짓는다. 중요한 것은 앞 절에서 본 바와 같이 그가 처한 상황에서 세속도덕이란 무엇보다도 교육칙어를 천황의 깃발로 하는 국가주의의 어용도덕이었다는 것이다. 이노우에 데쓰지로를 정점으로 하는 국가체제 측의 강력한 도덕주의의 프로파간다와 종교비판의 정면에 서 있었던 당시 그리스도교 측은 방어전에 힘쓰며 그리스도교가 국가도덕과 모순하지 않는 형태로 타협하지 않을 수 없었다. 그것에 대해서 기요자와의 정신주의는 약간 시대적으로 늦더라도 불교가 직접적인 공격대상이 되지 않았던 이점을 살려 단번에 반전 공세를 편 것이라고도 할 수 있다. 그러한 점에서 당시의 불교가 결코 모두 국가주의적 도덕을 단순히 받아들인 것은 아니며 또 기요자와 만시로 대표되는 내면주의는 결코 현실로부터의 도피도 아니다.

하지만 그렇다고 해도 세속도덕의 초월로부터 모든 것을 절대무한자에게 맡겨 버리고, 곤궁한 사람을 구제하는 것도, 버리는 것도 절대무한자의 의향에 따르는 것이라고 하는 것은 너무나 무책임한 것은 아닌가라는 의문은 당연히 남는다. 주관적으로는 절대무한자가 모든 책임을 받아들인다 하더라도 타인에 대한 태도에서는 이해하기 어려운 점이 있다. 만물일체에 근거하여 세계의 모든 것, 모든 사람에게 대하여 무한책임을 느끼기까지는, 소위 책임의 과다이긴 하지만 절대무한자와 만나고 절대무한자가 그 무한책임을 받아들임으로써 당사자인

'나'는 모든 책임에서 면제되어 버린다. 말하자면 무한책임으로부터 무책임으로의 전환이다.

과격하게 보였던 세속도덕 비판은 세속에 대응하는 원칙이 확립되지 않았기 때문에 통째로의 세속도덕 부정에서 일전一轉하여 통째로의 세속도덕 긍정으로 전환해 버린다. 종교를 위해 가정도, 국가도 버리지 않으면 안 된다고 말한 뒤 "일단 여래의 자광慈光을 접해 보면 싫어할 것도 없고, 혐오할 일도 없다"(「종교적 신념의 필수 조건」, 78쪽), "국가에 일이 있을 때는 총을 메고 전쟁에 나가도 좋고, 효행도 좋고, 애국도 좋다"(79쪽)라고 하여 국가를 위한 전쟁도 그대로 긍정해 버리는 것이다. 후에 기요자와의 문하는 쇼와의 전쟁기에 전시교학戰時敎學으로서 전쟁 협력을 강력히 추진하게 된다. 무비판적인 체제도덕의 즉자적인 긍정으로의 전환은 한편으로는 그 원점을 이루는 기요자와의 정신주의가 가진 이 양의성兩義性에서 유래하는 것은 아닐까.

왜 이와 같은 반전이 극히 쉽게 일어나게 되었을까. 물론 오늘날의 관점에서 과거의 사상을 되돌아보아 단순하게 비판하는 것은 쉬운 일이며 동시에 쓸데없는 일일 것이다. 그러나 그것을 충분히 알고서 굳이 하나의 관점을 제시한다면 개인의 내면을 역행하는 데에서 만나게 되는 절대무한자는 '무한대비'로서 유한한 개인을 껴안은 것이며, 타자로서의 개인에 대치하여 갈등을 겪는 일이 없었다는 점을 지적해 두고자 한다. 절대무한자가 타자로서 대치하지 않는다는 것은 나아가 '다른 사람들'도 또 나를 위협하는 타자일 수 없는 것이다. 내가 절대무한자의 무한대비에 포함되는 것으로, 다른 사람들도 해소시켜 버린다.

앞에서도 기술한 바와 같이 일청·일러전쟁의 기간은 근대적인 개인·자아의 확립기라 여겨진다. 그럼에도 불구하고 개인은 개인으로서 자립하여 타자와 대치할 수 없는 채로 붕괴되는 가운데 보다 위대한 존재 속으로 해소되어 버린다. 그것은 아시아 문화들의 자립성을 인정하지 않고 침략전쟁에 가담하게 되는 결과와 어딘가 통하는 것이라 생각하지 않을 수 없다.

4) 스즈키 다이세쓰는 호전적인가

스즈키 다이세쓰의 주요한 활동은 다이쇼·쇼와기에 이루어졌기 때문에 메이지의 사상사에는 그다지 문제가 되지 않는다. 26세 때 저술한 처녀작 『신종교론』은 메이지 29년(1896) 일청전쟁이 끝난 다음 해에 간행된 것이지만, 당시 특별히 화제가 되었던 것은 아니다. 게다가 다음 해인 메이지 30년에는 미국으로 가서 폴 캐러스Paul Carus의 조수가 되고 본격적인 활동은 그 이후이다. 그러므로 여기에서 『신종교론』을 다루는 것은 그다지 적절하지 않다고 할 수도 있다. 그러나 『신종교론』에는 다이세쓰의 후기 사상의 기본이 이미 충분하게 포함되어 있어 검토할 만한 가치가 있다. 또한 『신종교론』은 앞서 언급한 빅토리아의 『선과 전쟁』에서 비교적 상세하게 다루고 있어 그 견해를 재검토하는 것도 필요하다. 그러므로 이하에서 약간 검토를 시도해 보고자 한다.

　『선과 전쟁』Zen at War에서는 세 곳에서 스즈키 다이세쓰에 대해 언급하고 있다.* 첫째로, 2장에서 이 『신종교론』을 다루는데, 15장 「종교와 국가의 관계」를 살피고 있다(22~25쪽). 여기서 다이세쓰는 "종교

---

* 『선과 전쟁』의 스즈키 다이세쓰론에 대해서는, 졸고, 「B. ブィクトリア 『禅と戦争』の提起する問題」(『鈴木大拙全集』 第3卷, 岩波書店, 2000)에서 논하였다.

와 국가는 결코 충돌하는 것이 아니다. 양자는 상대相待·상조相助하여 비로소 완전을 기하는 것이라고 말할 수 있다"라는 것으로부터 "폭국暴國이 있어, 침략하여 우리 상업을 방해하고 우리의 권리를 유린한다면, 이것은 바로 인류 전체의 진보를 단절시키는 것으로 우리나라는 종교의 이름으로 그것을 따를 수는 없다. 이에 어쩔 수 없이 총칼을 들어야 한다"라고 하여 전쟁을 합리화하고 있다(『스즈키 다이세쓰 전집』 23권, 139~140쪽). 빅토리아는 이와 같은 사고방식이 제2차 세계대전에 이르기까지 불교계 지도자의 기본적인 태도였음을 지적하고 있다.

둘째로, 8장에서는 전시기에 있어서 선과 무사도의 관계에 대하여 논하고 있다. 이 과정에서 다이세쓰의 영문 저작, 특히 후에 『선과 일본 문화』Zen and Japanese Culture(1959)로 발전하는 1938년의 저작 『선 불교와 일본 문화에서의 그 영향력』Zen Buddhism and Its Influence on Japanese Culture 및 아라키 사다오荒木貞夫 등 군인들과의 공저 『무사도의 진수』武士道の真髓를 거론하며(Zen at War, pp.105~112), 다이세쓰가 무사도를 찬미하고 있는 것을 문제로 삼는다.

셋째로, 10장에서 스즈키 다이세쓰의 전쟁 직후의 언동을 다루고 있다. 특히 전후 바로 출간된 『일본적 영성』日本的靈性(『스즈키 다이세쓰 전집』 8권)의 2쇄 서문과 『선계쇄신』禪界刷新(28권)을 비롯하여 전후 다변으로 전쟁비판을 전개하는 다이세쓰의 언사를 상세하게 검증하고 있다(Zen at War, pp.147~152). 거기에서 전후 다이세쓰의 전쟁비판이 반드시 전쟁에 대한 전면적인 비판은 아니라고 주장한다.

두번째 문제는 무사도를 다룬 것으로 약간 문제를 달리하기 때문에 제쳐 두고, 여기서는 첫번째 문제를 중심으로 생각하고 세번째 문제로 나아가고자 한다.

『신종교론』은 이하의 16장으로 구성된다. 1장 서론, 2장 종교, 3장 신, 4장 신앙, 5장 의식·예배·기도, 6장 교조, 7장 사람[人], 8장 무아, 9장 불생불멸, 10장 종교와 철학의 관계, 11장 종교와 과학의 관계, 12장 종교와 도덕의 구별, 13장 종교와 교육의 관계, 14장 종교와 사회문제, 15장 종교와 국가의 관계, 16장 종교와 가정이다. 9장까지는 종교의 원리론으로, 10장 이하는 소위 응용론으로 종교와 다른 영역의 관계로 되어 있다.

우선 원리론에서 보면, 2장에서는 "유한의 무한에 대한, 무상의 불변에 대한, 아我의 무아無我에 대한, 부분의 전체에 대한, 생멸의 불생불멸에 대한, 유위의 무위에 대한, 개인적 생명의 우주적 생명에 대한 관계를 감득感得한다. 이것을 종교라 부른다"(『스즈키 다이세쓰 전집』 23권, 19~20쪽)라고 종교를 정의한다. 유한과 무한의 관계에서 종교의 본질을 보는 것은 기요자와의 초기 저술 『종교철학해골』에도 보이는 것으로, 그는 후기에 이르기까지 미타[아미타불]의 존재를 '절대무한자'라 부르고 있다. 그러나 다이세쓰의 경우 무한과 유한은 격절한 것이 아니라 유한자에게는 무한자로 통하는 길이 열려 있다.

곧 알아라. 종교적 감정은, 개인적 존재의 질곡을 탈각하여 우주의 영기를 호흡하고자 하는 정情인 것을. 또 알아라. 건곤이 무너져도 내가 의심하지 않는 대신앙을 얻고, 대휴헐大休歇을 얻고자 하는 정이라는 것을……. 또 알아라. 천상의 작은 별 하나도, 지상의 한 포기 풀도 모두 무한의 의의를 지니며, 인생의 슬픔·즐거움·자비·즐거움·기쁨도 또한 등한시되는 인연이 아닌 것을 깨닫고자 하는 정이라는 것을.(『스즈키 다이세쓰 전집』 23권, 20쪽)

이와 같이 개인의 유한성은 돌파·초월되는 것이지만, 그러나 어디까지나 개인의 내면을 통하여 무한으로의 초월이 가능하다는 점에서 만시와 아주 유사한 구조를 가지고 있다. 그때 종교가 종교적 감정의 문제로서 이해되고 있는 점에 주의해야 한다. 감정이라는 개인의 내면 통로에 의하지 않고 우주로 날아가는 것은 불가능하다. 얼핏 보면 정반대 방향을 향해 가는 것처럼 보이면서, 다이세쓰도 그 출발점에서 개인의 내면화라는 시대의 공통된 장에 서 있음을 알 수 있다.

그렇다면 그와 같이 내면으로부터 우주적 무한자에 도달할 때, 어떠한 윤리도덕이 가능할까. 다이세쓰는 "도덕은 사회에 있어서 사람과 사람의 관계이다. 종교는 사람과 우주와의 관계이다"(『스즈키 다이세쓰 전집』 23권, 112쪽)라고 양자의 관계를 명백하게 나눈다. 이 엄연한 구별도 또한 기요자와의 경우와 극히 유사하다. 무엇보다도 종교에는 종교의 도덕이 있다. "종교도덕은 우주의 일대원칙을 기초로 하여 발생한다. 이 일대원칙을 깨달아 행주좌와行住坐臥하고 착의끽반着衣喫飯하고 아시송료厮屎送尿하는, 그것을 종교적 도덕이라 한다. 진리는 널리 미치지 않는다고 말할 수 없고, 천지 사이에 행해지며 사람의 마음속에서 드러난다"(115쪽)고 말하는 것처럼 우주와 일체화한 삶의 방식이 그대로 종교도덕인 것이다. 악이란 그 우주의 전개에 역행하는 것에 다름 아니다.

그렇다면 종교와 세속의 관계는 어떻게 생각할 수 있을까. 15장에서는 종교와 국가의 관계를 논하지만 어디까지나 종교 우위의 입장을 취한다. "국가와 종교는 얼핏 보면 아주 충돌하는 것처럼 생각된다. 왜냐하면 국가는 차별 위에 세워진 것이며 종교는 일체평등주의를 취하는 것이다. 종교는 우주적 이상을 실행하는 것으로써 최후의 목적을 삼고, 국가는 자유의 존재를 보유함으로써 종국의 목적을 삼는다"(134쪽)

는 것처럼 종교와 국가는 정반대의 목적을 지니고 있는 것이다. 그러므로 "국가의 존립은 인류의 목적이 아닌 수단"(136쪽)인 것이며, "종교, 즉 인류의 이상·희망을 실행하는 데 있어서 국가의 존재가 도리어 그 것을 방해하는 것과 같은 일이 있을 때는 국가를 개조하는 것은 당연한 것이라고 말하지 않을 수 없다"(136쪽)라고 종교 우위의 입장에서 국가의 변혁도 인정한다.

이렇게 보는 한 종교의 우위는 흔들리지 않는 것처럼 보인다. 빅토리아가 비판하는 기리타 기요히데桐田清秀의 말처럼 "근대시민사회를 상정한 이상주의적 야경국가론"(「청년 스즈키 데이타로 다이세쓰의 사회관」, 『선학 연구』 72, 29쪽)이라 말해도 좋은 것이다.

그런데 그것이 반드시 관철되고 있는 것은 아니다. "차별을 주의로 하는 국가가 있어야만 비로소 평등의 종교를 설할 수 있고, 평등을 목적으로 하는 종교가 있어야만 비로소 차별의 국가를 알 수 있다"(『스즈키 다이세쓰 전집』 23권, 136쪽)라고 하며 평등, 즉 차별의 논법을 갖다 대면 양자의 관계는 동등한 것처럼 되고 있다. "국가를 위한 것은 곧 종교를 위한 것이다. 종교를 위한 것은 곧 국가를 위한 것이다. 둘로서 하나이며 하나이자 둘이며, 차별이기 때문에 평등하고 평등하기 때문에 차별이며, 원융화합하여 종교와 국가가 털끝만큼의 간격도 존재치 않는 데 이를 뿐만 아니라"(139쪽)라고 말하는 데 이르러서는 중세의 왕법불법상의론王法佛法相依論을 생각케 하는 종교와 국가의 일치 이상의 어떠한 것도 아닌 것이 되어 버린다.

하물며 앞서 인용한 "폭국이 있어, 침략하여 우리의 상업을 방해하고 우리의 권리를 유린한다면"이라는 부분으로부터 "그리고 그때마다 외국과 간격을 벌리는 데 있어 해병은 물에서 싸우고 육군은 들에서 싸우고 불꽃이 번득이는 포연 속에서 종횡무진하며 목숨을 거위털처럼 가볍게 여기고 뜻을 태산과 같이 무겁게 보고 단지 죽고자 할 뿐. 그것을 유사시의 종교라고 한다"(『스즈키 다이세쓰 전집』 23권, 130쪽)라는 곳까지 오면, 빅토리아가 말한 대로 호전적인 군국주의라고 해도 틀리지는 않을 정도가 되어 버린다. 앞서의 종교 우위론, 국가 방편론은 어디로 가 버렸던 것일까.

사실 이 양면성은 만년에 이르기까지 다이세쓰에게 일관한다. 제2차 세계대전 후 패전과 함께 다이세쓰는 쌓인 감정을 터트리듯이 격렬하게 전쟁비판, 군국주의비판, 신도비판을 전개한다. "소위 오늘의 국가는 밖으로 향해서는 전쟁의 주체가 되며, 안으로 향해서는 압박의 권력이 되는 것 이외에 어떠한 것도 취할 수 없다고 한다면 국가를 부정해도 좋지 않을까"(「국가와 종교」, 『스즈키 다이세쓰 전집』 9권, 264쪽)라고 말하는 데 이르러서는 『신종교론』 당시 이상으로 과격하다.

그렇지만 단순하게 무정부주의를 주장하고 있는 것도 아니다. 결국에 가서는 "종교란 영성적 자각의 세계를 말한다. 이 세계로부터 보면 국가 등은 어떠해도 좋다. …… 그러나 영성적 자각의 세계는 그대로 존재하는 것이 아니다. ……이 점에서 종교는 국가의 경영에 크게 관심을 갖는 점이 있다. 한편에서는 무관심하며 다른 한편에서는 지대한 관심이 있다. 종교에는 이 두 가지 측면이 있다"(「국가와 종교」, 294쪽)라며 양면성을 자각적으로 주장한다. 종교 우위의 입장에서는 거의 무정부주의에 가까운 논조가 보이면서도, 또 한편으로는 국가 그 자체의 활동을 거의 무비판적으로 그대로 인정해 버린다. 이 양 극단의 두 입장은 거의 동등한 자격으로 극히 쉽게 어느 쪽으로도 바뀔 수 있다.

기리타는 다이세쓰의 본질은 국가주의에 대해서 비판적이며 사회주의에도 가까운, "근대주의·개인주의·진보주의·역사주의·과학주의"(『청년 스즈키 데이타로 다이세쓰의 사회관』, 33쪽)라고 한다. 확실히 빅토리아가 묘사한 것처럼 다이세쓰를 철두철미하게 호전적인 국가주의자로서 보는 것은 무리이다. 그러나 그럼에도 불구하고 『신종교론』에 있어서 극히 명백한 전쟁긍정이나 그 뒤의 애매함이 남는 태도는 부정할 수 없다. 그렇게 전후에 이르기까지 그 전쟁비판, 군국주의비판, 신도비판을 가슴속에 숨겨 두고, 전후 자유롭게 사물을 말할 수 있게 되자마자 규탄을 시작한 것은 너무나 스스로를 상처 입히는 태도는 아닐까.

다이세쓰에 있어서 양 극단의 진폭은 확실히 다이세쓰 개인의 문제일지도 모른다. 그러나 그 출발점인 『신종교론』을 일청·일러전쟁이라는 시대 속에서 본다면, 기요자와와 마찬가지로 당시의 불교 사상의 래디컬함과 그 한계를 여실히 보여 주고 있다고 보는 것도 가능할 것이다. 『신종교론』에 있어서 종교의 입장에서 행한 세속도덕의 비판이나 초월은 기요자와와 마찬가지로 당시의 국가주의적 도덕에 대한 비판이 되는 것이다. 그럼에도 불구하고 역시 기요자와와 같이 세속 국가의 위치 설정이나 도덕의 양산이라는 점에서는 재차 실패하고 있다.

어디에 그 이유가 있는 것일까. 물론 일괄적으로 말할 수 없지만 다이세쓰의 경우 기요자와 이상으로 걸림 없이 자기로부터 무한의 우주로 진출하여 자기는 해소되어 버린다. 자기의 해소는 또한 타자의 해소이기도 하다. 자타의 구별 없이 모든 것은 평등일미가 되고, 구별은 어디까지나 방편의 입장에서만 인정되어 그것은 종교의 영역으로부터 세속의 국가나 도덕의 영역으로 옮겨 가 버린다. 그렇지만 이와 같은 발상으로 진정 타자에 대해 자기의 존재방식을 규율할 수 있을까. 그 한계가 여기에 드러나고 있다.

5) 다양한 가능성

이상 일청·일러전쟁 기간 중 내면의 시대에 있어서 불교 사상의 특징과 문제점을 기요자와 만시와 젊은 스즈키 다이세쓰의 경우를 거론해 고찰해 보았다. 여기서 다시 논점을 정리해 두고자 한다. 먼저 원래 메이지 초기에 시마지 모쿠라이가 불교 측에서 종교의 자유를 주장하고, 그것이 인정받은 것은 극히 큰 의의를 갖는 것이었다. 그 즈음 종교를 마음의 문제에 한정한 것은 후의 내면의 시대에 있어서 종교 사상 심화의 원류를 이룸과 동시에 다른 한편으로 신도를 비종교화하는 국가의 의향과 합치하는 방향을 제시하여 국가와 유합하는 결과를 초래했다.

메이지 22년(1889), 대일본제국헌법이 발포되어 종교의 자유가 인정되었지만, 그것은 신성불가침인 천황 아래에 한정된 것으로 나아가 그 이념은 다음 해 공포된 교육칙어에 의해서 보완되었다. 그것은 의무교육을 통해 신민의 도덕을 강제하는 것으로 종교보다도 도덕으로 국민통합을 도모하려고 하는 것이었다. 이 칙어의 이념을 적극적으로 선전한 대표적인 사람이 철학자 이노우에 데쓰지로로, 이노우에는 우치무라 간조의 불경 사건을 계기로 '교육과 종교의 충돌' 논쟁을 일으켜, 칙어 정신에 반하는 것으로서의 그리스도교를 비판하는 일대 캠페인을 펼쳤다. 이노우에의 비판은 직접적으로 그리스도교를 향하고 있지만 그 내용은 국가도덕의 입장에서 종교를 비판하는 것으로, 그 점에서는 불교와도 관계가 있음에도 불구하고 당초 불교 측으로부터의 반응은 둔감했고 오히려 이노우에의 입장에 편승하려는 경향이 강했다.

불교 측에서 정면으로 종교와 도덕의 문제를 묻고 종교의 존재방식을 깊이 생각하게 되었던 것은 일청·일러전쟁 기간 즉 1894~95년에서 세기가 바뀐 시기를 포함한 약 10년간이었다. 이 시대에 종교는 세속의 윤리도덕을 초월하는 것으로 인식되어, 개인의 내면을 깊이 찾음으로써 그 근저에서 무한자 혹은 우주적인 절대자를 만나는 것에 그 진가를 보기에 이르렀다.

그 전형은 기요자와 만시에게 보이며, 젊은 스즈키 다이세쓰의 사상에도 같은 구조를 볼 수 있었다. 그것은 칙어나 그것에 기반한 이노우에의 국가도덕의 절대시를 초월하는 것으로 결코 현실도피가 아니라 오히려 종교의 입장에서 국가주의적 도덕론을 상대화하고 비판하고자 하는 적극적인 의미를 지닌 것이었다. 직접적인 반제국주의적 언동이 제약된 시대 속에서 그들의 저항의 의미를 재인식할 필요가 있을 것이다.

그러나 그들의 활동에는 한계가 있었다. 그것은 세속을 초월한 곳에 중점이 놓여진 나머지 세속을 초월한 곳에서 너무나 쉽게 절대자와 만나게 되어 개인이 타자와 만나는 곤란성이 충분히 인식되지 않았다. 그러므로 일청·일러전쟁 기간은 근대적인 개아(個我)의 확립기이면서도 거기에서는 충분히 깊게 개아의 존재방식과 또 개아와 타자의 관계가 추구되지 못하였다. 그러므로 일단 세속을 초월한 종교의 입장에서 다시 세속으로 돌아왔을 때 독자적인 원리에 기초한 타자와의 관계 원리를 갖지 못하고, 따라서 거의 무비판적으로 세속의 도덕을 받아들이는 결과가 되고 말았다. 마침내 기요자와 만시의 후계자들이나 또한 다이세쓰와 같은 선사들은 너무나 무비판적으로 침략전쟁에 말려 들어가 저항의 원리를 제시할 수 없었던 먼 원인 중의 하나를 여기에서 찾을 수 있을 것이다.

쇼와의 전쟁기에 종교가 정치로부터 벗어나야 한다는 구호는 일본의 불교계가 일본의 침략에 저항하는 중국불교를 공격하여 일본의 침략을 변호할 때 관용구가 된다.[*] 세속으로부터의 초월이 저항으로서 작용했을 때부터 이윽고 그것이 저항을 봉쇄하는 침략의 힘으로 전환한 것이다. 그 전환이 거의 자각적으로 문제가 되는 일 없이 손쉽게 되어 버린 데 일본 근대의 큰 병의 뿌리를 볼 수 있을 것이다.

무엇보다도 만시와 다이세쓰만으로는 너무나 사례가 빈약하여 그 두 사람으로 그 시대의 불교 사상을 대표시킬 수는 없다고 할는지도 모른다. 그러나 이 두 사람만이 아니다. 다이세쓰가 당시에 아직 거의 무명의 청년이었던 것에 비하여 기요자와 이상으로 사회적으로 큰 영향력을 가진 것은 다카야마 조규였다. 일본주의, 국가주의의 논객으로서 이노우에의 측에 선 조규는 메이지 33년(1900)에 결핵으로 쓰러져, 전도양양한 구미행을 포기하게 된다. 그것을 전기로 그는 국가주의로부터 일전하여 개인주의를 주장하게 된다. 그렇지만 그의 개인주의는 통상 그 말에서 상징되는 것과는 크게 다르다. 그것은 성욕 등의 인간의 욕망을 긍정하는 본능주의이며, 니체의 영향을 받았던 천재주의며 에고이즘이었다.

이렇게 해서 자아를 응시하는 와중에 만났던 것이 니치렌日蓮이었다. 니치렌과 만남으로써 조규는 국가주의에 저항하는 무기를 손에 쥐게 된다. 메이지 35년(1902), 죽음을 앞에 두고 잇달아 「니치렌 상인은 어떤 사람인가」日蓮上人とは如何なる人ぞ(4월), 「니치렌과 그리스도」日蓮と基督(5, 6월), 「니치렌 상인과 일본국」日蓮上人と日本国(6월)으로 계속해 쓴 니

---

[*] 辻村志のぶ·末木文美士, 「日中戦争と仏教」, 『思想』 943, 岩波書店, 2002, 제1절(辻村志のぶ 집필)을 참조.

치렌 관련 논문은 진리의 세계로부터 국가를 철저하게 상대시한다. "국가적 종교라고 하는 것과 같은 이름하에 그 존재와 영광을 과시하는 종교는 보기 흉하다. 사람들이여, 어찌 말하지 않으랴. 우리 가르침은 지상의 일체 권력을 초월한다고"(『조규 전집』 6권, 496쪽)라며 모든 권력으로부터의 초월을 설하고, 나아가 "니치렌은 오늘날 소위 충군애국주의에 반대한다", "니치렌은 대불충의한大不忠義漢이다"(510쪽)라고 하여 국가주의에 정면으로 도전한다. 스스로 국가주의를 거쳐 왔음에도 그것에 대한 태도는 엄격하다. 또한 기요자와 만시나 스즈키 다이세쓰와 같이 역전하여 세속으로 되돌아가는 일도 없다.

하지만 그러면 세속을 초월한 종교절대의 입장을 일관하는 것은 세속에 대한 유효한 비판으로 계속해 갈 수 있는 것일까. 여기에도 몇 가지의 문제가 남는다. 첫째는 그 개인주의의 애매성이 논의를 좁히지 못하고 그대로 남겨진 것이다. 본능의 유출로서의 자아실현은 타자와의 갈등 속에서 구축된 개인과는 다르다. 그러나 그 점이 인식되지 못했고, 그 문제는 그후의 사상사에서도 충분히 논의되지 못했다.

둘째는 '지상의 일체 권력을 초월'했다고 하여 그 종교의 진리는 어떠한 것인가가 반드시 충분하게 논의되지 못하였다. 국가주의에 대해서 개인을 주장하면서도 지금은 또 그 개인을 초월하는 것에서 다시 종교적 진리가 엄습해 온다. 여기에서도 또한 그 개인의 유약함이 지적되지 않을 수 없다. 이윽고 초국가주의 속에서 일련주의적 진리와 국가가 결합하는 것은 조규에게 유래한 것은 아니라고 해도, 조규에 있어서도 그것에 대항할 만한 논리가 형성되지 않았다. 물론 조규 자신에게 허용된 시간은 너무나 짧았다. 그러나 그후에도 조규가 제시한 문제는 충분하게 계승되지 않은 채로 끝나 버렸다.

오히려 타자와의 관계에서 개인을 파악하려고 한 점에서는 그리스도교로부터 출발한 쓰나시마 료센에 주목해야 할 점이 있다. 료센은 '견신의 실험'을 통하여 '신의 아들'이라는 자각을 얻는다. "나는 신이 아니고, 또 대자연의 한 점 물결인 인간도 아니고, 나는 '신의 아들'이며, 천지인생의 경영에 참여한 '신의 아들'이다"(「나의 견신의 실험」, 『료센 전집』 5권, 219쪽). '신의 아들'인 나는 신과 합일하면서, 게다가 타자인 '신'에 대치한다. 료센은 불교의 '무아'를 비판한다. 거기에서 "개인의 가치는, 움직이면 그 근저의 범신적 사상이란 대해의 파도에 휩쓸려 가기" 일쑤이다. 그런 까닭에 "일체 중생을 여래의 자식이라 보면서도 그 자식으로서의 개인적 가치를 보는 것은 아주 명확치 않다"(「나는 견신의 실험을 통해 무엇을 배웠는가」, 같은 책, 581쪽)라고 말하고 있다. 그것은 개인을 개인으로서 확립하지 못하고 그러므로 타자를 정당하게 확립할 수 없었던 불교에 대한 근원적인 비판을 포함하는 것이라 말할 수 있을지도 모른다.

3. 교토학파와 불교

1) 전쟁과 교토학파

교토학파京都學派란 대체 무엇일까?『이와나미 철학 사상 사전』(나카오카 나리후미中岡成文 집필)에 의하면, "교토제국대학 철학과에 적을 둔 니시다 기타로와 그 후계자 다나베 하지메田辺元 및 그들의 철학을 계승한 제 자들을 총칭한다"라고 하여, 제자들(2세대)로서 고사카 마사아키高坂正顯, 고야마 이와오高山岩男, 니시타니 게이지西谷啓治, 시모무라 도라타로下村寅太郎, 스즈키 시게타카鈴木成高를 들고, 넓은 의미에서는 미키 기요시三木清, 도사카 준戸坂潤을 더하고, 나아가 그 주변에 와쓰지 데쓰로和辻哲郎, 구키시 유조九鬼周造를 위치시키고 있다. 이에 대하여『일본 사상 사 사전』(다나카 규분田中久文 집필)에서는, 넓은 의미로는 "니시다 기타로 를 중심으로 그 영향을 받은 철학자들"이지만, "좁게는 제2차 세계대 전 시기에 니시다의 학통을 계승하고, 같은 학과에 재직하며, 전쟁에 대해서 적극적인 의미를 부여한 고사카, 고야마, 니시타니를 가리켜 사 용한다"라고 하여 왜 교토학파가 문제시되는지를 명확히 하고 있다.

고사카, 고야마, 니시타니, 스즈키는 1942~43년,『중앙공론』中央

公論에서 3회에 걸쳐 좌담회를 열어, '세계사의 철학'이란 입장에서 '대동아전쟁'의 의의를 부여하고자 하였다(그 좌담회는 『세계사적 입장과 일본』世界史的立場と日本으로 출판되었다). 『문학계』文學界에서 행해진 '근대의 초극'이란 좌담회(1942, 다음 해에 단행본으로 나옴)에는 '교토학파'의 니시타니, 시모무라, 스즈키 등이 참가하였다.

이와 같이 '교토학파'라고 하면 무엇보다도 전쟁 이데올로기라는 측면이 부각되어 비판적으로 보이지만, 그렇더라도 그들을 어떻게 평가할 것인가 혹은 적어도 니시다 기타로를 전쟁 이데올로기라는 족쇄로부터 구제할 수 있을까라는 논의가 이어져 왔다. 1994년에 간행된 『쓰라린 현실에 눈뜸』Rude Awakening은 일본과 해외에서 비판파·반비판파의 쌍방 논객들이 모여 집약한 하나의 도달점이다.

2) 교토학파관의 변모

그런데 교토학파에 대한 이러한 이해는 최근 크게 변하고 있다. 2001년에 간행된 『교토학파의 철학』京都学派の哲学에는 니시다 기타로, 다나베 하지메, 미키 기요시, 도사카 준, 기무라 모토모리木村素衞, 히사마쓰 신이치久松真一, 시모무라 도라타로, 니시타니 게이지 등 여덟 명의 이름이 거론되는데, 일찍이 교토학파의 급진파라고 여겨졌던 고사카 마사아키, 고야마 이와오, 스즈키 다이세쓰 등의 이름은 보이지 않게 된다. 같은 책의 「부론」 2에서, 존 C. 마랄도J. C. Maraldo는 '교토학파를 동정同定하기 위해 사용되는 여섯 개의 규준'으로서 ① 니시다와의 관계, ② 교토대학과의 연결, ③ 일본과 동양의 지적 전통에 대한 태도, ④ 맑스주의, 국민국가 그리고 태평양전쟁이라는 세 개의 서로 연관되는 사건에 대한 태도, ⑤ 불교의 전통과 종교 일반에 대한 태도, ⑥ 절대무의 개념에 대한 태도 등을 거론하고 있다(『교토학파의 철학』, 312~317쪽).

그러나 사실을 말하면 객관적인 동정의 규준이 있는 것은 아니며 오히려 누구를 택하고 누구를 뺄 것인가라는 것에서 평가하는 측의 자세가 드러나고 있다. 고사카, 고야마, 스즈키 등을 대표의 위치에서 제외한 것은 교토학파의 평가규준을 전쟁론, 민족주의 이외의 곳에서 보고자 하는 의사표시에 지나지 않는다.

이와 같은 배경에는 구미에서 교토학파를 새롭게 착안한 사태를 무시할 수 없다. 같은 논문에서 마랄도는 "니시다, 다나베, 히사마쓰, 니시타니, 아베 마사오阿部正雄, 다케우치 요시노리武内義範, 우에다 시즈테루上田閑照와 같은 오늘날 일본 밖에서 번역되어 읽혀지고 있는 교토학파의 사상가들은 자주 현대의 불교철학자로 간주되고 있다"(같은 책, 323쪽)는 것을 지적하고 있다. 무엇보다도 이와 같은 평가는 철학자와 신학자, 종교학자 사이에만 보이는 것으로 다른 한편 해외의 불교학자는 그들에 대하여 "자의적으로 선택한 불교 사상을 실존철학이나 독일관념론과 혼합시켜 도를 넘은 절충주의자"(324쪽)로 극히 냉정한 평가를 퍼붓고 있다. 찬미인가 무시인가──교토학파의 불교론에 대한 평가는 양극으로 이분되어 있다.

그런데 마랄도가 교토학파를 상당히 광범위하게 다룬 것에 비하여 오히려 한정적으로 다루고자 한 사람이 『쓰라린 현실에 눈뜸』의 또 다른 편자인 하이지크James W. Heisig이다. 그의 새로운 저서 『무의 철학자: 교토학파에 대한 소론』Philosophers of Nothingness: An Essay on the Kyoto School은 구체적으로 니시다, 다나베, 니시타니 세 사람을 거론하고 있다. 하이지크는 이 세 사람의 철학은 서구적인 의미에서 철학의 문제로 삼는 것이 가능하며 세계철학을 고찰해 가는 과정에 그 의의가 있다고 말한다.

일본에서 오랫동안 연구를 계속하여 교토학파에 정통한 저자의 이 책은 소위 구미를 향한 교토학파 입문서의 결정판 역할을 하고 있다. 니시다, 다나베, 니시타니라는 트리오는 하이지크가 자의적으로 선택했다기보다도 이미 아주 오래전부터 구미에서 교토학파를 논할 때 거론된 빅3였으며, 그의 책은 그것을 인정하고 결정지은 것이다. 이후 구미의 교토학파 연구는 점차 이 빅3에 집중할 것으로 예상된다.

물론 구미에는 구미 독자의 문제의식이 있고, 그것에 대해서 우리들이 왈가왈부할 필요는 없다. 마치 구미의 Zen이 일본의 선과 다른 것처럼 구미의 Kyoto School이 일본에 있어서 교토학파와는 다른 관심, 다른 시점에서 연구되고 평가되어도 그것은 그것대로 좋은 것이며, 기뻐할 만한 일이다. 다만 거기에 그 나름의 경향이 있다는 것은 인식해 둘 필요가 있다. 예를 들어 니시다는 그렇다 해도 다나베·니시타니는 모두 독일에 유학하여 구미류, 특히 독일류의 철학 발상법을 배웠다. 그 중에서도 니시타니는 항상 구미의 철학사를 전제하고 참조하면서 논의를 진행시켜, 구미의 독자에게는 대단히 친숙하리라는 것을 예상할 수 있다. 니시타니 철학이 구미에서 우선적으로 주목받는 것은 그 이유가 있는 것이다.

3) 조금 다른 형태로

그렇지만 우리가 그와 같은 구미적 사고방식에 속박될 필요는 없다. 일본의 연구자는 우리 자신의 문제의식으로부터 일본 사상사 중에서 교토학파를 위치 지을 필요가 있다. 그 경우에는 반드시 빅3에 구애될 필요는 없고, 오히려 조금 폭을 넓혀 보는 편이 '학파'로서의 운동이 보다 쉽게 잘 보일 것이다. 예를 들어 '세계사의 철학'이라 해도 그것이 전쟁협력이었다는 이유에서 터부시하거나 단지 비판만 한다고 해서 끝나는 것은 아니다. 보다 우파인 기히라 다다요시紀平正美의 철학과의 비교 혹은 오카와 슈메이大川周明나 이시하라 간지石原莞爾의 문명관과의 비교 등, 맑스주의 붕괴 이후의 사상·철학계의 동향에 대해서는 아직 연구의 여지가 많이 남아 있다.

또한 '철학'이라는 영역을 전제한다면 확실히 다나베나 니시타니의 이름을 거론할지도 모른다. 그러나 오늘날 원래 '철학'의 보편타당성 그것 자체가 의문시된다. 혹시 '철학' 자체가 해체되어야 할는지도 모른다. 그와 같은 가능성을 생각하면 빅3 이외의 사상가에도 눈을 돌려야 한다. 예를 들면 니시타니는 『선의 입장』禅の立場(『니시타니 게이지 저작집』 11권)의 서문에서 "선의 본질은 모든 철학의 저편에 있다"라고 하면서도, "철학이라는 입장에 선을 반영시키며 선의 사상적인 고찰을 깊게 추구하는 것도 전혀 불가능한 것은 아니며, 또한 무의미하다거나 유해하다고 단순히 결정할 수 없다고 생각한다"라고 선을 철학의 입장에서 볼 수 있는 가능성을 시사하고, 실제 같은 책에서는 이와 같은 입장에서 선의 철학적인 해명이 이루어지고 있다.

이와 같이 니시타니가 소위 금욕적으로 철학의 입장을 고집하는 것에 비하여 빅3에서 제외된 히사마쓰 신이치는 그의 자전적인 글 「학구생활의 기억」学究生活の思い出(『히사마쓰 신이치 저작집』 1권, 1955)에서 자신의 체험을 되돌아보면서 자신의 입장을 다음과 같이 표명한다. "이렇게 해서 그는 소위 중세적인 신앙의 종교로부터 근세적인 이성의 철학으로 탈피하고 나아가 대상지적對象知的인 이성철학의 한계를 돌파하여, 무애자재한 참된 자기를 깨달았다. 그는 이후 이 참된 자기로서 살며, 그렇게 살아감으로써 주체지적主體知的으로 행하고, 행하는 것에 의해 모든 면에서 자기를 표현하고, 그와 같이 하는 것을 **깨달음의 종교**覚の宗教로서 개종開宗하고, 참된 자기가 자기 자신을 대상적으로 의식함으로써 자기를 대상화하여 거기에 자기의 대상지를 얻고, **깨달음의 철학**覚の哲学을 수립하는 데 전념해 오고 있는 것 같다. 이 깨달음의 종교와 깨달음의 철학의 완성은 그에 있어서 제1의 관심사이며 영원한 사명이다."(「학구생활의 기억」. 강조는 원저자).

이와 같이 히사마쓰는 상식적으로 지知의 차원에서 한계 지어진 '철학'을 초월하여, '깨달음의 종교'의 확립과 '깨달음의 철학'을 일체적인 것으로 파악하고, '대상지적인 이성철학의 한계를 돌파'함으로써 '참된 자기'를 깨달은 것이다. 그러므로 니시타니의 철학이 기성의 선을 어떻게 철학적으로 해명하는가라는 것에 귀착한 것에 비하여 히사마쓰는 본래 선 그 자체를 기성의 체계로 보지 않고 자신의 체험에 기초하면서 '깨달음의 종교', '깨달음의 철학'을 완성해 갔던 것이다.

일본의 연구자조차 히사마쓰를 "너무나 어렵다"(이시이 세이지, 「포스트 근대주의자, 히사마쓰 신이치」, 『일본 근대 사상을 배우는 사람을 위해』)고 말하는 것은, 아마도 이와 같이 기성의 종교도 철학도 모두 의심하고, 철저하게 자신의 깨달음에 입각하고자 하는 히사마쓰의 예리함 때문일 것이다. 어디까지나 상식적인 철학의 차원에 머무는 것을 좋다고 할 것인가, 그렇지 않으면 그것을 의심하고 초월하려는 입장을 인정할 것인가, 그것은 역시 받아들이는 측의 선택 문제이다.

4) 아시아라는 시각에서

그런데 일본의 연구자 입장에서 교토학파를 볼 때 이제껏 무시되어 왔던 또 하나의 견해가 있음을 지적해 두고자 한다. 지금까지는 서구철학과 비교하면서 교토학파를 논하거나 혹은 그 위상을 정립하는 것이 보통이었다. 그러나 교토학파는 아시아가 근대화하는 과정에서 근대화에 대응하면서 동시에 전통 사상을 살려가고자 분투하는 역사의 전형이다. 그렇게 생각하면 동일하게 근대화 과정에서 전통을 재발견한다는 점에서 다른 아시아의 사상가·철학자들과 비교하는 것이야말로 구미 철학자들과의 비교 이상으로 중요할 것이다. 그러나 이 작업은 의외로 거의 진행되지 않은 상태이다(후지타 마사카쓰 편, 『동아시아와 철학』은 그 최초의 시도이다).

예를 들면 중국의 경우는 어떠한가. 바로 떠오르는 것이 량수밍梁漱溟, 슝스리熊十力 등의 신유학자이다. 그들은 급속한 근대화에 반대하고 오히려 전통 문화, 전통 사상의 재발견을 호소했다. 량수밍에 의한 동서문명의 비교는 와쓰지 데쓰로의 풍토론이나 고야마 이와오의 '세계사의 철학'을 떠올리게 하며, 본체론으로 시작하는 슝스리의 극히 추상적이며 장대한 철학체계는 니시다의 철학을 떠올리게 한다.

게다가 흥미진진한 것은 량수밍과 슝스리 모두 처음에는 불교 연구로부터 시작했다는 것이다. 특히 슝스리는 그 주저가 『신유식론』新唯識論으로 이름 붙여진 것에서도 알 수 있듯이, 유식철학을 깊이 연구하고, 그것을 능가하는 것으로 역易의 철학을 발견한다. 중국 근대에 있어서 유식은 마치 일본 근대에 있어서 선과 같이 지식인의 사상에 큰 영향을 미쳤다. 왜 중국에서는 유식이며 일본에서는 선이었는가. 그것에 대해 한 번도 질문을 한 적이 없었지만 아시아의 근대와 불교 그리고 철학의 문제를 생각할 때, 진정으로 묻고 생각하지 않으면 안 되는 과제라고 생각한다.*

---

* 교토학파에 관한 사견은 졸고, 「'동양적'인 것의 구축—전시하 교토학파에 있어 동양과 일본」(「'東洋的'なるものの構築—戦時下京都学派における東洋と日本」, 『岩波講座宗教』, 4권, 岩波書店, 2004)에 보다 상세히 기록했다.

4. 아사세 콤플렉스론을 둘러싸고

1) 아사세 콤플렉스란?

아사세阿闍世 콤플렉스 이론은 고사와 헤이사쿠古沢平作에 의해서 제창
되었다. 고사와는 프로이트 문하에서 정신분석을 배웠지만, 프로이트
의 오이디푸스 콤플렉스에 대하여 아사세 콤플렉스라는 새로운 이론
을 제창하고, 논문으로 종합·정리해 프로이트에게 제출했다. 즉 부친
의 엄벌적 태도에 대한 공포나 반항으로부터 죄악감이나 종교를 설명
하고자 하는 오이디푸스 콤플렉스에 비하여 부모가 자식의 죄를 허용
하고 자식이 그것에 대해서 마음으로 미안하게 생각하는 참회의 마음
을 중시했다. 아버지 대 자식의 정신적 갈등을 축으로 하는 오이디푸스
콤플렉스에 비해서 아사세 콤플렉스는 어머니 대 자식의 갈등을 기본
으로 하는 것이다(고사와 헤이사쿠 편, 『프로이트 선집』 3권, 1953).

　　고사와가 인용한 아사세 이야기는 "자식이 없는 데다가 연로하여
신체와 용모가 쇠퇴해서 마침내 왕의 사랑이 멀어져 가는 것을 깊이 걱
정한" 위제희韋提希 부인이 "삼 년 후 깊은 산속의 선인이 죽은 뒤 부인
에게 잉태되어 훌륭한 왕자로 태어난다"는 예언자의 예언을 듣지만,

삼 년을 기다리지 못하고 선인을 살해하여 원하는 것을 얻으려고 한 것에서 발단한다. 이렇게 해서 태어난 아사세는 부모를 유폐하고 아버지를 죽음에 이르게 하지만, 그 번민으로부터 유주流注〔몸에 생긴 고름이 신체 내 여기저기를 옮겨 다니다가 다른 곳에 나타나는 병〕라는 병을 얻고, 마지막에는 석존의 가르침을 받고서 참회하여 구원을 얻는다고 하는 것이다.

이 '고사와판' 아사세 이야기에 대하여 오코노기 게이고小此木啓吾는 그 출전을 조사하여, 『교행신증』敎行信證에 인용되어 있는 『열반경』涅槃經에 『관무량수경』觀無量壽經을 더했다는 것을 밝히고 ① 『열반경』에 보이는 부왕과 아사세의 관계가 중심이 되고 있는 것, ② 위제희가 선인을 살해한 이야기는 경전에는 보이지 않고, 고사와의 창작이라는 것을 지적했다(오코노기 게이고, 『일본인의 아사세 콤플렉스』, 1982).

오코노기는 이 고사와 이론을 더욱 발전시켜, 일본인의 정신구조를 분석하는 이론으로 발전시켰다. 즉 일본인의 아사세 콤플렉스를 "일본적인 일체감＝어리광과 그 상호성, 일본적인 원한과 마조히즘, 일본적인 용서와 죄의식이라는 세 개의 구성요소로 이루어진 하나의 전체적인 심리구조"라고 정의하고(같은 책, 21쪽) 서구적인 부성원리에 반대되는 일본적인 모성원리를 표현한 것이라고 하였다. 오코노기는 그 전형적인 사례로서 하세가와 신長谷川伸의 『눈꺼풀의 엄마』瞼の母를 들어, 그 드라마가 "① 이상화된 어머니에 대한 일체감＝응석(어리광), ② 어머니에 의한 배반＝원망, ③ 원망을 초월한 용서의 화해라는 세 개의 심리단계를 통과하는" 것을 지적하고, "우리 일본인 심성의 기본구조를 형성하는 것은 바로 이와 같은 어머니와 자식의 체험이다"라고 한다(12쪽). 이와 같은 모성적 원리에 근거하여 죄와 용서의 원형이 되는 것으로 아사세 이야기를 두는 것이다.

오코노기가 인용한 아사세 이야기는 기본적으로는 고사와의 이야기를 수용하면서도 다소의 수정을 가하고 있다. 즉

① 위제회가 출산 당시 높은 탑에서 아들을 떨어뜨려 죽이려고 했다는 『열반경』의 이야기를 첨가하여, 어머니의 원초적 죄에 대해 경전상의 근거를 부여했다는 것.
② 아사세가 죄악감에서 유주라는 병으로 고생할 때 위제회가 헌신적으로 간병했다고 하는 이야기를 두고 여기에 어머니와 자식의 용서에 의한 일체감의 회복이라는 해결을 제시하는 것(같은 책, 18~19쪽).

이와 같이 아사세 콤플렉스 이론은 오코노기에 의해 새로운 진전을 보게 되지만, 거기에는 또한 몇 가지의 의문이 남는다.

첫째, 고사와판 아사세 이야기는 이미 경전에서 벗어나 있었는데, 오코노기가 그것을 수정하면서 근본적인 곳에서 한층 더 원래의 이야기에서 벗어나 버렸다. 즉 원래는 석존에 의한 아사세 구제라는 종교적 테마의 이야기지만, 여기서는 어머니와 자식의 일체감의 회복이 최종적 해결로서 제시되어, 고사와에서 중시되고 있었던 종교적 계기도 결여하게 되었다. 이와 같은 이야기의 변용은 허용되는 것일까.

둘째, 원래 아사세 이야기는 인도의 이야기이다. 오코노기는 그것을 일본적 심리구조의 해명에 사용하고 있다. 오코노기 자신도 이 점을 자각하고 있고, 인도 이야기가 일본화된 "그 문화사적인 이행의 경위"에 의미를 찾아내고 있지만(6쪽), 그것은 정당한가.

셋째, 오코노기는 이 이론을 사용하여 현대 일본의 문제를 해명하고자 한다. 그러나 종교상의 고전에 보이는 이야기가 그렇게 쉽게 현대

적 문제에 적용될 수 있을까.

이러한 문제를 고찰하기 위해 다음 절에서는 시점을 바꾸어 아사세 이야기 자체가 불전 속에 어떻게 형성되었는가를 살펴보고자 한다.

2) 아사세 이야기의 전개

아사세의 원명인 아자타샤트루Ajātaśatru는 원래 '적대하는 자가 없다'라는 의미로, 영웅의 칭호이다. 아사세가 부왕 빔비사라Bimbisāra를 살해하여 왕위를 빼앗은 것은 모든 종류의 자료로부터 확인되므로 신뢰해도 좋다고 생각한다. 그런데 이 사실로부터 아자타샤트루가 "아직 태어나기 전부터 (아버지에게) 적"(미생원未生怨)으로 이해되고, 여기에서 갖가지 아사세 설화가 형성되었다. 상세한 것은 따로 논했기 때문에(스에키 후미히코, 「관무량수경」, 『정토불교의 사상』 2권), 여기서는 간단하게 기술하고자 한다.

아사세 이야기는 인도에 연원하는 것이지만, 내용상 상당한 발전을 보이고 있다. 가령 『투사 자타카』Thusa-jātaka에 의하면, 아사세가 어머니의 모태에 있을 때, 어머니는 아버지의 오른쪽 무릎의 피를 먹고 싶어 했다. 점술사에게 묻자, 태 안의 아들이 머지않아 아버지를 살해하고 왕위를 빼앗는다고 하였다. 그러나 왕은 아내에게 오른쪽 무릎의 피를 마시게 하여, 아내가 낙태하려는 것을 막고 아들을 낳게 했다고 한다.

또 아사세의 회한은 『근본설일체유부비나야파승사』根本說一切有部毘奈耶破僧事에 나와 있고, 거기에 의하면 부왕이 유폐된 뒤 어머니가 아사세에게 아버지가 얼마만큼 어린 아사세를 애지중지했는가를 이야기하고, 그것을 듣고 아버지에 대한 사랑의 감정이 생긴 아사세가 아버지를 나오게 하고자 사신을 보내지만, 아버지는 이미 돌아가셨다고 한다.

그 밖에 율장이나 논서 가운데 아사세에 관한 이야기가 보이지만, 모두 아버지와 아들의 관계가 위주이며, 또한 부왕이 자비 깊은 존재로서 묘사되고 있다. 이에 비해 어머니는 겨우 조역으로 등장한다.

이러한 아사세 설화를 비약적으로 발전시킨 것이 『열반경』과 『관무량수경』(『관경』)이다. 이 두 경전이야말로 신란親鸞을 비롯한 많은 일본인들이 친숙하게 받아들인 경전으로, 고사와와 오코노기가 전제하고 있는 것도 이 두 경전의 설화이다. 그것에 관해서 우선 지적해 두어야 하는 것은 두 경전 모두 그 성립에 문제가 있다는 것이다. 『열반경』은 그 전반부에 관해서는 범어본의 단편도 보이고 또 범어본으로부터의 티베트 번역이 존재하기 때문에 인도에서 성립했음에 틀림없다. 그러나 아사세 설화를 포함한 후반부는 범어본이 존재한 흔적이 없고 유래도 확실하지 않다. 혹은 중앙아시아에서 성립했을 가능성도 있다. 다른 한편 『관경』도 그 성립에 문제가 있다. 범어로부터 한역되었다고 하기에는 이상한 것처럼 보이는 번역어가 보이기 때문에 중국에서 성립했다는 설도 유력하다. 그러나 가령 그 성립이 처음부터 한문이었다고 해도 중앙아시아에서 성립했을 가능성도 충분히 생각해 볼 수 있다. 이와 같이 두 경전 모두 순수하게 인도에서 성립됐다고는 생각하기 어렵고, 거기에 인도적인 것으로부터 발전한 설화가 전개되고 있다고 보인다.

『열반경』(36권본)에 보이는 주요한 설화는 아래와 같은 내용이다.

① 탄생 : 부왕이 사냥을 할 때, 이유 없이 살해한 선인이 아사세가 되었다고 한다(권 18). 태어날 때 아버지를 살해하게 될 것이라는 점술

사의 예언 때문에, 어머니는 높은 누각에서 아사세를 출산하고 떨어뜨리려 하였지만, 손가락 하나가 부러지는 것으로 죽음을 면하였다(권 31).

② 부왕유폐 : 아버지를 유폐하여 굶겨 죽였다. 또한 옥중의 아버지를 면회하려고 한 어머니에게 폭력을 휘둘렀다(권 31).

③ 아사세의 참회 : 아사세는 회한 때문에 열병에 걸리고 죽어서까지 자식을 바르게 인도하려는 아버지의 도움을 받고서 석존에게 귀의한다(권 17~18).

이와 같이 여기서도 다른 자료와 마찬가지로 어디까지나 아버지 대 아들이라는 관계가 중심에 있다. 그러나 부왕의 선인 살해와 왕비의 영아 살해 미수라는 죄가 원래 있고, 부모의 에고가 자식의 죄를 낳는 구조로 되어 있다. 그리고 아들의 이반에 대해서 부모가 지닌 무사無私의 사랑이 아들을 본래의 모습으로 되돌려 놓게 된다. 이 점에서는 부모 자식 쌍방의 죄와 그것을 서로 허용하고자 하는 고사와와 오코노기의 해석이 반드시 틀렸다고 할 수는 없다.

왕비 위제희가 크게 거론되는 것은 마침내 『관경』에 이르러서이며, 거기에서는 위제희가 주인공으로 등장한다. 또한 거기에는 새롭게 여성적 요소가 많이 들어가게 된다. 그러나 그것은 비탄에 잠겨서 석존에게 구제를 바라는 형식으로, 아사세와의 관계 회복이라는 것은 직접적으로 나와 있지 않다.

중국에 이르면 『관경』 해석에 『열반경』의 아사세 인연담이 결합하게 된다. 특히 선도善導의 『관경소』觀經疏에서는, 부왕이 일찍이 자식을 바랐을 뿐만 아니라 장차 자식으로 태어날 선인을 살해하고 그 선인이 아사세로 바뀌어 태어난다고 하는 이야기를 부가하고 있어, 이 아버지를 어머니로 바꾸면 고사와판 아사세 탄생담이 되는 것으로, 그 점에서는 고사와의 이야기도 반드시 황당무계하다고 할 수는 없다. 덧붙여 『열반경』과 선도의 아사세 탄생담을 결합한 것으로서 『조명보살경』照明菩薩經이라는 경전의 이야기가 유포되고 있었음을 돈황자료를 통해 알 수 있어, 원래의 이야기도 차례로 변용되어 발전해 갔음을 알 수 있다.

그 뒤 중국에서는 아사세 이야기가 활발히 전개되지는 않았지만, 일본에서는 신란이 『교행신증』「신권」信卷에 『열반경』의 아사세의 후회와 깨달음의 이야기를 대단히 길게 인용하고 있어 극히 감명 깊은 일단이 된다. 고사와도 『교행신증』을 단서로 이 이야기에 친숙하였던 것으로 생각된다. 그런데 흥미 깊은 것은 오늘날 서지학적 연구에 따르면 「신권」의 이 인용은 본래부터 있었던 것이 아니라 신란이 만년에 부가한 것으로 알려져 있다(아카마쓰 도시히데, 『신란』, 202~203쪽). 만년의 신란은 자신의 아들인 젠란善鸞의 이반을 괴로워했다. 「신권」의 부가는 젠란 문제가 일어나기 이전의 일이지만 젠란 문제가 일어났을 때 신란의 심정을 거기에서 보는 것은 반드시 잘못이라고는 할 수 없을 것이다. 자식의 죄는 원래 부모의 에고에 유래하는 것이며, 신란은 고뇌에 찬 갈등 속에서 젠란에게 호소한 것이다.

3) 아사세 콤플렉스 재고

이상 인도로부터 일본에 이르는 아사세 이야기의 전개를 추적해 보았다. 거기서 다시 아사세 콤플렉스론으로 돌아가, 앞서 제시한 문제점을 다시 고찰해 보자.

첫째, 고사와 오코노기에 의해 이야기가 변용됐지만, 이와 같은 아사세 이야기의 전개에서 볼 때 반드시 일괄적으로 부당하다고 말할 수는 없다. 특히 선도의 아사세 탄생담은 『관경』의 위제희 이야기와 하나로 한다면, 고사와처럼 아버지에서 어머니로의 전환도 가능할 것이다. 원래의 이야기 자체가 인도의 경전이 중앙아시아·중국으로 전해지며 점차 새로운 요소를 부가하여 발전했던 것으로, 그것을 더욱 새롭게 전개하는 것은 허용되는 일이다. 프로이트의 오이디푸스 콤플렉스론이라고 해도 원래의 그리스 비극과는 크게 다르다.

그러나 오이디푸스 콤플렉스론은 원래 오이디푸스의 비극 그 자체의 이면을 해명하고 그것으로부터 개인의 정신병리뿐만 아니라 인류의 종교·문화의 근원을 드러내려고 하는 의도를 가져 독단성이 강한 것은 물론 큰 충격을 주게 되었다. 그것에 비해서 원래 아버지와 아들의 갈등을 기원으로 하는 아사세 이야기를 어머니와 아들의 관계로 바꾸지 않으면 안 되는 필연성이 어디에 있었을까. 어머니와 아들 관계로 바꿈으로써 원래의 아사세 이야기의 본질이 보다 명료하게 보이게 된다고 할 수 있을까. 게다가 오코노기에 의한 수정은 고사와에게 여전히 남아 있었던 종교적 계기를 제거함으로써 명쾌하게 되었지만, 한없이 통속적인 일본인론에 접근하는 계기가 되었다. 이 점은 아래에서 기술하는 제2의 문제점과 함께 고찰하지 않으면 안 된다.

둘째로, 아사세 이야기를 특히 일본적 심정의 해명에 이용할 수 있는가라는 점이 문제가 된다. 아사세 이야기는 『관경』과 연결됨으로써 정토교의 세계에 갇히게 된다. 정토교는 원래 타력 구제적 측면과 동시에 삼매의 수득修得이라는 자력수행의 측면, 또한 스스로 정토를 구축하여 중생을 구제하고자 하는 이타적 측면을 갖추고 있다. 중국에서도 정토염불은 선관禪觀과 함께 수행되는 것이 보통이다. 그런데 일본에서, 그것도 호넨法然 이후의 정토교에서는 구제교적 측면이 강해진다. 거기에는 또한 유대＝그리스도교에 보이는 것과 같은 엄격한 신의 형벌이라는 관념도 없고, 확실히 용서받는 형태라고 말할 수 있는 면을 강하게 갖게 된다. 그렇지만 그 발상이 일본 문화 전체를 덮고 있는 구조라고 생각할 수 있겠는가. 이는 다음 세번째 점과 함께 고찰해야 할 문제이다.

여기서 또 하나 생각해 두어야 하는 것은 앞서 의문으로 삼은 점, 즉 아사세 이야기를 어머니와 아들의 관계로 전환하여 용서받는 형태의 구조를 어머니와 아들의 관계를 근저에 두고서 정식화할 수 있는가 하는 점이다. 확실히 아버지가 '엄벌'로 임하는 존재라고 한다면, 어머니는 '응석'으로서 용서하는 존재라고 할 수 있다. 어머니와의 일체화는 모태회귀원망母胎回歸願望으로서 보편성을 가지고 있다. 그렇지만 남성＝부성＝엄격함＝벌, 여성＝모성＝우아함＝용서라는 정식화는 자칫하면 남녀의 역할을 고정화할 위험성을 가지고 있다. 오코노기 자신이 그 저서에서 지적하고 있는 것처럼, 남녀의 역할이 유동화하고 있는 오늘날, 이와 같은 정식화가 유효한지 어떤지는 여전히 문제로 남는다.

거기서 세번째로, 불전의 이야기를 어떻게 현대에 적용할 것인가라는 문제를 고찰해 보자. 오코노기가 정의하는 것처럼 일체화 → 이반 → 용서라는 구조를 아사세 콤플렉스라 할 때 확실히 오코노기가 시도하고 있는 것처럼 그것을 현대 일본의 정신구조의 어떤 면에는 적용하는 것이 가능할 것이다. 원래 고사와가 큰 영향을 받았다고 생각되는 근대 일본의 신란 이해에는 이와 같은 측면이 상당히 현저하게 보인다. 구라타 햐쿠조倉田百三의 『출가와 그 제자』出家とその弟子는 신란과 젠란

의 이반 → 용서라는 구조를 극히 전형적으로 보여 주고 있다. 대체적으로 근대의 악인정기惡人正機를 중심으로 하는 신란 이해에는 악에 의한 이반 → 구극적인 용서=구제라는 도식을 강하게 엿볼 수 있다. 그런 까닭에 그것을 유형화하여 비판적으로 검토하는 것은 충분히 유효한 측면을 가지며, 근대 일본에서 '응석'이란 구조의 해명과 연관되는 것이다.

그러나 이와 같은 해석은 또한 위험한 면을 가지고 있다. 첫째로 그것을 가지고 통시간적으로 일본 문화의 특징으로서 단정해 버릴 위험이다. 근대의 신란 이해는 반드시 역사상 신란의 사상을 적확하게 수용하고 있다고 말할 수 없는 점이 있다. 신란은 바른 가르침을 배반한 젠란을 결코 안이하게 용서하지는 않았다. 구제는 어디까지나 바른 가르침을 신앙하는 곳에서 생기는 것이며, 바른 가르침을 비방하는 자에게는 단호하고 엄격한 태도를 취한다(스에키 후미히코, 『해체되는 말과 세계』). 근대의 신란 해석은 그 측면이 빠진 것으로, 따라서 그것을 가지고 일본 문화를 통시간적으로 특징 짓는 것은 위험하다.

두번째의 문제점은 여기서도 용서=모성으로 일반화하여 연결하는 것의 위험이다. 근대 일본에서 확실히 남성의 입장에서 어머니가 모든 것을 허용하여 포용하는 존재라고 생각되는 것은 자주 볼 수 있다. 하지만 근대문학에서는 아버지(=봉건적 권력)와의 갈등이라는 문제도 중대한 것으로, 어머니와의 관계에서 모든 것을 해소할 수는 없다. 『불여귀』不如歸의 결말과 같이 여성에게는 아버지야말로 마지막으로 돌아가야 할 곳으로 보는 경우도 있다. 『암야행로』에서는 자연과의 일체화로 해결을 구하고 있다. 일본 파시즘에서는 국가를 가족적 공동체에 비유함으로써 국가와의 일체화가 추구되고, 거기서 이념으로서 허용하는 주체는 천황이었다. 그러므로 반드시 모성의 문제로서가 아니라 오히려 이에家를 모델로 전개되는 용서형容恕型·일체형一切型의 발상을 일본 근대의 총체적인 문제로서 다시 파악하는 것이 필요하다고 생각된다.

제2부

해석의 지평

1. 와쓰지 데쓰로의 원시불교론

1) 와쓰지 데쓰로의 고전 연구

근대 일본을 대표하는 사상가의 한 사람인 와쓰지 데쓰로和辻哲郎는 불교에 관해서도 중요한 연구를 발표하였다. 그 방면의 주저라고 할 수 있는 것은 『원시불교의 실천철학』(1927)이지만, 그 외 논문으로서 「불교에서 '법'의 개념과 공의 변증법」(1931. 『인격과 인류성』, 1938에 수록)이 있고, 또 전후에는 잡지 『심』心에 불교 관계의 논문을 기고하였는데, 그것들은 전집을 편찬할 때 유고로서 『불교철학의 최초의 전개』라는 제목으로 정리되었다.

또한 일본 사상과 관련하여 불교를 다룬 논문도 다수 있어, 가령 『일본정신사 연구』에 수록된 「사문 도겐」沙門道元은, 근대에 있어서 도겐 연구의 효시라고 할 만큼 중요한 의미를 가지며, 그 외에 『속續 일본정신사연구』에는 「일본에 있어서 불교사상의 이식」, 「일본의 문예와 불교 사상」과 같은 일본불교를 이해하는 데 중요한 논문이 수록되어 있다. 『고사순례』古寺巡禮 등도 물론 미술을 다룬다고 하지만 불교와 관련이 많다. 그 밖에 초고로서 『불교윤리 사상사』가 남아 있는데, 이것은

1924~25년경 교토대학에서 강의한 강의록 초고라 생각된다.

이와 같이 와쓰지의 불교에 대한 관심은 그의 연구생활을 일관하여 흐르고 있다. 그 중에서도 그의 상당한 열정이 담긴 원시불교 해석은 근대적인 합리주의적 해석에 철저히 근거한 것으로 극히 주목되는데, 그 특징이나 문제점을 와쓰지의 해석으로 끝낼 것이 아니라 근대적 불교 해석 전체에 걸친 것으로서 다시 생각하여야만 한다. 그런 까닭에 이번 장에서는 주로 『원시불교의 실천철학』(이하 『원시불교』로 약칭)을 중심으로 그의 불교 해석의 특징과 문제점을 고찰하고자 한다.

먼저 『원시불교』가 와쓰지의 연구 가운데 어떤 위치를 차지하는가를 『원시불교』를 전후한 와쓰지 활동과 문제의식의 전개 속에서 살펴보고 싶다.

와쓰지는 1912년에 쇼펜하우어에 관한 논문으로 도쿄제국대학를 졸업하자마자 그 다음 해에는 처녀작 『니체 연구』를 출판했다. 원래 졸업논문으로 준비했지만 이노우에 데쓰지로井上哲次郞가 거부하는 등 복잡한 사정을 갖게 된 저술로, 실로 젊은 준영俊英의 출발을 기념하는 듯한 의욕작이다. 이어 니체에서 키르케고르로 관심을 돌려 1915년 『쇠렌 키르케고르』가 출판된다. 하지만 그 뒤 『우상재흥』偶像再興에서 일전하여 전통에 대한 재평가로 방향을 바꾸어 잇달아 『고사순례』(1919), 『일본 고대 문화』(1920)를 간행하고, 약간 간격을 두고 『일본정신사 연구』(1926)가 정리된다. 그 사이 방향전환의 사정은 『우상재흥』의 서문에 명확히 나타난다.

우상파괴가 생활의 진전에 불가결하다는 것은 새삼 반복할 필요도 없다. 생명의 활동은 다만 이 길에 의해서만 보존·유지된다. 우리가 무의식 속에 부단히 축조하고 있는 우상은 주의 깊은 노력으로 부단히 파괴하지 않으면 안 된다.

그러나 우상은 아무런 의미도 없이 만들어진 것이 아니다. 그것은 생명의 활동에 통일된 강한 힘을 부여하고 또한 생명의 발육을 건강한 풍만함과 아름다움으로 인도하며, 생활에서 불가결한 임무를 지닌다. ······ 우상이 파괴되지 않으면 안 되는 것은 그것이 상징적인 효용을 상실하여 경화硬化하기 때문이다. 경화하면 그것은 더 이상 생명이 없는 돌에 지나지 않는다. 혹은 고정관념에 지나지 않는다. 그렇지만 이 경화는 우상 그 자체에 있어서 일어나는 현상이 아니라, 우상을 가진 자의 마음에서 일어나는 현상이다.(『전집』 17권, 9쪽)

'우상파괴'에서 '우상재흥'으로──그것은 실로 젊은 와쓰지 자신이 걸었던 길에 다름 아니다.

나는 스스로를 아는 한에서는 태어나면서부터 반역아였다. ······ 일찍이 깊은 사랑을 체험한 적도 없는 주제에 사랑을 냉소하는 것을 기뻐하고, 일찍이 교권敎權의 압력을 느낀 적도 없는 주제에 신의 죽음을 갈채했다. 그것은 당시 나에게 있어서 인간생활 최고의 단계였다. 그래서 이와 같은 기분과 사상이 점차 근대 우상파괴자의 모방으로 떨어져 간 것에는 끝내 생각이 미치지 못하였다.(같은 책, 15~16쪽)

물론 이러한 전환을 가지고 와쓰지의 사상적 천박함을 말하는 것은 쉽고 또 그것에 대하여 굳이 와쓰지를 변호할 필요는 느끼지 않는다. 다만 같은 책 서문에서 다음과 같이 말하는 점은 주목해야만 한다.

그러나 나는 단지 '오래된 것의 부활'을 지향하고 있는 것은 아니다. 오래된 것도 되살아날 때에는 오래된 껍질을 벗고서 새로운 생명을 발휘한다. 거기에는 더 이상 시간의 제약은 없다. 그것은 영원히 젊고, 영원히 새롭다. 내가 지향하는 것은 이와 같이 영원히 현재하는 생명의 현양顯揚이다.(같은 책, 17쪽)

오래된 것의 재발견은 결코 오래된 것으로의 복고가 아니다. 오래된 것은 새로운 생명을 얻어 소생하는 것이다. 뒤에서 기술하는 바와 같이, 와쓰지의 고전 연구는 극히 신선하고 의욕적인 문제의식과 방법론으로 일관되며 그런 까닭으로 후에 큰 영향을 주게 되는 것이다.

그런데 이 부분에서 주목되는 것은, 거기서 '시간의 제약'을 떠난 '영원'이 강조되고 있는 것이다. 이것은 결코 오래된 것의 소생으로부터 직접적으로 나오는 것이 아니다. 과거의 것을 새로운 눈으로 다시 보려고 하는 것은 역사적인 과거와 현재의 만남이라는 시간적인 일이라 하더라도 곧바로 거기에서 '영원'이 나오는 것은 오히려 기묘하다.

그 이유로 생각되는 한 가지는 와쓰지의 고대 그리스적인 것에 대한 경도이다. 『고사순례』를 비롯한 일본 고대의 발견에는 분명히 그리스적 고대를 모방한 고전적 이상으로서의 고대의 발견이라는 모티프를 읽을 수 있어, 와쓰지는 자신의 행위를 고전 발견에 있어 르네상스에 견주고 있었다고 생각된다. 그리고 고대 그리스가 역사를 무시할 리는 없겠지만, "영원이 현재하는 생명의 현양"이 그리스적인 이념과 결합하고 있다고 생각해도 자연스럽다. 실제로 뒤에서 기술하는 것처럼, 이 무렵부터 와쓰지는 서구 고전문헌학의 습득에 힘을 기울여, 뒷날 『호메로스 비판』으로 결실을 맺는 연구와 강의가 이루어진다.

이 그리스적인 것에 대한 애호와 시간성의 초월은 두 가지 의미에서 와쓰지의 이후 연구 모두에 관련되어 있다. 첫째로 비시간적·공간적인 발상이다. 그의 『풍토』風土가 실제로는 어찌 되었든 적어도 의도만은 하이데거의 시간성을 공간성으로 치환하는 것을 목표로 한 것은 너무나 유명하다. 주저라고 말할 수 있는 『윤리학』倫理學의 체계에서 역사가 풍토와 결합되어 비로소 의미를 가지는 것도 주목된다.

둘째로 와쓰지는 종교적인 것에 대한 감성을 갖지 않는다. 혹은 자기 자신의 존재를 캐묻는 듯한 작업은 서툴다. 니체로부터 키에르케고르까지 가면서 결국 그 방향을 버리게 된 것도 와쓰지가 지향하는 방향에서 본다면 극히 자연스럽다. 뒤에 원시그리스도교를 문제로 삼으면서 와쓰지는 그것을 종교적인 방향으로 나아간 것이 아니라 헬레니즘적인 문화의 흐름 속에 용해시켜 버리고 있다. 후에 베를린에 유학하였으나 오히려 그 직접적인 성과가 『이탈리아 고사순례』(1950)로 나타나면서, 그리스도교적인 중세를 뛰어넘어 로마에서 르네상스로 이어지는 것도 아무리 생각해도 와쓰지다운 도식이다.

위에서 기술한 두 가지 점은 모두 그의 불교 해석과도 관련된다. 뒤에서 보듯이 와쓰지는 원시불교에 있어 연기의 시간적 해석을 부정하고, 철저하게 비시간적·논리적인 시점에서 연기를 보려고 한다. 또한 원시불교를 고苦로부터의 구제라는 종교적 의도로부터가 아니라, 오히려 거기에서 철학적 인식론을 읽으려고 한다.

하여튼 와쓰지의 '우상재흥' 작업은 먼저 일본 고대에 관한 저작이 최초로 출판되고 그것이 훗날 그의 일본주의적 언행과 서로 맞물려 자주 악평을 초래하게 된다. 그럼에도 불구하고 그리스에 대한 경도에서도 알 수 있듯이, 그가 일본에 국한하지 않고 극히 큰 코스모폴리탄적인 시야를 가지고 있었던 것은 특필되어도 좋다. 그 중에서도 앞에서 기술한 것처럼 그리스 문헌학의 습득은, 참으로 그 방법을 폭넓게 다방면에 적용함으로써 큰 성과를 낳았다.

즉 1926년에는 『원시그리스도교의 문화사적 의의』(이하 『그리스도교』로 약칭)가 출판되고, 이어서 다음 해 『원시불교』가 출판된다. 『그리스도교』의 토대가 되는 논문은 일찍이 1921년에 『사상』思想에 연재되어, 그의 일본고대연구와 거의 시기를 같이한다. 『원시불교』의 내용을 이루는 논문도 1925년에 같은 『사상』지에 연재되고, 또 1924~25년의 『불교윤리 사상사』의 노트에 그 내용이 거의 나타난다. 덧붙여 와쓰지는 1926년에 독일 유학길에 오른다.

와쓰지의 그리스 고전 연구의 성과가 『호메로스 비판』이란 이름의 한 권의 책으로 종합된 것은 1946년이지만, 그가 이 내용을 강의한 것은 『그리스도교』가 저술되기 이전 시기로 거슬러 올라간다. 고전학의 방법이 『그리스도교』를 비롯한 여러 연구에 큰 영향을 끼친 것은 『호메로스 비판』의 서문에 기술되어 있다.

그 무렵 (괴벨 선생이 사망한 1922년경) 애독한 빌라모비츠-묄렌도르프와 길버트 머리가 나에게 끼친 영향은 전혀 예상 밖의 일이었다. 내가 『원시그리스도교의 문화사적 의의』에서 시도한 복음서의 분석, 『일본정신사 연구』에 수록된 일본문예에 관한 수 편의 논고, 『원시불교의 실천철학』의 서론에서 다룬 석가전의 분석, 『공자』에서의 『논어』 분석 등, 모두는 그들의 영향을 받은 것이다.(『전집』 6권, 43~44쪽)

여기서 거론한 『공자』는 다른 책들과 비교하면 약간 늦은 1938년에 간행되었다. 여기서 주목되는 것은 『그리스도교』, 『원시불교』, 『공자』로, 이 책들은 모두 세계의 주요한 사상·종교의 원초형태를 해명하고자 하는 공통의 방향성을 갖고 있다는 것이다. 이것이 의도적으로 이루어진 것은 매우 늦게 저술된 『공자』의 '인류의 교사'라는 장에서 다음과 같이 말하고 있는 것에서 알 수 있다.

> 석가, 공자, 소크라테스, 예수 이 네 사람을 들어서 세계의 4대 성인이라고 부르는 것은 상당히 이전부터 행해졌던 것이다. 아마도 메이지 시대의 우리나라 학자가 말한 것이라 생각되지만, 그 고증은 여기서 필요하지 않다. 여하튼 이 4대 성인이라는 생각에는 서양에만 치우치지 않고 세계의 문화를 널리 조망하는 태도가 포함되어 있다. …… 게다가 사람들이 이들 인물을 각 문화조류의 대표자로서 선택하고, 그리하여 또 다른 사람들이 그것을 적절하다고 느끼는 것은 무엇 때문일까? 나 자신은 그 이유를 이들 인물들이 '인류의 교사'였다는 점에서 발견할 수 있다고 생각한다.(『전집』6권, 263쪽)

소크라테스에 관해서는 특별히 한 권의 책으로 저술하지 않았지만, 『폴리스적 인간의 윤리학』(1947) 등에 그 성과가 제시되고 있다. 다만 처음부터 이 네 사람을 '인류의 교사'로서 특별시하려는 의도를 가지고 있었는가는 의문이다. 오히려 처음에는 종래 터부시되었던 종교적 성전류에 문헌학의 방법을 적용하는 것으로 새로운 서광을 비추려는 야심이 컸다고 생각되며, 그 의미에서는 '우상재흥'은 또한 '반역아'의 정신에 지배되고 있었다고 말할 수 있다. 『원시불교』에서 전통적인 해석에 대한 엄격한 비판은 그러한 노력의 결과이다.

『그리스도교』, 『원시불교』, 『공자』 이 세 권의 책 중에서 『공자』는 성립이 늦고 의뢰를 받아 저술한 것으로, 와쓰지 자신이 "공자에 관해서 기술할 정도의 연구도, 소양도, 준비도 되지 않았다"(259쪽)고 고백하는 것처럼, 약간 개략적이어서 핵심까지 파고 들어갔다고는 할 수 없다. 그것에 비하여 『그리스도교』는 매우 일찍 저술되었고, 그리스 연구의 연장선상에서 이루어졌기 때문에 그 문제의식도 명료하다. 『그리스도교』에서는 예수와 바울의 사상의 중층성을 지적했고, 특히 바울에 의해 그 사상이 헬레니즘 세계로 확장된 점이 중시되고 있다. 표제에서도 알 수 있듯이 사상·종교의 문제보다도 헬레니즘세계에 있어서 '문화사적'인 관심이 중심이 되고 있다. 『원시불교』는 『그리스도교』보다도 늦게 나왔지만 세 권의 책 중에서도 가장 분량이 많고 본격적인 연구로서 체계가 정돈되어 있다. 즉 서론에서 자료를 다루는 방법에 관해서 논하고, 본론에 들어가서 근본적 입장·연기설·도제와 그 사상 내용에 대해 차례로 세밀하게 고찰하고 있다. 이하 『원시불교』를 중심으로 와쓰지의 원시불교 해석에 대해 검토하고자 한다.

2) 와쓰지 데쓰로의 원시불교론

오온五蘊

『원시불교』가 저술된 20세기 초는, 마치 서구에서 새로운 불교 연구가 파도처럼 일어나 그것이 일본에 미쳤던 시기로서, 한편에서는 기무라 다이켄木村泰賢의 해석이 유포되고, 다른 한편에서는 우이 하쿠주宇井伯壽가 그것을 비판하는 등 활발한 논전이 이루어지고 있었다. 기무라가 연기설에 관해서 비교적 전통적인 해석을 중시하고 시간적 계기를 설한 것으로 본 것에 비하여, 우이는 그것을 비판하여 논리적 관계의 관점에서 해석하려고 하였다. 와쓰지는 우이의 해석을 근거로 하여 더욱 나아가 철저하게 논리적·철학적 해석을 추진하여 전통적인 해석을 중시하는 기무라에 대해서 극히 엄격하게 비판하고 있다. 『원시불교』의 서론은 '근본자료를 다루는 방법에 관하여'라는 제목으로 자료론을 논한다. 거기서는 율장 및 경장의 『대반열반경』大般涅槃經을 예로 들어 불전의 성립사가 논해진다. 그 방법론은 지금도 수정을 가하면 통용할 수 있는 뛰어난 점을 가지고 있다.

제1장에서는 원시불교의 사상에 관한 깊이 있는 검토가 이루어진다. 통상 원시불교의 입장은 어디까지나 고苦로부터의 이탈이라는 실천적 입장에서 그것에 필요한 범위 내에서의 이론이 전개된 것으로 생각되고 있다. 그러나 와쓰지는 그렇게 보지 않는다. 소위 붓다의 '무기'無記, 즉 형이상학적 문제에 대한 무응답에 관해서 "해탈을 위해서 필요하지 않기 때문"이라는 해석을 부정하고 "앞에서 언급한 바와 같이 여러 질문들에 붓다가 답하지 않은 것은 그것이 **진실의 인식**에, 즉 사상事象의 거대한 질서라는 인식으로 향하지 않았기 때문은 아닐까"(『전집』 5권, 93쪽. 이하의 인용은 『전집』 5권 쪽수만 기록)라고 하고 있다. 즉 그에 의하면 붓다가 추구한 것은 '참된 인식'이며, "그 참된 인식은 바울에 의해서 신의 지혜라고 불린 것과 같은 신비적인 초감각적 존재에 대한 인식이 아니라 무아無我·오온五蘊·연기緣起·사제四諦와 같이 원리의 인식에 다름 아니다"(94쪽).

"경전이 묘사하는 붓다는 철학적 문제를 회피한 것이 아니다. 앞에서 기술한 바와 같이 형이상학적 문제가 참된 철학적 문제가 아니기 때문에 답하지 않았던 것이다. 따라서 참으로 철학적 문제가 될 수 있는 것은, 무아·오온·연기 등에 있어서 다루어지는 문제인 것이다."(97쪽) 즉 원시불교의 교설은 어디까지나 철학으로서 다루질 수 있다는 것이 와쓰지의 기본적 입장이며, 이 점에서『원시불교』가『그리스도교』와도『공자』와도 달리 '실천철학'으로서의 철학적 해석에 깊이 들어가게 된 이유이다.

그렇다면 원시불교에 의해서 전개된 철학이란 어떠한 것일까. 와쓰지는 붓다의 형이상학적 문제에 대한 해답 거부를 칸트와 비교하는 것에 반대하고, 붓다 당시는 칸트 시대와 같은 자연과학이 발달하지 않은 점을 지적한 뒤, 원시불교 사상의 핵심을 다음과 같이 종합한다.

> 원시불교는 이와 같이 일상생활의 경험을 비판하고, 그 근본범주를 드러내 보이고자 한 것이다. 게다가 이 작업은 뒤에 기술하는 것과 같이 무아의 입장에서, 즉 주관객관의 대립을 배제한 입장에서 행해졌다. 일상생활적 경험은 주관의 측면에서 보이는 것이 아니라 그대로 소박한 현실 그 자체로서 다루어진다. 따라서 일상생활적 경험을 가능하게 하는 범주란 일상생활적 주관의 형식인 것이 아니라 소박한 현실존재 그 자체의 존재방식인 것이다. 이러한 의미의 범주가 여기에는 '법'으로서 세워진다. 이런 의미에서 원시불교의 철학은 범주론이며, 이 철학적 인식이 인식의 이름에 어울리는 유일한 인식이라고 생각되었다고 이해해도 좋을 것이다.(107~108쪽)

이와 같이 와쓰지는 원시불교의 이론을 철저하게 인식론으로서 일상생활의 경험을 밝히는 범주론으로 이해한다. 그런 까닭에 무상無常·고·무아라는 불교의 원리 가운데, 와쓰지는 '고'의 원리에 대해서는 거의 언급하지 않는다. 또 무상에 관한 해석도 독특하다. 확실히 "모든 존재는 추이推移한다"(113쪽)고 하지만, "지나가는 것이 그것 자체로서 있게 하는 '형식'으로서의 존재"(115쪽)인 '법'은 "지나가지 않는 것, 초시간적으로 타당한 것이다"(114쪽). 그러므로 '존재하는 것'(존재자)과 '법'은 다른 것이다.

> 색色이 무상無常이라고 할 때, 무상인 것은 시간적으로 **존재하는 것**으로서의 일체의 색이며, 색이라는 법 자신이 아니다. 즉 **개개의** 지나가는 사물과 그들 사물을 존립시키는 법인 '색'과는 **구별된다**.(118쪽)

이렇게 해서 와쓰지에게는 '고'와 함께 '무상'도 내용이 빈약하다. 확실히 '법'의 영원성은 후대 불교의 하나의 과제가 되며, 아포리아로서 남지만, 적어도 당초 그것이 존재의 무상성보다도 중요한 중심 과제였던 것은 아니라고 생각한다. 무상보다도 '법'의 초시간성에 역점을 둔 곳에 실로 '영원'을 지향하는 와쓰지의 면목이 나타난다.

이와 같이 '법'은 결국은 일상경험을 성립시키는 범주이지만, 원시불교에 그와 같은 범주를 세우는 몇 가지 시도가 있었던 가운데, 무엇보다도 널리 행해진 것이 색色·수受·상想·행行·식識의 오온이라고 여겨진다. 오온에 관해서는 자주 "색을 육체라 하고 수·상·행·식을 심리작용이라고 하는 해석"이 행해지지만, 이와 같은 사고방식은 "근본적으로 무아의 입장과 배치된다"(133쪽). 왜냐하면 이와 같은 사고방식은 이미 객관인 색에 대해서 주관인 수·상·행·식을 세우는 것으로 '무아'가 아니라, '계아'計我의 입장이라고 말하지 않을 수 없기 때문이다. 여기에 와쓰지의 독특한 무아관이 전개된다.

이렇게 일반적으로 "무엇인가가 **우리에게** 감수感受되고 있다" 내지 "무엇인가가 우리에게 식별되고 있다"라는 표출로부터 '우리에게'를 빼 버리고, 다만 "무엇인가가 감수 내지 식별되고 **있다**"만을 남겨 둔다면, 여기에 의식Bewusstsein의 의의에 대한 중대한 변경이 행해지게 되는 것이다. …… 여기에서 의식이란 '**무엇인가가** 의식되고 **있는 것**'이다. 그것은 무엇인가가 존재하기 위해서 반드시 의거하지 않으면 안 되는 **존재방식**으로, 소위 "무엇인가가 있다"는 것의 '법'이라 불려야 할 것이다. 오온설은 이 법을 …… 수·상·행·식으로 분별하여 고찰한다. "무엇인가가 있다"는 것은 감수 내지 식별되고 **있는** 것이다.(132쪽)

이와 같이 '일체의 대상계를 의식의 **내재적인 것**이라 하는' 것이 불가능함과 동시에 '내재화할 수 없는 초월적인 대상'도 또한 부정된다.

색은 감각적인 것을 지시하지만, 의식을 초월하여 존재하는 것이 아니라 보이는 것 내지 촉각된 것으로서만 존재하는 것이다.(132쪽)

통상적으로 무아란 물질적·신체적 요소인 '색'과 정신적·심리적 요소인 '수·상·행·식'을 초월하여 아트만ātman적인 실체가 없다는 것을 말한 것으로 이해되어 일상적 주관·객관의 구조마저도 부정하는 것으로는 생각되지 않는다. 그러나 와쓰지는 대담하게도 그와 같은 상식적인 해석을 비판하고 오온을 일체의 존재하는 사물의 범주(法)로 이해한다. '무엇인가가 있다'라고 하는 것은 그것이 감각적임(色)과 동시에 감수되며(受), 취상되며(想), 작용되며(行), 요별되는(識) 것으로 존재하는 것이다. 그리고 거기에 '누가 인식하는가' 라는 주관의 문제가 들어가지 못한다. 따라서 주관·객관 대립의 도식이 성립하지 않는 것이며, '무아' 라고 하는 것이다.

이렇게 해서 와쓰지에 의해 이해된 원시불교는 소박하고 실천적인 구제종교가 아니라 주관·객관 구조를 초월하고자 하는, 고도로 철학적인 인식론이며 범주론인 것이 되었다. "참된 인식은 '법' 을 관하는 입장에서 철학적인 인식이지, 실천적 목적을 위한 인식은 아니다"(166쪽). 그것은 "자연적 입장을 차단하여 본질직관의 입장에 서서 실천적 현실의 여실상如實相을 보는 것"(165쪽)이다.

하지만, 그렇다면 깨달음이나 열반이라는 것은 어떻게 되는가?

"이제 더 이상 **이 존재**는 없다"(nāparaṃ itthattāyāti, 不受後有)라고 말할 때, 거기서 의미하는 것은 윤회가 다했다는 것이 아니라 **이 존재**가 지양止揚되고 새로운 입장이 실현되었다고 하는 것이다. 이러한 인식은 단지 이론적인 것으로는 불가능하다. 게다가 그것이 죄악으로부터의 해탈도 아니고 또한 쾌락과 상대되는 고통으로부터의 해탈도 아니며, 무상을 의미하는 바의 고苦 즉 시간적 존재로부터의 해탈, 바꾸어 말하면 **자연적 입장으로부터의 해탈**인 곳에 '인식' 으로서의 강한 의미가 있는 것이다.(167쪽)

즉 깨달음 혹은 열반이란 본질직관에 의한 "자연적 입장의 근본적 배제"(167쪽)이다. 그것이 '멸' 이라 말해지는 것도 실로 자연적 입장이 소멸하는 것에 의한다. 그렇다면 그 소멸은 어떻게 달성되며 어떠한 것인가? 그것에 답하는 것이 연기설이라고 한다.

연기緣起

연기에 관해서는 십이연기十二緣起가 가장 완성된 형태로 보급되고 있지만, 통상 그것은 시간적인 인과관계를 따라 전개하는 것으로 생각되고 있다. 즉 무명無明이 원인이 되어 행行이 생기고, 행이 원인이 되어 식識이 생긴다는 식으로 노사老死의 고에 이른다고 생각되고, 역으로 무명을 멸함으로써 고가 멸한다고 생각되는 것이다. 그때 전통적으로 전해지는 설일체유부說─切有部의 해석은 삼세양중三世兩重의 인과로서 알려져, 과거·현재·미래의 삼세에 걸친 업과 윤회의 법칙을 분명히 한 것으로 해석된다. 근대에 이르러서도 기무라 다이켄 등이 전통설에 가까운 해석을 취한 것에 비하여, 그것을 시간적 인과관계가 아니라 논리적 관계로서의 의존관계로 보았던 사람이 우이 하쿠주이다. 와쓰지는 후자의 설을 취해, 그것을 강하게 밀어붙임으로써 독자적인 해석에 이르고 있다.

앞에서 기술한 것처럼 와쓰지는 '법'의 체계를 전형적으로 드러내 보인 것이 오온설이라 생각하기 때문에, '오온에 관한 무지-취착取著-고'라는 도식을 가장 오래된 것으로 생각한다. 오온에 관한 무지는 말할 것도 없이 '자연적 입장'에 해당하기 때문에 '자연적 입장'이 무상=고를 일으키는 것이다. 그것이 발전하여 애愛가 들어가고, 나아가 육지연기六支緣起가 된다. 즉 오온무지-애-취-유有-생生-고라는 도식이다. 또한 육입처(안眼·이耳·비鼻·설舌·신身·의意의 여섯의 인식기관과 그 대상)의 체계를 사용하면, {육입육경-식}=촉-수-고라는 형태가 되며, 이렇게 해서 육입처의 체계가 연기설 속에 들어오게 된다. 오온·육입처의 체계를 받아들이면서 그것들에 의해서 달성되지 못했던 법과 법의 관계를 밝히고 그 근원을 밝히고자 하는 것이 연기설의 과제인 것이다.

그렇다면 연기의 각 지支를 와쓰지는 어떻게 해석하고 있을까. 와 쓰지는 먼저 구지연기九支緣起에 관해서 고찰한다. 구지연기는 노사로 서의 고의 원인을 추구하여 식에까지 거슬러 올라가는 것이다.

① 노사老死. "노사는 단순히 노와 사만을 의미하는 것이 아니다", "무 상無常, Vergänglichkeit과 같은 의미로 사용된다." 즉 "노사의 특정한 연을 구한다는 것은 존재일반의 법으로서의 '무상'의 근거를 구하는 것이다"(195쪽).

② 생生. "존재를 개시한다", "무상無常인 것의 개시". "무상, 즉 지나가 는 것은 그 지나가는 것의 개시를 예상하지 않고서는 있을 수 없다" (197쪽).

③ 유有. "시간적으로 있는 것". "만약 유가 일반적으로 없다고 한다 면, ……시간적으로 존재하기 시작하는 것은 인식될 수 없다"(199쪽).

④ 취取. "취착 일반". "시간적으로 존재하는, 즉 변화하면서 존재한다 고 말할 수 있기 위해서는 그 변화의 전후에 강하게 집착하는 것緊著 으로서의 취착 일반이 없어서는 안 된다. 가령 타고 있는 불은, 탄다 는 변화의 전후가 통일적으로 파악되지 않으면 타고 있는 불로서 있 을 수 없다"(205쪽).

⑤ 애愛. "능동성". "색유色有가 존재하기 위해서는 통일적인 파악이 있어야 하며, 이 파악은 그것을 있게 하는 능동성에 근거하지 않으면 안 된다"(208쪽).

⑥ 수受. "수동성". "능동성으로서의 애의 근거가 그 부정인 수동성에 서 추구된다"(211쪽).

⑦ 촉觸. "수동성과 능동성을 지양케 하는 계기로서 가진 바의 접촉" (212~213쪽).

⑧ 명색名色. **"개별적으로 독립적인 존재"**. "능동성과 수동성을 통일시키는 접촉이라는 법은 그것 자신의 부정을 의미하는 바의 **개별적으로 독립적인 존재**에, 즉 특수한 한정을 본성으로 하는 명색에 그 근거를 보았다"(218쪽).

⑨ 식識. "요별". "특수한 한정이 요별을 예상한다". 명색과 식은 순환적이다. "왜냐하면 요별은 요별되는 것을 예상하기 때문이다"(220쪽). 십이연기에서는 촉과 명색 사이에,

⑩ 육입(여섯의 인식기관)을 넣지만, 그렇게 해도 명색(대상)과 식(인식)의 순환관계보다 앞으로 나아가지는 않는다. 거기서 세워진 것이 행이며, 행-무명으로 십이지연기가 전개된다.

⑪ 행行. "위작상"爲作相. "행-식의 연기관계는 요별작용이 순수한 작용으로서의 위작을 조건으로 하여 성립한다는 의미"(233쪽).

⑫ 무명無明. "부지성법"不知聖法. "성법을 알지 못한다는 것은 일체 법에 대해서 불여실지不如實知인 것, 즉 범부의 입장, 자연적 입장에 선 것에 다름 아니다. 따라서 무명에 의해 행이란 자연적 입장에 서는 한에서 행이 있다고 말하는 것이다. 식 내지 노사의 일체 법을 궁극에서 조건짓는 행은 자연적 입장에서는 존재하고 법을 관하는 입장에서는 소멸한다"(234쪽).

이와 같이 자연적 입장=무명이 최종적으로 노사=무상을 일으키는 원인이 되는 것이다. 역으로 말하면, 본질직관에 의해서 자연적 입장을 벗어날 수 있다면, 시간에 제약된 존재형태인 무상을 소멸하고 영

원에 도달하게 된다. 그렇다면 자연적 입장을 초월하여 무명을 소멸한다는 것은 어떠한 것인가.

이렇게 **깨달음**에 있어서 무명이 소멸한다고 한다면, 무명에 조건지어진 일체의 법도 또한 깨달음에 있어서 소멸하지 않으면 안 된다. 즉 행·식·명색·육입·촉·수·애·취·유·생·노사의 일체가 멸하지 않으면 안 된다. ……그러나 이들 법이 소멸한다는 것은 단순히 개념이 없어진다는 의미가 아니다. 법이 소멸하면 법을 규범으로 삼을 때 인지되는 일체의 것이 인지될 수 없게 된다. 바꾸어 말하면 '존재하는 것'은 존재할 수 없게 된다. 자연적 입장에 있어서 인지되는 우리의 일상생활적 현실 그 자체가 소멸하는 것이다(242~243쪽).

무명(=자연적 입장)이 멸하면 법(=규범)도 그 아래에 있는 일체 존재로 모두 소멸한다. 그 관계는 아래와 같이 볼 수 있다.

무명(자연적 입장)의 소멸 → 법(규범)과 일체존재의 소멸

하지만 이렇게 해서 도달한 멸= '깨달음'이란 어떠한 것일까. '일상생활적 현실'이 모두 소멸해 버렸다고 한다면 무엇이 남는 것인가. 와쓰지는 "이 멸에서 **지양되고** 있는 바의 존재가 어떠한 광경을 드러내는가는 이론적으로 서술할 수가 없다"(246쪽)고 하여, 그 설명을 방기한다. 깨달음에 있어서는 모든 존재도, 이 규범인 법도 완전히 소멸하는 것이기 때문에, 자연적 입장에서는 도저히 이해 불가능한 것이라 말하지 않으면 안 된다.

이 문제는 '공空과 연관되는 것이며, 그 점은 다른 논문 「불교철학에서 '법'의 개념과 공의 변증법」에서 좀더 깊이 들어가 기술되고 있다. 『원시불교』에서는 '멸' (=공)에 들어가는 방향만이 강조되는 것에 반해서 이 논문에서는 '공'의 작용 측면이 보다 강조된다. 즉 첫째, '차별과 무차별의 변증법적 통일'이라는 면, 둘째, '공이 부정의 운동이라는 것'이라는 면이다(『전집』 9권, 473쪽). 그리고 첫째 면에 대해서는 "눈은 **색에 있어서** 눈이며, 색은 **눈에 있어서** 색이다. 양자는 상의相依로서 자성自性을 갖지 않는다. 그것 자체로는 공이다. 공이기 때문에 상의에 의해서 눈은 눈이고, 색은 색일 수 있는 것이다"라 말한다(같은 책, 473쪽). 둘째 면은 파사즉현정破邪卽顯正이라는 것이다.

3) 와쓰지의 불교 해석의 문제점

『원시불교』에서는 제3장에서 재차 도제道諦가 논해지고, 소멸로 향하는 팔성도八聖道가 원시불교에 있어서의 실천윤리로서 논해진다. 그러나 그 문제에 대해서는 여기서 더 들어가지 않고 이상과 같은 와쓰지의 원시불교관의 특징과 그 문제점에 관해서 고찰해 보고자 한다.

그의 기본적인 입장은 앞에서도 기술한 바와 같이 원시불교의 기본사상을 철학적인 범주론으로서 파악하고, 그 전형을 오온의 법의 체계로 보며, 또 연기는 그 법의 의존관계와 구극적인 무근거를 밝혀 본질직관에 의한 자연적 입장의 초월에 의해서 깨달음=멸로의 길을 밝히는 것이었다. 거기서는 고=무상이라 파악되며, 고에서 출발하는 종교성에 깊이 들어가는 일 없이, 철저하게 철학적인 문제로서 다루고자 하였다. 또한 범주론으로서 취급함으로써 특히 연기의 시간성을 부정하고 어디까지나 법의 논리적인 관계로서 이해하려고 하였다. 그 시간성의 부정과 영원의 소멸로의 지향은 와쓰지의 그리스 고전에 대한 동경과 관련하는 바가 적지 않다고 생각한다.

확실히 와쓰지의 해석은 상당히 무리가 많은 해석이며, 당시에도 연구자들에게 그대로 받아들여졌던 것은 아니다. 원시불교 이론을 순수철학으로서 논리화하는 것에 너무나 급급하여 무리한 해석이 눈에 띈다. 그러나 근대적인 불교 해석의 선봉으로서 명확한 방법론과 일관된 논리에 기초한 연구태도는 불교 전문가에게도 적지 않은 영향을 미쳤다. 앞에서도 언급한 것처럼 원시불교 해석에 관해서는 당시 기무라 다이켄과 우이 하쿠주 사이에 커다란 견해 차이가 있어 논쟁이 벌어졌다. 기무라는 비교적 전통적인 해석을 중시하고 연기의 시간적 인과성을 강조한 것에 비하여, 우이는 그것을 비판하고 연기를 일관하여 논리적 상의관계로서 해석하고자 했던 것이다. 와쓰지는 우이의 설說에 가세하여 기무라 비판을 격렬하게 전개하였다. 기무라의 급서急逝라는 우연적인 사정도 있어, 그후 일본의 원시불교 해석은 우이의 설을 전개시키는 방향으로 전개됐다. 와쓰지의 설은 우이의 설을 보다 첨예화하는 형태로 영향력을 가졌던 것이다.

고전문헌학의 방법으로서 매우 일찍 불교경전에 천착한 그의 공적에 관해서는 새삼스럽게 말할 필요도 없고, 또 그 방법론으로서 만년에는 『법화경』의 성립론에도 주목할 만한 논의를 전개한다(『불교철학의 최초의 전개』). 자칫하면 신앙을 우선시하여 흐려지기 쉬운 종교적 성전 연구를 가차 없을 정도로 철저하게 '비신화화' 한 비판적 방법은 오늘날까지도 그 가치가 조금도 줄어들지 않는다.

그렇지만 다른 한편 근대적인 불교 연구의 방법 자체가 비판에 이

르고 있는 지금 와쓰지의 방법은 그것이 매우 첨예한 것인 만큼 정면으로 비판을 받지 않을 수 없다. 근대적 연기 해석에 대한 최근의 가장 엄격한 비판은 마쓰모토 시로松本史朗의 『연기와 공』緣起と空에 제시되고 있는데, 그는 우이·와쓰지뿐만 아니라 오늘에 이르는 주요 불교 연구자의 연기 해석을 상세하게 검토하여, 연기가 논리적 관계로서가 아니라 시간적으로 파악되어야 할 것이라고 주장하고 있다.

이들 문제에 대해서는 더 이상 들어가지 않지만 여기서는 와쓰지의 원시불교 해석 가운데 근대적 불교 해석 전반과 연관하여 두 가지 문제점만 지적해 두고자 한다.

첫째는 시간성의 문제와 관련한 업과 윤회의 취급이다. 와쓰지를 포함해서 원시불교 연기에 대한 근대적 해석은 윤회에 관하여 극히 부정적인 입장을 취한다. 삼세양중三世兩重의 연기와 같은 해석은 후세의 날조이며, 원시불교와는 전혀 관계가 없는 것으로 보인다. 와쓰지는 이와 같은 견해의 선봉이라고도 할 수 있는 입장을 표명해, 윤회를 중시하는 기무라 다이켄 등에게 덤벼든다. 그리고 윤회는 무아 사상과 상용되지 않는다고 한다. 왜냐하면 윤회를 세우는 이상 윤회의 주체가 되는 실체가 있어야 하며, 그렇다면 무아설이 성립될 수 없기 때문이다. 하지만 실제로 불전에서는 윤회를 설하고 있지 않은가. 그래서 와쓰지는 득의양양하게 원전비판을 제시한다. 즉 무아설을 설하는 경전과 윤회설을 설하는 경전은 성격이 다르고, 윤회설은 교리적인 문제를 설한 경전보다도 신화적인 이야기를 설한 경전과 결합해 있어 전혀 다른 입장의 것이라고 한다(279쪽).

그렇지만 그렇게 간단하게 윤회설을 불교에서 배제할 수 있을까 라고 하면 역시 의문이다. 확실히 무아설에 입각하면 업-윤회의 설을 설명하기가 쉽지 않고, 그것이 뒤에 아비달마 논사들의 논의의 목표가 된 것은 잘 알려져 있다. 다만 다른 한편 초기의 불전에서는 업-윤회를 부정하는 설을 단견斷見으로서 비판했다. 간단하게 부정하기에는 너무나 많은 원시경전이 업-윤회를 인정하고 있는 것이다. 확실히 근대적·합리주의적인 관점에서는 업-윤회의 설은 인정되지 않을 것이다. 하지만 그렇다 하더라도 그 상식을 곧바로 고대 인도의 불교에 적용하는 것은 엄청난 무리가 따를 것이다. 근대의 원시불교 해석은 업-윤회설에 한정되지 않고 원시불교를 이념화하는 것에 의해 그후의 불교 전통의 비합리성이나 인습성을 돌파하려고 하였다. 그러므로 원시불교가 너무나 미화되고 순수화되는 결과가 된 것은 부인할 수 없다. 그 점의 재검토가 오늘날 다시 추구되고 있다고 말해도 좋을 것이다.

둘째, 연기설에 대한 비시간적인 이해는 '무아', '공'의 이해에도 일정한 방향성을 부여하게 된다. 그때 근대의 이해는 대개 '공'이 곧바로 '즉'의 논리로서 전개되는 것에 특징이 있다. 이는 와쓰지에게도 동일하다. 앞서 다루었듯이 '공'은 '차별과 무차별의 변증법적 통일'로서 이해된다. 이것은 와쓰지 윤리학의 체계에서도 되살아나 『인간의 학으로서의 윤리학』人間の学としての倫理学(1939)에서는 다음과 같이 나타난다.

이렇게 보면 인류의 철학은, 절대적 전체성을 '공'이라고 하는 인간의 철학으로서도 발전할 수 있는 것이다. 헤겔이 역설한 차별즉무차별差別卽無差別은 모든 인류적 조직의 구조임과 함께 또 그 절대성에 있어서는 '공'에 다름 아니다. 이러한 지반에서 처음으로 인간의 구조가 어디까지나 개인임과 동시에 또한 사회인 것으로서 밝혀지게 되며, 따라서 인간의 존재가 자타의 행위로서 항상 인륜적 조직의 형성인 것도 분명하게 된다.(『전집』 9권, 108쪽)

그리고 1937년에 발표된 「보편적 도덕과 국민적 도덕」普遍的道徳と国民的道徳(『사상』 179호. 집필은 1931)에서는 나아가 극단적인 '무아', '공'에 대한 이해가 나타난다. 즉 불교의 '무아'의 입장을 **"개인 없는** 평등무차별, 절대적인 **자타불이"**라고 이해하고(같은 글, 78쪽), "불교에 있어서 보편적 도덕의 실현이 그 최대의 스케일에 있어서는 다만 국민으로서의 전체성에 있어서만 실현된다"(같은 글, 79쪽)라고 결론을 내린다. 여기서는 원시불교 해석에 보이는 예리한 논법이 보이지 않는 너무나 안이한 결론이라 말할 수 있다. 불교의 '공', '무아'가 너무나 간단히 '국가'와 '국민'으로 연결되어 간다──여기서도 또 와쓰지뿐만 아니라 근대 일본의 불교 해석이 빠진 하나의 함정이 숨어 있다고 말하지 않을 수 없다.

2. 마루야마 마사오의 불교론
— '원형=고층'에서 세계종교로

1) '전통'의 형성을 향하여

화제를 불러일으켰던 『새 역사교과서』新しい歷史教科書(2001)는 신자유주의 사관에 입각해 과거의 역사 통념을 완전히 뒤엎는 자극적인 내용으로 가득 차 있다. 특히 두드러진 것은 근대사에서 메이지로부터 15년전쟁〔만주사변이 일어난 1931년부터 태평양전쟁이 종결된 1945년까지 15년간 일어난 전쟁을 총칭〕에 이르기까지의 역사를 긍정적으로 묘사하고, 그것에 비해서 전후 일련의 개혁기를, 점령하의 사태로서 부정적인 이미지로 묘사한다고 하는 가치관을 명백히 표명한 것에 있다.

확실히 전후의 역사관은 반드시 15년전쟁을 충분하게 위치지을 수 없었다. 특히 사상·문화에 관해서는 구린 것에 뚜껑을 닫는 식으로 양산된 전쟁찬미의 문학이나 미술, 사상 동향은 오랜 기간 금기시되었고, 본격적인 연구가 시작된 것은 극히 최근의 일이다. 그 점을 규명하여 메이지로부터 15년전쟁까지를 일관된 흐름으로 보고자 하는 것은 하나의 문제제기이다.

하지만 지금은 전후를 점령하의 암흑 시대로 묘사함으로써 전후

를 계승한다고 하는 중요한 발판을 스스로 방기하였다. 집필자의 한 사람이며 또한 중심적인 이념가 중의 한 사람인 고바야시 요시노리小林よしのり는 역시 화제가 된 『전쟁론』戰爭論(1998)에서 전쟁 세대의 기억이 계승되고 있지 않는 것을 지탄하지만, 기억을 전쟁에 직결함으로써 이번에는 전후의 삶이 모두 가리워져 부정되어 버렸다.

직전의 과거를 부정하고 그전 시대와 연결하려고 하는 경향을 임시로 격세사관隔世史觀이라 부른다고 한다면, 전후의 주류인 역사 사상도, 그리고 그것을 비판하는 『새 역사교과서』의 일파도 모두 격세사관에 입각한다는 점에서 기묘하게 일치한다. 전후의 사관은 자주 다이쇼 민주주의로부터 쇼와 초기의 공산주의 운동까지를 긍정적으로 묘사하고, 그 흐름을 억압한 직전 시대의 파시즘·군국주의를 부정하는 형태로, 역시 격세사관이라 말하지 않으면 안 된다. 격세사관은 역사의 연속성에 눈을 가리고 지나간 과거를 자의적으로 미화하여 직면해 있는 현실에서 눈을 돌리려고 한다. 이러한 결점은 신자유주의 사관 측만의 문제는 아니다.

그렇지만 일본 파시즘은 일본의 순조로운 근대화의 과정에서 당돌하게 난입한 것일까. 그리고 그것은 패전과 함께 깨끗이 사라진 것인가. 매우 이른 시기에 일본 파시즘 분석에 본격적으로 전념한 마루야마 마사오丸山眞男는 그와 같은 이해에 천박함을 느꼈고, 그런 까닭에 안이한 낙관론에 가담하지 않고 보다 근원적인 사상사의 해명에 전념해야 함을 통감할 수밖에 없었다.

『일본의 사상』日本の思想의 권두 논문 「일본의 사상」은 1957년에 발표된 것이지만, 거기서는 "사상이 대결과 축적 위에 역사적으로 구조화되지 않는" 것을 일본의 '전통'이라고 하며, "사상과 사상 사이에 참

된 대화나 대결이 행해지지 않는 '전통' 의 변혁 없이는 아마도 사상의 전통화는 바랄 수도 없다"(『일본의 사상』, 6쪽)고 비판한다.

'사상과 사상 사이' 의 대화 내지 대결은 물론 동시대의 사상 간뿐만 아니라 오히려 그 이상으로 전 시대의 사상을 어떻게 비판적으로 계승하는가라는 것이 문제가 되고 있다. "과거는 과거로서 자각적으로 현재와 마주하지 않고 옆으로 밀쳐지고, 혹은 아래로 침강하여 의식에서 사라져 '망각' 된 것으로, 그것은 때가 되어 갑자기 '기억' 으로서 분출하게 된다."(같은 책, 12쪽)

격세사관은 바로 직전의 과거를 봉인함으로써 그 이전의 과거가 '갑자기 기억으로 분출하는' 것이다. 하지만 역사는 연속하고 있다. 확실히 어떤 시점에서 큰 비약이 있는 것처럼 보여도 결코 하나의 일로써 모든 것이 바뀌지는 않는다. 메이지 유신이나 패전이 아무리 큰 기원의 사건이 되었다 해도, 저변은 지속적이며 그러나 완만하게 굴곡을 이루면서 변화해 간다. 개인의 경우를 생각하더라도 아무리 유아체험이 큰 의미를 가진다고 해도 그것이 모든 것을 결정하는 것은 아니다. 그것이 지금까지의 지속 가운데 침윤하고 변용하면서 지금의 나를 만들어 가는 것이다. 일회적인 화려한 과거의 일이 아니라 오히려 얼핏 보면 따분하게 보이는 지속 가운데야말로 역사를 해독하는 관건이 숨어 있다.

역사는 축적이다. 태고로부터의 기억이 깊게 침전하여 그 위에 서서히 새로운 진흙 모래가 쌓여 갈 때, 그 무게로 보다 깊은 층도 또 변용하고 때로는 큰 지각변동을 일으킨다. 우리는 자의적으로 간혹 어딘가 지층 속에 신기한 것이 있다고 하여 뒤죽박죽 그것을 파 낼 수는 없다. 그러한 것이 아니라 쌓여 있는 가장 새로운 층을 신중하게 파 들어가 그 층을 받치고 있는 보다 깊은 지층으로 한 걸음 한 걸음 들어가 '지금'의 근원이 되는 심층을 밝혀 꺼내야만 한다.

'전통'이 없는 것을 '전통'으로 하는 기묘한 일본 사상 속에서 진정한 의미의 '전통'을 만들고자 한, 거의 돈키호테적인 고독한 삶에 맞선 마루야마로부터 우리는 출발하지 않으면 안 된다. 그토록 극구 찬양 받으면서도 마루야마의 삶은 얼마나 고독했던 것일까. '지금'으로부터 '원형原型＝고층古層'으로라는 절망적 삶은 일방적인 찬탄과 완전한 몰이해 속에 파묻혀 마루야마가 의도한 바는 망각되어 돌아보지 않는다.

생각건대 중요한 것은 찬탄도 몰이해도 아니고 마루야마의 '원형＝고층'론을 어떻게 생산적으로 계승해 갈 것인가라는 것이다. 나 자신이 생각하는 방향을 결론적으로 말하면 '원형＝고층'은 처음부터 있는 것이 아니라, 그 자체 역사 속에서 형성되어 가는 것은 아닌가라는 가설이다. 그러나 여기서 반드시 그것을 온전하게 드러낼 수 있는 것은 아니다. 오히려 본 장에서 시도하고자 하는 것은, 그 전제로서『마루야마 마사오 강의록』丸山眞男講義錄(이하『강의록』) 제4책을 꼼꼼히 읽고 그 문제를 생각해 가고자 하는 것이다. 그 작업을 통하여 어떻게 마루야마를 계승해 갈 것인가라는 문제에 대해 다소라도 힌트를 얻게 된다면, 그것은 조금이나마 한 걸음 전진한 것이 될 것이다.

본론에 들어가기에 앞서 또 하나 지적해 두어야 할 것이 하나 있다. 마루야마가 "시대의 지성적 구조나 세계관의 발전 혹은 사적 연관을 더듬어 찾아가는 연구는 몹시 부족하여, 적어도 전통화하고 있지는 않다"(『일본의 사상』, 2쪽)라고 지적하는 것처럼, 일본 사상사라는 영역은 마루야마가 그렇게 쓰고 나서부터 상당한 시간이 지났음에도 불구하고 아직 표준이 되는 시점이 정해져 있지 않다.

예를 들면, 일본 사상사의 연구사와 방법론을 집약한 최근의 성과인 『사상사의 발상과 방법』思想史の発想と方法(2000)을 살펴보자. 먼저 제목에서는 '사상사'에 한정이 없지만, 실제로 거론되고 있는 내용은 근대 이후로 한정되고 있는 데에 위화감을 느낀다. 도대체 전근대에 대해서는 사상사가 성립하지 않는 것인가. 다음으로 근대 이후로 한정했다고 해도, 거기서는 거의 완전히 니시다 기타로를 비롯한 철학 사상이 무시되고 있다. 철학 사상은 사상사의 범주에 들어갈 수 없는 것인가.

그런데 그것보다 조금 앞서 나온 『일본 근대 사상을 배우는 사람을 위하여』(1997)를 보면, 실로 교토학파 일색이다. 그리고 거기에는 야나기다 구니오柳田国男도 기타 잇키北一輝도 나오지 않는다. 마찬가지로 근대의 사상 혹은 사상사를 다루면서 어떻게 해서 이와 같은 차이가 나오는 것일까. 이 기묘한 현상이 그대로 일본 사상사 연구의 현황을 나타내고 있다. 전통의 축적에는 아직도 상당한 연월年月이 요구되는 것 같다.

2) 마루야마 사상사의 형성

원래 과제로 삼은 것은 마루야마의 중세 사상론이었지만, 본 절에서는 다소 그 과제를 벗어나서 마루야마의 불교론을 중심으로 검토하고자 한다. 중세 사상은 뒤에서 기술하는 것처럼 『강의록』 제4, 5책에서 다루지만, 제4책에서 다루고 있는 불교론과 제5책에서 다루는 무사武士의 에토스론이나 신도론을 반드시 곧바로 하나로 종합해 논할 수는 없다. 불교론이 '원형=고층' 론의 연장선상에서 그것을 타파하는 것으로

서 논해지는 것에 비해서 무사의 에토스론은 발표된 논문으로 말하면 「충성과 반역」忠誠と反逆(1960)에 연결되는 것으로, 문제의식에서 다소 벗어나 있다. 물론 양자는 관계가 없는 것이 아니라 오히려 미묘하게 빗나가면서도 그 근저를 관통하는 것에서 마루야마의 문제의식을 볼 수 있을 것이다. 그러나 그 양쪽에 걸쳐서 검토하는 것은 너무나 문제가 커져 버리기 때문에 여기서는 불교론에 한정하고자 한다.

불교론을 검토하기 위해서는 먼저 '원형=고층' 론으로부터 살펴볼 필요가 있다. 그래서 본 장의 구체적인 절차로서 '원형' 론으로부터 가마쿠라 불교론까지 전개되는 『강의록』 제4책을 상세히 읽어 가는 작업을 하겠다. 제4책에 따라 고대의 문제까지를 시야에 넣는 한편, 제5책에서 논하는 무사의 에토스나 신도의 성립 등의 문제까지는 다루지 않는다.

마루야마에 있어서 '원형=고층' 이론이 제시되는 경위부터 간단하게 살펴보기로 하자. 마루야마가 '원형=고층' 의 문제를 처음으로 밖을 향해 제시한 것은 유명한 「역사의식의 '고층'」歷史意識の '古層' 부터이다. 이것은 1972년에 『역사사상집』의 해설로 쓰여진 것으로, 후에 『충성과 반역』忠誠と反逆에 수록되어 보급되었다. 그 뒤 그것과 관련하는 자신의 직접적인 해설로서 「일본 사상사에 있어서 고층의 문제」日本思想史における '古層' の問題(1979. 『마루야마 마사오집』 11권. 이하 『集』으로 약칭), 「원형·고층·집요저음」原型·古層·執拗低音(1984. 『集』 12권)이 있고, 또한 '역사의식' 에 대한 '정치의식' 을 논한 것으로 '정치의식의 집요저음' 이라는 부제가 붙어 있는 「정사의 구조」政事の構造(1985. 『集』 12권)가 있다.

마루야마의 논문 「역사의식의 '고층'」은 그때까지 근세 이후로 테마를 한정해 왔던 마루야마가 병마 등으로 인해 수 년간 침묵한 뒤에

쓴 논문으로, 그것이 돌연 고대로 날아가 논한 것이었기 때문에 큰 화제를 불러일으켰다. "마루야마는 이 논문으로부터 변한 것은 아닌가, 심하게는 대학분쟁에서 '전향'한 것이 아닌가라는 설조차도 있었다" (「원형·고층·집요저음」, 『集』 12권, 111쪽)라고 마루야마 자신이 술회할 정도로 반향을 불러일으켰다. 그후에도 오늘에 이르기까지 찬반양론이 시끄럽게 화제의 대상이 되고 있다.

그러나 마루야마가 이와 같은 문제를 생각하게 되었던 것은 훨씬 이전의 시기로 소급된다. 「사상사의 방법을 모색하여」思想史の方法を模索して(1978. 『集』 10권)에서는 다음과 같이 말하고 있다.

내가 대학 강의의 구상을 대폭적으로 변경하여 지금까지 에도 시대로부터 시작했던 정치 사상사를 기기記紀(『고사기』와 『일본서기』)의 시대에까지 소급시킨 것은 1959년〔실제로는 1956년〕부터이며, 매년 강의의 서론에 '외래' 사상을 '일본화' 시키고 수정시키는 계기로서 반복하여 작용하는 사고의 패턴을 세계상의 '원형' prototype이라는 이름하에 다루게 된 것은 1963년이다. 이 '원형' 이라는 명칭은 세계상 속에서 역사의식만을 추출하여 독립적으로 간행할 때는 '고층' 이라는 표현으로 바뀌고, 나아가 외국 체재 중에, 역사의식과 함께 3부를 구성하는 윤리사상과 정치의식에 대하여 영문으로 발표했을 때에는 'basso ostinato' (집요저음)라는 음악용어로 세 번 바꾸어 버렸다. 용어를 바꾼 것은 숙명론적인 인상 혹은 맑스주의적 의미에서의 '토대' 의 연상에서 오는 오해를 피하려는 표현상의 문제로, 기본적인 방법의식에 관한 한 나는 1963년 강의의 '원형' 이라는 구상의 연장선상에 오늘도 여전히 서 있다. (『集』 10권, 342~343쪽)

'원형＝고층＝집요저음'이라는 발상의 유래와 전개에 대해서는 마루야마 자신의 이 회상적인 서술에서 거의 다 표현되어 있다. '원형'은 대학분쟁 때가 아니라 오히려 60년 안보시기까지 소급된다. 그때까지 마루야마는 전후 민주주의의 진보파 논객, 저널리즘의 총아로서 곳곳에 불려 다녔고, 또 그것에 부응하는 역작 논문을 차례로 발표했다. 그것이 이 무렵부터 밖으로 발표하는 논문이 적어지고, 학문이라는 장으로 되돌아와 다시 한번 태세를 정비하고자 하는 과정에서 생겨난 개념이다. 그것은 동시에 에도 시대를 출발점으로 삼아, 근대화라는 논점을 근현대에 시점을 맞추고 논해 왔던 문제를 보다 과거로 소급하고자 하는 지향과 맞물려 있었다. 「일본의 사상」에서 '전통'이라는 문제의식은 실로 그 방향을 예고하는 것이었다기보다도 "사상이 전통으로서 축적되지 않는다"(『일본의 사상』, 11쪽)라는 '전통'이란 무엇인가라는 물음이, '원형'이라는 답으로 도출되었다고 말할 수 있을 것이다.

　전후 진보파의 활동에 적극적으로 관여한 마루야마에게 있어서 학문의 장으로 돌아와 고대로부터 다시 생각하고자 한 것은, 우연히 큰 칭찬을 받았기에 오히려 더 있기가 거북한 무대로부터 본래 자신의 삶으로 회귀한다는 개인적인 문제였을지도 모른다. 그러나 역사의 큰 흐름 속에서 본다면, 그것은 '60년 안보 투쟁'에서 큰 좌절과 전환을 겪은 전후의 진보적 민주주의의 흐름이 그 좌절을 겪게 되면서 그 원인을 다시 생각하는 작업이었다고 보아도 반드시 틀린 것은 아닐 것이다. 뒤에서 보는 바와 같이 가마쿠라 불교의 찬란한 전개 뒤에 오는 것을 마루야마는 '굴절과 타협'이라는 인상적인 언어로 표현하고 있지만, 이것은 실로 마루야마 자신이 눈앞의 현실로서 체험한 것 그 자체가 아니겠는가.

왜 근대화·민주화를 향해서 이성적으로 생각한다면 당연히 알 수 있는 이치가 왜곡되어 버리는가. 왜 과거의 교훈이 살아 있지 못하는가. '전통'이 축적되지 않는다는 '전통'은 근대가 되어 생겼던 것이 아니라 더욱 뿌리 깊게 일본 역사의 출발점부터 늘 따라다닌 것은 아닌가. 그것이 '원형'으로 소급한다는 발상으로 향하게 한다.

『강의록』에는 '원형'을 처음으로 사용한 1963년의 강의는 수록되지 않고, 그 대신에 1964년부터 사실상 마지막 강의가 되었던 1967년에 이르기까지 4년간에 걸쳐 연속된 일본 정치 사상사 강의가 제4책부터 제7책까지 수록되어 있다. 1964년도에는 고대로부터 중세, 1965년도에는 중세, 1966~67년도에는 근세를 다루고 있다. 본 절에서 주된 검토의 대상이 되는 제4책(1964)은 이 4년간의 강의의 일부이며, 제1장은 사고양식의 원형, 제2장은 고대 왕제의 이데올로기적 형성, 제3장은 통치의 윤리, 제4장은 왕법과 불법, 제5장은 가마쿠라 불교에서 종교행동의 변혁이라는 다섯 장으로 구성된다. 덧붙여 제5책(1965)은 중세지만, 그 내용은 제1장은 일본 사상사의 역사적 소여所與, 제2장은 무사의 에토스와 그 전개, 제3장은 신도의 이데올로기화로 구성되어 있다.

그런데 이하에서 『강의록』을 주로 다룰 때, 마루야마가 학문의 세계에, 오늘날의 관점에서 보면 거의 소박한 환상이라고 할 정도의 깊은 신뢰와 기대를 가지고 있으며, 그런 까닭에 그의 대학 강의는 극히 엄숙하고 또한 정열을 담고 이루어지고 있었다는 데 주의해 두고자 한다. 아마도 그 근저에 "다만 동대[도쿄대] 법학부의 연구실 ── 일본제국주의의 가장 정통적인 고등교육기관이라 할 수 있는 동대 법학부의 연구실(!) ── 은 지금 생각해 보아도 별세계와도 같이 자유로웠으며, 나는 이 얼마 남지 않은 자유로운 공기를 산소호흡기에 의지하여 마음껏 마시면서 전시를 보냈던 것이다"(『자기내대화』自己內對話, 177쪽)라는 원체험이 있었기 때문일 것이다. 그렇기 때문에 그 학문을 해체시키려고 하는 전공투全共鬪 운동에 대해 마루야마는 엄격하게 대치하고, 매도의 소리를 들으며 교단을 떠나게 된다.

> 학문적 진리의 '무력' 함은 북극성의 '무력' 함과 유사하다. 북극성은 길을 잃은 여행자에게 개별적으로 손을 내밀어 인도해 주지 않는다. 그것을 북극성에 기대하는 것은 기대 과잉인 것이다. 그러나 북극성은 **어떠한** 여행자에게도 항상 기본적 방위를 나타내는 **표시**가 된다.
> (같은 책, 115쪽)

대학에서의 강의는 실로 이 신념의 실천장이었다. 그러므로 "근년에는 오로지 유신 이전의 시대를 강의해 온 것에는 나 나름의 생각이 있기 때문이다"(『강의록』 7, 4쪽), 그것은 "사상사라는 것이, 제도사나 정치사라는 것과 비교하여 상대적으로 연속성이 강하다"(5쪽)라는 것과 함께 "현재의 상황을 보면 시간적 현재에 비교적 가까운 시대에 자연히 관심이 가고, 먼 시대만큼 관심이 가지 않는 것처럼 보이기"(5쪽) 때문이며, "교육이라고 한다면 역시 그 시대에 있어서도 자칫 간과되기 쉬운 혹은 경시되기 쉬운 측면을 강조할 필요가 있는 것은 아닌가"(6~7쪽)라는 교육적 배려가 있었다.

'원형' 론을 출발점에 두는 마루야마의 사상사가 이와 같은 학문의 장에서 형성된 것은 주목된다. 왜냐하면 학문의 장은 확실히 현실과 직접 관계가 없는 문제를 차분하게 숙성시키는 것에는 적절하지만, 교단으로부터의 일방적인 이야기는 자칫하면 비판을 동반한 대화의 길이 쉽게 막혀 버리기 때문이다. '원형＝고층' 론이 아주 일찍 발표되어 그 것을 둘러싼 논의가 이루어졌다면 역사에 'if'를 상정하는 논법밖에 되지는 않지만, 매력적인 'if'이긴 하다.

그렇지만 물론 학문으로의 회귀는 마루야마의 관심이 시대 상황을 떠나 있음을 의미하지 않는다. "과거를 어디까지나 **역사적으로** 위치 지으면서, 이것을 이중으로 투영시켜 (합일화하는 것이 아니라) 현대와 중층이 되게 하는 시점"(『강의록』 7, 6쪽)을 계속 지녔던 것이다. 하지만 이 중층적인 지향은 이미 학문의 범위 안에 머물 수 있는 것은 아니다. 실제 후술하듯이 '원형＝고층' 을 논하면서 당돌할 정도로 돌연 화제가 근현대의 문제로 도약하기도 한다. 학문의 범주로는 수렴할 수 없는 현실적인 문제의식을 굳이 학문의 장에 가두어 논하려고 하는 데 '원형' 론을 출발점으로 취하는 마루야마 사상사에 이중적 의식이 양립할 위험과 매력이 있는 것이다.

3) '원형＝고층' 론의 문제

「역사의식의 '고층'」에서 마루야마가 기기신화記紀神話의 분석으로부터 '되다' なる, '차례' つぎ, '기세' いきほひ라는 세 개의 범주를 제시하고, '차례로 되어 가는 기세' 로서 정식화한 것은 너무나 잘 알려져 있다. 이것에 대해서는 마루야마 자신이 술회하고 있는 것처럼 초기 단계부터 엄격한 비판을 받게 되었다. '고층' 을 인정하는 것은 일본적인 것을 실체화하는 것이 아닌가라는 것은 누구라도 생각할 수 있는 것이며, 마루야마 자신도 실체화로 받아들여지는 것을 걱정하였기 때문에 '원

형', '고층', '집요저음'으로 다양하게 호칭을 바꾸어 오해를 방지하려고 하였다. 그러나 "우리의 '나라'가 영역·민족·언어·수도水稻생산양식 및 그것과 결합한 취락과 제의의 형태 등의 점에서 세계의 '문명국' 가운데 비교한다면 완전히 **예외적**이라고 할 수 있을 정도로 등질성等質性을, 적어도 후기 고분시대로부터 천 수백 년에 걸쳐 이어받아 보존·유지해 왔다는 저 중대한 역사적 현실이 가로놓여 있다"(『集』10권, 7쪽)라는 민족의 일관성을 지닌 신화에 입각하는 한, 아무리 발버둥쳐도 우리만의 이야기로 끝나는 것을 면치 못할 것이다. 본래 그와 같은 민족일관성신화가 어떻게 형성되었는가, 그것을 비판해 무너뜨려 가야만 한다. '고층' 그 자체가 실은 역사적으로 차례대로 형성된 것이다. 그 형성은 최종적으로 근세 일본주의자로부터 근대에 걸쳐서 완성되지만, 실은 마루야마는 그들을 비판하면서도, 그들의 방법을 의외일 정도로 무비판적으로 계승해 버린다.

> 에도 시대의 신도계 사상가로부터 쇼와의 일본정신론자까지 '되다'와 '낳다'를 기본적 범주로 한 일본주의의 철학 혹은 해석학에는 별 문제는 없다. ⋯⋯ 그렇지만 한문 전적이나 불전이나 서양철학의 '세례'를 받으면서도 그들이 힘써 그것들과 다른 무엇인가를 일본적 사유로서 구분하려고 한 흔적에는 ⋯⋯ 어떤 종류의 직관에서 나온 진실이 포함되어 있어, 반드시 모든 입론이 황당무계하다고 말할 수는 없다.(『集』10권, 10쪽)

'쇼와의 일본정신론자'의 예로서, 마루야마는 일본 파시즘의 대표적 이데올로그였던 기히라 다다요시紀平正美의 『과연의 철학』なるほどの

哲学(1941)을 거론한다. 그것에 대해서는 '대부분 언어유희에 떨어진' 것으로 비판적이지만, 확실히 언어유희라고 해도 마루야마의 '고층' 과의 유사성은 놀랄 정도이다.『과연의 철학』을 더욱 부연한 기히라의『과연의 논리학』なるほどの論理学(1942)에서 그 일단을 엿볼 수 있다. 기히라는 그 책에서 서구적인 '이다'에 대항하는 일본의 논리를 '되다'에서 찾고, '과연'과 '수긍하는' 곳에 개인주의적인 '나와 너의 대립'이 아니라 '장상長上, 존귀尊貴에 대한 수순'이 생긴다고 한다(『과연의 논리학』, 13쪽). 그것은 "자신이 '되는' 까닭에 타인도 '되게' 할 수가 있다" (90쪽)는 것이며, "사람과 사람, 사람과 자연, 사람과 신의 일원융화—圓融和 즉 생명의 대총합력"(91쪽)이라는 것이다. 기히라가 말하는 '과연'의 논리가 마루야마가 말하는 '고층'과 극히 가까운 것은 분명하다.

시간론에 관해서도 마루야마가 말하는 '고층'과 기히라가 제시하는 '과연'의 시간론은 유사하다. 마루야마는 '고층'에 있어서 '지금의 긍정'을 **"생의 적극적 가치의 긍정**이 아니라 부단히 변화해 가는 것으로서 현재의 긍정"(『集』 10권, 59쪽)으로 보고 있다. 이것만으로 알기 어렵지만『강의록』제4책의 설명을 빌린다면 "현세적 현재중심주의이지만, 순간 속에 영원을 보는 것이 아니라, 한편으로는 순간을 순간으로서 향수하면서 그것에 안주하지 않고 끊임없이 다음 순간을 맞이한다. 부단히 변전하는 시간에 **올라타면서도** 언제나 현재의 순간을 긍정적으로 살아간다"(『강의록』 4, 67쪽)라고 말하는 것이다. 이것에 대하여 기히라도 또한 "'중금' 中今, '이금' 爾今, '일념' 一念이 모두 최고의 찰나이며, 따라서 그것은 …… 생명 충족적인 것이며, 공허가 아니라 그것은 내용이 풍부한 '때'가 된다"(『과연의 논리학』, 112쪽)라고 주장하고 있다. 생명이 생성하여 '갈' 때야말로 공극空極의 가치가 주어지는 '때'인 것이다.

기히라의 '과연'의 철학과 마루야마의 '고층'론이 나뉘는 부분은 기히라가 불교를 '과연'의 범위 속에 넣은 것에 반해서 마루야마가 거기에 '고층'에 대한 세계종교의 보편주의를 보려고 한 점이지만, 이것은 「역사의식의 '고층'」에서는 충분히 진개되지 않고, 『강의록』 제4책의 간행에 의해서 처음으로 공개된 마루야마 사상사의 큰 구상이다. 이 점은 뒤에서 검토하기로 한다.

하여튼 이와 같이 본다면 마루야마의 '고층'론은 가치평가라는 점에서, '고층'을 긍정적으로 보는가 아니면 부정적으로 보는가의 차이로서, 실은 일본주의의 언설에 상당히 의존하고 있는 것은 아닌가 생각하게 된다. 그러나 이것은 불가사의하지 않다. 본래 마루야마의 출발점으로부터 보아 전통적인 '자연'에 대한 '작위' 作爲에 에도 사상의 가능성을 보려고 했던 것이며, 그 발상은 『일본의 사상』에서는 유명한 '이다'라는 것과 '하다'라는 것의 대비로서 제시되고 있다. '작위' = '하다'에 미래와 관련되는 이념을 찾으려고 한다면, 그것에 대립하는 '자연' = '이다', '되다'는 그 이념의 실현을 방해하는 '전통 없는 전통'으로서 과거로 되돌아가 보이게 되는 것으로 이해할 수 있다.

하지만 이 작업이 조금 성급하고 지나친 면이 있음은 부정할 수 없다. 민족의 '등질성'을 '중대한 역사적 현실'로서 인정해 과거와 현재를 하나로 묶어 버린 것은, 실은 역사를 비역사화해 버린 것은 아닌가라는 심각한 의문이 늘 따라다닌다. 『강의록』 제4책에서는 '원형'을 논하면서 그 예로서 근대의 맑스주의 수용을 들고 있다.

일본에서 맑스주의 역사관이 수용되었을 때, 그 유토피아 사상은 상상력을 발휘해 미래사회를 구상한다는 본래의 의미를 상실하고 한편에서는 역사의 세력(생산력의 내재적 발전)의 방향에 따른다고 하는 세계의 대세주의, 편의주의로 변모하고, 다른 한편에서는 유토피아 대신에 이 지상에서 모범국가, 보다 진전한 모델을 탐구하여 그것을 본받는다고 하는 학습주의로 변용되었다.(『강의록』 4, 73쪽)

과연 「역사의식의 '고층'」에서는 이만큼 노골적인 '원형=고층'의 근·현대로의 적용을 삼가고 있지만, 강의 중에서 새어 나온 이와 같은 대비야말로 마루야마의 플러스도 마이너스도 모두 집약되어 있는 것처럼 생각된다. 마루야마의 '원형=고층'론은 어디까지나 현대의 현실적인 문제를 염두에 두면서 그것을 어떻게 역사 속에서 되찾을 것인가 하는 데에서 발상이 된 것이다. 그러나 근대의 맑스주의 수용에 고대로부터 일관하는 '원형=고층'을 보고자 하는 것에 무리가 있다는 것은 누가 보아도 분명할 것이다. 이것은 역으로 "맑스주의의 역사관도 유대=기독교적 섭리사관의 세속화, 〔역사〕 내재화라는 면이 있다"(같은 책, 73쪽)라는 부분과 비교해 보면 알 수 있다. 이것도 또한 자주 언급된 것이지만, 그렇다고 해서 맑스주의가 유대=기독교라는 '원형=고층'의 현대적 분출이라고는 말할 수 없을 것이다. 그와 같은 표현은 어떤 것을 위한 이데올로기적 언설로 받아들여도 어쩔 수 없을 것이다.

그러나 또한 누구나 다 알고 있는 이와 같은 부분을 제시하여 마루야마를 단순하게 부정해 버리는 것은 그의 고뇌와 시행착오가 담긴 귀중한 의미를 뻔히 알면서 사장시켜 버리는 것밖에 안 된다. 이러한 현실적인 현재의 문제가 도대체 어디까지 학문이라는 장에 있어서 사상사 속에서 살릴 수 있을 것인가. 마루야마의 '원형=고층'론은 그 장대한 실험이었다. '원형=고층'이야말로 학문의 장으로 돌아와 사상사를 구축하려고 한 마루야마가 일찍이 그 비판적 정신을 유지하는 근거였다. 그리고 그 구도는 '원형=고층'의 폐쇄성에 대하여 개방된 세계 종교의 보편성을 대치하는 것이다. 그 보편적 종교야말로 일본의 고대·중세에 있어서 다름 아닌 불교였다고 본 것이다.

4) 고대 사상의 전개와 불교

『강의록』제4책은 전체 5장으로 구성되어 있으며 그 중 불교론은 제4장과 5장에서 논해진다. 그래서 여기서는 제3장까지의 문제를 간단하게 살펴보고 그 불교론의 위치를 확인해 두고자 한다.

제1장에 들어가기 전에 '머리말'이 있으며, 그것은 '동양 정치 사상사 강좌의 설명'과 '사상이란 무엇인가'의 두 절로 구성된다. 이것은 1965년의 강의에도 동일하게 논해지고 있다. 나아가 『강의록』 제4책에서는, 1963년도의 강의 중 「'전통'의 다의성」과 「정치 사상이란 무엇인가」를 수록하고 있다. 후자가 주목되는 것은 마루야마의 강의는 '일본 정치 사상사'라는 명목을 내세우면서 실은 협의의 정치 사상에 한정되고 있지 않기 때문이다. "모든 생활분야와 영역에 걸친 자료를 일단 정치 사상과 관계가 **있을지도 모른다**는 상정을 해야만 한다"(『강의록』 4, 34쪽)라는 관점을 취한다. 정치와 직접 관계가 없는 불교의 측면을 왜 크게 다루지 않으면 안 되는가라는 필연성도 여기에 있다.

제1장은 '고층'론의 매우 오래된 발상이 '원형'의 이름하에 논해진다. 문자 그대로 '원형=고층'론의 '고층'이다. 그 제2절에서는 원형의 세계관에 대하여 상세하게 논하고 있는데, 그때 원형 추출의 방법은 다음과 같다.

고대사 문헌에 남아 있는 신화·설화·고대전승으로부터 **분명히** 유교·불교·도교 등의 **비교적** 대륙적 사상의 영향이라고 여겨지는 관념들을 제거하고, 후대의 민간신앙이나 민간전승 등을 참조하여, 고대로부터 지속적으로 작용하고 있는 종교 의식을 재구성해 본다.(『강의록』 4, 53쪽)

여기에는 두 개의 의문점이 있다. 첫째는 '분명히'와 '비교적'이라고 강조된 두 가지는 모순되지 않는 것일까. 실제로는 애매하게 그 정도로 '분명히'라고 단정할 수 없는 경우가 적지 않을 것이다. 둘째로 만약 그와 같은 요소가 추출되었다 해도 그것을 "고대로부터 지속되고 있다"라고 곧바로 말할 수 있을까. 그것은 확실히 고대적일지도 모른다. 그러나 그것만으로는 그것이 그후까지 "지속되고 있다"고는 말할 수 없을 것이다. 이와 같이 본다면 마루야마의 원형 추출의 시도는 방법론적으로 상당히 미비한 것이지만, 그렇더라도 너무나 학문성에 구속된 논의는 생산적이지 않을 것이다. 오히려 '원형=고층'론이 그와 같은 미비에도 불구하고 그것이 지닌 임팩트에 초점이 맞춰져야 할 것이다.

계속하여 마루야마는 인류학과 베버Max Weber를 원용하여 종교의 중요성을 말하고, 고대의 재액관과 죄관념에 대하여 논한다. 그 뒤 '원형에 있어서 행동의 가치기준'으로서 세 가지 점을 제시한다. 첫째는 집단적 공리주의, 둘째는 심정의 순수성, 셋째는 활동·작용의 신화이다. 이 세 가지 점을 전개시켜 "세계상 그 자체가 생성의 옵티미즘으로 일관하고 있다"(같은 책, 63쪽)라고 지적한다. 즉 거기서는 "생성·성육成育·생식을 촉진하는 방향 내지 작용활동"(63쪽)이 평가되며, "자연적·

사실적 경향성"이 "그대로 긍정적인 가치가 되"는 것이며, "신과 악마(선신과 악신)의 이원적 대립이라는 엄청난 격투는 아니다"(64쪽). 이 "자연적·사실적 경향성"의 옵티미스틱한 긍정이야말로 '원형=고층'의 핵심을 이루는 발상이며, 그것과 대립하는 심각한 반성에 세계종교(=불교)의 가치를 발견하는 것이다.

제3절에서는 역사상歷史像과 정치관을 논한다. 이 역사상이 후의 「역사의식의 '고층'」과 관련된 것이다. 그것에 대해서는 이미 기술했기 때문에 생략하고, 여기서는 정치와 종교의 관계에 대하여 논한 곳에 주목하고자 한다. 마루야마에 의하면 "단위사회의 특수성이 정치행동의 기본이 된다"는 것에 비하여 "종교적·문화적 가치는 인류일반을 전제로 한 보편주의적인 것"이다(같은 책, 76쪽). 하지만 '원형'적 사고에 있어서는 이 '보편주의'가 극히 약했다. 여기에 마루야마가 불교를 높게 평가하는 근거가 있다. '원형'에 있어서 '특수집단가치' 우위에 반하여 '인류·개인'의 보편적 입장에 입각한 '진리·정의'라는 규범적 가치를 처음으로 제시한 것이 불교라고 한다. '인류'와 '개인'은 얼핏 보면 대립하는 것 같지만, 보편의 장에서 비로소 '특수'인 집단으로 회수되지 않는 개인이 가능하게 되는 것이다.

제2장으로 가면 '고대 왕제의 이데올로기적 형성'이란 제목으로, 고대천황제의 분석이라는 흥미 깊은 테마가 논해진다. 이 장에서 천황의 카리스마성에 대한 논의 등은 극히 주목할 만한 것이지만, 여기서는 더 이상 논하지 않겠다.

제3장은 '통치의 윤리'라는 제목으로, 유교의 수용에 의한 통치윤리의 형성이 다루어진다. 이 장에서 다음과 같은 지적은 중요하다.

'세계종교로서의 불교'는 본래 공동체 종교가 아니라 개인의 구제 내지 해탈에의 지향에 서 있고, 게다가 고도로 발달한 형이상학을 가진 종교이며, 그 위의 다른 세계종교(그리스도교·이슬람교)와 비교했을 때 차안此岸에 있어서의 사회윤리로서의 측면이 약하다.(『강의록』 4, 120~121쪽)

그런 까닭에 불교는 '통치의 윤리'로서는 약하고 큰 영향을 주지 못했다고 하는 것이다. 따라서 "불교가 독자적으로 정치 사상에 끼친 역할은 주로 **개인의** 정치적 태도 결정이라는 측면에서 보인다"(같은 책, 121쪽)는 것이 된다. 실제로는 불교는 정치와 크게 관련된 것으로, 마루야마가 말하는 것처럼 단순하게 개인의 문제로 환원할 수 없는 것이지만, 그럼에도 불구하고 불교 자체 속에 정치를 위치짓는 이론이 충분하게 성숙하지 않았던 것도 사실이다. 왕법과 불법이라는 문제 설정이 자주 언급되기는 하지만, 불교 자체의 본질로부터 정치나 사회윤리와의 관계가 어떻게 보이는지는 충분히 검토되지 않은 과제이다.

이렇게 불교는 '통치의 윤리'일 수 없기 때문에, 그것은 주로 유교가 담당하게 된다. 마루야마의 기본적인 사고방식은 다이카 개신大化改新으로부터 율령에 이르는 고대정치체제의 확립을, 중국에서 도입한 통치의 규범관념과 원형적인 발상의 접합으로 보는 것이다. 불교가 어디까지나 개인에 구애됨으로써 오히려 보편주의에 입각한 것에 비하여, 유교는 그 사회윤리성 때문에 오히려 원형과 결합하게 되었다고 보는 것이다.

이상 『강의록』 제4책의 제4장 이하의 불교론을 보기 위해, 필요한 범위 내에서 제3장까지의 문제점을 제시해 보았다. 이상을 보면 마루야마 사상사에서 불교론이 어떠한 위치에 있고 어떻게 전개되어 가는지 대체적인 방향이 보인다. 이하 그 구체적인 논술의 전개와 문제점을 살펴보고자 한다.

5) 고대불교론

마루야마의 불교관 — '원형'을 돌파하는 힘으로서

제4장은 「왕법과 불법」이라는 제목으로 주로 헤이안平安 시대까지의 고대불교 사상에 대하여 검토하고 있다. 그 근본은 "'원형'적인 세계상을 철저하게 돌파하여 완전히 새로운 정신적 차원을 고대 일본인에 개시한 것은 세계종교로서의 불교였다"(『강의록』 4, 154쪽)라는 것에 있다. 확실히 유교에도 보편주의가 있지만, "이 보편주의는 그 윤리의 두드러진 특수한 측면에 있어서 중대한 제한을 받고 있다"(153쪽). 그러나 불교도 자주 원형과 유합하여 그 본래의 모습을 상실한다. 불교가 본래의 보편주의적인 면을 현저하게 보여 준 단서가 쇼토쿠 태자聖德太子이며, 그것이 기대 이상으로 본령을 발휘한 것이 가마쿠라 불교(신란·도겐·니치렌)였다는 것이 마루야마의 견해이다.

　　마루야마의 불교관에 관해 우선 주목하고 싶은 것은 마루야마의 세계종교관은 그리스도교, 특히 프로테스탄티즘을 모범으로 하고 있어 "자연과 인간 세계를 초월한 성스러운 존재로서의 절대자의 자각"(150쪽)을 근저에 둔 것이다. 물론 부처를 기독교의 신과 같이 '절대자'라고 할 수 있는지 어떤지, 또한 불교를 '절대자'를 근저에 둔 종교로 보는 것이 좋을지는 몹시 의문이다. 마루야마 자신도 이것은 충분히 인식하고 있으며, 뒤에서 기술하는 것처럼 '공空의 문제도 다루고 있다.

그런데 그리스도교, 특히 프로테스탄티즘과 대비하여 불교를 보는 것은 마루야마뿐만 아니라 근대불교관 중의 하나로서 큰 흐름인 것을 지적해 둘 필요가 있다. 메이지 유신 후의 혼란의 와중에서 근대불교의 지침이 되는 방향을 형성한 것은 시마지 모쿠라이島地黙雷지만, 그도 또한 프로테스탄티즘에 모범을 구하면서 밀교적인 비합리성이나 신불습합을 비판하고 근대적·합리적인 불교의 확립을 지향했다. 그 근대주의적 불교의 이미지는 멀리 마루야마에게까지 흐름이 이어지고 있다. 마루야마의 경우 말할 것까지도 없이 이와 같은 종교관에는 베버의 영향이 크다.

이와 같은 근대적인 불교관은 오늘날 '프로테스탄트 불교'Protestant Buddhism라는 이름하에 비판의 대상이 되는 경우가 많다. 확실히 프로테스탄트를 모범으로 한 불교관은 종교를 너무나 단순화시켜 반성해야 할 부분이 크다. 그러나 바로 그러한 까닭에 전근대적인 비합리성에 대하여 엄격하게 대치하고, 비판의 힘이 될 수 있는 것도 사실이다. 그것을 한꺼번에 부정해 버리는 것은 근대 이념을 전면적으로 부정하는 격세사관에 빠지는 것에 다름 아니며, 사회윤리를 상실한 현상의 추인이 될지도 모른다. 마루야마적 비판성을 다시 되돌아보아야 할 이유이다.

또 하나 마루야마의 불교관에서 주목해야 할 것은 이러한 불교의 소위 빛나는 면뿐만 아니라 '원형' 속에 파묻혀 굴절하고, 그 속에서 고투하는 불교의 일면을 파악하여 묘사하는 것에 있다. 이것은 특히 헤이안 불교나 가마쿠라 시기의 '굴절과 타협의 모습들'에서 보이는 것으로, 오늘날의 상황을 생각할 때 이 면은 전자 이상으로 주목하지 않으면 안 된다. 한 면으로는 파악할 수 없는 역사의 굴곡을 마루야마는 이러한 면에서 멋지게 묘사하고 있다.

쇼토쿠 태자 — 이상으로서의 보편주의

제4장 1절은 '17조 헌법에 있어서 통치의 윤리'라는 제목으로 〔쇼토쿠 태자의〕 '17조 헌법'이 상세하게 검토된다. 그 기본적인 사고방식은 "불교의 보편주의적 성격이 고도로 자각되고 있기 때문에 …… 원형과 완전히 단절하고, 비연속인 정신에 의해 전체의 구조가 지지되고 있다"(『강의록』 4, 150쪽)고 보아, 원형을 초월한 것으로서 높은 평가를 부여하고 있다. "이 기저의 정신은 자연과 인간세계를 초월한 성스러운 것으로서의 '절대자의 자각'이라는 것"이며 "초월적 절대자로서의 성스러운 것의 자각이 유교적 규범주의로부터 나아가 질적인 비약을 했음을 의미한다"(150쪽)는 것이다.

이와 같은 17조 헌법의 해석은 제2조를 중심에 둠으로써 전개된다. "돈독하게 삼보를 공경하라"篤敬三寶로 시작하는 제2조는 '불교적 진리의 보편성의 천명'이며, "지상의 모든 권위 따라서 정치적 권위도 또한 보편적인 진리 내지 보편적 규범('이 법')에 종속하고, 그것에 봉사해야 할 것"(같은 책, 155쪽)이라고 설해지고 있다고 한다. 거기에는 "조상신을 숭배한다든가 천신의 제사를 태만히 하지 말라든가 하는 가르침이 전혀 보이지 않는다."(156쪽) 이하 각 조가 상세하게 분석되고 있지만 그 결과 다음과 같은 결론에 이른다.

요컨대 17조 헌법에서는 첫째로 지상의 권위가 보편적 진리·규범에 종속해야 할 것이라는 의식, 둘째로 자연적·직접적 인간관계와 공적인 조직을 구별하는 의식, 셋째로 정책의 결정 및 시행과정에서 보편적인 정의 이념의 강조라는 점에서 '원형'으로부터 비약하여 고도한 정치이념에 도달했다.(『강의록』 4, 163쪽)

그런데 여기서 문제 삼고자 하는 것은 마루야마가 일본적인 '원형'과 절대적으로 격절한 것으로서 17조 헌법을 위치지은 것에 대하여 완전히 반대의 평가도 있다는 것이다. 앞서 거론한 기히라 다다요시의 『과연의 논리학』에서는 17조 헌법의 제2조를 다음과 같이 해석한다.

태자가 헌법 제2조에 독경삼보篤敬三寶라 말했다고 하여, 그것을 천황의 조칙과 동일시하여 영구불변의 것으로서 그것을 받아들이는 것은 불교자 일반의 편향된 경향이다. 밖으로는 적국이 강하게 압박을 가해 오고, 그것이 천손강림天孫降臨의 때 내지 신공황후神功皇后의 삼한三韓 정벌 때의 공신의 말손인 자의 전횡, 즉 씨족벌에 의한 불통일에서 생긴 내우内憂였던 것을 보신 태자는 친히 잘못된 것을 바르게 하려고 독경삼보라 하신 것은 그 조문에 명기된 그대로이다. 더욱이 그것은 본래의 일본으로 돌아가는 것에 다름 아니었다.(『과연의 논리학』, 157~158쪽)

그 역사인식에 문제는 있지만, 17조 헌법에 있어서 불교가 결코 보편주의적 종교가 아니라 시대상황에 대응하는 데 극히 정치적 의도를 가진 것으로 보는 그 설은, 반드시 무시해도 좋다고 생각되지는 않는다. 적어도 '독경삼보'가 제1조가 아니라 제2조〔"화합이 고귀하다." 以和爲貴〕에 놓인 것은 그것이 무조건적인 것이 아니라 제1조의 전제 위에서 성립하는 것임을 보이고 있다. 그 제1조에 대해서는 전시 중에 사상 통제상 큰 영향을 주었던 『국체의 본의』国体の本義가 그 중심이 되는 '화'和의 정신을 설명하는 데 이용되고 있는 것은 잘 알려져 있다. 거기서 실로 '군신일체'의 화 이념을 17조 헌법에서 보는 것이다. 이와 같이 본다면 일본 파시즘하에서는, 17조 헌법은 일본주의적인 정신, 마루야마식으로 말하면 실로 '원형=고층'을 가장 잘 발휘한 것으로 평가되는 것이다.

그런데 전후 쇼토쿠 태자 연구에 있어서는 마루야마적 방향 즉 토착성에 둘러싸인 불교가 아니라 그것을 초월한 보편성을 가진 것으로서 평가하는 경향이 강하게 되었다. 그와 같은 방향을 대표하여 전후의 불교 연구에 큰 영향을 미친 사람은 후타바 겐코二葉憲香(『고대불교 사상사 연구』古代佛敎思想史硏究, 1962)이다. 후타바는 국가주의적인 불교 연구를 신랄히 비판하고, 국가를 초월한 것으로서의 불교에 높은 평가를 부여했다. 후타바는 고대불교를 율령불교와 반율령불교의 두 개의 흐름으로 나누고, 쇼토쿠 태자를 반율령 불교의 원류로서 위치짓고 있다.

> 태자가 불교로써 전개한 사상의 입장은 주체적 보편성의 파악, 주체적 전개에 의한 이타적 실천, 인격적 실천에 의한 주술적 종교로부터의 이탈로 특징지을 수 있을 것이다. 그것은 소가씨적蘇我氏的 불교 및 그것을 계승하는 율령불교의 입장과 전혀 이질적이라는 점, 일본 사상사에 있어서 독자성을 지닌다는 것이 가능하다고 생각된다.(『고대불교 사상사 연구』, 367쪽)

이와 같이 전전·전후에 쇼토쿠 태자에 대한 평가는 180도 전환한다. 본래 쇼토쿠 태자에 관해서는 사료도 적고, 게다가 모두 위찬일 가능성도 부정할 수 없다. 그렇다면 어떤 해석이 바르다고 단순하게 결정할 수 없을 뿐만 아니라 오히려 시대에 따라 그 해석이 정반대로 전환하는 것임에도 불구하고 전전·전후를 통해서 모두 높은 평가를 받고 있는 것에 주목해야 할 것이다.

왜 시대가 바뀌어 평가의 내용은 역전하면서도 그러나 평가 자체는 높은 것일까. 전전에 있어서는 쇼토쿠 태자가 천황제와 불교를 결합한 사람으로서 높게 평가된 것은 명백하다. 그렇다면 전후는 어떤가. 전후에는 천황제와의 관계가 전혀 언급되지 않았다는 점에 주목해야 한다. 그뿐만 아니라 17조 헌법 등은 당연히 세속적인 정치정세 속에서 생겨났음에도 그 정치정세와의 관계로부터 벗어나 극히 이상주의적인 입장에서 평가된다. 그것에 의해서 천황제와의 관계는 불문에 붙여지게 된 것이다.

마루야마는 이 전후의 해석을 받아들이고 전전으로부터의 해석 흐름을 간과하고 있다. 전전의 해석은 기히라에게 있어서나 『국체의 본의』에 있어서나 국가주의의 중핵적인 이데올로기로서 논해지고 있던 것으로, 마루야마도 그것은 충분히 숙지하고 있었을 것이다. 마루야마의 쇼토쿠 태자 평가에 관해서는 약간 한쪽으로 치우친 감을 부정할 수 없고 의문이 남는다. 대개 가마쿠라 신불교의 해석에서도 마루야마가 긍정적으로 평가하고자 하는 경우에는 그 평가의 이면을 간과하고 일방적으로 되기 쉽다. 오히려 비판을 가하는 경우나 굴절된 양의적兩義的인 가치를 인정하고자 하는 경우에 마루야마의 지적은 적절하며, 경청할 만한 경우가 많다.

고대불교의 전개 — 양의성의 자각

『강의록』 제4책 4장은 제2절 '왕법불법상의王法佛法相依와 진호국가鎭護國家의 관념', 제3절 '[세간의] 부정과 해탈의 논리와 감정', 제4절 '말법未法사상과 역사철학', 그리고 나라에서 헤이안 시대까지의 전개가 논해진다. 불교가 정착하고 동시에 '원형'적인 것과 융합해 가는 과정에서 굴절이 많은 미묘한 양의성을 파고 들어간 고찰은 극히 주목된다. 이하 그 전개를 따라 주요한 문제점을 고찰해 보고자 한다.

제2절은 고대에서 국가와 불교의 관계로, 정치 사상적으로 중요한 의미를 가진 듯하지만, 비교적 간단하게 다루어지며 그다지 깊이 들어간 고찰은 아니다. 즉 "① 씨족불교, ② 국가불교＝천황불교(특히 7세기 후반), 나아가 ③ 귀족불교(섭관시대)의 3단계를 거쳐 보급되어 간다"(『강의록』 4, 167쪽)는 것이지만, "먼저 지배층의 종교로서 발전"(167쪽)했기 때문에 "첫째로 권력체계에 현저하게 의존하고(정치적 성격), 둘째로 일상적 현실과의 긴장관계가 결핍됐다"(168쪽). 여기서부터 왕법불법상의 진호국가라는 성격이 발전하는 것이다. 그러나 그 전개를 보면 "왕법과 유착한 불법이 다시 스스로를 세간·현세에 대해서 격리하고, 이원적 긴장의식을 불러일으키기 위해서는 헤이안 말기, 말법 사상의 발흥을 기다리지 않으면 안 되었다"(171쪽)라는 전망을 보이는 데 그친다.

이와 같이 대략적인 도식만을 제시하는 제2절과 비교하여 제3절에서는 불교의 교리적 문제에 들어간 상당히 상세한 논의가 보인다. 첫 부분에는 마루야마의 종교관이 제시되어 주목된다. 마루야마에 의하면 "근본적으로 현세적인 것을 부정하는 것이 세계종교가 가진 의미라고 말해 두자"(172쪽). 종교와 정치의 관계는 이미 나왔지만 새삼스럽게 "종교는 일개 개인의 영원한 구제의 문제이다. 한편 정치는 닫힌 집단이 지금 여기에 있는 문제의 해결이다"(172쪽)라고 하여 각각을 보편과 특수의 문제로서 특징짓는다. 그것은 또 "가장 일반적인 방식에서 성과 속의 관계로서 나타낼 수 있다"(173쪽). 또 "비일상적 행동과 일상적 행동의 관계로부터 생각할 수 있다"(174쪽). 나아가 성스러운 것에 참여하는 행동의 유형으로서 방법적인 금욕과 신비주의를 제시한다.

마루야마 자신이 기술하고 있듯이 여기에는 베버의 영향이 현저하다. 또 현세적인 것에 대한 부정으로서 불교를 평가하는 것에는 이에나가 사부로家永三郎의 『일본 사상사에 있어서 부정 논리의 발달』(1940)과의 관계를 생각하게 한다. 물론 '세계종교'를 모두 단순하게 "현세적인 것을 부정한다"라는 형태로 묶을 수 있는가라고 하면 큰 문제가 있다. 그러나 그와 같은 관점을 취하는 것에서 불교에 대한 비판적인 시점을 취할 수 있었던 것은 주목할 만하다. 불교는 확실히 이에나가가 말하는 것처럼 현세에 대한 부정을 가지고 들어왔다. 그럼에도 불구하고 '즉'即의 논리는 조금씩 현세의 가치를 그대로 용인해 버린다. 마루야마는 이 이면성을 충분히 인식하고 있었다.

이 문제에 관하여 마루야마는 '교리에 나타난 [부정의 논리의] 제 범주'라는 항목을 세워서 불교교리에 조금 더 파고들어 고찰하고 있다. 우선 진속이제설眞俗二諦說에 대해서 그것이 왕법·불법관계에 적용되며, "왕법과 불법의 이원적 긴장관계보다도 오히려 상의관계를 강조하는 진호국가사상의 특질을 표현하고 있다"(『강의록』 4, 179쪽)라는 지적은 적절할 것이다. 진속이제설은 후에는 렌뇨蓮如 등에 의해서도 현세적인 것의 위치지음에 큰 역할을 담당하게 된다.

법상종의 오성각별설五性各別說이나 삼승설三乘說에 대해서는 "정점의 스콜라주의는 저변에서 주술종교의 형태를 취함으로써 구분되어 사용된다"(같은 책, 185쪽)는 것을 지적한다. 법상종 교리의 사회적 기능에 대해서는 역시 검토해야 할 문제가 많지만, 그것은 차치하더라도 마루야마의 구도에 있어 주목할 만한 점은 이와 같은 '이론적 스콜라주의와 사회적 귀족주의 결합'에 대한 것으로서, 가마쿠라 불교의 "신앙

만에 의한 구제의 주장과 반학식주의反學識主義의 입장에 의해 특정의 종교를 주술화하지 않고 내면화된 대중종교로 전화"(185쪽)하는 것을 대치對置하는 것이다.

이 도식 자체는 너무나 베버적이라고 말할 수 있지만, 여기서 그 "이데올로기상의 중계 역할"(185쪽)로서 사이초最澄과 겐신源信을 거론하는 것은 주목된다. 특히 사이초는 종래 사상사에서도 자칫하면 무시되기 쉬운 존재이지만, 그에게 "일본 대승불교의 참된 전개"(186쪽)의 개시를 보려고 하는 마루야마의 논의는 크게 주목해도 좋다. 교리 면에서도, 대승계단의 주장에서 보이는 계율 관념의 변용에서도, 사이초야말로 플러스·마이너스 양면을 포함하여 일본적인 불교를 만든 장본인이지만, 그것은 의외로 오늘날에도 인식되지 않는다. 마루야마는 교리 이해는 반드시 충분하다고 할 수는 없지만, 한편으로는 "양자[왕법과 불법]의 무매개적인 유착은 일단 절단되고 있다"(189쪽)라고 평가하면서도 "일체상즉一切相即의 이치에 의해, 현실에는 진제·속제의 간격을 매우는 경향성을 가지고 있었다"(190쪽)라며 그 양의성을 읽고 있는 점은 매우 날카로운 통찰력이라고 말하지 않을 수 없다.

그런데 마루야마의 불교관에서 극히 주목되는 것은 밀교密教에 대한 엄격한 평가이다. 9세기 이후의 "공동체 종교로부터 개인적 신앙의 종교로의 추이"를 "불교 본래의 구제종교로의 접근"(190쪽)이라고 인정하면서도 "밀교적인 현세 복지의 기도와 결합한다"(190쪽)는 것을 "무엇보다도 종교의 타락한 존재형태로의 전략"(191쪽)이라 하여, 밀교에 대해서 전면적으로 엄격한 부정의 입장을 취한다. 그런 까닭에 구카이空海에 대해서도 "체제권력과의 직접적 포합과 원형적인 주술적 사고와의 유착은 한층 심하다"(192쪽)라고 신랄하게 말한다.

이와 같은 밀교에 대한 전면적 부정은 마루야마 불교관의 특징이라 할 수 있는 것이지만, 실은 앞에서도 언급한 것처럼 시마지 모쿠라이 이후의 불교 근대화 운동의 저류에 있었던 것이며, 전후 마루야마 등에 있어서는 그 위에 베버의 'Entzauberung' (주술로부터의 해방)의 관념이 중첩되는 것이다. 이와 같은 종래의 밀교 부정의 동향에 대하여, 오늘날에는 어떻게 밀교를 정당하게 위치지을 것인가 하는 문제가 불교 연구의 큰 과제가 되고 있다. 물론 그와 같은 동향은 올바른 것이지만 그러나 이전의 밀교부정에 대한 반동으로서 밀교의 신비성을 과장하여 찬미한다면 그것도 또한 위험한 동향이다. 마루야마 등의 밀교부정론이 전근대적 비합리성에 대한 과감한 도전이며, 그 성과를 거두어 온 역사를 무시해서는 안 된다.

마루야마는 이어서 '불교적 범주의 사회적 표현형태' 라는 항목을 세워 위에서 기술한 교리가 구체적으로 어떻게 사회에 침투해 가는가를 검토하고, 그 예로서 무상관·인과·숙세宿世 등의 관념을 거론하고 있다. 흥미 깊은 지적도 있지만 지금은 더 깊이 들어갈 여유가 없다. 하여튼 검토의 결과로서 **"정신의 내면적인 모순, 이원적 지향의 동시존재의 의식**── 무상관 내지 염세관과 현세적 욕망에 대한 집착에 의해 분열된 자기의식"(같은 책, 203쪽)이라는 양의성을 '종교적 심화' 로서 지적하고 있는 것에 주목하고 싶다. 그것은 결코 고대의 문제가 아니라, 종교가 시대를 초월하여 직면하지 않으면 안 되는 인간의 근본문제이다.

제4절은 '말법 사상과 역사철학' 이라는 제목으로, 원정기院政期에 있어서 말법 사상 및 그것을 배경으로 전개되는 『우관초』愚管抄와 은자隱者의 문제가 다루어지고 있다. 여기서도 이전 절에 이어서 "시간이란 상 아래에서 성쇠하는 무상인 것과 그것을 초월하여 영원의 상 아래에

선 진리의 분열 의식"(206쪽)이라는 양의성에 착안하고 있다. 그 중에서도 『우관초』 분석은 매우 흥미 깊은 것이다.

마루야마는 『우관초』에 있어서 "현세적인 정치규범이 직선적으로 역사에 실현되는 것이 아니라, 현실의 사건에 있어서는 굴절된 형태로 드러난다"(216쪽)는 것으로 파악하며, 이 '굴절'의 인식은 불교를 통했을 때 비로소 가능하다고 보고 있다. 그것에 의해 "역사에 있어서의 모순"(216쪽)에 고찰이 미치고, "역사를 ……규범과 현실의 모순과 교착이 전개하는 장으로서 파악해 역사의 악惡을 머뭇거리지 않고 직시하는"(218쪽) 것이 가능해졌다고 한다. 역사를 '모순과 교착'의 상에 있어서 직시하는 것, 그것은 무엇보다도 마루야마 자신이 추구한 역사관일 것이다. "오래된 사고의 패턴을 근본적으로 벗어나 있지는 않다"(222쪽)라고 하면서도 『우관초』에 대해 깊이 파고든 고찰과 공감은 가마쿠라 불교론 앞에서 자칫하면 간과할 염려가 있지만 주목해야 한다.

6) 가마쿠라 불교론

다시 마루야마의 불교관—일본불교의 양면성

마루야마의 불교론은 무엇보다도 가마쿠라 불교론에서 정점에 도달한다. 「가마쿠라 불교에 있어서 종교행동의 변혁」이라 제목 붙인 제5장은, 서설에서 먼저 후쿠자와 유키치福沢諭吉의 『문명론의 개략』文明論之概略의 불교 비판을 길게 인용한다. 거기서는 "종교는 인심의 내부에서 움직이는 것으로 가장 자유로우며 가장 독립적이어서, 조금도 다른 것의 제어를 받지 않고 조금도 다른 힘에 의존하지 않고서 세상에 존재해야 할 것인데, 우리 일본에서는 그렇지 않다"고 운운하여 불교에 대한 엄격한 비판이 행해지며, "불법은 오직 문맹세계의 하나의 기계로서, 아주 우매하고 완고한 인심을 완화하는 방편일 뿐, 그밖에는 어떠한 효용도 없고 또 어떠한 세력도 없다"(『강의록』 4, 229~230쪽)라고 단정한다. 그것에 대해서 마루야마는 다음과 같이 논평한다.

> 만약 '전통'을 역사를 통하여 지배적인 경향이라고 정의한다면, 이것이 일본불교의 전통이었던 것은 논쟁의 여지가 없다. 다만 이러한 전통의 흐름 속에 때로는 소수였지만 이것을 돌파하여 찬란하게 빛을 발했던 사상과 운동이 없었다고는 말할 수 없다.(같은 책, 231쪽)

라고 하여 가마쿠라 불교야말로 그 예외현상이라고 한다. 이러한 서술에서 가마쿠라 불교에 대한 공감 정도가 느껴진다. 마루야마가 구체적으로 다루고 있는 것은 신란親鸞·도겐道元·니치렌日蓮 세 사람이지만, 그 종교성에 대해서는 다음과 같이 요약한다.

> 이른바 인간의 유한성에 대한 고차적인 자각이다. …… 벗어나도 벗어나도 집착을 끊지 못하는 것이 다름 아닌 인간의 본성이며, 게다가 또한 죄업, 번뇌로부터 벗어나고 싶다고 하는 희구가 부단히 샘솟는다. 절체절명의 자각이 처음부터 생명력이 있는 종교적 태도를 열게 한다. …… 구제는 자연적인 공간·시간으로부터 전혀 이질적인 차원의 세계로의 **비약**이다.(233쪽)

논문 등에 있어 거의 종교에 대해서 논하는 일이 없던 마루야마가 이 정도로 정열적으로 종교의 본질에 대해서 말하고 있는 것은 놀라운 일로서, 마루야마의 숨겨진 일면을 여실하게 드러내고 있다.

그러나 여기서 주의해야 할 것은 마루야마가 결코 후쿠자와의 불교 비판을 전면적으로 부정하고 있는 것은 아니며, 또 한편으로는 후쿠자와가 비판하는 것과 같은 모습을 '일본의 불교 전통'이라고 인정하는 어려운 인식에 서 있는 것이다. 그것은 '굴절과 타협의 모습들'에 있어서 다루어지는 문제이다. 이 양면이 세트가 되어 마루야마의 불교관을 형성하고 있는 것이다. 영광과 굴절——그 양의성, 중층성을 간과함으로써 마루야마 불교론은 단순히 베버 이론을 일본에 적용한 것을 초월하여, 보다 깊게 '전통' 속으로 깊게 파고들어 가는 것이다.

신란·도겐·니치렌 — 비정치적인 것의 정치성

제5장은 5절로 구성되는데, 제1~3절은 신란·도겐·니치렌의 순으로 다루고 있다. 우선 신란을 '절대타력신앙에 의한 비주술화'로서 다루고 있으며, 분량이 가장 많고 공감이 담겨져 있다. 마루야마는 신란 사상의 특징을 ① 악인정기설惡人正機說에 의한 차안적 가치의 완전한 전도順倒, ② 내면적 죄의식을 통한 주체의 자각, ③ 만인구제에 대한 연대의식, ④ '재가불교'의 사상적 심화, ⑤ 신앙을 우선적으로 중시하는 것, ⑥ 신앙이 절대자로부터 부여되는 것, ⑦ 주술적 기도행위로부터의 철저한 해방, ⑧ 권력과 세속도덕으로부터의 자율이라는 여덟 가지로 종합한다. 이 특징들은 당시의 불교 연구자에 의해서 지적된 것에 기초하지만, 이렇게 해서 체계화하면 여기에는 또한 베버적 관점에서 보이는 프로테스탄티즘과의 유사점을 현저하게 볼 수 있다.

그와 동시에 순차적으로 전개되는 이 여덟 가지 특징은 무엇보다도 개인의 내면적인 문제를 추구해야 할 신란의 사상이, 어떻게 해서 사회윤리로서 또한 정치 사상으로서도 큰 의미를 갖는 것인가를 분명하게 하려고 한 것이기도 하다. "호넨으로부터 신란까지 정토종 사상의 핵심은, 무엇보다도 피안적 가치의 강조에 의한 신앙의 순수화이며, 더욱이 그것을 대중적 기반 위에 수행한 것이다. …… **속권으로부터의 종교 독립**이 과제이며, 정치에 대한 포지티브한 사상이 희박하다."(『강의록』 4, 245쪽) 즉 무엇보다도 '비정치적 태도'(245쪽)를 취한 것이다. 그것이 어떻게 해서 정치 사상으로서 중요한 것일까.

마루야마는 신란 사상의 사회적 함의implication로서 신앙에 대한 세속권력의 탄압을 거부하는 원칙, 신앙공동체로서의 동맹단의 사상, 세속내적 초월을 거론하지만(같은 책, 250~251쪽), 이것들은 베버를 염두에 두면서 신란을 잇코잇키一向一揆로 연결하려는 방향성을 보이고 있다. 거기에서, 조금 앞선 얘기이긴 하지만, 잇코잇키에 대해 논하는 곳을 보면, 마루야마는 그 정치성에 대하여 다음과 같이 기술하고 있다.

범위와 영역에 관한 한 인간 행동의 **모든 영역에 걸쳐 신앙의 원리**가 침투하는 것이 없다면, 그는 하나의 인격으로서 신앙을 갖는다고는 말할 수 없다. 따라서 종교는 정치나 도덕과 차원을 달리함에도 불구하고, 종교 행동은 정치적 질서나 윤리적 질서와 교착하고, 거기에 종교의 입장으로부터 정치나 사회의 비판이 불가피하게 된다.(303쪽)

종교자로서 순수하면 할수록 그 원리를 똑바로 관철시키고자 한다. 그렇게 하면 그 활동은 세속권력과 타협하는 것이 아니라, 역으로 종교의 원리에서 세속의 일들을 움직이려고 하게 된다. 그것은 종교적 원리주의에 가장 현저하게 보이는 것이지만, 이것이야말로 "**비정치적**

동기로부터의 정치활동"이라 말할 수 있다. 여기에 물론 청교도적인 비영리적 활동이 오히려 부의 축적과 자본주의를 낳는다고 하는 베버적 역설이 뒷받침되지만, 그것뿐만 아니라 마루야마 정치론의 핵심을 건드리는 것이 아닌가 생각된다. 정치가 자기 목적화되는 것이 아니라 정치를 초월한 '신앙의 원리'가 강력하게 작용할 때, 정치 그 자체가 비판되고 크게 변혁된다. 그와 같은 변혁이야말로 가장 깊은 곳에서 작용하는 힘이 되는 것이다. 정치와 직접 관련 없는 문제가 어떻게 해서 '정치 사상사' 속에서 다루어지지 않으면 안 되는가라는 그 필연성은 여기에 있다.

이와 같은 비정치적 태도가 정치를 움직이는 다이내미즘은 실은 이미 호넨法然이나 신란 자신에게서 볼 수 있다. '진호국가적 전통으로부터의 이반'이라는 점에서 철저하게 '비정치적 태도'를 취할 때, 오히려 그것이 "정치권력으로부터의 탄압을 통해 네거티브하게 정치에 관계하게 된다"(같은 책, 245쪽)는 것이 된다. '악인정기'와 같은 어디까지나 개인 내면의 문제가 최종적으로 권력과 세속도덕으로부터의 자율이라는 형태로 정치에 부딪쳐 되돌아오는 것이다. 마루야마가 무엇보다도 힘써 신란을 논하지 않을 수 없었던 필연성은 여기에 있다.

신란에 대해서 잇코잇키의 흐름 등을 깊이 있게 고찰하여 상당히 그 사상의 본질에 들어가 검토하고 있는 것에 반해 도겐·니치렌에 관해서는 그 서술이 매우 간략하며 반드시 그 사상의 본질에 들어간 논의라고는 할 수 없다. 도겐에 대해서는 신란과 비교하면서 얼핏 두 사람이 "전혀 반대의 입장에 서 있으면서,……놀라울 정도로 두 사람 사이에 역방향으로부터의 일치가 보인다"(같은 책, 256쪽)는 것을 지적하고, 그 관점에서 도겐을 보려고 하고 있다. 그리고 두 사람의 종교행동상의 공통점으로서 잡행雜行(융합주의)의 배제, 세속적 가치의 전도, 권력의 의존에 대한 준엄한 거부를 들고 있다.

이러한 관점에서 볼 때 니치렌은 가장 다루기 어려운 존재이다.

> 니치렌의 종교는 교리상으로는 기본적으로 천태교학을 계승하고 있으며, 또한 그것이 한편에 있어서 개인의 구제뿐만 아니라 『법화경』에 의한 국가의 호지護持를 강하게 설하고, 또 한편으로는 주술적 요소나 신불습합의 요소를 내포하고 있는 점에서 소위 가마쿠라 불교 가운데 가장 전통과의 연속성이 짙다. 그럼에도 불구하고 …… 그 종교 태도에 있어서는 기본적으로 신불교의 각인을 받고 있다.(『강의록』 4, 263~264쪽)

이 말은 약간 모호하다. 마루야마와 마찬가지로 세 사람을 다룬 이에나가 사부로가 니치렌의 위치에 대해 고심한 것과 매우 유사하다. 그러나 니치렌의 정치 사상에 관해서 그것이 일본지상주의로 기우는 것에 비판적이면서도 "다만 거기서 **있어야 할 일본과 현실의 일본이라는 이중의 상像**에 깊이 골몰해 있었던 것이 주어진 현실과의 긴장을 끊임없이 재생산하고 그후에도 일련종의 정치 사상에 다이내믹한 비판적 성격을 부여했던"(같은 책, 269쪽) 점을 평가하고 있는 것은 자주 단순히 부정되기 쉬운 니치렌의 민족주의에 대하여 그 중층성에 착안한 것으로서 주목된다.

이상 마루야마의 가마쿠라 불교론의 개략을 살펴보았다. 신란을 중심으로 하는 그 이론은 극히 베버적인 냄새가 강함에도 불구하고 동시에 거기에는 마루야마의 이상적인 종교·정치관이 생생하게 제시되어 있다. 그런 의미에서 여기서도 마루야마의 관심은 시대를 초월하여 현대를 직관하고 있는 것이다. 확실히 그의 가마쿠라 불교론은 1960년대 전반 역사 연구의 상식에 입각해 있고, 오늘날에는 그대로 적용할 수 없다. 그러나 이러한 그의 문제의식을 생각하면, 오늘날의 해석으로서 그의 가마쿠라 불교론을 왈가왈부하는 것은 그다지 의미가 없을 것이다.

다만 당시에도 당연히 생각된 문제로서, 여기서도 쇼토쿠 태자의 경우와 동일한 문제가 있는 것만을 지적해 두고자 한다. 즉 마루야마와 반대로 신란·도겐·니치렌 등에게 가장 일본적·원형적인 사상을 보고자 하는 입장이 있다는 것이다. 이에 대해서도 기히라 다다요시를 보기로 한다.

대승불교를 참으로 대중의 것으로 하고, 그것을 일본화해 버리고, 불교로 하여금 이른바 종교로서의 역할을 완전히 담당하게 한 사람은 도겐, 신란, 니치렌 세 사람이었다. 도겐은 자력을 세우고, 신란은 타력을 세웠지만, 결국 일본인으로 하여금 한층 깊게 일본인답게 한 것에 있어서는 동일하다.(『과연의 논리학』, 161쪽)

기히라가 가장 일본화된 불교를 보고자 한 곳에서, 마루야마는 반대로 가장 비원형적인 사상을 보려고 하는 것이다. 기히라의 해석은 전쟁 중 왜곡된 것으로, 부당한 것이라고 말할 수 있을까. 실은 반드시 그렇게 단언할 수 없다. 신란의 경우를 예로 들면, 원래 불교의 가장 기본적인 전통인 출가수행이라는 원칙을 무너뜨리고, 대처帶妻로써 교단조직을 변질시키고, 또 믿음에 의한 구제를 설하는 것으로 수행의 원칙을 완전히 버렸다. 마루야마 자신이 말하듯이, 그것은 "해탈종교에서 구제종교로의 전회"(『강의록』 4, 236쪽)라고 말해도 좋은 대전환이다. 그것이 세계종교인 불교 본래의 보편주의적 성격의 현현인 것인가, 그렇지 않으면 불교의 일본적 변질인 것인가는 한마디로 결정하기 어렵다. 또한 천황제와 비슷한 혈통 카리스마에 근거한 혼간지本願寺에 문주門主 제도가 확립된 것이 후대라고 해도, 그 원점을 만든 것은 공공연히 대처하고 자손을 둔 신란에 다름 아니다.

이렇게 본다면 일방적으로 전쟁 중의 해석이 틀리고, 마루야마가 바르다고 말할 수는 없을 것이다. 물론 그 역도 성립한다. 아무리 이상적인 것처럼 보이는 종교·사상이라고 해도, 다른 관점에서 보면 반드시 어떤 문제를 포함한다. 완벽한 종교는 있을 수 없고 또 유일한 평가밖에 할 수 없는 사상도 없다. 원형과 비원형은 이항대립적으로 완전히 분리할 수 없다. 한 사람의 사상가 속에 자주 양자가 동거하고, 중층적·양의적인 형태가 보이는 것이다. 그 점에서 마루야마는 신란을 너무 이상화한 것이 아닌가라는 의문을 던져도 좋을 것이다.

굴절과 타협 — 현실을 직시하며

제5장 4절은 '굴절과 타협의 모습들'이라는 제목으로, 가마쿠라 불교 이후의 전개를 다루고 있다. 제5절은 '(가마쿠라 불교에 있어서 종교행동의) 문제 정리'라는 제목으로 제4절까지를 총정리를 하고 나서, 제6절 「종교행동의 정치행동으로의 전조轉調」에서는 주로 잇코잇키를 다루지만, 이것도 제4절과 마찬가지로 가마쿠라 불교의 변용을 다룬 것으로 볼 수 있다. 원래 제6절은 1963년도의 강의에서 보충·편입된 것으로, 1964년도의 강의는 제5절에서 끝났던 것이다.

제3절까지 신란·도겐·니치렌에 의한 종교행동의 혁신과 그것에 의한 원형으로부터의 이탈을 논하였지만, 그러나 그것이 그대로 정착된 것은 아니었다. 가마쿠라 불교 이후에 대한 마루야마의 사고방식은 극히 비관적이다. "개조의 정신으로부터 멀어지고, 그러한 한에서 원형의 제약이 다시 표면화하여, 구불교의 존재방식과 같지 않다고는 해도 그것과 연속되는 점이 짙어져 가는 것은 피할 수 없었다"(『강의록』 4, 271쪽)라고 보는 것이다. '굴절과 타협'이라는 인상적인 제목 아래 논해지는 본 절은, 물론 사상사 상 과거 문제이지만, 그 배경에는 원형을 이탈하여 일본사회의 근대화·민주화에 역점을 두었으나 결국 원형의 힘에 의해 붕괴되어 '굴절과 타협'으로 후퇴하지 않을 수 없었던 전후의 진보적 운동의 통절한 체험과 반성이 있음은 틀림없다.

구체적으로 '원형의 제약'(271쪽)의 특징으로서 ① 주술적 경향이 다시 침투해 왔다는 것, ② 신불습합, 조령祖靈·지령地靈신앙과의 포합, 교의상의 융합주의[습합] 경향, ③ 교단조직의 특정한particularistic 성격의 재현(농화濃化), ④ 왕법(속권)과의 재유착, ⑤ 성스러운 가치의 심미적 가치로의 매몰 등 여섯 가지 점을 든다.

이것들은 마루야마뿐만 아니라 전후 불교 연구에 있어서 모두 부정적으로 평가되어 왔던 특징들이다. 다만 전후 주류의 연구 동향에서는 '신불교'와 '구불교'를 대립축으로 세워, 이것들은 소위 구불교의 특징으로 간주되었다. 그런데 마루야마는 '신불교' 자체의 변화로서, 조사祖師에 의한 개혁이 그 계승자에 의해 '굴절과 타협'으로 향한다고 하는 도식을 제출한 것에 특징이 있다.

본 절에서는 마루야마 이후 불교 연구의 연구사적 전개에 의해 과거의 마루야마를 일방적으로 비판하는 것은 극력 피하고, 마루야마 자

신의 문제설정에 입각하여 그 이론의 문제점을 살펴보고자 하였다. 그러나 이 '굴절과 타협'의 문제에 관해서는 마루야마 이후의 연구사를 다소 건드릴 필요가 있다. 전후의 불교사 연구가 크게 전환한 것은 1975년 구로다 도시오黑田俊雄가 자신의 저서『일본 중세의 국가와 종교』日本中世の国家と宗教에서 현밀체제론顯密體制論을 제시하면서부터이다. 구로다는 '신불교'를 중세불교의 주류로 보는 종래의 사고방식에 대하여, 신불교는 당시 불교계에서는 작은 세력을 가진 '이단파'에 지나지 않고, 주류는 중세적으로 재편된 대사원 중심의 현밀불교라고 하여 중세불교관을 일변시켰다. 그리고 창시자에 있어서는 '이단파' 였던 신불교도였고, 이윽고 계승자에 있어서는 다시 현밀불교화한다고 보았던 것이다.

마루야마의 경우 소위 구불교에 대해서는 시야에 넣고 있지 않다. 그러나 신란·도겐·니치렌 등이 일본의 불교 가운데 소수파인 것을 인정하고, 동시에 그들에 의해서 원형을 이탈한 불교가 다시 '굴절과 타협'에 의해서 원형에 감싸져 가는 구도는 그들을 이단파로 보고 또 이단파가 그 후계자에 의해 다시 현밀불교로 복귀한다고 하는 구로다의 구도와 극히 유사하다. 그렇다면 마루야마는 구로다가 10년 후에 제시하는 설을 앞서 제시한 것이 된다. 구로다는 본래 공식적인 유물사관의 지지자였지만, 1970년 이후의 상황 속에서 낙관적인 진보사관에 의문을 가지고, 그것이 혁신적인 이단파의 퇴조라는 현밀체제론의 발상으로 결실을 맺었던 것이다. 1960년 이후의 상황 속에서 마루야마가 원형론과 '굴절과 타협'론을 더욱 심화시킨 것과 극히 유사하다.

마루야마는 '굴절과 타협'의 형태를 설한 뒤, 왜 이와 같은 '굴절과 타협'이 발생했는가라는 이유의 추구로 나아간다. 그리고 그 이유를 "불교 그 자체가 가진 일반적 성격이라는 면과 일본적 특수성이라는 면의 두 가지 측면에서"(『강의록』 4, 279쪽) 고찰한다. 이것도 또한 극히 주목할 만한 것이다.

첫째로 '불교 그 자체가 가진 일반적 성격이라는 면'을 고찰하지만, 이 부분에서는 마루야마의 불교 비판이 보인다. 그는 불교의 기본적 성격을 그리스도교와 비교하여 다음과 같이 규정한다.

> 불교철학은 기독교 신학과는 달리 절대자로서의 유일인격과 인간의 관계(religio＝결합)를 중심으로 하여 구성된 (신 중심 내지 인간 중심의) 구제종교가 아니라, 근본적으로 '공'의 직관을 목적으로 하는 범신론汎神論 내지 범심론汎心論이다. 따라서 왜곡되지 않은 순수형태에 있어서 불교로부터 발생하는 종교행동은, 절대자와의 신비적 합일unio mystica의 '경지'에 도달하는 것을 목적으로 하는 신비주의적 명상행동의 경향성이, 초월적 인격신에 의해서 명령된 의무(미션)를 지상에서 수행한다고 하는 사회적 실천의 경향성보다도 본래적으로 강하다.
> (같은 책, 279쪽)

불교를 '절대자와의 신비적 합일'을 목적으로 하는 것이라는 규정은 기묘하지만, 베버적인 유형을 사용한다면, 세속적 금욕보다는 세속초월적인 신비주의에 가까운 것으로 보는 것은 반드시 무리는 아니다. "세간적인 가치로의 통로와 단절된 것인가, 아니면 세속에 대한 무한한 타협인가라는 이율배반에 직면해 왔다"(같은 책, 280쪽)라는 단정도 약간은 극단적이기는 하지만 타당하지 않은 것은 아니다. 특히 '공'으로부터 전개한 '즉'은, '세속에 대한 무한한 타협'을 이론적으로 보강해 왔다. 그것이 본각사상 등에 이르게 되는 것이다.

둘째의 측면, 즉 '일본적인 특수성'이란 실로 원형이 가진 강력한 흡인력이다. "즉자적인 가족·세간과 집단에 대한 정신적 의지"(『강의록』 4, 282쪽)가 윤리의 근원에 있기 때문에 "인인애隣人愛로부터 보편적 인류애"(282쪽)로 전개해 갈 수 없다고 하는 것이다. 마루야마의 원형론에 공통하는 것처럼 이것도 과연 중세로 소급할 수 있을까라는 의문이 들지만, 이 점은 마루야마의 문제의식을 극히 명료하게 보여 준다.

끝으로 제6절에서 다루고 있는 잇코잇키에 대해 언급하고자 한다. 잇코잇키는 신란을 계승하면서 종교행동이 바로 정치행동으로 바뀐 전형이며, "일본의 종교가 아래로부터의 사회적 에너지를 발조發條한 스프링보드로서 작용한 극히 드문 사례"(296쪽)로서 주목된다. "보편자에 대한 공통의 신앙이라는 정신적 계기"에 의해 "농민이 그〔혈연적 결합체의〕 좁은 한계를 돌파해 지연적 결합으로 나아간"(311쪽) 것이다. 그렇지만 마루야마는 렌뇨나 잇코잇키의 행동을 그대로 인정하고 있는 것은 아니다. "그(렌뇨)에 있어서 진종의 종교 개혁적 성격은 절정에 도달함과 동시에 또한 진종의 결정적 변질도 여기서부터 개시되고 있다"(297쪽)는 것이다. 렌뇨도 또한 '굴절과 타협'으로서의 측면을 현저하게 지닐 수밖에 없었다. 그 양면성의 지적에 있어서 마루야마는 잇코잇키의 고양高揚에도 난처한 것을 보고 있다.

7) 결어가 될 수 없는 결어

본 장은 『강의록』 제4책에 따르면서 마루야마의 불교론을 중심으로 그의 논술을 좇아 검토해 가는 방법을 취했다. 약간 길어졌지만 여기서 주요한 논점을 다시 정리해 보고자 한다.

『강의록』 제4책의 기본적인 구도는 원래의 토착으로서 '원형'적인 발상에 대하여 세계종교인 불교의 보편주의적인 발상에 의한 초월이 의도되고 있다. 후에 '고층'으로 전개되는 '원형'이라는 발상은 지금까지 여러 면에서 비판을 받아 확실히 그대로는 성립되기 어렵다. 또한 거기에는 전전의 일본주의 철학의 발상과 극히 유사한 것이 보인다. 그러나 '원형'론에 담겨 있는 뿌리 깊은 '일본적'인 것에 대한 속박의 자각과 그것에 대한 비판은 진심으로 들을 만한 것이 있다.

그 '원형'을 초월한 것으로서 불교가 주목되고 있지만 불교에도 또 그 보편주의적 성격이 현저하여 '원형'을 뛰어넘고 있는 것과 '원형'과 유착하여 '원형'에 둘러싸인 것이 있다. 전자로서는 쇼토쿠 태자와 가마쿠라 불교의 신란·도겐·니치렌이 거론된다. 특히 신란으로부터 잇코잇키로 연결되는 흐름은 비정치적 종교가 정치적 기능을 담당했다고 하는 점에서 주목된다.

마루야마의 이와 같은 불교 평가에 대하여 본 절에서는 쇼토쿠 태자나 신란·도겐·니치렌 모두 전쟁 전의 일본주의 동향에 있어서 가장 일본적인 불교의 대표로서 거론되고 있음을 지적했다. 그 관점에서 본다면 가장 '원형'과 적합한 것으로 보이게 된다. 마루야마의 관점을 부정해야 할 이유는 없지만 정반대의 평가도 성립할 수 있는 그 중층성, 양의성에 주목해야 할 것으로 생각된다.

이것에 대해서 '원형'과 유착한다든지 '원형'에 둘러싸인 불교의 방식으로서 나라·헤이안 시대의 불교나 '타협과 굴절'을 어쩔 수 없이 겪은 가마쿠라 불교의 양상들이 다루어진다. 오히려 후쿠자와 유키치가 지적한 것처럼 이와 같은 방식 쪽이 일본불교의 일반적 모습으로,

보편주의적 측면을 순수하게 제시하는 쪽이 예외라고 말해도 좋다. 그것은 '원형' 이탈의 곤란을 여실하게 보여 주는 것이다.

본 장에서는 가능한 한 마루야마의 문맥에서 읽으려고 했기 때문에 이 강의가 행해진 이후 40년 가까운 세월이 흐른 지금의 문제로 다루는 것을 피하였다. 오늘날 다시 읽어 보면, 확실히 시대의 제약에 따른 한계는 분명하며, 그것이 그대로 통용될 수는 없다. 그러나 『강의록』에 제시된 갖가지 관점은 시대 상황의 변용에도 불구하고, 오늘날 여전히 극히 현실적인 문제를 제기하고 있다.

맑시즘의 붕괴 이후 다시 종교가 가진 정치적·사회적 역할은 커지고 있다. 이슬람 원리주의나 옴진리교 사건은 종교적 신념이 실로 그 극한에서 극히 정치적·사회적으로 큰 임팩트를 가져왔음을 똑똑히 보여 주었다. 잇코잇키론에 있어서 마루야마가 조심조심 제시한 종교·정치론은 마루야마의 기대와는 반대의 형태로 그 몇 배의 충격을 동반하여 실로 현대의 절실한 문제가 되었음이 드러났다.

또한 마루야마가 보편주의를 실현했다고 보는 쇼토쿠 태자나 신란·도겐·니치렌에게는 정반대의 평가를 내릴 수 있는 가능성에 비하여 헤이안 시기의 불교나 가마쿠라 불교의 '굴절과 타협'의 분석에 담긴 중층성·양의성의 지적이나 그 좌절감의 깊이에 오히려 오늘날 공감할 수 있는 바가 크다. 이상이 이상 그대로 실현된다고 하는 것은 그것이야말로 꿈 같은 이야기에 지나지 않는다. '굴절과 타협'을 거듭하면서 흙투성이가 되더라도 여전히 이상의 실현으로 나아갈 수 있는가. 『강의록』 제4책 각 장에 담긴 마루야마의 메시지는 실로 그와 같이 물음을 던지고 있다. '원형'으로부터의 완전한 자유와 같은 말들은 추상론에 불과하다. '원형'에 발이 걸리더라도 끈질기게 그것을 플러스의 힘으로 바꾸어 갈 수 없는 것일까. 마루야마의 논술이 끝나는 곳에 실은 참으로 마루야마가 제기하고 오늘날 우리들이 직면하고 있는 문제가 있다. 피하지 않고 그것에 직면할 때 비로소 자의적인 격세사관을 뛰어넘어 '전통 없는 전통'을 변혁하는 것에 한 걸음 다가갈 수 있을 것이다.

3. 『탄이초』의 현대

―야마오리 데쓰오의 『악과 왕생』에 붙여

1) 야마오리 데쓰오가 제기한 문제

야마오리 데쓰오山折哲雄는 지금까지 기회가 있을 때마다 자주 신란이나 렌뇨를 논해 왔다. 신란이나 렌뇨는 야마오리의 다채로운 말과 행동의 근원에 있는 존재라고 할 수 있다. 『악과 왕생―신란을 배신하는 '탄이초'』悪と往生―親鸞を裏切る '歎異抄' (2000)는 그러한 야마오리의 신란 이해의 성과를 집약한 것이며, 거기에는 저자인 야마오리와 묘사되는 신란이 혼연일체가 된 야마오리 신란山折親鸞의 면목이 생생하게 드러나 있다. 그렇지만 거기에는 매력과 함께 의문을 갖게 하는 몇 가지 점이 있다. 이하 여기서는 야마오리 신란론의 매력을 해명하면서 그 의문점을 솔직하게 제시해 보고자 한다.

이 책은 '신란을 배신하는 탄이초'라는 부제가 붙어 있지만 단순한 『탄이초』 부정이 아니다. 『탄이초』 가운데 있는 신란의 말을 충분하게 존중하면서도 그럼에도 불구하고 어디에서 『탄이초』가 신란으로부터 벗어나 버렸는가를 탐구하고 그것에 대한 저자의 신란 이해를 보여 주고 있다. 거기에는 "1995년에 연달아 발생한 한신阪神 지역의 대지진과 옴진리교에 의한 테러사건"(머리말)을 계기로 한 저자의 생생한 문제의식이 살아 숨쉬며, 단순한 고전해석에 떨어지지 않는, 실로 **지금** 『탄이초』와 신란을 다시 묻고자 하는 문제의식이 넘치고 있다.

이 책은 12장으로 구성되는데 크게 네 부분으로 나눌 수 있다. 제 1, 2장에서는 유명한 악인정기설惡人正機說을 포함해 『탄이초』 제3, 13 조의 악에 대한 논의를 『교행신증』教行信證과 비교하여 신란의 악과 죄에 대한 사고방식을 엿보게 한다. 다음으로 제3~6장에서는 "신란은 제자 한 사람도 가지지 않으시고"라는 『탄이초』 제6조의 말을 단서로 그것을 배반해 신란 문류의 정통을 구축하고자 한 유이엔唯円을 가롯 유다에 비유하여 비판한다. 그 다음, 제7~9장에서는 그 문제의 연장선상에서 "미타의 오겁사유五劫思惟의 서원을 잘 감안하면, 오로지 신란 한 사람이 도움이 되며"(제18조)라고 할 때의 '한 사람'의 뉘앙스를 엿볼 수 있다. 그것은 '자연' 自然(제6, 16조)에 이어져 "단지 넋을 잃고"(제16조) 라는 심경과 통하고 있다. 다만 『탄이초』에는 '자연'까지는 말하면서 '자연법이사' 自然法爾事에서 볼 수 있는 무상불無上佛이라는 중요한 개념 이 빠져 있다는 점을 문제로 제시한다. 끝으로 제10~12장에서는 『탄 이초』에서는 신란의 언어가 단편적으로 거론될 뿐으로, 그들 언어를 관통하는 내용이 빠져 있음을 지적하고, 그 중에서 이야기의 내용을 복원할 수 있는 부분을 연결하면서 왕생往生과 환상還相의 문제를 생각한다.

2) 악과 악인

우선 제1, 2장의 악에 대한 논의이다. 저자는 우선 『탄이초』에서 신란의 악 혹은 악인관에 세 개의 언명이 있다고 한다. 첫째는 유명한 제3

조의 악인정기惡人正機이다. 그러나 거기서는 악인의 내용이 반드시 확실하지는 않다. 여기서 제13조가 주목된다. 제13조는 우리의 죄는 숙업에 의한 것으로 천 명을 죽여라고 해도 죽일 수 없는 경우도 있고 죽이고 싶지 않더라도 죽여 버리는 경우도 있다고 하는 충격적인 이야기가 나온다. 이 선악=숙업관이 제2의 악론이다. 제13조는 대단히 긴데 그 후반에서는 나아가 바다나 강에서 고기를 잡거나, 들이나 산에서 짐승이나 새를 잡아 생활하는 사람들의 사례가 거론된다. 악을 범하지 않을 수 없는 사람들의 사례로, 그들이야말로 아미타불 구원의 대상이다. 그것을 야마오리는 '생살여탈生殺與奪의 윤리관'이라 부른다. 이것이 신란의 제3의 악론이다. 이와 같이 『탄이초』의 악론에는 악인정기, 선악=숙업론, 생살여탈의 윤리관의 3종이 있다.

그러나 저자는 그것으로는 신란의 악론으로서 불충분하다고 한다. 거기서 제4의 악론으로서 『교행신증』「신권」信卷의 아사세왕의 이야기에 주목한다. 아사세왕은 부왕을 살해하여 왕위를 찬탈하지만, 그것 때문에 병이 들어 부처님의 인도로 참회하여 구제를 받는다. 여기서 신란은 중대한 악의 문제를 거론한다. 그것은 오역五逆이라 불리는 것으로 "아버지를 살해하고, 어머니를 살해하고, 성자를 살해하고, 아울러 부처님의 몸에 상처를 입히고, 교단을 파괴하는 자"(『악과 왕생』, 11쪽)라는 가장 나쁜 악행으로, 아미타불의 서원誓願에 있어서조차 구제에서 제외되고 있다. 그렇다면 또한 구제는 가능한가라는 것이 이 이야기의 주제이다. 그와 같은 악행이 구제되기 위해서는 "선 지식과 참회의 두 가지 조건이 결정적으로 필요하다"(12쪽)라는 것이다.

야마오리는 『탄이초』의 문제설정은 "악(=살인)을 범할 **가능성**"(12쪽)에 대한 논의이며, 『교행신증』은 "이미 살인을 **실현해 버린 인간의**

악"(13쪽)에 대한 논의라고 한다. 즉 『탄이초』에는 "정신이 들었을 때 살인을 범해 버린 인간의 전율의 감각"(13쪽)이 빠져 있다고 비판한다.

그러나 『탄이초』의 악론을 전면적으로 부정하는 것은 아니다. 특히 저자가 주목하는 것은 제13조 전반의 선악＝숙업론이다. 저자는 여기서 옴진리교 사건이나 고베神戸의 소년살해사건의 예를 든다. 이들 이상하다고 할 수 있는 사건에 대해 세간의 식자들은 심리학적 환원, 사회학적 환원, 정신의학적 환원이라는 '3종 환원'(같은 책, 29쪽)에 의해서 사건의 해명을 시도하려고 하였다. 그러나 그것으로 어느 정도를 알 수 있을까. 거기에는 "해야 할 업연의 모양새로는 어떠한 행동도 해야 할 것"(『탄이초』제13조)에서 보이는 것과 같이 인간의 불가해성에 대한 두려움이 결여되어 있다.

위에서 기술한 3종 환원에 근거한 고정관념의 밑에 흐르는 것은 무엇인가. 그것은 인간이란 궁극적으로는 요해할 수 없는 존재일지도 모른다는 **공포의 감각**이 완전히 결여한 것이다. 인간이라는 이 **알 수 없는 존재** 앞에 우선 말을 낮추고 마음을 맑게 하여 보고자 하는 **겸허한 자세**의 완전한 이완 상태라고 해도 좋을 것이다. 그것은 어쩌면 인간이란 본질적으로 이해 가능한 사회적 생물이라고 하는 오만한 휴머니즘을 뒤집는 의식인지도 모른다.(같은 책, 36쪽)

야마오리의 이와 같은 위기의식의 표명에 나도 전적으로 찬성한다. 나 자신도 자주 이전에 어떤 연구회에서 저널리즘 등에서 활약하고 있는 여러 '지식인'이라 불리는 사람들 앞에서 '나'라는 존재의 불투명한 불가해성과 하물며 '타자' 등을 간단하게 알 수가 없다는 내용의 발표를 했다. 그런데 놀랍게도 우리에게는 당연하다고 생각되는 이 단순한 사실을 출석자 누구 하나 인정하려고 하지 않았다. 그들은 바로 '인간이란 본질적으로 이해 가능'한 존재라 생각하고, '나'는 '나'에 의해 완전히 선택 가능하며, 또한 '타자'와 자명하게 만날 수 있다고 믿고 있었던 것이다. 결국 평행선으로 끝난 그들과의 논의 가운데 우리가 얼마나 '이해 가능성'이라는 위험한 신화 속에 빠져 들어, 편안한 낙관론 속에서 헤매고 있는가를 통감하고 큰 충격을 받았던 것이다.

　『탄이초』와 『교행신증』의 악의 문제로 돌아가 보자. 나는 이 문제를 이전에 「종교와 윤리의 틈새」宗敎と倫理の狹間(『해체되는 말과 세계』)라는 글에서 논하였지만, 지금 야마오리의 견해가 거의 나의 견해와 합치하고 있음을 보고 뜻을 더욱 굳혔다. 나는 옴진리교 사건이 일어난 뒤에도 그것에 대한 견해를 줄곧 표명하지 않았지만, 이 논문에서 처음으로 요시모토 류메이吉本隆明의 논의 등을 언급하면서 약간 그 문제를 다루고, 『탄이초』의 악인론·윤리관에 대해서 논하였던 것이다. 여기서는 이미 거기서 논한 것을 상세하게 재론하는 것은 피하고 나와 야마오리의 견해가 일치하는 점과 다른 점에 대해서 약간 언급하고자 한다.

　우선 나도 『탄이초』 제3조의 이른바 '악인정기' 설은 제13조과 관련시켜 보아야만 한다고 생각한다. 그리고 그것에 대해서 『교행신증』 「신권」의 아사세 이야기가 그것들과는 전혀 다른 악인관을 전개하고 있다는 것에 대해서도 찬성한다. 그러면 나의 견해가 야마오리와 서로 다른 점은 어디에 있는가. 야마오리는 『탄이초』의 신란의 말도 전적으로 그대로 신란의 설로 의심하지 않는다. 그러나 나는 거기에 의문을 갖는다. 특히 그가 높게 평가하는 제13조의 선악=숙업설이 신란의 설일까 하는 의문이 든다.

원래 제13조는 "미타의 본원부사의本願不思議만 있으면 악을 두려워하지 않고 또 본원을 자랑하여도 왕생이 꼭 이루어지지 않는 것, 이 조〔제13조〕는 본원을 의심하여 선악의 숙업을 이해하지 못하는 것이다"(『탄이초』 인용은 『악과 왕생』의 부록에 따른다)라는, 소위 조악무애造惡無礙＝본원 자랑에 대한 비판을 재비판한다고 하는 약간 복잡한 문제를 다루고 있다. 조악무애라는 것은 극히 중한 악인도 미타의 본원은 구해 주기 때문에 어떠한 악도 마음대로 하라는 설로서, 본원을 방패로 한 오만성이기 때문에 본원 자랑이라고도 한다. 그것은 호넨 시대로부터 염불교단이 사회적으로 지탄을 받게 된 큰 이유가 되었다. 그런 까닭에 호넨을 비롯한 염불교단에서는 이 설에 대해서 항상 엄격한 비판을 제기하였다. "미타의 본원부사의만 있으면 악을 두려워하지 않고, 또 본원을 자랑하여도 왕생이 꼭 이루어지지 않는다"는 것이 그 비판의 요점이다. 신란도 또한 만년에 관동의 문인에게 보낸 소식에서 조악무애설에 대해 엄격한 비판을 가하고 있다.

그런데 제13조에서는 "이 조는 본원을 의심하여 선악의 숙업을 이해하지 못하는 것이다"라고 하여 조악무애＝본원 자랑에 대한 비판을 재비판하고 조악무애＝본원 자랑을 적극적으로 긍정한다고 하는 극히 날카로운 악의 긍정론을 제기하고 있다. 이와 같이 분명한 조악무애의 긍정은 신란의 저작 어디에도 보이지 않는 것이다. 물론 이와 같은 문제는 상황에 의해 발언이 달라지는 것은 충분히 고려될 수 있지만, 그렇다고 해도 곧바로 신란의 설이라고 하는 데에는 신중해야만 한다.

선악＝숙업관도 마찬가지로 신란의 저작 어디에도 보이지 않는다. 만약 숙업을 설한 것이라면 미타의 염불과 만났던 숙업이야말로 설해져야 하는 것으로, 죄업 쪽만을 설하는 것은 일방적이다. 확실히 숙업관은 불교의 하나의 통설이지만, 그렇다고 해도 과거의 선악에 의해서 정해지는 것은 현재의 경우이며, 하나하나의 행위까지 과거의 숙업에서 결정되지 않는다. 그러므로 야마오리가 중시하는 "토끼털이나 양털과 같이 매우 작은 죄가 숙업에 없었다고는 할 수 없다"라는 설은 불교의 이론에서 생각하여도 약간 이상하다고 말하지 않을 수 없다.

결국 제13조의 해명의 핵심은 그 후반 야마오리가 '생살여탈의 윤리관'이라 부르는 것에 있다. 유이엔唯円의 관심은 '바다에 그물을 던져 낚시를 하며 세상을 사는 자'나 '들판에 짐승을 사냥하고, 새를 잡아 목숨을 이어 가는 자', '장사를 하고 전답을 만들어 살아가는 자'에 있다. 이것은 유이엔의 주변에 있는 관동의 문인들의 직업으로, 유이엔의 관심은 바로 그들의 구제에 있었던 것이다. 유이엔이 어디까지나 관심을 가졌던 악은 그와 같은 직업에 종사하는 사람이 어쩔 수 없이 범할 수밖에 없는 살생 등이다. 다른 한편 사람을 죽이는 것을 직업으로 하고, 농민이나 상인 이상으로 죄가 무거울 무사는 전혀 문제가 되지 않는다. 이것은 무사는 그의 관심 밖에 있었기 때문이다. 제3조의 악인정기도 당연히 이와 같은 유이엔의 악인관을 전제로 생각하지 않으면 안 된다.

이와 같이 보면 『탄이초』는 가령 거기에 신란의 언어를 인용하고 있다고 해도 그 문맥은 완전히 유이엔의 문제의식에 따라서 재해석되고 있는 것으로, 『탄이초』를 단순하게 신란과 연결시키는 것은 엄격하게 경계하지 않으면 안 된다. 야마오리는 『탄이초』와 신란의 차이를 느끼면서도 또한 유이엔의 문맥을 무시하고, 거기에서 직접 신란을 읽고자 하는 점은 불철저한 것이라 말하지 않을 수 없다.

야마오리의 저작 후반부를 앞서 취해서 말하면 『탄이초』에는 결코

'이야기'의 문맥은 결여되어 있지 않다. 야마오리와 같이 거기에서 신란의 '이야기'를 탐구하려고 한다면, 몹시 단편적이어서 연결시키는 데 힘을 들여야 한다. 그러나 거기에 유이엔의 문제의식을 보려고 한다면, 상당한 정도로 수미일관한 '이야기'를 읽을 수 있다. 『탄이초』를 신란의 저작으로서 읽으려고 하기 때문에 불만이 표출되는 것이다. 그것은 신란의 언어를 사용한 유이엔의 저작 혹은 그렇게까지 말하는 것은 지나칠는지 모르지만, 적어도 신란 플러스 유이엔의 저작으로 읽어야만 할 것이다. 그렇게 읽는다면 거기에 결국은 교토로 돌아온 지식인 승려였던 신란과는 달리 관동의 문인들과 함께 어울려 살고 거기에서밖에 살아갈 곳이 없었던 유이엔 자신의 우직하고 완고한 삶의 모습과 그 문제의식이 떠오르게 된다.

지금 『탄이초』를 다시 읽어야 하는 것이 요구된다면, 그것은 지금까지 신란의 그늘에 가려 있었던 유이엔이라는 한 사람의 사상가의 재발견이다. 지금까지 『탄이초』를 통해서 신란의 사상이라 생각해 왔던 것, 혹은 그것으로부터 묘사된 신란상은 실은 상당한 부분이 신란이 아니고 유이엔에 해당하는 것이다. 물론 유이엔은 신란을 떠나 자립한 사상가라고 할 수는 없다. 신란이 어디까지나 근본이 되고 있다. 신란과 어디가 일치하고 어디가 상위하는가. 금후의 『탄이초』 연구는 그것을 극히 세밀하게 검토해 가지 않으면 안 된다.

3) 유이엔은 유다인가?

그래서 야마오리가 제3~6장에서 제시한 "유이엔은 유다인가"라는 문제가 부상한다. 『탄이초』에서 신란의 사상을 유이엔이 왜곡하고 있었다면 유이엔은 신란에 대한 배반자가 아닌가. 하지만 그와 같은 사고방식은 너무나 일방적이다. 제자가 스승과 완전히 같다고 하는 것은 오히려 그것이 이상하다. 텍스트에 대한 해석은 다종다양하다. 직계제자든 시대를 달리하는 우리든 해석은 항상 해석이며 해석자의 개성과 문제의식을 강하게 반영한다. 무색투명한 완전한 계승이라는 것은 있을 수 없다. 유이엔이 유이엔 나름대로 신란을 계승했다고 한다면 그것은 비난해야 할 일이 아니다.

그렇지만 야마오리의 논점은 약간 다른 곳에 있는 것 같다. 야마오리는 『탄이초』 제6조의 "신란은 제자 한 사람도 두지 않으셨다"라는 부분을 중시한다. 제자 한 사람도 가지지 않았다는 신란에 대하여 정통과 이단을 구분해 이단으로 규탄하고자 하는 유이엔은 바로 신란에 대한 배반자로 유다와 같다는 것이다.

하지만 이 논의는 처음부터 파탄되고 있다. 신란 자신이 만년 실제 아들인 젠란과 의절한, 이단에 대한 엄격한 규탄자였다는 사실이다. 야마오리도 그 사실에 눈을 감고 있는 것은 아니다. 그는 젠란에 대해 의절로 나아간 신란에 대해서도 솔직하게 의문을 표명한다.

"제자 한 사람도 두지 않으셨다"가 만약 신란에게 있어 인생에 움직일 수 없는 나침반이었다고 한다면, 그는 주저하지 않고 그와 같이 언명하였을 것이다. 일부러 젠란과 의절할 것까지도 없었을 것이다. 만약 그렇다고 한다면 "제자 한 사람도 두지 않으셨다"는 것은 그에게 있어 반드시 자신의 인생을 인도하는 부동의 나침반은 아니었다는 것이 된다. 오히려 천공의 저쪽에 빛나는 북극성과 같이 손이 미치지 못하는 지침이었던 것은 아닌가.(『악과 왕생』, 50쪽)

과연 그러한 것일까. 야마오리는 신란이 자신에게도 엄격함과 동시에 타인에게도 극히 엄격한 진리탐구자였음을 간과하고 있는 것은 아닐까. 잘 알려진 것처럼 『교행신증』의 발문에는 "주상신하主上臣下, 법에 위배되고 뜻에 어긋나고 분노하며 원한을 맺는다"라고 하여, 염불을 탄압한 고토바인後鳥羽院〔일본 제82대 고토바 천황(1183~98 재위)을 가리킴〕에 대한 신랄한 규탄의 말로 가득 차 있다. '비방정법'誹謗正法은 오역五逆과 함께 지옥에 떨어지는 것이 확실한 극히 나쁜 악이다. 『교행신증』 「신권」에 인용한 아사세의 악은 이와 같은 오역五逆 · 방법謗法과 같은 악이며 『탄이초』의 악과는 차원이 다른 것이다. 신란은 오역과 방법 특히 방법에 대해서는 결코 허용하지 않았다. 다만 진심으로 참회했을 때에만 그들에게도 구제의 가능성이 열려 있는 것이다.

젠란과의 의절도 이와 같은 악을 증오하는 엄격한 태도 속에서만 생각된다. 하물며 같은 신앙공동체 속의 방법은 '사자 몸의 벌레'로서 그대로 방치할 수 없는 것이다. 결코 "젠란과 의절할 것까지도 없었다" 등으로 말할 수 없는 것이다. 그것은 근대적인 센티멘털한 신란상에 이끌린 견해로, 투쟁하는 사상가로서의 신란의 엄격성을 간과하고 있다.

이와 같이 본다면 신란을 따라서 바른 신앙의 방식을 구한 유이엔을 가롯 유다에 비유하는 것은 너무나 혹독하며 실제로는 그것과 반대이다. 위에서 기술한 것처럼 확실히 유이엔은 신란을 그대로 계승하고 있는 것은 아니지만 결코 배반자가 아니다. 야마오리와 같이 말한다면 베드로도 바울도 모두 유다라는 것이 되어 버린다. 확실히 베드로도 바울도 결코 예수를 그대로 계승한 것이 아니다. 그런 의미에서는 배반자도 될 수 있다. 그러나 예수를 판 유다와는 분명히 그 성질을 달리 한다. 야마오리와 같이 영향력이 큰 연구자가 너무나 무리한 이와 같은 비유를 안이하게 사용하는 것은 『탄이초』나 유이엔에 대한 말할 수 없는 오해를 불러일으킬는지도 모른다.

『탄이초』 제6조의 "신란은 제자 한 사람도 두지 않으셨다"를 다시 살펴보면, 그것은 "전수염불專修念佛하는 무리 중에서 나의 제자니 남의 제자니 하며 서로 논쟁하는 것은 당치도 않은 일이다"라는 글이 다음에 나온다. 신란이 살아 있을 당시에도 관동의 문인들이 상호 대립하는 사태가 있어 그것이 젠란 사태와 유이엔의 상경 등과도 관계된다. 그러한 당파성을 부정하는 뜻을 담았기에 거기에 "제자 한 사람도 두지 않는다"라는 관계를 끊는 듯한 말투가 생겨난다. 유이엔은 그것을 인용하여 다시 신란 사후 제자들의 추한 싸움을 엄격하게 경계한 것이며, 유이엔은 신란의 말을 근거로 어디까지나 올바른 불교의 방식을 구한 것이다. 그것이 『탄이초』를 일관하는 유이엔의 입장이다. 확실히 거기에는 이의에 대한 규탄의 자세가 보인다고 해도, 사상도 없이 당파적인 집단을 이루거나 강권으로 이단을 탄압하려는 것은 아니다. 오히려 힘이 없는 소수자가 사의邪義의 발호에 이를 갈면서 자신의 생존방식을 묻고 바른 불교의 방식을 캐묻고 있는 것이다. 『탄이초』는 그와 같은 관점에서 읽어야 한다.

4) 신란에서 조몬으로

『악과 왕생』의 제3, 4의 부분, 즉 제7장 이하는 너무도 야마오리다운 신란론의 전개로, 『탄이초』의 문맥을 해체하고 거기에 야마오리가 본 이야기를 부활시켜 간다. 거기서는 신란도 초월하여 보다 큰 일본의 전통적인 종교로의 회귀가 서술된다. 극히 스케일이 방대한 야마오리 이야기의 전개이다. 특히 제3부분에서 말하는 "신란 한 사람을 위한 일이다"(『탄이초』「총결문」)의 '한 사람'에서 '자연'으로의 전개는 반할 만큼 훌륭하기까지 한 야마오리의 종교관이 생생하게 전개되고 있다. '한 사람'를 둘러싼 다네다 산도카種田山頭火·오자키 호사이尾崎放哉와 다카하마 교시高浜虚子·사이토 모키치斎藤茂吉와의 비교는 뛰어난 근대문학론이 되고 있다. 확실히 호사이나 산도카의 '한 사람'에게는 교시나 모키치에 보이는 "근대적 자아든 전통적 자아든 그러한 것을 모두 박탈하여"(『악과 왕생』, 148쪽) 버린 매력이 있다. 거기에는 근대의 소요에 지친 우리 마음속에서 잘 치유하는 매력이 있다.

그렇지만 과연 '신란 한 사람'을 거기에 관련시킬 수 있는가 하면, 거기에는 상당히 야마오리의 주관적 해석과 생각이 들어가 있다고 말하지 않을 수 없다. 물론 거기에 야마오리 나름대로의 매력이 있어 그것을 한꺼번에 부정하는 것은 아니다. 그러나 그것으로부터 『고사기』古事記의 '하나의 신'(같은 책, 162쪽)에까지 비약하면 약간 괴이하게 된다. 신란이 신란이라는 개성에서가 아니라 일본적 전통 속에서 개성을 상실한 존재로서 일반화되어 버리는 것이다. 과연 그것이 적절한 신란 해석일까?

여기서도 약간 일반적으로 신란으로부터 고대로, 근대로 자유롭게 날아다니는 야마오리의 발상에 대해서 고찰해 보고자 한다. 물론 고전문헌을 현대에 끌어당겨 해석하는 것이 전적으로 잘못된 것은 아니다. 그러나 그 경우에도 그 문헌이 갖는 역사성을 항상 염두에 두지 않으면 안 된다. 그런데 야마오리의 태도에는 역사성 그 자체를 무시하고 초월하려는 지향이 있는 것처럼 보인다.

『악과 왕생』을 따라 『탄이초』와 신란의 사상을 다시 생각하려는

본 장의 취지로부터 보면, 이 책을 떠나는 것은 근본취지가 아니다. 그러나 야마오리에 있어서 역사 무시의 문제를 고찰하기 위해 이 책의 범위를 조금 벗어나 그의 논문「'진수의 숲'은 울고 있다」'鎭守の森'は泣いている(『중앙공론』, 2000. 7)를 다루기로 한다.

이 논문은 모리 요시로森喜朗 전 수상의 "신의 나라" 발언에 대하여 쓴 것이다. "신의 나라" 발언에 대해서는 여러 가지 형태로 비판이 제기되었지만, 그것들은 거의 대부분 발언의 서두에 있는 "신의 나라"를 다룬 곳에 집중하고 있다. 그렇지만 야마오리는 오히려 그 부분에 의문을 가진다. 그리고 모리 발언의 제2단락인 '진수의 숲'을 언급한 부분에서 큰 문제를 찾아낸다.

> 수상의 "천황을 중심으로 하는 신의 나라" 발언이 동시에 '진수의 숲'에 관한 제2의 논점과 동일한 논조로 나타나고 있는 것이 중대하다. '국가신도'의 기억을 불러낼지도 모르는 '신의 나라' 이미지는 말하자면 조몬繩文 이래 전통적으로 육성해 온 '진수의 숲' 신앙과 중복되어 논해지고 있는 것이다.(「'진수의 숲'은 울고 있다」, 52쪽)

'진수의 숲'은 "조몬 이래 전통적으로 육성해 온 것"이라고 한다. 그러므로 국가신도와 같은 역사적으로 천박한 것과 함께 다루어지는 것은 곤란하다고 하는 것이다. 그렇지만 과연 그러한가. 실은 오늘날 생각되고 있는 것과 같은 촌락공동체에 위치하는 '진수의 숲'은 역사적으로는 근세 정도까지 거슬러 올라갈 뿐이다. 물론 그 이전에도 사원이나 장원을 수호하는 진수신은 일찍부터 확인되지만 오늘날 일반적으로 이미지화된 촌락의 중심이 되는 우지가미氏神[씨족 조상의 영혼을 신으로 받드는 것. 씨족신)적인 것과는 다르다. 그렇지만 야마오리는 그러한 역사적 사정을 일체 초월하고 역사 그 자체에 부정을 들이댄다.

불교나 기독교와 같은 '세계종교'가 실은 시종일관하여 '역사' 속에 포함되는 종교였던 것을 알 수 있을 것이다. 왜냐하면 이들 종교는 붓다라는 개조, 예수라는 예언자에 의해서 역사적으로 창시된 것이기 때문이다.(같은 글, 62쪽)

그러면 이와 같은 역사적인 종교에 대하여 어떠한 것이 대치되는 것일까?

동일하게 우리들의 역사를 천 년, 오천 년 그리고 일만 년의 단위로 다시 파악할 때 신화의 세계와 역사의 세계는 마치 구심교반기求心攪拌機에 걸리듯이 하나의 중심을 향해서 수렴되어 가는 것이다. 그것이 이 일본 열도의 '전통'이었던 것을 명기해야만 할 것이라고 나는 생각한다.(같은 글, 62쪽)

그때 무엇이 보이게 되는 것일까.

그 소급의 과정 속에서 이세伊勢의 신神도 이즈모出雲나 휴가日向·구마노熊野의 신도 모두 유암幽暗한 진수의 숲 저편으로 포섭되고 흡수되어 버릴 것이다. 그때 보이는 광경이 바로 삼라만상에 생명이 깃들어 있다고 하는 광활한 세계가 아닐까? 조몬의 세계라 바꾸어 말해도 좋을지 모르겠다. 요컨대 진수의 숲의 원고향(原鄕)이다.(같은 글, 64쪽)

모든 것이 '조몬의 세계', '진수의 숲'으로 해소되어 버린다면 신란의 '한 사람', '자연' 등도 무릇 자세한 에피소드로서 소멸해 버릴 것이다. 위대한 조몬! 그만큼 조몬이 훌륭하다면 문명의 생활을 모두 버리고 조몬의 생활로 돌아가면 좋으리라 생각하지만 설마 그러한 것은 가능할 수도 없다. 역사의 수레바퀴를 원래대로 돌릴 수는 없다. 물론 야마오리도 그것은 충분히 알고 있을 것이다. 그렇지만 알면서도 일부러 그 역사를 무시하고 '원고향'이란 달콤한 꿈을 꾸게 한다고 한다면, 문명에 지친 현대인에게 일시적인 치유의 환상을 주고 현실에서 눈을 돌리게 하는 '아편' 이외의 어떠한 것도 아닌 것이 될 것이다.

또 하나 주의해 둘 것은 '원고향으로 돌아가자'라는 식의 복고론은 실은 쉽게 '천황을 중심으로 하는 신의 나라'론과 연결된다는 것이다. 왜냐하면 천황이야말로 신화와 역사를 수렴하는 저편으로부터 전래되는 원고향을 체현하는 존재이며 거기에 신들은 포섭되어 가기 때문이다. 그 점에서는 '천황을 중심으로 하는 신의 나라'와 '진수의 숲'을 연결하는 모리 요시로 쪽이 야마오리보다도 훨씬 적확하게 신들 세계의 본질을 간파하고 있다고 말할 수 있다.

확실히 야마오리가 말하듯이 신도는 오늘날 종교로서 스스로를 다시 만들지 않으면 안 된다. 지금 여전히 이어지는 국가신도라는 주술의 결박을 끊고 스스로를 단련시켜야 비로소 다른 종교와 대등하게 이야기할 수 있는 장으로 나올 수 있을 것이다. 그러나 그것은 역사성을 무시하고 신란이나 누구나 삼켜 버리는 '원고향'으로 돌아오는 것으로는 결코 있을 수 없다. 거꾸로 말하면 신란을 '원고향'으로 흡수시키는 하나의 삽화로밖에 보지 않는다고 한다면, 그것은 신란의 독해방식으로써도 어딘지 모르게 우스꽝스럽게 생각될 것이다.

5) 또 하나의 신란상

여기서 다시 『악과 왕생』으로 되돌아오자. 이 책 제9장은 '자연'·'자연법이' 自然法爾를 전면에 내세우고 야마오리 신란의 특색을 아주 잘 보이고 있다. 야마오리는 『말등초』末燈抄 등에 포함되어 있는 '자연법이사'를 중시하여, '자연법이사'로는 보이며 『탄이초』에서는 보이지 않는 용어로서 '무상불' 無上佛이 있는 것을 지적한다. 이 부분에 대한 야마오리의 서술은 황홀한 체험세계 속에서 어디까지가 신란이고 어디까지가 그인지 분간하기 어렵다.

신란 자신이 어느새 '무상불'이 되었다. 형태가 없는 무상불이라는 구극究極의 불佛의 모습이 되었다. …… 아미타여래와 염불 소리와 염불하는 자신이 저절로 일체의 존재가 되었다. 그것이 형태를 이루는 일 없이 환희의 불기둥과 같이 타오른다. 생명의 에너지가 분출하는 것과 같이 우주의 저쪽으로 올라간다.(『악과 왕생』, 181쪽)

야마오리는 그것을 '염불삼매의 신비체험'(182쪽)이라 부른다. 그는 그것을 호넨의 삼매발득三昧發得과 연결하고 나아가서 도겐의 신심탈락身心脫落으로까지 설하기에 이른다. 삼매발득도 무상불도 신심탈락도 "그 모두 자기와 우주와의 동일, 자기와 부처와의 융합의 경험을 표현한 것에 다름 아니었다"(203쪽). 그것에 대해서 유이엔은 '분석가'이며 이론가이다. 그는 신란의 "언어의 체험적인 의미를 마음속에 받아들일 수 없었다"(189쪽). 유이엔은 "신란의 신앙을 세밀하게 분단하고 분류하는 두뇌인"(189쪽)이다. 『탄이초』를 해체하고 유이엔에 의해서 세밀하게 분석된 체험가 신란을 복원하는 것, 야마오리는 그것을 목적으로 나아간다.

그리고 좀더 나아가 신란을 염불삼매의 체험적인 측면에서 읽는 것도 가능하다. 그것은 스즈키 다이세쓰나 다마키 고시로玉城康四郎에 의해서 추진된 방향이다. 물론 그와 같은 방향이 성립하지 않은 것은 아니다. 예를 들면 호넨에 있어서 삼매체험은 대단히 큰 의미를 가진 것이다. 그러나 그와 같은 해석을 극단적으로 추진해 갈 때 체험은 모두 동일성으로 향하여 수렴해 간다. 호넨도 신란도 도겐도 모두 똑같아진다. 그리고 그것보다 앞서 모든 차이는 조몬 속에 해소되고, 차이가 없는 동일성, 역사가 없는 '원고향'으로 융합해 가 버린다. 하카마야 노리아키袴谷憲昭에 의해서 이루어진 체험주의의 비판(『본각사상 비판』, 1989 등)은 이 점에서 타당하다.

『탄이초』를 체험주의와는 정반대의 방향에서 파악한 하카야마의 이해는 타당한 것으로 보인다. 그러나 그것이 신란에 대한 배반이라 말할 수 있는가 하면 그것은 이상스럽다. 『교행신증』은 바로 이론·분석적인 텍스트이다. 신란은 결코 삼매 속에서 황홀해하는 것을 이상으로 하지 않았다. '자연법이사'에서도 "무상불이 되기를"이라 하는 미타의 서원으로부터 곧바로 신란 자신이 무상불이 되었다고까지 해석할 수 있는가 하는 것은 의문이다.

이미 언급한 바와 같이 신란은 올바름과 허위를 엄격하게 구별하였다. 비방정법에 대한 규탄의 끈을 결코 늦추지 않았다. 그것이 야마오리가 간과한 혹은 억지로 끊어 버린 신란의 일면이다. 그 일면에서 유이엔은 신란을 계승한다. 야마오리는 그 일면을 알고 있으면서도 굳이 끊어 버렸다. 그것은 그가 사용한 『탄이초』 텍스트의 선택의 문제와도 관계가 있다. 그는 권말에서 『탄이초』의 전문을 인용하지만 저본을 명기하지 않았고, 그것은 가장 오래된 것으로 여겨지는 렌뇨의 서사본이 아니다. 특히 주목되는 것은 렌뇨본의 끝에 붙은 「유죄목록」流罪目錄이라고 불리는 부분이 결여된 것이다.

『교행신증』 발문과 유사한 「유죄목록」에는 고토바인의 어자御字의 염불탄압과 신란 자신이 에치고越後로 유배된 기록이 있다. 이 「유죄목록」이 원저에는 원래 없었다는 설도 있고 실제 그것이 결여된 사본도 있다. 야마오리는 그와 같은 사본을 저본으로 선택했다. 왜냐하면 「유죄목록」이 『탄이초』와 관계가 없다고 생각했기 때문일 것이다. 이 점에는 여러 가지 문제가 있고 나도 그것에 결론을 내릴 준비가 되어 있지 않다. 그러나 『교행신증』 발문과의 관계를 생각할 때 이유 없이 들어간 것은 아닐 것이다. 오히려 여기에 『교행신증』으로부터의 일관성이 주장되고 있다고 보는 것은 충분히 가능하다.

『교행신증』 발문에서 『탄이초』 「유죄목록」으로의 흐름은 고토바인의 염불탄압에 의한 유죄야말로 신란의 원점이었다는 것을 나타낸다. 이 부분을 어떻게 읽을까는 어렵지만, 일면 거기에서 '비승비속' 非僧非俗의 '우독' 愚禿의 삶의 방식이 시작된다고 하는 점에서 신란 종교의 원점이 나타나 있음과 동시에 다른 면에서 거기에는 분명히 탄압자, 방법자에 대한 엄격한 규탄의 염念이 담겨 있다고 해도 틀린 것은 아니다. 스승 호넨과 함께 바른 불법를 수호하고 탄압에 굴복하지 않았던 것을 긍지로 하는 신란과 그 정신을 계승하고자 하는 『탄이초』──이와 같은 사고방식도 가능할 것이다. 그렇다면 야마오리와는 다른 신란과 『탄이초』의 관계를 볼 수 있을 것이다.

이와 같은 사고방식은 후루타 다케히코古田武彦에 의해서 추진된 방향이다(『신란 사상』, 1975). 후루타의 해석도 또한 반드시 그대로 인정되는 것은 아니지만 적어도 검토하지 않고 무시해서는 안 된다고 생각한다. 야마오리 신란이 큰 매력을 가지고 있다고 해도 적어도 그것과 대립하는 신란상도 또한 묘사할 수 있음을 우리들은 확실하게 인식해 두지 않으면 안 된다.

6) 보충과 전망

본 장은 원래 2000년 여름에 어떤 잡지에 발표할 예정으로 쓰여진 것이지만 여러 가지 사정으로 발표가 늦어졌다. 시의적절한 화제가 약간 퇴색되어 버렸지만, 내용적으로 특히 다시 써야 할 것은 없다. 단지 두서너 가지의 것을 보충하여 이후 연구의 전망으로 삼고 싶다.

첫째로 2001년 신란에 관해서 주목할 만한 연구서가 두 권 간행되었다. 마쓰모토 시로의 『호넨·신란 사상론』法然親鸞思想論과 다이라 마사유키平雅行의 『신란과 그 시대』親鸞とその時代이다. 마쓰모토의 대저는 『고세 모노가타리』後世物語와 『유신초』唯信鈔를 신란의 저작으로 보고, 거기에서 신란의 사상을 살펴보려고 하는 독특한 논저이다. 그 논점에 관해서는 아직 충분히 검토할 여유가 없어 무엇이라고 말할 수 없다. 다만 그 가운데 『탄이초』의 조악무애·악인정기설을 제시하고 있는 것은 상당히 나의 생각과 가깝다. 하지만 "『탄이초』가 관동의 '조악무애' 파에 의한 창작이라는 것은 분명할 것이다"(『호넨·신란 사상론』, 201쪽)라고 까지는 잘라 말할 수는 없다고 생각된다.

이미 지적한 것처럼(『종교와 윤리의 틈새』, 101~102쪽), 『탄이초』 제3조는 『교행신증』 「화신토권」化身土卷을 바탕으로 하여 신란설과 정합성이 있다. 그러므로 조악무애파의 완전한 창작이라고까지는 말할 수 없지만 신란 자신의 언어일 가능성은 충분히 있다. 그러나 『탄이초』의 구성에서 본다면 제3조는 제13조와 관련지어 보아야 하며, 제13조는 가령 신란의 말이 근본이 되어 있다 하더라도 상당히 그것으로부터 일탈해 있어, 유이엔의 사상이라고 보아야만 할 것이다. 그렇다면 제3조의 쪽도 신란의 언어라 해도 유이엔의 문맥으로 읽어야 할 것이며, 신란+유이엔의 사상이라고 보지 않으면 안 된다. 그것이 나의 견해이다.

다이라 마사유키의 저서에서는 마쓰모토의 설 등과 함께 앞에서 게재한 나의 논문에서 제시한 설에 대해 반론하고 있다. 다이라는 나의 논문에서는 『탄이초』 제3조와 신란의 관계가 애매하다고 비판하고 있지만(『신란과 그 시대』, 163쪽) 위에서 기술한 방식에서는 결코 애매하지는 않다. 그 외에도 마쓰모토의 설, 다이라의 설에 대해서는 나의 입장을 말해야 하지만 다른 기회로 미루고자 한다.

둘째로 야마오리와 같이 신란을 일본적 전통 속에 넣어 그 전통을 강조하는 입장에 대해서 부언해 두고자 한다. 신란뿐만 아니라 도겐이나 니치렌도 포함해서 그것을 일본적 전통 속에 위치짓는다고 하는 발상은 결코 최근의 일은 아니다. 오히려 전쟁 중의 일본 찬미론에 다수 보인 이론이며, 그 전형은 1937년에 문부성이 작성한 국체론의 교과서인 『국체의 본의』에 명료하게 설해져 있다. 이와 정반대로 야마오리가 비판하는 '세계종교'인 곳에 신란·도겐·니치렌의 뛰어난 점을 발견하고 일본적 전통을 초월한 점을 평가하는 것은, 예를 들면 마루야마 마사오의 이론에 보인다(2부 2장 참고).

이와 같이 양극단의 정반대인 평가가 내려지는 것을 생각할 때, 그 어느 쪽이 한쪽은 바르고 다른 한쪽이 틀렸다고 하는 것은 너무나 단순하며 그와 같은 양의성을 가진다는 관점에서 다시 생각해 볼 필요가 있을 것이다. 이것도 또한 다른 기회에서 논하지 않으면 안 될 문제이다.

셋째로 본 장은 시사적인 문제를 언급할 의도는 전혀 가지고 있지 않다. 그러나 모리 전 수상의 "신의 나라" 발언을 다루었기 때문에 그것과의 관계에서 다소 언급해 둔다면, 실로 그것으로부터 고이즈미 준이치로小泉純一郎 수상의 야스쿠니 공식참배론까지 확실한 흐름을 끌어낼 수 있다. 그 과정에서 고이즈미 수상은 A급 전범 합사 문제를 언급하여 "일본인의 국민감정으로서 죽으면 모두 부처가 된다. …… 죽은 자에 대해 그 정도로 선별하지 않으면 안 되는가"라고 말했다고 한다 (2001년 7월 11일의 당수토론).

"죽으면 모두 부처가 된다"라는 불교적 언설이 어떻게 형성되고 어떻게 해서 '국민감정'으로서 일반화되고, 그것이 또 어떻게 야스쿠니와 연결되는 것인가. 수상의 종교적 무지라고 웃을 수 없는 좀더 깊은 문제가 있다. 그것은 신란 해석과도 관계가 없는 것은 아니지만, 이것도 또 여기에서 논하는 범위를 넘어서 있다.

제3부

**불교 연구에 대한
비판적 시점**

1. 불교사를 넘어서

1) 역사와 가치

근대의 불교 연구는 소위 가마쿠라 신불교를 중심으로 전개되었다. 이
것은 지극히 상식인 것처럼 생각되지만, 실제로는 다이쇼 시대부터 이
루어진 것으로 반드시 근대의 출발점부터라고는 할 수 없다. 그러나 적
어도 상당히 오랜 기간 가마쿠라 신불교야말로 일본의 불교 중에서 가
장 뛰어난 것이며, 그것 이외에는 거의 평가할 만한 가치가 없는 것 같
은 견해가 공인되어 왔다.

　그 이유는 여러 가지로 생각되지만 특히 가마쿠라 신불교의 조사
祖師에서 유래하는 종파가 근대의 불교계에서도 큰 세력을 가지며, 근
대화가 급선무였던 사태와 밀접하게 연관하고 있는 것은 확실할 것이
다. 실제로 정토진종의 기요자와 만시淸沢満之, 선불교의 스즈키 다이세
쓰鈴木大拙, 일련계의 다나카 지가쿠田中智学의 운동은 그 과제를 정면에
서 흡수하여 불교가 근대에서도 충분히 비판을 견뎌낼 수 있는 사상·
종교라는 것을 여실히 보여 주었다. 그리스도교와 근대의 서구 문화에
충격을 받으면서도 곧바로 거기에 자신의 아이덴티티를 인정할 수 없

었던 많은 지식인들에게 가마쿠라 신불교는 그것을 대신할 수 있는 사상 기반을 제공하였던 것이다.

또 하나, 특히 제2차 세계대전 후의 역사학에서 맑스주의를 선두로 하는 소위 진보사관이 담당한 큰 역할을 무시할 수 없다. 근대 일본의 역사관으로서 가장 철저한 것은 황국사관 혹은 맑스주의 유물사관밖에 없다고 해도 과언이 아니다. 좀더 개략적으로 말하면 양자를 좌우의 양극단으로 하면서 그 중간에 여러 가지 조류가 배치되는 것이다. 그 가운데 황국사관은 원래 학문적인 검토를 견뎌낼 수 있는 게 아니어서 패전과 함께 소멸한 것도 어쩔 수 없는 것이었다(물론 그 심정은 오늘날까지 저류에 남아 있지만). 그것에 비하여 유물사관은 본래 과학적인 것을 표방하였으며, 그것이 제공하는 도식은 역사과학의 발전에 큰 영향을 끼쳤다. 그것에 의해서 비로소 고대부터 근대(나아가 미래)에 이르기까지의 역사 흐름을 초월적인 신 등에 의지하지 않고 일관되게 인간의 역사로서 설명할 수 있게 되었던 것이다.

그리고 맑스주의만큼 극단적이지 않은 곳에 여러 가지 근대주의적 진보파의 역사관이 위치했다. 근대주의는 한편으로 근대가 되었어도 온존하고 있는 전근대성을 비판하는 것으로 비판의 원리가 될 수 있는 것과 함께, 또 한편으로는 일본사회의 근대화는 권력 측에 있어서도 급선무였기 때문에 보수에서 혁신까지 상당히 폭넓은 지지를 받았다. 맑스주의에 있어서 주류가 된 강좌파講座派가 메이지 유신을 부르주아 혁명 이전의 절대왕정으로 규정하여, 사회주의 혁명 이전에 부르주아 혁명에 의한 근대화가 필요하다고 본 것에서 근대주의는 맑스주의와도 친화관계를 가지게 되었다.

그 즈음 전후의 근대주의에 막스 베버가 큰 영향을 끼친 것을 간과

해서는 안 된다. 잘 알려진 바와 같이 베버의 근대관은 그 종교관과 밀접하게 연관되어 있다. 즉 '주술呪術로부터의 해방' Entzauberung을 근대화의 큰 특징으로 보고 서구 근대의 프로테스탄티즘에 높은 평가를 부여했던 것이다. 무엇보다도 프로테스탄티즘을 근대적 종교의 모범으로 삼고 그 이상理想에서 불교를 다시 보려고 한 시도는 이미 메이지 초기의 시마지 모쿠라이島地黙雷에게서 볼 수 있으며, 이와 같은 경향은 일본 이외에서도 보이는 것으로 근대불교의 큰 특징을 형성했던 것이다. 그것은 자주 프로테스탄트 불교Protestant Buddhism라 총칭된다.

그 하나의 특징은 교리의 합리화이며, 그 속에는 주술적 측면의 제거라는 것이 내포되어 있다. 불교에서 주술적인 요소라고 하면 바로 밀교와 연결되어, 밀교를 전근대적이라 하여 부정하는 것은 근대의 불교학자·불교연구자에게 거의 암묵적으로 공통의 전제가 되고 있다. 이것은 근래의 '비판불교'의 운동에 이르기까지 훌륭히 일관되고 있다. 가마쿠라 신불교는 밀교를 부정한 것에서, 그리고 밀교와 깊이 관계하면서 전개된 신불습합神佛習合의 애매성을 부정한 것에서 높게 평가되었던 것이다.

이렇게 근대에 있어서 가마쿠라 신불교 중심의 견해는 근대화를 추진해 가는 일본 사회의 요청에 부합하고 또한 매우 빨리 근대에 대한 지침을 제시했다는 점에서 높게 평가되었던 것이다. 하지만 1970년대 경부터 그 가치관이 크게 흔들리기 시작하였다. 스탈린 비판을 출발점으로 하는 공식주의적公式主義的 유물사관에 대한 의문은, 이윽고 1990년대 소비에트 연방과 동구공산권의 붕괴에 의한 맑스주의적 이념의 결정적 해체에 이르기까지 갖가지 굴절을 겪으며 진행되었다. 다른 한편으로 과학기술의 진보도 반드시 인류에게 행복을 가져다주지 않고 오히려 인류와 환경의 위기를 초래할 수도 있다는 점이 점차 밝혀지게 되어, 지금까지의 '역사의 진보'라는 이념에 결정적인 의문이 제기되었다. 과연 근대화가 참으로 바람직한 것이었던가. 맑스주의를 최선봉으로 하며 근대주의도 포함하는 진보사관이 크게 흔들리게 되었던 것이다.

그후 포스트 근대주의, 포스트 식민주의, 문화적 다원론, 혹은 문명의 투쟁론, 글로벌리즘 등등 종래 좌우대립의 축을 미묘하게 비켜가면서 갖가지 시점이 제시되었지만, 오늘날까지 결정적인 역사관은 제시되고 있지 않다. '큰 담론'의 소멸이 말해 주듯이 오히려 획일화된 역사관의 존재 그 자체가 오늘날 의심스러운 것이 되어 버렸다. 덧붙여 역사수정주의와 신자유주의사관을 둘러싼 논쟁까지도 포함하면서 오늘날의 역사관에 관한 여러 가지 설이 상당수 근대 이후의 범위 속에서 전개되고 있는 것을 문제시해 두어도 좋을 것이다. 실제로 원래 근대란 전근대와의 관계 속에서 비로소 문제가 되는 것으로, 근대국민국가로부터 역사가 시작하는 것은 아니다. 전근대까지를 시야에 넣지 않은 사관은 사관으로서 결함을 가진 것이라 말할 수 있다. 또한 구미의 유행을 기다려 그것을 일본에 적용시키는 것으로 해결할 수 있는 것과 같은 단순한 문제도 아니다.

불교사에 관해서 말하면 무엇보다도 구로다 도시오黑田俊雄에 의한 현밀체제론顯密體制論의 제시가 결정적인 영향을 끼쳤다. 구로다는 일찍이 1970년대에 가치관의 변화를 민감하게 받아들여, 종래의 공식주의적 유물사관이 통용하지 않게 된 것을 간파했으면서도 여전히 맑스주의를 유지하면서 새로운 역사관을 스스로 제시해야 한다는 고투苦鬪로부터 현밀체제론을 낳았다. 그러므로 애매하고 모순된 점을 다분히 포함하면서도 극히 큰 충격과 영향을 미쳤다. 구불교 가운데서도 밀교의 중요성에 대한 지적은 그후 불교 연구의 방향을 결정했다고 해도 과언이 아니다. 오늘날의 불교 연구는 '포스트 현밀체제론'이라 불리면서도 지금껏 현밀체제론의 결정적인 영향하에 전개되고 있다.

구로다 도시오뿐만 아니라 아미노 요시히코網野善彦의 영향도 극히 컸지만, 아미노도 또한 맑스주의에서 출발하면서 공식주의의 입장을 비판하고 아날 학파에 가까운 사회사, 생활사의 시점을 도입하여 '일본'으로서 일원화—元化될 수 없는 역사의 다양성을 제시했다. 근대 종교사에 있어서 야스마루 요시오安丸良夫, 근대 사상사에서 이로카와 다이키치色川大吉 등에 의한 새롭고 독자적인 사관이 자주 맑스주의에서 출발하면서 공식주의를 비판하는 과정에서 생겨난 것은 주목된다.

이와 같이 맑스주의의 붕괴, 근대주의의 봉착은 맑스주의가 가진 비판적 정신과 근대주의의 합리적 발상마저도 전면 부정하는 것은 아니다. 무엇보다도 지금까지 부정되고 있던 것을 거론하고 종래 연구되지 않았던 새로운 것을 드러내는 것이라면 도리어 위험하기까지 하다. 비합리주의의 구가가 일부 종교 연구자의 옴의 찬미나 용인에까지 이르게 된 것을 우리는 충분히 반성해야 한다. 유물론이나 근대 합리주의의 위기는 결코 전근대적인 종교의 부활을 정당화하는 것이 아니다. 일본사회에 큰 문제를 던졌던 옴진리교의 돌출은 그것이 '틀린 종교'였기 때문에 '바른 종교'는 괜찮다는 것은 결코 아니다. 옴진리교 이후 종교 그 자체가 오늘날 위기적으로 다시 질문되고 있는 것을 인정해야만 한다.

이와 같이 불교사의 문제는 일반적인 역사론으로서뿐만 아니라 극히 실천적인 종교로서 불교의 존재방식과 맥을 같이하는 것이다. 그 중에서도 종문宗門의 존재방식과 밀접하게 관계를 맺고 있는 것에 그 특수성이 있다. 종문의 입장에 선 연구의 문제점은 여차하면 '우리 부처의 존중'이라는 폐쇄적·독선적인 가치관에 빠지기 쉽다는 점에 있다. 물론 각각의 종문에는 각각 독자의 문제가 있고 거기에 진지한 추구가 이루어지고 있다는 것은 인정해야 하지만, 이후 나아가 종문의 경직된 공식주의적인 도그마나 본래의 인간 문제를 망각한 채 교단 유지만을 우위에 두려는 호교론을 극복해 가는 것은 종교 연구자에게 부과된 큰 과제이다. 그것에 의해 비로소 종문의 문제가 밖으로 열리어 가게 될 것이다. '비판불교'에 의해서 제기된 종조宗祖 무오류설에 대한 비판 등은 오늘날 극히 중요한 의미를 가지고 있다.

2) '일본적'인 것을 넘어서

이상의 고찰에서도 불교사의 연구가 불교사에만 머물지 않고 보다 광범위한 시대의 역사·사상과 관련된다는 것은 명백하다. 이하에서는 불교가 그 중에서도 특히 일본의 사상사 전반, 혹은 불교 이외의 여러 사상·종교의 연구와 어떻게 관계되는가를 개관하면서 거기에 숨어 있는 '일본적'인 것에 어떻게 대처할 것인가를 고찰해 보고자 한다.

오늘날 일본 사상사 연구에서 광범위한 시대를 포괄하면서 독자의 사관을 제시한 사람은 마루야마 마사오丸山眞男이다. 특히 최근 간행된『마루야마 마사오 강의록』은 종래 알려지지 않았던 마루야마의 통사적通史的인 일본 사상사 이해를 명확하게 제시하고 불교의 위상에 대해서도 언급하고 있다. 그 점에서 특히 1964년의 강의를 수록한『강의록』제4책이 주목된다.

마루야마에 의하면 일본의 사상은 '원형' 原型이 되는 발상에 의해서 제약되고 있다. '원형'은 후에 '고층' 古層이라 불리게 되어 유명한 「역사의식의 '고층'」이라는 논문(1972)으로 이어지고 있다. 그것은 '생성生成의 옵티미즘'의 중시, '일체를 자연적인 시간 경과에 맡기는 사고방식'(『강의록』 4, 67쪽) 등에 의해서 특징지어진 것으로, 일본의 사회·사상이 열려어 가기 위해 극복되어야만 하는 요소이다. 마루야마는 이와 같은 '원형'을 뛰어넘으려고 하는 최초의 시도로서 불교를 높게 평가한다. 불교라고 하는 보편의 충격으로부터 일본의 사상은 그 특수성이 소멸되었다고 하는 것이다. 그러나 불교도 또 '굴절과 타협'를 통하여 다시 '원형'적 발상으로 돌아간다고 하는 비관적인 결론에 이른다.

마루야마의 불교관은 1960년대 전반의 연구 상황에 근거하여 당시 가마쿠라 신불교 중심론을 그대로 수용하고 있다. 그것뿐만 아니라 '주술로부터의 해방'에 최대의 가치를 두는 프로테스탄티즘적 근대주의의 경향이 극히 현저하여 오늘날 그대로 통용될 수는 없다. 그러나 원형=고층과 그것의 극복이라는 테마는 단순하게 고대·중세의 문제가 아니라 그 배후에 '일본적'이라고 여겨지는 폐쇄성과 무책임한 시스템을 어떻게 극복할 것인가라는 매우 현재적이고도 실천적인 과제가 있음을 간과해서는 안 된다. 오히려 그 실천적인 요청으로부터 출발하여 과거로 소급해 그 원천을 찾고자 하는 것에 마루야마의 원형=고층론의 과제가 있었던 것이다. 그 중에서 불교의 보편성과 토착화의 중층성重層性을 어떻게 파악할 것인가라는 상당히 큰 문제가 제시되고 있다.

마루야마의 원형=고층론에 대해서는 '일본적'인 것의 극복을 과제로 삼으면서 도리어 '일본적'인 발상이 고대로부터 일관一貫하는, 고정적인 것처럼 파악되어 버리는 역설적인 위험성이 자주 비판의 대상이 된다. 고대로부터 일본 고유의 것의 실재를 인정해 그 찬미와 복고를 설하는 일본주의와 정반대의 위치에 서면서도 '일본적'인 것을 인정해 버리는 것에 있어서 기묘하게 일치해 버리는 것이다(이 점에 대해서는 이 책 2부 2장 참조).

이와 같은 '일본적'인 것으로의 환원은 일본 사상 연구에 있어서 자주 부딪히는 성가신 문제이다. 특히 신도 연구가 오랫동안 불모였던 것은 오늘날까지도 여전히 전전의 국가신도의 그늘로부터 빠져나오지 못하는 사정과 함께, 여차하면 '고대적'·'일본적'인 것에서 원천을 구하여 그것을 돌파하려 함으로써 학문적인 발전성이 나오지 못하는 사정도 무시할 수 없다. 그것은 마치 불교 연구가 호교론으로 시종하는 한 새로운 발전을 기대할 수 없는 것과 유사하다. 그런 의미에서 신도 측이나 불교 측이나 불순한 것으로서 내내 무시해 온 중세 신불습합에 대한 해명이 오늘날 급속히 진행되고 있는 것은 신도사 연구에 새로운 전망을 여는 것이다. 그뿐만 아니라 종래 신도사와 불교사로 별개로 진행되어 온 양 분야의 그늘진 부분에 대한 중요성이 분명해진 것으로, 이것은 종적인 연구체제 그 자체에 근본적인 비판을 던지는 것이다.

또 신도학 가운데서도 종래의 국가신도적인 가치관을 비판하고 새로운 가치관을 만들고자 하는 시도가 조금씩 이루어지게 된 것은 주목된다. 예를 들면 가마다 도지鎌田東二는 신도를 환태평양의 근저를 관통하는 고대적 발상으로 이해하고 신불습합의 근저에 보다 근원적인 신불습합을 두는 극히 흥미 깊고 스케일이 큰 신도론을 전개하고 있다(『신도란 무엇인가』神道とは何か, 2000). 가마다 도지는 또 신도에 있어서 종교적 요소를 정면으로 드러냄으로써, 제식의례에 근거하는 국가신도

를 비판하고 있다. 단 이와 같은 주목할 만한 요소를 갖고도 더욱이 고대 일본의 이상화에서 벗어나지 못하고, 거기에서 유래하는 문제점이 그대로 남아 있는 것은 여기에서 지적해 두어야 한다.

유교(유학)는 일본에서 그 자체로서는 이미 생명을 지니지 못하지만 다른 동아시아 제국에서는 아직도 민족을 결속하는 이데올로기로서 역할을 담당하고 있다. 이전부터 유학이 중시되어 온 대만과 한국은 물론이고, 중국에서도 맑스주의를 대신해 선전되고 있다. '동아시아 유학권'이라는 발상은 이와 같은 민족주의란 사혹思惑의 집합체로서 짙은 정치성을 가지며 유학 연구도 그 전략에 휘감길 위험성을 항상 가지고 있다.

사와이 게이치沢井啓一의 『'기호'로서의 유학』記号としての儒学(2000)은 이와 같은 사정을 감안하면서 '유학문화권'이라든가 '동아시아'라든가 또 '일본'이라는 집합개념의 허구성을 분명히 하고, 그것을 내실을 갖지 않는 '제로 기호'로서 파악해 각각의 지역에 유학이 '언설'로서뿐만 아니라 '프랙티스'(관습적 실천행위)로서 어떻게 토착화하는가, 라는 관념으로부터의 재조명을 시도하고 있다.

이것들 집합개념을 실체를 갖지 않는 방법개념으로 환원하는 것은 확실히 예민한 테마에서 정치성을 빼내어 비판성을 확보하는 유효한 수단이다. 단 완전히 '제로 기호화'할 수 있을지 어떤지는 여전히 의문이 남는다. 특히 유학과 비교하여 오늘날 여전히 살아 생동하는 불교의 경우 문제는 한층 복잡하다. 나 자신도 '방법으로서의 불교'라고 하여 불교를 방법론적 개념으로 간주하는 것을 제언해 왔지만 그것만으로는 오늘날 살아 있는 불교에까지 다다를 수 없다는 것을 인정하지 않을 수 없다.

이미 다루었듯이 불교 문제는 역사적인 문제인 것과 동시에 거기에는 극히 현재적인 과제가 부여되어 있다. 기요자와 만시清沢満之에서 출발하는 근대불교의 하나의 큰 전개는 사상운동임과 동시에 교단개혁운동이었다. 그 복잡한 '굴절과 타협'의 과정을 볼 때 '불교'가 이데올로기적 표층만으로는 해결하지 못하는 불투명한 뿌리를 가지고 있는 것을 여실히 알 수 있을 것이다. '비판불교' 운동의 한계도 그 중 하나는 교단론을 무시하고 표층적인 이데올로기의 차원에서만 비판적이라는 데 있는 것이다.

'불교' 개념의 불투명성 이상으로 큰 문제가 되는 것이 '일본적'인 개념의 불투명한 애매성이다. 그 불투명성을 투명하게 하고자 한 마루야마의 과감한 시도가 도리어 '일본적'인 것의 애매성에 걸려 넘어지는 것을 우리는 결코 외부자의 입장에서 보고 냉소하며 끝낼 수는 없다. 오히려 그러한 과감한 시도조차 방기하고, 애매한 채로 '일본적'이라는 개념에 둘러싸여 찬미하든가 혹은 간단히 부정하여 버릴 수 있다고 생각하는 단순성이야말로 위험하다. 오늘날 민족주의적인 동향의 프로파간다의 천박성은 바로 보아 알 수 있지만, 오히려 그것에 대한 비판이 애매하고 불투명한 '일본적'인 것의 깊이를 인식하지 못하고, 극히 표층적인 옵티미즘에 지배되고 있는 것에 강한 위기감을 느끼지 않을 수 없다.

그러면 과거로 소급한 것의 사상사적 연구는 과거를 어떻게 파악함으로써 이 불투명한 애매성에 대응할 수 있겠는가. 여기에서 주목하고 싶은 것은 가쓰라지마 노부히로桂島宣弘가 제시한 '타자'로서의 도쿠가와德川 일본'이라는 시점이다(『사상사의 19세기』思想史の19世紀, 1999). 가쓰라지마는 근대로 접속하는 시점에서만 도쿠가와 사상사를 보려고 하는 종래의 시점을 비판하고, 거기에 근대의 시점만으로는 파악할 수 없는 '타자'를 보려고 한다. "'타자'란 실은 근대국민국가의 국경이 형성된 이후의, 국경의 '저쪽'에 존재하는 사람들이라고 파악되는 '외국인' 혹은 '재일외국인'뿐"만 아니다. '일본 열도상에서 근대 이전에 활동해 온 사람들'도 또 '타자'로서 파악되어야 한다는 것이 가쓰라지마가 제기하는 시점이다(같은 책, 50쪽).

불교사의 경우 반드시 가쓰라지마가 말하듯이 '근대국민국가'를 표준으로 한 '우리'에 포함시킬 수 없는 것이 있지만, 어떻든 간에 종래의 불교사가 근대로의 접속이라는 시점으로부터 평가되어 온 것에 비하여 오히려 곧바로 근대에 접속하지 않는 '타자'로서 재조명하려는 시점은 충분히 유효하다. 근대의 '타자'론·'나'론은 자칫하면 '타자'란 '나'에 대한 존재로, '나' 그 자체는 투명하고 명석한 '개인'으로서 확립되어 있는 것 같은 착각에 빠진다. 그러나 '타자'가 '나'에게 있어 불투명한 것과 동일하게 '나' 자신도 내부에 불투명한 애매성을 지니고 있는 것이다. '나' 자신의 내부에 있는 불투명성은 '나' 자신이 내부에 간직하고 있는 '타자'성에 다름 아니다. '나'야말로 '나'에게 있어 최대의 타자이다. 역사란 실로 '나' 자신에게 있어 불투명한 '나의 내적인 타자'의 축적이며, 그 불투명한 영역을 개발해 가는 것이 역사 연구의 큰 과제이다.

'도쿠가와 일본'이 오늘날 '우리'부터 '타자'라고 한다면 중세는 보다 깊게 '타자'적이라고 말할 수 있다. '타자로서의 중세'를 훌륭히 파악한 일례로서 야마모토 히로코山本ひろ子의 『중세신화』中世神話(1998)를 들 수 있을 것이다. 이 책에서는 한편에서 고대로부터 일관한 '일본적'이라는 픽션을 떠나고, 다른 한편에서는 근대에 접속하는 것으로서

의 중세(근대적 중세)라는 관점을 떠나, 중세의 독자적인 세계상을 끄집어냄으로써 '타자로서의 중세'를 드러내고 있다.

물론 이러한 연구에 의해 과거가 완전히 해명되고 투명화하는 것은 아니다. 그러나 스스로 연결되며 더욱이 단절한 '나의 내적인 타자'를 자각해 가는 것은 그 '타자'를 숨기며 마치 존재하는 것처럼 보이는 '지금의 나'를 깊은 곳에서 비판하며 다시 파악해 가는 큰 힘이 되는 것이다. 불교사의 연구도 또 그 일익을 담당하는 것이 되어야만 한다.

2. 비판불교가 제기하는 문제

1) 비판불교란 무엇인가?

'비판불교'批判佛教라는 용어는 하카마야 노리아키袴谷憲昭가 자신의 책 제목으로 사용한 것으로 '불교란 비판이다', '비판만이 불교이다'라는 입장을 가리키는 것으로 규정된다(『비판불교』批判佛教, 1990). 하카마야에 의하면 이 말은 '비판철학'과 '장소topos의 철학'을 대립시킨 '비판철학'이란 용어에서 유래한다고 한다.

'비판불교'라는 용어는 일본보다도 미국의 학계에서 Critical Buddhism이란 말로 널리 사용된다. 아마도 그 이해에는 하카마야 및 고마자와대학에서 하카마야의 동료 마쓰모토 시로松本史朗에 의해서 제기된, 지금까지의 연구에 대한 비판적인 입장에 선 불교 연구를 총칭하는 것으로 이해된다. 특히 마쓰모토가 내면적·종교철학적 경향이 현저한 것에 비하여 하카마야는 외부로 향한 활동이 두드러지며 비판불교의 성격도 하카마야의 활동에 의해서 특징지어지는 바가 크다.

하카마야와 마쓰모토의 활동은 1980년대 전반에 준비되어 1985년에는 하카마야의 「차별사상을 낳은 사상적 배경에 관한 사견」差別事象

を生み出した思想的背景に関する私見 등 후에 그의 저작『본각 사상 비판』本覚思想批判(1989)의 중핵을 이루는 논문이 발표되었다. 나아가 1986년에는 마쓰모토가 일본 인도학불교학회에서 「여래장사상은 불교가 아니다」如來藏思想は仏教にあらず를 발표하고, 같은 해 그것이 동학회의 기관지『인도학불교학연구』印度学仏教学研究에 게재되자 학계에서 센세이션을 불러 일으켰다. 1989년에 하카마야의『본각 사상 비판』과 마쓰모토의『연기와 공』縁起と空이 간행되고, 다음 해 하카마야의『비판불교』가 출판되기에 이르러 그 논의의 대략적인 전모가 드러나게 되었다.

두 사람의 활동은 그 뒤에도 하카마야의『도겐과 불교』道元と仏教(1992),『호넨과 묘에』法然と明恵(1998), 마쓰모토의『선 사상의 비판적 연구』禅思想の批判的研究(1994) 등으로 이어져, 뒤에서 기술하는 바와 같이 그 설을 둘러싼 파문이 이어졌다. 최초의 충격에서 10년 이상이 지난 지금 표면적으로는 논의도 약간 소강상태에 접어들었지만, 그들에 의해서 제시된 문제를 더욱 파고들어 가는 것 또한 이후의 과제이다.

2) 비판불교의 논점

하카마야와 비교해 마쓰모토 쪽이 아카데믹한 장에서의 원리적인 연구에 몰두하고 있어, 하카마야의 논의도 마쓰모토의 설을 기반으로 하고 있는 바가 크다. 마쓰모토 설의 요점은 불교의 근본 원리를 무아설無我說 및 연기설縁起說에서 구하고, 그것에 반하여 여래장설如來藏說과 같이 기체를 상정하는 설[基體說]을 다투바다dhātu-vāda라 부르고, 그것을 불교의 원리에서 일탈하는 것으로서 엄격하게 비판한 데 있다. 여래장=불성설佛性說은 동아시아계 불교의 공통적인 전제가 되는 것이기 때문에 마쓰모토의 비판은 동아시아계 불교 전체에 대한 과감한 도전이 되었던 것이다. 하카마야는 아카데믹한 연구자로서는 인도＝티베트계의 유식설의 연구를 위주로 하지만, 비판불교라는 관점에서는 마쓰모토가 제출한 원리를 일본에 적용하여 폭넓은 비판활동을 전개한 것에 특징이 있다. 그의 활동 영역은 크게 네 가지로 나누어진다.

① 종학 : 하카마야의 비판활동에 있어 하나의 원점은 조동종曹洞宗에서의 차별문제에 대한 대응에 있다. 조동종에서는 정토진종淨土眞宗 등과 비교해 차별문제에 대한 대응이 느리고, 간부에 의한 차별 발언의 문제화 등을 거쳐 본격적으로 다루어지게 되었다. 하카마야는 불교에 있어서 차별의 사상적 원리를 본각 사상에서 찾고 이것으로부터 본각 사상 비판을 전개하였다. 하카마야의 종문과의 관계는 또한 도겐 해석에도 보인다. 이 점에서 하카마야가 담당한 역할은 도겐 말년의 12권본 『정법안장』正法眼藏을 본각 사상 비판을 철저히 한 것으로 높게 평가한 것에 있다. 12권본의 재평가는 75권본과의 관계 등에서 종문 내의 논의를 불러일으켰다.

② 불교학 : 하카마야의 주장에서 중심이 되는 것은 본각 사상 비판이다. 도겐의 「변도화」辨道話에 본각 사상 비판이라 보이는 언사가 있는 것은 하자마 지코硲慈弘 등에 의해 지적되고 있었지만(『일본불교의 전개와 기조』, 1948), 하카마야는 그것을 마쓰모토의 다투바다 비판과 연결시키면서 다른 한편으로 본각 사상의 개념 규정을 극히 광범위하게 취하여, 토착사상과 합체하여 정착하고자 하는 사상을 모두 '본각 사상'이라 규정하고 '불교'에 대립하는 것으로서 비판했다. 따라서 그 사정거리는 극히 길고 비판의 범위가 넓어졌다.

③ 철학 : 위에서 기술한 바와 같이 '비판불교'라는 말은 '비판철

학'에서 유래하지만, 이 말은 서양에서 비코Giambattista Vico가 자신의 '토포스철학'에 대립하는 것으로서 데카르트 철학을 규정한 말이다. 하카마야는 어디까지나 데카르트적 근대합리주의의 비판적 정신에 입각하여 포스트근대적인 동향도 포함하는 토포스=장소의 철학을 거부한다. 하카마야에 의하면 본각 사상이란 실로 토포스=장소의 사상에 다름 아닌 것이다.

④ 사회문제: 그 출발점에 차별문제에 대한 고발이 있는 것에서도 알 수 있듯이 하카마야는 사회문제에 대한 관심이 크다. 하카마야는 말하자면 늦게 온 근대주의자이기도 하고, 동시에 늦게 온 좌익이기도 하다. 예를 들면 우메하라 다케시梅原猛·나카소네 야스히로中曾根康弘에 의한 일본주의적인 동향 등에 엄격한 비판을 가하고 있다.

3) 비판불교의 파문

비판불교는 당초 극히 센세이셔널한 형태로 등장하고 또 노골적인 개인 공격의 언사도 마다하지 않았기 때문에 학계에서는 거부반응을 보였지만, 그 의도를 이해한 같은 고마자와대학의 동료 가운데서 동조자가 생겼다. 이토 다카토시伊藤隆寿의 『중국불교의 비판적 연구』中国仏教の批判的研究(1992) 등이 그 전형이며, 이시이 슈도石井修道의 『도겐 선의 성립사적 연구』道元禅の成立史的研究(1991) 등도 가까운 위치에 있다.

당초부터 비판불교에 대항하는 논쟁을 개시하여 독자적인 밀교이론을 전개한 사람이 쓰다 신이치津田真一이다(「'반야경' 부터 '화엄경' 까지」, 『나리타산 불교 연구소 기요』 11권. 이 논문은 『아라야적 세계와 신』에 수록). 많은 연구자가 이 문제를 정면에서 다루는 것을 피해 왔지만, 잡지 『불교학』

36호(1994)에서는 불교사상학회 회장인 다카사키 지키도高崎直道가 권두 논문 「최근 10년의 불교학」 속에서 많은 항을 이 문제에 할애하여 비판불교가 담당한 역할이 학계에 공인된 것을 보여 주었다. 또한 그 전해(1993) 미국종교학회에서 비판불교의 부서가 설치되어 격렬한 논의가 오고갔다. 그후 스완슨Paul Swanson과 허버드Jamie Hubbard의 『보리수 가지치기』Pruning the Bodhi Tree가 간행되었다. 여기에는 하카마야·마쓰모토를 비롯한 일본·미국의 연구자들이 제기한 이 문제에 관한 논문들이 수록되어 비판불교의 전모를 총체적으로 보여 주고 있다.

비판불교의 문제제기가 자극이 되어 학문 분야에서의 연구의욕을 새롭게 자극했던 점도 무시할 수 없다. 그 하나는 『정법안장』의 75권본과 12권본에 관한 논의이며, 『12권본 '정법안장'의 제문제』十二卷本 '正法眼藏'の諸問題(가가미시마 겐류우·스즈키 가쿠젠 엮음, 1991)는 그 성과이다. 또한 본각 사상 비판에 의해 역으로 본각 사상에 대한 관심도 높아져 루벤 하비토Ruben Habito의 『본각』Originary Enlightenment(1996), 재클린 스톤 Jacqueline Stone의 『본각과 중세 일본불교의 변용』Originary Enlightenment and the Transformation of Medieval Japanese Buddhism(1999)과 같은 뛰어난 연구서도 간행되었다.

인도불교에 관해서도 초기불교 해석, 대승불교의 성립론, 공의 해석, 여래장=불성설의 위치 등 종래 정착해 있었던 해석이 근년 한꺼번에 변화하여 다시 한번 전면적으로 재검토하지 않으면 안 되는 시기를 맞고 있다. 또한 나와 비판불교와의 관계나 그것에 관한 나의 사적 견해에 관해서는 졸저 『가마쿠라 불교 형성론』鎌倉佛教形成論(1998) 4부 4장에 종합적으로 논하였다(영어판은 앞에서 언급한 『보리수 가지치기』에 수록). 이번 장도 그것에 기초한 바가 크다.

4) 이후의 과제

앞서 비판불교를 "늦게 온 근대주의", "늦게 온 좌익"이라 평가하였다. 이것은 결코 야유가 아니라 오히려 '늦게 온' 것에 진정 의미가 있다고 생각한다. 유행의 시대에 유행의 입장을 주장하는 것은 누구라도 가능하다. 포스트 근대·탈좌익의 시대에 과감하게 돈키호테적인 비판을 제시함으로써 그 비판은 보다 깊게 유행을 도려낸다. 또한 그것은 조동종문이든 불교학계든 그러한 비판을 수용하지 않으면 안 되는 전근대성에 아직껏 지배되고 있다는 의미이기도 하다.

비판불교의 활동이 오늘날 공인되고 있다는 것은 역으로 말하면 당초의 충격이 가라앉아 그대로 과거의 에피소드로서 내용이 없어져 무대 뒤로 사라져 버릴 가능성도 있다는 것을 의미한다. 그러나 앞에서 서술한 바와 같이 비판불교 이후 마침내 움직이기 시작한 아카데미즘의 신동향도 지금부터의 과제로서 안이한 퇴장은 허락되지 않는다.

최근의 동향으로서는 지금까지 콤비를 이루어 협력관계에 있었던 하카마야와 마쓰모토 사이에도 양자의 차이가 명확해져, 마쓰모토의 하카마야 비판이 제시되었다(마쓰모토 시로, 「하카마야의 '호넨과 묘에'서평」, 『고마자와대학불교학부논집』 29, 『도겐 사상론』 등). 그리고 하카마야의 영향하에 호아킴 몬테이로Joaquim Monteiro의 『천황제 불교 비판』天皇制佛教批判(1998)과 같은 새롭게 주목할 만한 성과도 보인다.

비판불교와 토포스철학에 관해서 부언하면, 푀르트너Peter Pörtner와 하이제Jens Heise의 『일본 철학』Die Philosophie Japans은 서구의 입장에서 이질적인 일본사상을 어떻게 파악할 것인가에 대한 뛰어난 시도이지만, 저자는 일본철학을 총칭하여 '토포스철학'으로서 특징짓는다.

토착적 본각 사상을 토포스의 철학으로서 규정하는 하카마야와 뜻하지 않게 일치된 결론으로 나타나는 것은 흥미롭다(졸저, 『해체되는 말과 세계』 제15장 참조). 서구의 입장에서는 거기에서야말로 서구와 이질적인 사상에 대한 발견이지만, 문자 그대로 그 '장소'에 대하여 고뇌하는 입장에서는 역으로 언뜻 보기엔 시대착오적인 '비판'만이 무기가 되는 것이다. 적어도 안이한 포스트 근대론보다는 진지할 것이다. 하지만 근대인가 포스트 근대인가, 비판인가 토포스인가라는 양자의 대립이 어느 정도 참되고 유효한 범주인가는 그 정도로 확실치 않다.

끝으로 비판불교의 비판이 구태여 터부시하고 있는 문제가 있는 것을 지적해 두고 싶다. 그것은 교단론이다. 가령 조동종이라는 교단을 생각할 때 그 교단의 경제적 기반은 형산계肇山系의 기도불교祈禱佛敎와에도 시기 이래의 장식불교葬式佛敎에 의지하고 있다. 문자 그대로 토착 사상화한 불교이다. 비판불교의 비판을 철저하게 한다면 교단의 해체론으로 나아가야 하며 역으로 교단의 원리를 인정하여 내부개혁의 길을 취하려고 한다면 토착불교 비판 하나만으로는 해결되지 않는다. 하카마야에게는 장식불교를 인정하는 언사도 보이지만 무엇보다도 중요한 문제가 애매하게 방치되어 있다는 인상을 버릴 수 없다.

3. 일본에서 선학의 전개와 전망

이번 장은 원래 2001년 8월에 북경의 중국인민대학 및 중국사회과학원 세계종교연구소에서 강연한 것이다(『中国―社会と文化』 17). 일본의 불교 연구는 근대 중국불교 연구에 큰 영향을 미쳤으며, 개개의 연구에 관해서는 중국 측에도 상당히 알려져 있다. 하지만 그것이 일본의 역사적 문맥에서 어떻게 위치지어질 수 있는가 하는 것에 관해서는 충분하게 이해되고 있지 않은 실정이다. 이번 장은 그 점을 정리하여 중국 측의 의견을 구한 것이다.

그것에 대해서 중국 측에서는 특히 최근의 비판불교나 베르나르 포르Bernard Faure, 브라이언 빅토리아Brian Victoria의 연구 등에 강한 관심을 보였다. 그것과 함께 이 장에서 제시한 것과 같이 과거 연구자의 활동을 일방적으로 찬미하거나 비판하는 것이 아니라 양면을 냉정하게 보는 것이 이후 연구의 발전에 있어 중요하다는 점에서 의견의 일치를 보았다.

또한 오늘날 중국의 학계가 구미의 새로운 동향에 극히 민감하여 동아시아 연구가 일본과 동아시아라는 관계만으로 볼 것이 아니라 일본-동아시아-구미라는 3자의 관계에서 보아야 할 것이란 점도 강하게 인상을 받았다. 돌이켜 보면 근대의 출발점에서부터 일본과 동아시아의 관계는 구미라는 제3극의 관여를 도외시하고서는 성립할 수 없는 것이며, 그런 점에 대한 자각이 다시 요구되고 있다고 말할 수 있다.

선학禪學이라는 바늘구멍으로 동아시아와 일본의 관계를 어떻게 볼 것인가 하는 큰 문제에 대한 다소의 힌트가 되었으면 하는 바람으로 여기에 발표한다.

1) 근대 선의 형성

일본의 근대는 게이오慶應 3년(1867)의 메이지 유신에서 시작한다. 메이지 정부는 에도 시대에 오랫동안 지속해 왔던 쇄국정책을 바꾸어 구미에 대해서 개국함과 동시에 구미의 문화를 적극적으로 섭취하고자 하였다. 그러나 메이지 유신의 또 하나의 측면은 막말幕末의 존왕양이운동尊王攘夷運動의 계통을 계승한 민족주의이다. 메이지 유신에 의해 막부로부터 천황에 대한 정치적 권력의 이양은 종교 면에서는 신도의 고양과 표리일체를 이루는 것이다.

메이지 유신의 혼란기에 각지의 신도 세력에 의해서 추진된 폐불훼석廢佛毀釋의 운동을 배경으로 메이지 정부는 신불분리神佛分離를 추진하고 이윽고 불교로부터 분리된 신도에 의해 유지되는 국가신도의 형태를 취하기에 이르렀다.

이와 같은 국가정책에 의해서 메이지 유신 시기의 불교는 큰 타격을 입어 그 세력은 크게 후퇴한다. 그 가운데 불교의 부흥을 지향하는 운동은 단순한 복고가 아니라 불교가 근대적 종교로서 다시 태어나야만 한다는 자각을 하기에 이르렀다. 이 점을 가장 일찍 주장한 것은 정토진종 서본원사파西本願寺派의 시마지 모쿠라이島地黙雷였다. 시마지는 메이지 5년(1872) 유럽을 시찰하여 불교근대화의 필요성을 통감하고, 국가에 의한 종교통일의 기관인 대교원大敎院에 반대하여 비로소 근대적인 종교의 자유를 확립했다.

근대화에 대한 선의 대응은 정토진종과 크게 다르다. 정토진종이 특히 서구의 프로테스탄티즘을 모범으로 한 근대종교를 지향한 것에 반해서 선 특히 임제종臨濟宗은 한편으로는 지배계급인 사족士族이나 군인을 개인적으로 신자로서 끌어들여 지배계급의 민족주의적 의식에 동조하는 한편 일찍부터 구미로 진출하여 그리스도교와는 전혀 다른 동양의 종교로서 선전하였다. 완고한 민족주의와 엘리트주의가 보편적인 세계주의와 기묘하게 결합해 가는 데 근대 일본선의 특징이 있다.

특히 주목되는 흐름으로서 이마키타 고센今北洪川에서 샤쿠 소엔釈宗演으로 이어지는 가마쿠라의 엔가쿠지圓覺寺 계통이다. 고센은 『선해일란』禪海一瀾(1862)에서 불교와 유교의 합일을 설함과 동시에 그리스도교를 논박하여 국수주의적인 지배계급에 큰 영향을 끼쳤다. 고센의 제자인 소엔은 고센과 역으로 일찍부터 선의 국제화에 힘썼다. 메이지 20년(1887) 스리랑카에 유학하고 나아가 메이지 26년 시카고의 만국박람회에서 개최된 만국종교회의에 참가하여 구미에서도 주목을 받게 되었다. 메이지 38년 다시 미국으로 건너가 선을 설하였으며, 그때 스즈키 다이세쓰가 통역으로 동행하였다.

이와 같이 국제적으로 활약함과 동시에 엔가쿠지에는 나쓰메 소세키夏目漱石와 같은 지식인도 다수 참선하여, 그들 사이에 선 열풍이 일어났다. 이미 메이지 유신 무렵 야마오카 뎃슈山岡鉄舟와 같은 재가의 선자禪者가 활약하고 있었지만, 엔가쿠지 등의 선당禪堂이 재가의 거사를 널리 받아들인 것이 지금까지와 다른 거사선居士禪을 발전시켜 선이 지식인 사이에 정착하는 데 큰 역할을 담당했다. 스즈키 다이세쓰도 일생을 거사로서 활동했다. 교토학파의 철학자들도 대부분 거사로서 선을 배웠다. 즉 근대의 선학도 또한 거사선의 운동 속에서 전개되었다고 말할 수 있다.

거사선이 선의 근대화에 있어 큰 역할을 담당한 하나의 이유는 거사는 사원을 떠나 자유로운 활동이 가능하기 때문에 사원의 여러 가지 인습적이며 비합리적인 요소를 버리고 시대에 맞는 측면만을 끄집어낼 수 있었던 것을 들 수 있다. 그러나 그것에 의해서 본래 사원 속에서 총합적으로 체계화되고 있었던 불교 실천 가운데 일면만이 강조되어 그 전체상을 잃어버렸다는 점은 오늘날 비판받게 된다.

2) 스즈키 다이세쓰에서 근대 선학의 형성

근대 선학은 스즈키 다이세쓰鈴木大拙에 의해서 기초가 놓여짐과 동시에 그 정점까지 도달했다고 할 수 있다. 다이세쓰는 가나자와金沢 출신으로 친구 니시다 기타로西田幾多郎와 함께 도쿄제국대학 선과選科에 입학했다. 동시에 샤쿠 소엔을 따라 참선하고 그의 추천으로 메이지 31년(1898)에 미국으로 건너가 재야의 연구자 폴 캐러스Paul Carus의 조수로서 10년 이상 동양철학을 연구하고 번역했다.

그의 본격적인 활동은 메이지 42년 귀국 후에 시작된다. 다이세쓰의 연구는 일본인을 위한 일본어 저작과 세계를 향한 영어 저작의 두 가지 부류로 나눌 수 있다. 그리고 그 전체도 아카데믹한 문헌 연구와 보다 일반적으로 선 사상을 기술한 것으로 나눌 수 있다.

영어로 된 아카데믹한 연구로서는 젊은 시절 『대승기신론』大乘起信論의 영역(*Açvagosha's Discourse on the Awakening of Faith in the Mahayana*, 1900), 『능가경』 연구와 색인(*Studies in the Lankavatara Sutra*, 1930. *An Index to the Lankavatara Sutra*, 1933), 『화엄경·입법계품入法界品』 범문 텍스트의 교정(*The Gandavyuha Sutra*, 1934~36) 등이다. 그러나 다이세쓰를 유명하게 한 것은 무엇보다도 『선 불교에 관한 소론』*Essays in Zen Buddhism*을 비롯한 선에 관해서 소개하는 책이었다.

일본어 저작도 또한 아카데믹한 연구와 일반 독자를 대상으로 선 사상을 논한 것으로 나누어진다. 전자로는 돈황본敦煌本의 『육조단경』六祖壇經, 『신회어록』神會語錄(이상 1934년), 『소실일서』少室逸書(1936), 또 도겐이 가져왔다고 전해지는 『벽암록』의 이본 『불과벽암파격절』佛果碧巖破擊節(1932) 등의 교정·간행이 속한다. 이것들은 극히 위대한 성과지만 일본에서도 다이세쓰의 이름을 널리 알린 것은 선 사상을 일반 독자들에게 해설한 다수의 저서에 의해서였다. 주저라고 할 수 있는 것은 『선 사상사 연구』禪思想史硏究(전 2권) 등이지만 대중들에게 널리 읽혀진 것은 『일본적 영성』日本的靈性(1944)이나 영어로 쓴 저작을 번역한 『선과 일본 문화』禪と日本文化(1940) 등이다.

다이세쓰의 선학의 특징은 첫째로 선을 종문의 특수한 언어가 아니라 일반 지식인들도 이해할 수 있는 보편적인 언어로 말하고 있다는 것이다. 여기에 거사불교의 특질이 최대한 살아 있다. 젊은 시절 다이세쓰가 조수로 일했던 폴 캐러스의 아래에서 19세기 말 구미의 새로운 동향을 배우고 나아가 미국에서 귀국한 직후에는 신비주의 사상가인 스베덴보리Emanuel Swedenborg에 경도되어 그의 저작을 여러 권 번역하였다. 또한 후에는 정신분석학자 에리히 프롬Erich Fromm과 공동으로

『선과 정신분석』禪と精神分析(*Zen Buddhism and Psychoanalysis*, 1960)이라는 저서를 출간했다. 이와 같이 다이세쓰는 구미의 새로운 사조에 항상 민감했다. 그것이 일본뿐만 아니라 구미에서도 다이세쓰가 널리 읽히게 되었던 가장 큰 이유이다.

이와 같이 구미 문화에 대한 소양이라는 측면과 동시에 다이세쓰 사상은 그 자신의 선 체험에 깊이 근거해 형성된 것도 주목된다. 종교 체험은 극히 개인적인 체험이지만 동시에 개인성을 벗어나서 단번에 보편성에 이르게 하는 면을 가진다. 다이세쓰의 최초의 저작은 『신종교론』新宗教論(1896)이지만 거기서 이미 "종교적 감정은 개인적 존재의 질곡을 탈각하여 우주의 영기를 호흡하려는 정情"임을 말하고 있어, 그의 종교관이 이성보다도 감정이나 체험에 의존하고 또 개인으로부터 단번에 우주와의 일체화에 이르는 성질의 것이었음을 알 수 있다. 개인으로부터 단번에 보편에 이르는 것에 의해 문화나 언어의 상위는 쉽게 뛰어넘게 된다. 구미든 아시아든 또한 불교든 그리스도교든 종교적인 체험이나 감정에는 국경이나 종교의 갈등은 없다.

이것도 또한 다이세쓰의 저작이 구미에서 널리 읽히게 된 하나의 이유이며 동시에 구미 문화의 압도적인 강세 앞에 열등감을 가진 일본의 지식인에게 큰 영향을 끼친 이유의 하나이기도 하다. 모든 차이는 종교적 이상의 경지에서 소실되고 유일의 절대성에 귀착하는 것이다.

다이세쓰는 이와 같은 입장에서 선의 절대성에 구애되지 않는다. 특히 그가 중시하는 것은 일본의 정토진종의 신앙으로, 종래는 거의 돌아보지 않았던 묘호인妙好人〔행장이 훌륭한 염불가. 정토진종에서는 독실한 신자〕이라 불리는, 에도 시대에서 메이지에 걸쳐 있던 정토진종 서민 신앙자의 발굴에 큰 성과를 올렸다.

그러나 이와 같은 보편성의 추구에는 큰 문제가 있는 것도 쉽게 이해할 수 있을 것이다. 모든 것을 이상의 경지에서 보면 현실 사회 속에 있는 여러 가지 문제에 대해서는 눈을 감게 된다. 다이세쓰는 자주 선의 뛰어남을 찬미한다. 거기서 다이세쓰를 읽고 감동하여 일본에 온 구미의 연구자는 현실의 일본 선종사원이 여러 가지 인습에 얽매여 결코 이상과 같지 않은 것에 큰 충격을 받는다. 다이세쓰가 묘사하는 선은 어디까지나 이상세계이지 현실과 반드시 일치하는 것은 아니다.

그런데 또 하나 주의해야 할 것은 다이세쓰는 선을 일본 문화와 연결하여 일본의 종교로서 이해하는 바가 크다는 점이다. 『선과 일본 문화』에서는 "일본인의 생활 그 자체가 선적이라고 말해도 좋다"라고 말한다. 선은 물론 중국에서 발전하고 일본에 수입된 것이지만 다이세쓰는 중국과 일본의 차이에 대해 그다지 엄밀하게 생각하지 않는다. 다이세쓰의 영향으로 구미에서는 '선'이 중국어 Chan이 아니라 일본어인 Zen으로서 이해되고 일본의 문화와 밀접하게 관계를 맺는 일본의 종교로서 수용되었다.

이것으로부터 다이세쓰는 일본의 종교를 대단히 우수한 것으로 찬미하게 된다. 이 측면은 최근 다이세쓰의 민족주의로 비판적으로 검토되고 있다. 특히 그의 저작이 15년전쟁 시기에 많이 나왔기 때문에 국가주의에 대한 협력이라는 관점에서 비판적으로 보는 것이 많다. 그러나 다이세쓰의 일본중심주의는 반드시 그 정도로 편협한 것은 아니다. 전쟁 중인 1944년에 간행된 『일본적 영성』이 전후에도 재판되고 있는 것에서도 시대 상황에 좌우되지 않은 보편성이 있음을 알 수 있다.

같은 책의 전후판 서문에는 "우리 조상으로부터 전래되어 온 것에도 스스로 세계적 의미가 있다. 이것은 한갓 국수주이라든가 민족주의라든가 동양주의라든가 하는 것이 아니라 한층 더 영성적인 의미를 갖는 것이다"라고 기술되어 있어, 다이세쓰의 생각을 아주 잘 보여 주고 있다. 보편적인 종교성은 어디에도 있다. 그러나 일본 종교의 보편성은 충분히 인식되고 있지 않다. 그런 까닭에 그것을 일본인인 자신이 해명하지 않으면 안 된다──이것이 다이세쓰의 사고방식이다. 전쟁 직후 다이세쓰는 신도를 매우 엄하게 비판하였다. 신도의 편협한 민족주의가 잘못된 전쟁으로 이끈 것이며 일본인의 참된 종교성은 불교에 의해서 개발되었다고 하는 것이 다이세쓰의 주장이다.

다이세쓰는 중국불교의 독자성에 대해 충분한 배려를 한 것은 아니었지만, 비교적 공평한 태도를 취하고 있다. 그는 쇼와 9년(1934)에 중국을 여행하고 나서 『지나불교인상기』支那佛敎印象記를 발표하였다. 거기에는 중국불교에 대한 극히 호의적인 관찰이 보인다.

이와 같이 다이세쓰를 반드시 전쟁 중의 국가주의자, 일본주의자와 동일하게 논할 수 없다. 그러나 다이세쓰는 구체적인 역사적 상황에 대한 인식이 미약하고 결과적으로는 정치 현상을 추인하게 되어, 그것에 대한 저항을 할 수 없었다. 전쟁이 끝나고 신도 비판이 자유롭게 되면서부터 격렬하게 신도를 비판하지만, 전쟁 중 국가신도의 시대에는 그 문제를 전혀 언급하지 않았다. "문화적으로 일본과 민국의 공고한 연맹을 계속해야만 한다"고 말한 것은 중국 여행의 감상으로서 일본과 중국의 협력을 설한 것이지만 현실에서는 결국 일본의 침략을 인정하는 것이 되어 버린다. 다이세쓰와 교토학파에 대한 평가는 종래 일방적인 찬미 혹은 몰이해에 기반한 비판으로, 모두 한쪽에 치우친 경우가 많았다. 이후에는 그 양쪽을 바탕으로 하는 공평한 평가가 요청된다.

3) 교토학파의 선철학

교토학파라는 것은 교토제국대학의 교수였던 니시다 기타로와 그의 영향을 받았던 철학자들을 총칭한다. 그들은 대개 선을 실천하였고, 그들의 종교철학에는 선의 영향이 크다. 역으로 그후의 일본 선 사상은 그들의 영향을 크게 받아, 교토학파를 무시하고서는 오늘날 일본의 선학·선사상을 말하는 것이 불가능하다.

니시다 기타로는 다이세쓰와 같은 해, 같은 가나자와에서 태어났다. 제4고등중학교 이래 친구로서 함께 도쿄제국대학 선과에 입학했다. 일본 근대의 선학과 철학은 이 두 사람의 우정에 기초한 상호영향을 무시하고서는 말할 수 없다. 니시다 기타로는 학생 시절부터 선의 실천에 주력하였고, 복잡한 가정문제에 대한 번뇌도 있어 그의 참선은 극히 진지한 것이었다. 메이지 43년(1910), 교토제국대학 조교수가 되어 다음 해인 메이지 44년에는 일본 근대철학 최초의 큰 성과라고 할 수 있는 『선의 연구』를 간행하여 큰 반향을 일으켰다. 그후에도 철학적 사색을 심화시켜 '장소의 논리'에서 만년의 '절대모순적 자기 동일'에 이르기까지 '니시다 철학'이라 불리는 독자적인 철학을 전개했다.

『선의 연구』는 '주객미분의 순수경험'에 의해서 철학적 문제를 모두 해명하고자 한 것이다. 이 '주객미분의 순수경험'이라는 발상에 그의 선 체험이 반영되고 있다고 생각된다. 그러나 그것을 선의 철학이라 보는 것은 잘못이다. 니시다에 있어 '순수경험'은 어디까지나 철학의 원리이며 선에만 국한된 것은 아니다. 확실히 이 책에서는 종교가 대단히 중시되고 있다. "종교란 신과 인간의 관계이다"라고 말하고 있듯이 그의 종교론은 '신'의 문제를 중심으로 다루고 있고, 신적인 절대자를 전제하지 않는 선의 발상과 반드시 일치하는 것은 아니다.

이와 같이 『선의 연구』를 선의 철학으로서 읽을 수는 없지만, 그럼에도 불구하고 그후 니시다의 영향 아래 선을 '주객미분의 순수경험'으로 말하는 것이 일반화된다. 그것이 선의 근대적인 정식定式이 되어 극히 통속화된다. 이와 같은 선 해석은 다이세쓰의 해석과도 가깝고 선을 체험주의적인 입장에서 파악하는 것이지만, 그 체험을 다른 문맥으로부터 단절하여 추상화할 위험성을 동반하고 있다.

니시다가 마지막으로 도달한 철학이론은 「장소적 논리와 종교적 세계관」(『철학논문집』 6권에 수록)에서 시사되고 있다. 거기서는 신과 인간의 관계를 '절대모순적 자기 동일'적인 관계로서 파악하고 또한 그것을 '역대응' 逆對應이라는 표현을 쓰기도 한다. 그 개념의 해석은 난해하지만 대체적으로 말하면 존재를 부정과 긍정의 양의성에서 보는 것으로, 본래 다이세쓰에 의해서 제시된 '즉비' 卽非라는 선 이해와 극히 관계가 깊다. 그러므로 니시다의 만년의 철학도 또한 선과 관계가 깊다. 다만 이 경우도 선의 철학을 의도한 것이 아니라 종교의 보편적인 근본 구조를 해명하는 것을 목적으로 한 이론이다. 그러나 이 경우도 니시다의 아류에 의해 선을 해석하는 데 '절대모순적 자기 동일'이라는 용어가 무비판적으로 사용되기에 이르렀다.

니시다 문하에서 선에 대해 깊은 이해를 보인 사람은 니시타니 게이지西谷啓治와 히사마쓰 신이치久松真一이다. 니시타니는 서구의 신비주의와 실존철학을 연구하였고, 그 지식을 가지고 선의 해석을 진행했다. 그렇기 때문에 서구, 특히 독일에서 높은 평가를 받았다. 그러나 니시다 문하에서도 가장 적극적으로 전쟁에 협력하였기 때문에 그 점에 대한 비판도 강하다. 히사마쓰는 FAS라는 새로운 거사선居士禪 운동을 시작하여 큰 영향을 끼쳤다. 그들의 뒤를 이어 현재 가장 정력적으로 활동하고 있는 사람은 우에다 시즈테루上田閑照이다.

이와 같이 다이세쓰와 교토학파는 임제선의 영향이 컸지만, 일본의 선종에는 또 하나 큰 흐름으로 도겐에서 출발하는 조동종曹洞宗이 있다. 일본 조동종은 중국 조동종의 흐름을 따르고 있지만, 실질적으로 중국과의 관계는 희박하며 도겐에서 시작하는 면이 크다. 에도 시대에 도겐의『정법안장』正法眼藏 연구가 점차 진행되고, 메이지 초기에는 안장가眼藏家라 불리는『정법안장』연구자가 나타났다. 니시아리 긴에이西有瑾英(穆山)가 가장 잘 알려져 있으며, 그의 저서『정법안장 계적』正法眼藏啓迪은 오늘날까지『정법안장』입문서로서 높은 평가를 받고 있다.

그러나 그것은 종문 내의 연구이며, 일반 지식인 사이에 도겐이 알려지게 된 것은 와쓰지 데쓰로에 의한 바가 크다. 와쓰지는 한때 니시다 기타로의 청으로 교토제국대학에서 가르쳤지만, 후에 도쿄제국대학으로 옮겨 와 일본 최초의 본격적인 윤리학 체계를 확립했다. 와쓰지는『사문 도겐』沙門道元(1920~1923)을 통해 종문인으로서가 아니라 사상가로서의 도겐을 처음으로 다루었다. 그후 도겐 열풍이 불어 아키야마 한지秋山範二의『도겐 연구』道元の研究(1935), 다나베 하지메田辺元의『정법안장의 철학사관』正法眼藏の哲学私観(1939) 등 도겐의 사상을 철학적으로 해명하는 시도가 이루어졌다.

4) 선적의 문헌적·역사적 연구

근대에서 최초로 선의 흐름을 본격적이며 역사적으로 해명하고자 했던 사람은 누카리야 가이텐忽滑谷快天으로,『선학 사상사』禅学思想史(전 2

권)가 유명하다. 그러나 누카리야의 연구는 중국의 초기 선종에 관해서는 당시 이미 알려져 있었던 돈황문헌을 고려하지 않았기 때문에 『전등록』傳燈錄 등에 의한 전통적인 선종사관의 범위를 벗어날 수 없었다.

중국 선종사를 크게 바꾼 것은 돈황문헌의 발견에 의한다. 돈황의 선 문헌에 대해 일찍부터 주목한 사람은 중국의 후스胡適, 일본의 스즈키 다이세쓰였다. 그 문헌들에서 역사를 보고자 하는 후스와 역사를 초월한 것을 파악하고자 하는 다이세쓰 사이의 논쟁은 종교문헌을 다루는 방식을 둘러싼 가장 근본적인 문제에 관한 것으로 유명하다.

돈황문헌 가운데 특히 『신회어록』神會語錄의 발견은 소위 남종南宗의 성립에 결정적으로 새로운 시점을 요청한 것이었다. 그것에 의해 종래 『전등록』傳燈錄에 기초한 선종사는 일변하기에 이르렀다. 다이세쓰 외에도 야부키 게이키矢吹慶輝, 세키구치 신다이関口真大 등이 일찍 돈황의 선적 연구에 착수하여 성과를 올리고 있다.

그러나 돈황문헌을 바탕으로 철저하게 초기 선종사를 재검토하는 일은 훨씬 뒤의 야나기다 세이잔柳田聖山의 『초기 선종사서의 연구』初期禅宗史書の研究(1967)를 기다리지 않으면 안 되었다. 야나기다는 그 책에서 『능가사자기』楞伽師資記, 『역대법보기』歷代法寶記, 『보림전』寶林傳 등 돈황본 혹은 그 외의 새로 발굴된 자료를 상세하게 검토하여 초기의 선종사관의 형성에 소위 북종北宗 계통이 큰 역할을 담당한 것, 종래의 남종 중심의 선종사관은 차례로 형성되어 그 사이에 『육조단경』六祖壇經 등도 정비되기에 이른 것 등을 논증했다.

야나기다의 연구는 당唐·오대五代의 선종 전반에 걸치지만 돈황본을 이용한 연구 이외에 조선에만 남아 있던 『조당집』祖堂集의 가치를 인정하여 그 연구에 착수한 것은 극히 큰 의미를 가진다. 『조당집색인』

祖堂集索引(전 3권)은 그 큰 성과이다.

돈황본이나 초기 선종사의 연구는 그후 다나카 료쇼田中良昭에게 이어지고, 최근에는 이부키 아쓰시伊吹敦·이시이 고세이石井公成 등이 새로운 성과를 낳고 있다. 또한 돈황에서는 티베트어의 선 문헌도 발견되어, 그에 대한 연구는 일본에서는 야마구치 즈이호山口瑞鳳·우에야마 다이슌上山大俊·오키모토 가쓰미沖本克己 등에 의해서 진행되고 있다.

야나기다의 역사적 연구와는 달리 어학 면을 중심으로 선 문헌을 연구하여 획기적인 성과를 거둔 사람은 이리야 요시타카入矢義高이다. 이리야는 본래 원나라 노래[元曲] 등의 속어표현을 중심으로 연구하였지만 점차 당대의 속어를 풍부하게 이용한 자료로서 선 문헌에 주목하기에 이르렀다. 그때까지 선적의 중국어는 극히 이해하기 어려운 것으로 간주되어 일본에서는 전통적으로 특수한 훈독방법을 사용하였지만 그것만으로는 거의 의미를 알 수 없었다. 이리야는 그것을 처음으로 중국어 역사의 관점에서 정확하게 독해하여 알기 쉬운 현대 일본어로 번역하는 작업에 착수했다. 그것은 단순한 어학적 정확성의 문제뿐만 아니라 사회적·역사적 배경을 고려하면서 선어에 담겨 있는 자유롭고 웅대한 종교적 세계의 매력을 마음껏 끄집어내는 작업이었다.

이리야가 남긴 성과로서는 이와나미문고판 『임제록』臨濟錄(1989)의 역주, 『구도와 열락』求道と悦樂(1983), 『자기와 초월』自己と超越(1986), 『공화집』空花集(1992)의 논문집 세 권 등이 있고, 이리야가 감수한 『선어사전』禪語辞典은 이리야의 선어 해석에 대한 집대성이다. 또한 『선의 어록』禪の語録 17책은 야나기다·이리야가 중심이 되어 중국의 주요 선적을 일본어로 번역한 시리즈로서 전통적 해석을 벗어나 엄밀한 텍스트 교정과 어학적인 정확성에 의해서 선적을 다시 해석하려는 획기적인

성과이었다. 이리야는 만년에 이르기까지 선문화연구소에서 후진을 지도하고, 그 공동연구의 성과는 『마조 어록』馬祖の語錄(1984) 등으로 탄생되었다. 이리야의 방법은 그후 선 문헌과 중국어사 연구에 결정적인 영향을 미쳤지만 여기서는 적극적으로 중국의 연구자와 협력을 추진한 잡지 『속어언 연구』俗語言研究의 시도를 거론해 두고 싶다.

이와 같은 야나기다와 이리야에 의해 선적 연구는 종문의 고정적 해석을 떠나 완전히 새로운 연구 단계로 진입한다. 최근의 특필할 만한 성과는 컴퓨터를 이용하여 기본 텍스트를 데이터로 입력하는 작업이 전개되고 있는 것이다. 이 점에서 특히 하나조노대학花園大學 국제선학연구소國際禪學研究所가 선구적인 성과를 올리고 있다.

그런데 당대唐代의 선 문헌 연구가 비약적으로 진전한 것에 대하여 송대宋代 이후의 선 연구는 극히 더디다. 이것에는 세 가지 이유를 들 수 있다. 첫째로, 당대에 관해서는 돈황문헌과 같은 큰 발견이 있었고 그것에 의해서 전면적으로 선종사가 다시 쓰이게 된 데 비하여 송대 이후에는 그와 같은 획기적인 새로운 자료의 발견이 없었고 연구자의 관심을 끌 만한 매력이 결여된 것을 들 수 있다. 둘째로, 연구가 오래된 시대에서 점차 시대를 내려오는 방향으로 이루어졌기 때문에 우선 당대의 해명에 연구자가 전력을 기울이게 되어, 송대 이후는 그후의 과제로서 남겨지게 되었다고 생각된다. 셋째로, 일본의 선 연구자 중에 당대의 선이야말로 최고이며 그후 중국의 선은 점차 타락했다고 하는 편견이 상당히 강한 것은 아닌가라는 것을 지적하고 싶다.

이 세번째 점은 특히 주의하지 않으면 안 된다. 일본 근대불교관의 특징은 순수하게 하나의 수행법에만 전념하는 것을 높게 평가하고, 여러 가지 실천이나 이론을 복합적으로 채용하는 것은 불순하며 불철저하다고 간주하는 경향이 대단히 강하였다. 어떻게 해서 근대에 이와 같은 평가가 일반화되었는가 또한 검토의 여지가 많지만, 어쨌든 이것으로부터 일본 근대에 있어서는 소위 가마쿠라 신불교가 가장 뛰어난 불교의 전형으로 간주되었다. 신란·도겐·니치렌 등이다. 역으로 일본의 신불습합과 중국 송대 이후의 제교諸教·제행諸行의 융합은 불교의 타락이라 생각되었다. 이와 같은 평가는 거의 모든 연구자에게 공유되어 스즈키 다이세쓰도 예외는 아니었다. 이와 같은 이유에서 특히 명明·청淸 불교에 관해서는 일본에서 거의 볼 만한 연구 성과가 없다.

송대에 관해서는 아라키 겐고荒木見悟가 『불교와 유교』仏教と儒教 (1936) 등을 저술하여 두 종교의 관계에 관한 선구적이며 뛰어난 성과를 거둔 것 이외에, 근년에는 이시이 슈도가 『송대 선종사 연구』宋代禪宗史の研究(1987) 등으로 가장 정력적으로 성과를 거두고 있다.

그러나 송대의 선적에 관해서는 아직 기본적인 문헌조차도 어학과 내용 면에서 충분히 검토한 기초연구가 이루어지지 않고 있다. 내가 참가하여 완성한 이와나미문고판 『벽암록』(전 3권, 1992~1996), 그리고 『현대어역 벽암록』(전 3권, 2001~2003)은 이리야의 방법을 계승하여 송대의 대표적인 선적에 관해서 본격적인 어학적·내용적 검토를 한 역주방법을 제공하고자 한 것이다.

5) 근년에 있어 비판적 선 연구

일본의 불교는 15년전쟁 중 극히 일부를 제외하고 대다수의 세력은 그것을 비판하는 힘을 가지지 못하고 전쟁협력을 하였다. 근년에 그것에 대한 비판적인 연구가 점차 축적되고 있다. 선도 또 침략전쟁과 극히 관계가 깊다. 그러나 정토진종이 조직적으로 중국에 진출을 도모한 것에 비하여 본래 개인주의적 경향이 강한 선에서는 교단이 움직이는 일은 적었다. 그러나 선에 의한 정신 단련은 전쟁기의 군인에게 대단히 선호되어 극단적인 국가주의와 선이 결합하는 것도 드물지 않았다.

이와 같은 선의 전쟁 협력 문제를 처음으로 정면에서 비판적으로 다룬 사람은 이치카와 하쿠겐市川白弦이었다. 이치카와는 전쟁에 반대할 수 없었던 과거를 스스로 반성하면서 『불교자의 전쟁 책임』仏教者の戦争責任(1970), 『일본 파시즘하의 종교』日本ファシズム下の宗教(1975) 등에서 일본 파시즘과 결합한 선의 문제를 정면에서 다루었다.

이치카와에 의한 문제 제기는 양심적인 연구자에 의해 높은 평가를 받았지만 그 선구적인 연구를 본격적으로 계승한 사람은 없었다. 그러나 근년에 이르러 브라이언 빅토리아의 『선과 전쟁』Zen at War(1997)이 간행되고, 나아가 일본어 번역판도 출판되어 큰 화제가 되었다. 다만 일본어 번역판은 오역과 부정확한 부분이 극히 많아 그 학술성이 손상되고 있는 것은 대단히 유감이다.

이 책에는 메이지에서 현대에 이르기까지 선승禪僧이 어떻게 일본의 국가주의나 군국주의와 관계를 맺었는가, 또 그것에 대한 반대운동에 어떠한 것이 있었는가를 극히 상세히 조사해 기술한 것이다. 그 가운데 스즈키 다이세쓰도 비판적으로 다루어지지만, 그 외에도 오늘날 일본이나 구미에서 대단히 존경을 받는 선승이 실은 침략전쟁을 적극적으로 찬미하고 있었던 사례도 적지 않게 거론해, 관계자에게 큰 충격을 주었다. 이 책은 전쟁찬미=악, 전쟁반대=선이라는 이원론으로 논하고 있어 그 도식은 너무나 단순하다. 그러나 종래 금기시하여 기술하는 것을 기피해 왔던 문제에 대해 정면으로 다룬 것으로 오늘날 선의 연구에 불가결한 문제를 제기한다.

『선과 전쟁』 이전에 종래 상식이었던 불교 해석, 선 해석에 정면으로 도전한 것은 고마자와대학의 하카마야 노리아키·마쓰모토 시로의 비판불교운동으로, 그것은 빅토리아의 책에도 거론되고 있다. 이 운동은 1980년대 후반부터 일어났지만 1989년에 하카마야의 『본각 사상 비판』, 마쓰모토의 『연기와 공』이 간행되어 널리 알려지게 되었다. '비판불교'라는 이름은 하카마야의 두번째 저서의 제목이기도 하지만, 미국에서 Critical Buddhism이라는 이름으로 유명하게 되었기 때문에 일본에서도 그 호칭이 그대로 사용되었다.

그들의 운동은 조동종 내에서 사상 면에서의 개혁과 불교학의 존재방식에 관한 비판의 두 가지 측면을 포함하고 있다. 그 핵심은 여래장·불성·본각 등 깨달음의 본질을 실체적으로 파악하는 방식을 비불교적이라고 비판하는 데 있다. 또 불교가 토착의 종교와 습합하는 것과 논리를 버리고 직관과 체험에 의존하는 것도 비판의 대상이 된다. 따라서 통상 생각되는 선 사상도 당연히 비판대상이 된다. 그 중에서 특히 중국선을 주제로 하여 저술된 것에 마쓰모토의 『선 사상의 비판적 연구』(1994)가 있다.

그들은 조동종의 입장에서 도겐을 기준으로 생각한다. 그리고 그때 도겐에게서 사상 전개를 보는 점에 그들 견해의 특징이 있다. 도겐의 『정법안장』에는 75권본과 12권본이 있어, 12권본은 도겐이 만년에 스스로 편집한 것이지만, 종래 75권본에 비교해 가치가 낮은 것으로 간주되어 연구가 진행되지 않았다. 75권본 쪽이 철학적 사색이 깊다고 보여졌기 때문이다. 그러나 하카마야와 마쓰모토는 12권본은 본각 사상을 비판하고 불교 본래의 사상인 연기의 입장을 강조하고 있다고 보아 그 재평가를 주장하였다. 이 점에 관한 논의는 아직도 계속되지만, 도겐의 사상 해석에 새로운 시점을 제공했다는 점에서 높게 평가할 수 있다.

비판불교와는 다른 관점에서 종래의 일본 선학에 대하여 전면적인 재검토를 시도하고자 하는 새로운 동향은 주로 미국의 학계로부터 일어났다. 베르나르 포르Bernard Faure와 로버트 샤프Robert Sharf 등이 그와 같은 동향의 중심이다. 특히 포르는 『직접성의 수사학』*The Rhetoric of Immediacy*(1991), 『선, 통찰과 간과看過』*Chan, Insight and Oversight*(1993) 등 다수의 저작을 저술해 큰 영향을 끼치고 있다.

포르는 프랑스인으로 프랑스 현대철학에 밝아 이 저작들도 데리다의 탈구축脫構築 등의 사상에 크게 영향을 받고 있다. 그러나 데리다와 같이 문헌 해석에 탈구축의 방법을 사용하는 것이 아니라 오히려 지금까지 문헌 중심의 선 해석에 대하여 문헌의 틀에 넣을 수 없는 갖가지 요소가 선 가운데 있는 것을 주목하고 있다. 즉 종래와 같이 순수선을 이상화하지 않고 선을 잡다한 종교현상의 복합체로 보는 것이다. 거기에는 다양한 주술적인 요소도 포함되어 있으며, 유골이나 미이라 부처의 숭배, 성적인 요소 등 순수선의 입장에서 보면 극히 불순하게 보이는 요소가 중요한 역할을 담당하고 있다.

이와 같은 견해로부터는 다이세쓰도 교토학파의 철학도 또 야나기다와 같은 문헌적·역사적 연구도 모두 비판의 대상이 되어 지금까지 일본에서 전개해 온 근대 선학의 전면적인 재검토가 요구된다.

---

* 일본에 있어서 선학의 전개에 대해서는 다나카 료쇼의 『선학 연구 입문』(禪學研究入門, 1994)이 편리하다. 또 『종교 연구 일본 저널』(*Japanese Journal of Religious Studies*) 25호에는 메이지 시대의 선이 특집으로 실려 있어 그 의미가 크다.

지금 일본의 선학은 근대의 빛나는 전통을 이어받고 있지만, 단지 그것을 계승하는 것만으로는 앞으로 나아갈 수 없다. 이들 비판을 정면으로 받아들임으로써 비로소 이후의 전망이 세워지는 단계에 왔다고 할 수 있다. 또 이와 같은 새로운 연구가 해외의 연구자에 의해 제시되는 것도 주목된다. 따라서 앞으로의 선 연구는 널리 국제적인 협력이 이루어져야만 그 진전이 이루어지리라 생각된다.*

4. 아카데미즘 불교학의 전개와 문제점
─도쿄(제국)대학의 경우를 중심으로

이번 장의 과제는 일본에 있어서 불교학의 전개이다. 그러나 그것은 매우 폭넓은 문제로 전체상을 파악하는 것은 쉽지 않다. 그러므로 여기서는 문제가 너무 방만해지는 것을 막기 위해 도쿄(제국)대학의 경우를 예로 들어 시기를 구분하고 주요한 동향과 그 문제점을 검토하고자 한다. 도쿄대학은 일본에서 불교학의 큰 거점으로 널리 영향을 끼친 것은 확실하므로, 따라서 그것을 중심으로 검토하면 일본불교학의 전체 흐름을 해명하는 중요한 단서를 얻을 수 있을 것이다. 이하 도쿄대학에 있어서 불교학의 전개를 살펴보기 위해 3기로 나누어 고찰하기로 한다 ─제1기는 강사에 의한 불서 강독의 개시로부터 다이쇼 6년(1917)의 전임강좌 개설에 이르기까지, 제2기는 전임강좌 개설로부터 쇼와 20년(1945)의 종전까지, 제3기는 전후기이다.

1) 제1기─전임강좌 개설까지

일본의 근대불교학이 언제 시작되었는가를 확정하기란 어렵다. 서구의 범어梵語 연구를 도입한 것으로부터 생각하면 난조 분유南条文雄, 가사하라 겐주笠原研寿가 메이지 9년(1876) 영국에 유학한 것으로부터 혹은 메이지 17년에 귀국한 난조가 오타니교교大谷敎校 교수가 됨과 동시에 다음 해에 도쿄대학 강사가 되어 범어를 처음으로 가르친 때라고 볼 수도 있다. 그러나 제도로서 대학에서의 불교 수업은 보다 빨라 메이지 12년에 도쿄대학에서 하라 단잔原坦山이 불서에 대한 강의를 시작한 것이 최초라고 생각되고 있다. 일본의 불교학은 이후 국가적 사명을 담당한 제국대학과 각 종문의 명운을 건 종문계 대학, 서구에서 수입된 인도학적 방법과 전통적 교학이 중층하는 형태로 진행한다.

도쿄대학이 창설된 것은 메이지 10년이며, 문학부에 '사학·철학 및 정치학과'가 개설되고, 12년에 '철학·정치 및 이재학과理財學科'로 바뀌었다. 철학관계로는 철학, 철학사, 논리학, 도의학道義學(윤리학), 심리학 등의 강의가 행해지고, 교수는 도야마 마사카즈外山正一, 외국인 교수로서는 페노로사와 쿠퍼가 있었다. 그 단계에서 불서 강의를 했기 때문에 대단히 이른 단계에 행해진 것이 된다.

무엇보다 이 불서 강의는 철학·정치 및 이재학과가 아니라 처음에는 화한문학과和漢文學科에서 이루어졌다. 도쿄대학 총리 가토 히로유키加藤弘之의 간청에 의한 것이라고 한다. 철학·정치 및 이재학과가 서구 학문의 도입을 중심으로 하였을 때 화한문학과는 전통적인 학문의 계승을 목적으로 하였던 것으로, 불서 강의가 최초로 그와 같이 행해진 것은 주목된다.

메이지 14년의 조직 개편에서 철학과와 '정치학 및 이재학과'로 나누어지고, 철학과에 인도철학印度哲學 및 지나철학支那哲學(중국철학)이 더해지고, 15년에는 철학과가 서양철학과 동양철학으로 나누어진다. 동양철학을 담당한 사람은 같은 해 조교수로 채용된 이노우에 데쓰지로井上哲次郎였다. 불서 강독은 인도철학으로 이름을 바꾸어 하라 단잔과 요시타니 가쿠주吉谷覚寿가 격년으로 강사가 되어 담당하고, 지나철학은 화한문학과의 교수 나카무라 마사나오中村正直가 담당했다.

그후 메이지 19년(1886)에 도쿄대학은 도쿄제국대학으로 바뀌어 문학부는 문과대학이 되었다. 메이지 17년에 독일에서 유학한 이노우에 데쓰지로는 메이지 24년 귀국하여 철학과 교수로 취임하고, 그때부터 메이지 31년까지 비교종교 및 동양철학 강의를 담당했지만, 실질적으로 다룬 내용은 인도철학으로 메이지 27년까지는 불교 이전 철학〔佛敎前哲學〕, 그후에는 불교 기원사佛敎起源史를 다루었다고 한다. 이 비교종교 및 동양철학 강의는 상당한 호평을 받았지만, 메이지 31년에 강사 아네사키 마사하루姉崎正治의 종교학 서론緖論으로 바뀌어, 이노우에 자신도 불교에서 일본 유학 연구로 옮겨 이 계통에서의 불교 연구는 잠시나마 중단되었다.

그러나 메이지 30년(1897) 유학을 마치고 귀국한 다카쿠스 준지로高楠順次郎가 강사로서 범어를 담당하고, 메이지 32년에는 박언학과博言學科 교수가 되며, 나아가 메이지 34년에는 신설된 범어학梵語學 강좌의 초대교수로 취임하기에 이르러 범어학을 기초로 하는 인도 연구의 기초가 만들어졌다. 다카쿠스는 인도철학종교사를 개설하여 이노우에의 비교종교 및 동양철학을 대신하게 되었다. 이노우에의 강의가 서구의 연구에 기초한 것에 비해 다카쿠스는 범어 원전을 기본으로 하는 입장을 취하여, 인도철학종교의 연구는 전문성이 높은 인도학의 영역으로 바뀌었다. 다이쇼 원년(1912)부터는 다카쿠스를 대신하여 기무라 다이켄木村泰賢이 강사로서 이 강의를 계승하게 된다.

이에 비하여 일찍부터 강의가 진행되고 있었던 불교학이 인도철학의 이름으로 정식 강좌를 얻은 것은 상당히 늦어 다이쇼 6년에, 그것도 야스다 젠지로安田善次郎의 기부로 개설된 강좌로서 마침내 실현된다. 초대 교수는 기부의 도입에 힘쓴 강사인 무라카미 센쇼村上專精였다. 이 강좌실현까지를 제1기라 할 수 있다.

이 초창기 도쿄(제국)대학의 불교학 상황을 보면 몇 가지 주목할 만한 점이 지적된다.

첫째로 자주 지적되는 것이지만, 당초 불서 강독으로 이름 붙여진 불교학이 인도철학이란 이름으로 강의된 것이다. 그 이유는 '불교'란 말을 사용하면 그리스도교와의 관계상 곤란하다는 것, 지나철학과 병칭하는 것 등이 거론되지만 당시 정황으로부터 보아 후자 쪽이 더 큰 이유였다고 생각된다. 어쨌든 인도철학이라는 호칭은 헤이세이 5년(1993)까지 이어지며, 그후에도 불교학은 '인도철학불교학'의 이름으로 인도학과 밀접히 관계하게 된다. 쇼와 28년(1953)에 창설된 관련학회도 '일본인도학불교학회'로서 양자의 긴밀한 관계를 엿볼 수 있다.

당초 불교학에 인도철학이라는 이름이 붙은 것은 불교가 인도에 기원을 두기 때문이며, 실질적인 내용은 전통적인 한문불교전적을 강독하는 것이었지만 다음 제2기에 이르게 되면 실제로 인도학을 기반으로 한 불교학으로 전개되기에 이른다. '인도철학'이라는 호칭이 지닌 의미가 변화하고 있는 것이다.

서구의 불교학은 19세기에 인도학으로부터 시작하지만, 그후 일본의 선이나 티베트불교 등이 성행함에 따라 지역성을 강조해 반드시 인도학과 필연적인 관계를 가지지는 않는다. 그것에 비해서 일본의 불교학은 어디까지나 인도학과 관련하고 있는 것이 특징이다. 그러나 자세하게 보면 인도학과 불교학의 관계도 조금씩 바뀌고 있다. 제3기에 접어들면 인도학과 불교학이 관련을 가지면서도 반드시 불교학이 인도학의 범주에 포함되지 않는 것이 인식된다.

둘째로 이 점에서 주목되는 것은 당초에는 인도철학이라고 해도 결코 인도 원전학은 아니었던 것이다. 자주 일본의 불교학이 서구수입의 문헌학이라는 견해가 있었지만, 그 정도로 단순하지 않고 오히려 최초에 화한문학과에서 강의되었듯이, 전통적인 학문의 범주에 속하는 것으로 생각되고 있었다. 그것이 서구로부터 수입된 문헌학 중심이 된 것은 다카쿠스 준지로 이후이지만, 다카쿠스는 범문학 강좌의 담당으로 인도철학(=불교학)의 흐름과는 어느 정도 달랐다. 인도철학에서 서구류의 방법이 도입되는 것은 다카쿠스 아래에서 강사를 하고, 후에 인도철학 조교수로 취임한 기무라 다이켄에 의해서이다. 그러나 기무라도 또 뛰어난 해석의 기량을 발휘하여 반드시 엄밀한 문헌학이라고는 말할 수 없다. 기무라를 이은 우이 하쿠주에 의해 비로소 문헌학다운 형태를 갖추지만, 우이도 『불교범론』佛教汎論에서 볼 수 있듯이 체계적인 불교 해석을 시도하여 문헌학에만 머물지는 않았다.

셋째로 다른 전문분야와의 관계를 살펴보자. 동양철학 속에 포함됨으로써 인도철학은 자주 지나철학과 비교되지만, 지나철학이 도쿄대학 창설 당시부터 화한문학과에 있어서 전임교수에 의해 강의되어 전통문화의 중축으로 생각되었던 것에 비하여 인도철학은 일찍부터 강사에 의한 강의가 개설되었음에도 전임을 둔 강좌는 되지 않았다. 그리고 강좌가 개설될 때에도 기부강좌였지, 국가의 의향은 아니었다. 국가의 중추가 되는 학문으로는 생각되지 않았던 것이다. 최초의 기부강좌는 야스다에 의한 것이었지만, 다음 기부강좌는 샤쿠 소엔에 의한 것으로 인도철학 강좌가 불교계에서 중시되고 있었다는 것을 보여 준다.

불교계는 각각의 종문이 종립의 대학과 전문학교를 가지게 되었지만 최첨단의 학문을 담당하기 위해서 무엇보다도 우수한 인재를 가진 도쿄제국대학에서 인재를 육성할 필요도 또한 있었던 것이다. 이렇게 해서 도쿄제국대학의 인도철학강좌는 한편으로는 제국대학의 강좌로서 국가에 봉사하는 학문임과 동시에 다른 한편으로는 불교교단의 이해에도 깊게 관여하게 되었다. 실제로 오랜 기간 동안 인도철학의 강좌는 하라 단잔에서 시작하여 어떤 형태로든 교단과 관련이 있는 사람이 담당하였다. 교단과 전혀 관계가 없는 교수는 훨씬 시대가 내려온 나카무라 하지메中村元까지 없었다. 이 점은 구미의 불교 연구와 전혀 다른 것이다.

다른 한편 종교학과의 관계도 미묘하다. 불교학은 어떤 의미에서는 종교학 속에서 강의되어도 좋다고 생각되지만, 도쿄제국대학에서는 다른 흐름에 입각했던 것이다. 종교학은 이노우에 데쓰지로로부터 아네사키로 나아갔으며, 메이지 38년(1905) 유학에서 돌아온 아네사키를 교수로 맞이해 독립된 강좌가 되었다. 당초 이노우에가 인도철학과 불교도 강의했을 뿐만 아니라 아네사키도 또한 처음에는 범어와 인도철학을 깊게 공부하고 유학 중에도 도이센과 같은 인도학자에게 배워 『현실불과 법신불』現神仏と法身仏 등 불교 연구에 힘을 쏟았다. 교수 취임 후에도 니치렌과 쇼토쿠 태자의 연구에 의해 불교와 깊은 관계를 가졌다.

그럼에도 불구하고 인도철학으로서의 불교 연구는 그것과는 다른 흐름에 서서, 서로 뒤섞이는 일은 없었다. 이노우에가 교수로서 강의를 시작하기 전년인 메이지 23년(1890)부터 무라카미 센쇼가 계속 비상근 강사로서 인도철학을 담당하고 나아가 마에다 에운前田慧雲, 도키와 다이조常盤大定가 가담하여 다이쇼 6년(1917) 강좌 설립에 이른 것이다.

왜 인도철학으로서의 불교학은 종교학과 긴밀한 관계를 가지지 않았던 것일까. 아마도 거기에 두 가지 이유를 생각해 볼 수 있다. 첫째로 아네사키의 종교학은 특정의 종교에 편향되지 않는 종교 연구의 입장에 서 있었던 것에 비하여 불교교단 관계자에 의한 인도철학은 불교의 호교론護教論적인 성격을 띠고 있었다. 종파가 설립한 대학이 각 종파의 자제 육성을 과제로 한 것에 비하여 제국대학의 인도철학은 종파를 초월한 불교계 전체의 지도적인 학문의 확립을 과제로 하고 있었다고 할 수 있다.

둘째의 이유는 이노우에도 아네사키도 서구에 유학하여 매우 일찍 서구의 근대적인 학문을 배웠지만 인도철학에서는 기무라 다이켄이 최초의 유학자로서, 그것도 조교수 취임 이후의 일이다. 그때까지의 강사진은 모두 전통적인 학문에 몇 가지 수입학문의 지식을 몸에 익힌 학자에 의해서 이루어지고 있었다. 일찍이 유학하여 근대적인 인도학을 몸에 익힌 난조 분유는 단기간 동안 범어학의 비상근강사를 수행했을 뿐이며, 교수에 취임한 다카쿠스도 범어학이었지 인도철학은 아니었다. 기무라도 당초 다카쿠스의 강의 후계자로 출발하고 있어 반드시 인도철학 흐름의 정통이라고 말할 수 없었다.

이것은 언뜻 놓치기 쉬운 것이지만 중요한 것이다. 왜냐하면 기무라·우이 이후 도쿄제국대학의 인도철학은 급속히 근대적인 학문의 방향으로 탈피해 가지만, 그럼에도 불구하고 한편에서는 전통적인 불교학의 계승이라는 측면을 계속 간직하는 것이 일본불교학의 큰 특징이 되기 때문이다.

2) 제2기—전임강좌 개설에서 패전까지

기무라 다이켄에서 우이 하쿠주로

강좌가 창설될 때 교수로 취임한 무라카미 센쇼는 그때 이미 60세를 넘겼으며, 다이쇼 11년(1922)에 퇴임했다. 무라카미의 뒤를 이어 영국 유학에서 돌아온 기무라가 교수가 되고, 이렇게 하여 비로소 서구 유래의 인도학에 기초한 인도철학＝불교학이 확립된다. 그런데 기무라는 쇼와 5년(1930)에 50세로 급서하고, 그후 동기이자 도호쿠東北제국대학에 부임하고 있던 우이 하쿠주宇井伯壽가 영입되어, 쇼와 18년까지 교수를 역임했다. 기무라와 우이는 동기이자 라이벌이며 연기緣起 해석을 둘러싸고 논쟁한 적도 있어 마치 적대 관계로 보였던 적도 있지만, 실제로는 기무라·우이라는 흐름에서 종래의 전통교학에 입각한 인도철학과 크게 다른 새로운 인도철학＝불교학이 형성된 것이다.

기무라는 처녀작인 다카쿠스와의 공저『인도철학종교사』印度哲學宗敎史(1914)로부터『인도육파철학』印度六派哲學(1915),『원시불교 사상론』原始佛敎思想論(1922) 등에 이르기까지, 그 주저는 모두 뛰어난 개론서적인 것이었다. 그에 비해서 동기이면서 기무라의 화려한 출발보다도 한 걸음 처진 우이는 그런 이유로 인해 보다 개별적인 문헌 연구에 대한 몰두에서 출발하여『인도철학 연구』印度哲學硏究(전 6권, 1924~1932)의 성과를 기초로,『인도철학사』印度哲學史(1932)를 정리했다. 그후에도 중국선종문헌의 연구와 만년의 유식 연구에 이르기까지 문헌의 엄밀한 해독을 기초로 하는 불교 연구를 확립했다. 기무라가 급서한 것도 있지만 이러한 우이의 학풍이 불교학의 제2기를 대표하게 되었다. 우이는 또한 논리적·합리적인 사고를 중시하여 그것을 철저화하였다. 연기 해석을 둘러싼 우이·기무라 논쟁은 이 점에 관한 것이다.

그러나 우이의 방법이 완전히 서구적인 인도문헌학인가 하면 결코 그렇게는 말할 수 없다. 첫째로 우이는 인도철학을 표방하면서도 실제로는 한역의 불전을 다수 이용하여 어떤 의미에서는 전통적인 불교의 재발견이라고 할 수 있는 점도 있다. 우이의 연구는 안세고安世高 등의 역경과 한문 선종 문헌에까지 미치고 있어, 그 방면의 연구 성과는 극히 중대하다.

우이에 한하지 않아도 한문불전을 중시하는 것은 일본 근대불교학의 특징 중 하나이다. 그것을 종횡으로 이용할 수 있다는 점에서 일본의 연구자는 서구 학자보다 매우 유리한 점이 있다. 서구의 인도학자는 어디까지나 범어 연구에서 출발하는 것으로, 그것과 언어의 계통을 달리하는 한문에 약하여 불교 연구에 한문 자료를 충분히 다룰 수 없었다. 그렇지만 일본의 연구자는 사원 출신자나 종문 관계자가 많기 때문에 본래 한문불전에 친숙하며 그것을 전제로 하면서 인도 자료를 다룰 수가 있었다. 그러므로 범한 대조나 한문·팔리어 대조 연구는 일본의 연구자가 가장 잘하는 부분이 되었다.

일본 근대불교 문헌학의 금자탑이라고 할 수 있는 성과는 다카쿠스 준지로 등이 중심이 된 『대정신수대장경』大正新修大藏經으로, 이것은 실로 이러한 일본의 연구 이점을 최대한 살린 것이다. 그것은 한문 자료를 다루고 있어 에도 시대 이래 축적된 대장경의 제본을 대교하는 작업을 계승하면서, 참신한 교정과 각주의 방식에서는 서구 인도문헌학의 텍스트 교정의 방법을 응용하고 있다. 팔리어 원전과 범어 원전의 대비도 당시로서는 가능한 범위 내에서 진행되었다.

한문 자료는 중국불교는 물론 인도불교의 연구에도 적지 않은 도움이 되었다. 팔리어 원전과 범어 원전의 대비는 단지 대응부분이 있는 것뿐만 아니라 그것들과 다른 부파의 전승을 전하는 자료로서 귀중하며 또한 한역밖에 남아 있지 않은 대승불전도 적지 않다. 나아가 특수한 불교범어의 해석에 있어서도 한역이 도움이 되는 바가 적지 않다.

그러나 한편 한문불전의 중시는 플러스적인 측면과 마이너스적인 측면을 동시에 가지고 있다. 팔리어와 범어 문헌을 그것 자체로서의 맥락에서 읽지 않고 한역에 맞춘 안이한 해석에 빠지는 일도 자주 보였다. 불교학은 인도학을 기초로 하고 있음에도 불구하고 충분한 방법론적인 반성을 하지 않고 거기에서 일탈하게 되었다. 또한 한문불전을 다룰 때 중국학과 분리되어 연구가 진행되었기 때문에 중국학의 방법과 성과를 살리지 못하였고 불교학자에 의한 한문불전의 취급은 중국학 연구자로부터 비판을 받게 되었다. 이렇게 하여 불교학은 인도학에 기초하고 있음에도 불구하고 철저히 인도학이 되지도 못하고 중국학으로부터도 외면받는 어정쩡한 성격을 갖게 되었다.

이것은 전통교학과의 관계에 관해서도 말할 수 있는 부분이다. 한문불전을 충분하게 비판적으로 다루지 못한 채 전승하는 것은 그대로 전통교학이 무너져 가는 것으로, 이렇게 하여 일본의 인도철학=불교학은 서구 유래의 새로운 인도문헌학과 전통 교학의 재편이라는 이중의 성격을 지니게 되었던 것이다.

이것은 일본의 불교학에 독자적인 성격을 부여하는 것이지만 인도학의 입장에서 보면 세계의 연구 상황과 차이가 생기게 된 점도 무시할 수 없다. 오늘날에는 해외에서도 한문 자료를 다루고 일본어를 통한 연구에도 눈을 돌릴 수 있는 불교 연구자가 증가하고 있으며, 또 일본의 연구자도 구미의 연구자와 교류를 가질 기회가 증가하였지만, 얼마

전까지도 그것은 예외적이었다. 그런 까닭에 전후 일본에서 주류가 된 대승불교의 재가기원설에 대해서도 구미에서는 오랫동안 알려지지 않은 채로 있어, 그 비판의 선두에 서 있는 쇼펜Gregory Schopen이 한역불전을 고려에 넣지 않았다는 차이가 오늘날 여전히 남아 있다.

우이 하쿠주의 『불교범론』의 체계

우이 하쿠주로 돌아가면 또 하나 주목해야 할 점으로서 그 학문이 단지 문헌의 교정·번역 등을 중심으로 하는 문헌학적 연구나 그것에 기초한 교리사적 연구에 머물지 않고, 불교의 체계적인 이해를 시도하고 있는 점을 들 수 있다. 그 집대성이 대저 『불교범론』佛敎汎論이다. 이것은 쇼와 18년(1943)에 도쿄제국대학을 정년퇴임한 직후 전쟁 말기의 혼란 와중에도 계속 쓰여져, 쇼와 22~23년에 두 권으로 출판되었다가 뒤에 합책되었다. 서언에 "그 홍포하는 지역에 따라 불교에 대한 사고방식 그리고 그 취급방법도 스스로 달라져야 할" 것을 인정하고 "우리로서는 우리나라의 불교가 그 총체인 까닭에, 인도에서 출발하여 중국에서 발달하고 다시 우리나라에 이식된 사조를 보고, 전체를 그 노선에 기초하여 정리하는 것이 필연의 방식이다"(『불교범론』, 「서언」, 1~2쪽)라고 말하고 있다.

여기까지라면 불교의 다양한 존재방식을 인정한 뒤에 스스로 의지하고 있는 동아시아계 불교에 중심을 두고 논하고자 하는 것으로 그것은 그대로 수미일관하고 있어 문제는 없다. 그러나 "중국, 일본에서 발달한 불교가 가장 심원하며 또 복잡한 교리를 내포하고 있다"(『불교범론』, 2쪽)라고 하면 약간 독단적이라고 해도 어쩔 수 없을 것이다. 하물며 그뿐만이 아니라 "불교의 참된 의의는 우리나라에 와서 처음으로 발휘된다"(68쪽), "이 일본불교 없이는 불교의 발달은 그 당연한 발달단계에 도달할 수 없다"(777쪽)라고 하는 데 이르러는 분명히 자민족 중심·일본 중심주의의 입장에 선 것이 된다.

"불교는 원래 세간의 정치와 관계하는 것이 아니다"(같은 책, 1070쪽)라는 우이 하쿠주의 단호한 자세는 그것이 보편적으로 타당한지 어떤지는 차치하고, 전쟁 중에 적극적인 전쟁협력에서 거리를 둔다고 하는 입장을 가능하게 했다. 그러나 불교 안에서의 일본 중심주의를 면할 수는 없었다. 이 일본 중심주의도 우이에 한하지 않는 일본불교학의 하나의 특징이라고 말해도 좋다. 불교신앙의 전통을 갖지 않았던 구미의 불교학이 다양한 가치관과 시점을 가능케 한 것에 비하여 본래 전통으로서 불교문화를 갖는 아시아에서는 각각 자국, 자민족의 불교 입장에 서서 그것을 최고라고 하는 경향이 강하다. 그 점은 일본에만 한정되지 않는다.

여하튼 일본불교를 궁극으로 보는 것에 의해 우이의 불교학은 전통적인 종파들의 입장과 연결된다. 일본불교의 종파들은 최신의 문헌학이라는 무기를 손에 넣는 것으로 스스로 호교론을 세우는 것이 가능하게 되었던 것으로, 실로 『불교범론』은 그것을 완성시킨 것이다. 그 점에서 무라카미 센쇼가 『불교통일론』佛敎統一論에서 기도하였지만 좌절한, 일본불교의 입장에서 불교의 통일적 이해라는 과제를 완수했다고 말할 수 있다.

이 책은 불·법·승 삼보의 체계에 따라서 1편 불타, 2편 교법, 3편 사회라는 세 편의 구성을 취하고 있다. 무엇보다도 1편과 3편을 합치더라도 전체의 1할 정도에 불과하며, 2편의 교법이 그 중심을 이룬다. 실천적인 문제도 주로 제2편 속에서 논해지며 따라서 실천론도 포함한 교리론 중심이라 할 수 있다. 인도에서 일본으로라는 흐름에서 불교를 본다 해도 거기에는 여러 가지 입장이 있어 반드시 모두가 정합적이라고는 할 수 없다. 그러나 우이는 그것을 체계화함으로써 전체를 정합적으로 이해하고자 했던 것으로, 그것은 일본불교를 궁극에 두는 일종의 교판론敎判論이라고 말해도 좋다.

예를 들면 1편 불타론佛陀論을 보자. 거기서는 먼저 석가모니의 전기를 다루며 근대 연구의 성과인 역사적 붓다를 논한다. 그 입장에 서면 대승비불설론大乘非佛說論에 이르지 않을 수 없지만, 우이는 역사적 붓다를 극히 한정적으로 파악한다. 그리고 가장 오래된 경전에서도 붓다가 초인적으로 묘사되고 있는 것으로부터 "불타는 한편에서는 인간으로서의 언행을 행하면서도 동시에 다른 한편에서는 인간 이상의 불가사의한 힘을 가지며 인간 이상의 신구의업을 행하고 있는 것이다"라고 하며 "불타는 완전히 이 초인"(『불교범론』, 21쪽)인 것을 전제에 둔다. 그것에 의해 2신설·3신설 등의 불신론佛身論으로 전개하는 것이 가능하며, 대승비불설론에 구애되지 않게 된 것이다. 이와 같이 역사적 붓다와 역사를 초월한 붓다를 나누는 것은 이미 무라카미의 『불교통일론』에 나타나는 것으로, 이것도 일본 근대불교학의 공통적 이해였다고 말해도 좋다.

우이 하쿠주의 특징이라 할 수 있는 것은 최종적으로 일본불교에 귀착시킬 때 소위 본각 법문을 중시하고 있는 점이다. 본래 고대에 있어 도다이지東大寺 대불과 고쿠분지國分寺의 관계에서 "국민은 모두 일상 경험의 사물에서 이치를 보고, 불화佛化 즉 황화皇化의 후덕함을 체득하는 것이 되며 …… 사물의 현상 위에 그대로 이치를 보게 된다"(같은 책, 61쪽)고 한다. 이 '사물' 중시의 입장에서 중고中古 천태본각법문의 불타관으로 나아가고 그것은 "국민 한 사람 한 사람이 불타로서 각각 그 길, 그 직분에 힘써 매진하고 거기에 불국토를 현출할 수 있는 것이며 이것을 떠나 따로 정토인 세상은 없다고 하는 것이다"(68~69쪽)라는 결론에 이르게 된다. 이렇게 해서 순수한 학술로 포장을 한 우이의 불교론은 "국민으로서 각각 그 본분을 다하는 것 외에 해야 할 것은 없다"(69쪽)라는 전쟁 전과 전쟁 중의 국민도덕론에 귀착해 버린다.

교법에 관해서도 '근본불교' 와 일본불교를 연결하는 '불교에 일관하는 것' 을 구하고자 한다. '근본불교' 라는 것은 "석존 및 그 직접의 제자에 해당하는 불교"이다. "근본불교는 모든 불교의 원천이지 않으면 안 된다."(같은 책, 1061쪽) 그 근본교리는 "무아라는 것에 귀착하고" 그것을 적극적으로 표현할 때 '연기' 가 된다(1063쪽). 이 무아=연기설이야말로 "불교의 전체를 일관하는 것"(1066쪽)이다. 그런데 "무아의 실천은 실제 우리나라에서만 참으로 행해질 수 있는 것으로, 다른 어디에서도 그것을 철저하게 행할 수 없는 것이다"(1068쪽)라고 하는 것에 이르러서는 너무나 비약이 심하다고 말하지 않을 수 없다.

이상과 같이 『불교범론』은 근본불교와 일본불교를 양 끝으로 하여, 그 사이에 여러 가지 교리 사상을 배치하고 불교의 일관성을 주장함과 동시에 일본불교의 우월을 주장하고자 하고 있다. 그리고 그 일본불교는 천황제하에서 국민이 자기의 직분에 힘쓰는 것에서 그 이상을 본다고 하고 있다.

전쟁과 불교학

우이 하쿠주의 경우 확실히 그 결론은 전시의 이데올로기를 수용하는 것이 되고 있지만, 적극적으로 전쟁협력을 추진한 것이 아니라 오히려 정치와 관계하는 것에 대해서 엄격한 금욕의 자세로 일관했다. 우이와 대조적으로 도쿄제국대학의 불교학 관계자로서 적극적으로 전쟁협력의 자세를 명시한 사람은 다카쿠스 준지로와 미야모토 쇼손宮本正尊이었다.

　다카쿠스는 본래 아시아주의적인 경향을 띤 일본주의의 신념을 강하게 가지고 있어, 그것이 『대정신수대장경』 편찬을 비롯한 그의 거대한 사업을 낳는 에너지원이 되었다고 생각된다. 『다카쿠스 준지로 전집』高楠順次郎全集 1, 2권에 수록된 『아시아 제민족의 중심 사상』アジア諸民族の中心思想(1935~1937)에서는 일본의 문화를 생각하는 데 '피(血)의 문화'와 '지智의 문화'라는 양 측면에서의 고찰이 필요하다고 말하고 있다. '피의 문화'는 혈통을 중시한 것으로 "자신의 핏줄은 위대한 것이며 자신의 혈통은 대단히 존귀한 것이라는 피를 의식하는 힘이 낳는 문화"(『다카쿠스 준지로 전집』 2권, 65쪽)로서, 철두철미하게 "차별관에 입각해 있다." 이것에 대해 '지의 문화'는 "지는 결국 누가 가져도 같은 것"이며, "독일에서 만든 기계를 일본인이 다루어도 역시 같은 결과를 낳기" 때문에 "평등관에 입각"한 것이 된다.(65쪽) "지의 문화는 횡으로 확장되는 것이지만, 피의 문화는 종으로 이어지고 있다. 종의 연속도 필요하지만 횡의 확장으로 어디에서든 지혜를 얻고 문화를 받아들이지 않으면 안 된다"(333쪽)라고 하여 '피의 문화'와 '지의 문화' 양쪽을 지닐 필요성을 주장한다. 다카쿠스가 한편으로 상당히 노골적인 일본주의·국수주의를 취하여 시류를 중시하면서도, 다른 한편으로 보편성을 가진 거대한 사업을 행한 비밀 중 하나는 아마도 이 균형주의에 있었다고 말할 수 있을 것이다.

　당시 한층 더 시국에 빠진 듯한 언설을 발표하고 있었던 사람은

미야모토 쇼손이었다. 미야모토는 인도 중관파의 연구에서 출발하여 세계대전 와중에『근본중과 공』根本中と空(1943),『중도 사상 및 그 발달』中道思想及びその発達(1944),『대승과 소승』大乗と小乗(1944) 등의 대저를 연속해서 출판한다. 이 가운데『대승과 소승』은 '머리말'에서 "대승과 소승의 문제는 대동아 여러 민족의 생활 및 사상과 관계하는 바가 매우 광범위하다"라고 말하고 있듯이, 대동아 공영권 아래에 소승이라 멸시되어 왔던 남전계의 불교를 어떻게 포용하면 좋은가라는 문제의식에 입각하여, 학술적인 논술과 시국적인 논설이 뒤섞여 있다.

미야모토는 "현대는 '신가마쿠라'라 불려져야 할 시대이다. 메이지 유신의 일대전환기와 그 폐불훼석의 말법적 사건에 격발된 제3의 정법부흥시대에 상당하는 것이다. 불교사적으로는 저 반야화엄법화열반의 대승 경전들의 제2전법륜에 비교하여 이것을 제3전법륜이라 칭할 수 있으며, 그 대승방등경전의 일승교에 대해서는 이것을 근본대승·근본불교라 불러도 좋다"(『대승과 소승』, 53쪽)라고 기술한다. '신가마쿠라'는 미야모토의 오래된 주장이며, 거기서 전개된 불교는 대승을 초월한 '근본불교'라고 한다. 그것에 의해 남방불교를 포용하는 것이 가능해진다고 하는 것이다.

미야모토의 시국에 대한 관심은『부동심과 불교』不動心と仏教에서 더욱 현저하다. 이 책은 "지금 전쟁의 암운이 유럽과 아시아 대륙을 덮고, 일본을 둘러싼 태평양의 파도가 높아, 국가는 새로운 흥폐의 기로에 서 있다. …… 이 국난을 당해 원나라가 침략했을 때〔元寇鎌倉〕를 절실히 생각한다"라는 시대인식에 입각해 있다. 개정 증보판에는 '대동아 전쟁' 개전에 임해 "감격할 수밖에 없다"라고 하는 가운데 "선전宣戦의 대조大詔를 엎드려 받들어" 등의 문장을 추가하고 있다. 실로 제1장의 표제대로 '동아 신질서와 정법국가의 건설'을 목적으로 한 것이다.

불교가의 전쟁 관여에 관한 연구는 오늘날 크게 진전되고 있지만, 불교학자와 전쟁의 관련에 대해서는 아직 충분히 밝혀지지 않고 있다. 그 실정의 해명과 함께 과연 그것이 일본불교학의 방법 자체와 어떠한 필연적 관계를 갖는가 등 앞으로 검토를 요하는 문제가 매우 많다.

3) 제3기—전후

패전에 의한 가치관의 전환은 불교학에도 큰 영향을 끼쳤다. 전쟁협력의 입장을 취한 미야모토는 전후의 부흥과 함께 일본인도학불교학회의 창설(1953)과 『대승불교의 성립사적 연구』大乘仏教の成立史的研究(1954), 『불교의 근본진리』仏教の根本真理(1956)로 정리된 공동연구의 지도자로서 부활하였다. 그 속에서 히라카와 아키라平川彰의 대승불교 재가기원설과 같은 획기적인 설이 전개되어 갔다. 다른 한편 쇼토쿠 태자의 연구자·찬양자로서 일본불교 연구의 지도자였던 하나야마 신쇼花山信勝는 교수의 신분으로 A급 전범의 교화사敎化師〔敎誨師〕가 되어 실천 속에서 새로운 방향을 발견하려 하였다.

그 과정에서 인도철학=불교학의 존재방식 그 자체에 관한 근본적인 문제제기는 나카무라 하지메中村元에 의해 이루어졌다. 나카무라는 우이의 후계자로서, 베단타Vedānta 철학의 연구에서 출발하였지만 불교도 포함해 경이적으로 광범위한 영역을 개척해 초인적인 성과를 거두었다. 그 중에서 가장 주목하고 싶은 것은 우이가 『불교범론』에서 제시했고 또 다른 불교학자도 당연한 듯이 전제해 왔던 '불교의 일관성'이라는 신화에 의문을 던진 것이다.

나카무라는 전후 얼마 되지 않아 『동양인의 사유방법』東洋人の思惟方法(1948~9)을 발표했다. 이것은 비교 사상 연구의 기념비적인 노작이지만, 거기서 동양 여러 민족의 사유방법을 비교하는 방법으로서 "중국·일본·티베트에서는 보편적 교설로서 불교 및 논리사상의 수용이 어떤 특수한 방식으로 이루어졌는가, 즉 보편적인 교설이 각각의 민족 특수성에 의해 어떻게 수용되었는가"(머리말)라는 점에 주목하고 있다. 그것은 종래 다수의 불교학자가 전제해 왔던 불교의 일관성보다도 오히려 불교가 각각의 민족에 있어 어떻게 다른가 하는 차이성 쪽에 주목한 것이다.

오늘날 특히 구미에서는 다양한 계통의 불교가 전해져 불교의 일관성보다도 다양성에 주목하는 것이 상식이 되고 있으며, Buddhisms라는 복수형까지 사용될 정도이다. 그 점에서 본다면 여러 민족에 있어서 불교의 차이에 일찍이 주목한 나카무라의 시점은 극히 참신한 점이 있었다. 그것에 의해 불교 연구는 불교의 일관성에 입각한 호교론이 아니라 문화 비교의 방법이 되었다. 또한 다수의 호교론자에게 공통하는 협애한 일본불교 우월론을 면할 수 있었다. 불교가를 위한 불교학이 아니라 보다 열린 불교 연구가 가능하게 되었던 것이다. 나카무라가 도쿄(제국)대학의 인도철학에서 최초로 사원이나 기성교단과 관계가 없는 교수였다고 하는 것도 그것과 관련이 있을 것이다. 또 막스 베버의 영향하에 종교의 사회윤리 연구를 진행하는 등 전후 사회과학의 선두적 연구에 가까운 입장에 서서, 시대의 자유로운 공기를 공유하고 있었던 것도 그 학풍에 넓이를 가져다주었다.

원시불교와 일본불교를 연결하는 일관성을 해체하고 다양한 불교가 인정되자 불교학이 인도학에만 특별하고 밀접히 관계한다는 필연성에도 의문이 던져졌다. 나카무라 자신은 인도철학의 연구에서 출발하여 인도학에서 불교학으로라는 종래의 방식을 답습하고 있지만, 그것은 어디까지나 가능한 하나의 방법으로 반드시 절대적인 것이라고 말할 수는 없다. 특히 구미에서는 티베트불교 연구가 융성하게 되어 티베트학이 독자적인 방법을 주장하게 되자 각 지역의 불교는 각각의 지역에 있었던 방법으로 연구하는 편이 현실에 맞는 연구로서 가능하다는 것이 분명해졌다. 이렇게 해서 인도철학=불교학이라는 도식은 재검토를 요하게 되었던 것이다.

나카무라의 연구에서 또 하나 주목하고 싶은 것은 『나카무라 하지메 선집』中村元選集 속에서 다섯 권을 차지하는 원시불교 연구이다(1969~72). 각 권은 『고타마 붓다 석존의 생애』ゴータマ ブッダ釈尊の生涯, 『원시불교의 성립』原始仏教の成立, 『원시불교의 사상』原始仏教の思想(전 2권), 『원시불교의 생활윤리』原始仏教の生活倫理로 되어 있다(『결정판 나카무라 하지메 선집』에서는 여덟 권으로 증보). 종래의 불교 일관설은 원시불교(초기불교)로부터 대승불교로 나아가 일본불교까지의 일관성을 주장하기 때문에 원시불교에만 특별한 가치를 두고 연구하는 일은 없었다.

서구의 불교 연구가 도입되었을 때, 대승비불설 논쟁이 일어나 역사상 붓다의 교설인 원시불교가 주목을 받았다. 그러나 이 논쟁은 마침내 역사상의 사실보다도 대승불교를 그 배후의 이념 전개로 생각해 원시불교에서 대승불교로 일관하는 것을 인정하는 것으로 해결되었다. 그러나 대승불교의 정통성을 심각히 묻는 일 없이 대승불교에 흡수되지 않는 원시불교의 독자적인 가치의 재발견에는 이르지 못했다. 메이지 시기의 대승비불설 논쟁은 굳이 말하면 논쟁이 아니라 오히려 불교 일관론에 입각한 호교론적인 대승불설론 속에 어떻게 서구의 근대적인 연구로 분명해진 대승비불설론을 갖다 맞출까 하는 방향에서 거의 일치하고 있었다.

그 가운데 나카무라는 일본불교와 다른 다양한 불교 형태를 인정한 것과 동시에 대승불교와 다른 원시불교의 독자성에 대한 발견으로 향했다. 어떻게 해서 원시경전 속에서도 역사적 고층을 추출할 수 있는가라는 방법론을 탐구하고, 불교는 최초기로 소급하면 후에 확립된 교리와 달리 극히 쉽고 일상적인 실천이었다고 주장했다. 그러나 이렇게 해서 고층으로 소급하는 방법은 그것을 좀더 철저히 하면 최고층에는 자이나교 문헌 등과 겹치는 비교리적인 교훈설만이 남고 불교 독자의 교설이 사라져 버린다는 모순에 봉착하여, 본래 어디까지 역사적 사실로서의 고층을 확정할 수 있는가라는 근본적인 의문을 낳기에 이르렀다. 그 중에서 '원시불교'라는 가치적 판단을 포함한 호칭에도 의문을 제시하여 오늘날에는 초기불교라는 표현방식 쪽이 일반화되고 있다.

이와 같이 다양한 문제를 포함하면서도 기성의 교리를 전제로 하지 않고 문헌을 그 원형으로 거슬러 올라가 생각하려는 자세는 극히 신선하며 충격적인 것이었다. 『불교어대사전』佛教語大辭典이나 원시경전의 번역에서 발휘된 알기 쉬운 언어로 불교를 말하는 태도도 또한 기성의 교리를 전제로 하지 않는 자세와 통하는 것이다. 이것도 또한 기성교단에 얽매이지 않는 나카무라의 자유로운 입장을 최대한 살린 것이라 할 수 있다.

교단 내의 호교론으로부터 열린 사상으로서의 불교 연구라는 나카무라가 제시한 방향은 제3기 불교학의 가장 주목할 만한 특징이라 할 수 있는 것으로, 되돌아갈 수 없는 새로운 길을 지시하고 있다고 말할 수 있다.

4) 불교학의 가능성

이상 3기로 나누어 도쿄(제국)대학을 중심으로 일본의 근대불교학의 흐름과 그 특징 그리고 문제점을 검토해 보았다. 제1기는 '인도철학'이라 불리면서도 전통교학을 중심으로 거기에 새로이 서구 유래의 방법을 가미하였다. 제2기가 되면 새로운 인도연구를 기반으로 인도철학 =불교학이 명실상부하게 자리잡게 되었지만, 다른 한편으로 전통교학과의 관계도 유지하며 불교일관설의 입장에서 양자의 통합이 시도되었다. 제3기가 되면 제2기 이래의 방법도 살리면서 동시에 인도철학 =불교학이라는 일체성이 의문시되어 다양한 불교의 형태와 그것에 따른 다양한 방법론의 필요가 인식되었다.

최근 이러한 제3기의 방법에도 심각한 의문이 제기되었다. 그 하나는 비판불교운동이다. 하카마야 노리아키와 마쓰모토 시로에 의해 제기된 이 운동은 종래 불교학의 가치중립성이라는 포장에 의문을 제시하여 가치중립적 입장에 선 문헌학적 방법의 한계를 분명히 했다. 제2기까지의 불교 일관론적인 호교론이 붕괴한 가운데, 그러나 가치의 문제는 새롭게 되물어지는 일 없이 불문에 붙여지면서, 실은 전통적인 가치관이 그대로 저류에 남아 있었다. 마쓰모토에 의한 여래장 비판은 이렇게 해서 암묵적으로 전제되어 있던 전통적 가치관을 끄집어내어 그 정통성에 의문을 제시했던 것으로, 근저에 있는 연구자 자신의 가치관을 묻지 않고는 불교 연구가 성립할 수 없다는 것을 호소한 것이다.

그러나 비판불교를 둘러싼 논의는 그들의 언설이 너무나 성급하여 충분한 논증의 수순을 밟지 않고 일방적인 결정이 많았던 것도 있어 가장 근간에 있는 문제가 충분하게 인식되지 않은 채로 사장되어 버릴

우려도 없지 않다.

종래의 불교 연구에 대한 비판은 다른 방향에서도 나오고 있다. 비문을 중시한 쇼펜의 연구는 문헌 중심의 종래 불교 연구에 큰 의문을 던졌다. 그와 같은 흐름 속에 최근 시모다 마사히로下田正弘는 근대불교학에 대해서 비판적인 연구를 발표하고 의욕적으로 문제를 제기하고 있다. 최근의 논문「생활세계의 복권」生活世界の復権(『종교 연구』 333호, 2002)에서는 근대불교학의 특징으로서 문헌 편중인 점, '역사적 붓다'가 아포리아로 되고 있는 점을 지적하고 닫혀진 과거의 현상을 외부에서 분석한다고 하는 종래 불교학의 방법에 의문을 던지고 있다.

시모다의 지적은 오늘날 불교 연구에 대해서 시사하는 바가 크지만, 자세히 보면 이번 장에서 제시한 것처럼 일본의 근대불교학의 전개는 반드시 단순하게 그와 같은 경향이 일관하고 있는 것은 아니다. 본격적인 문헌학적 연구는 제2기가 되어 비로소 나온 것으로 당초부터 있었던 것은 아니다. 또 역사적 붓다를 중시하는 것은 얼핏 보면 제1기의 대승비불설 논쟁 이래의 문제와 같이 보이면서 위에서 기술한 것과 같이 실은 당초부터 대승비불설론은 극복되어야 할 것으로 간주되어, 정면에서 진지하게 논의가 이루어진 적은 없었다. 오히려 역사적 붓다가 독자의 가치를 갖는 것으로 제시된 것은 제3기 이후부터이며, 그것은 동시에 일본불교 우월의 불교일관설에 선 호교론의 붕괴와 결부되어 있었다. 이 측면을 무시하고 역사적 붓다론의 비판만을 먼저 내세우면 다시 호교론적인 불교일관설에 빠질 위험이 있다는 것을 인식할 필요가 있을 것이다.

본래 일본의 불교학은 구미의 불교학을 받아들이면서 또 한편으로 전통을 담당한다는 이중의 과제 속으로 나아갔던 것이며, 거기에 불교의 전통이 없는 구미와 전혀 다른 독자의 전개를 할 수밖에 없는 필연성이 있었다. 되돌아보면 인도학도 티베트학도 인도인이나 티베트인 연구자보다도 구미의 연구자에 의해 근대적 연구가 진행되고 선도되었다. 다른 한편 중국이나 한국에서는 구미의 연구를 받아들이면서도 전통의 흐름 쪽이 우위에 선 연구가 진행되어 왔다. 그것에 비해서 일본의 경우 중국이나 한국 이상으로 구미의 방법을 깊게 수용하면서도 그러나 그것을 전통적인 교학과 조화시키는 것에 노력을 기울였다.

오늘날 연구상 글로벌화가 진행되어 국제적인 장에서 불교의 문제가 논해지는 일이 많게 되었다. 그러나 그 배경에 있는 전통과 연구사의 차이[相違]를 무시하면 단순한 표면만의 대화로 끝나 버릴 위험도 크다. 그 점에서 시모다가 "일본은 전통적인 불교가 살아 있다는 점에서 서양과는 확실히 다르며, 실제 생활세계에 뒤섞여 살아 있는 불교를 '내부로부터' 배울 기회가 당연히 주어져 있다"라는 지적은 적절하지만 역으로 말하면 그렇기 때문에 '전통적인 불교세계'와 뒤섞여 버릴 위험도 크다는 것을 인식하지 않으면 안 된다.

시모다가 말하는 '생활세계의 복권'이라는 것에 관해서 말하면 불교학이 교리를 중심에 두고 현실에서 유리되어 있다는 것은 사실이다.

---

* 본 장은 실증적인 사실의 확정을 의도한 것이 아니어서 서지적인 정보 등은 상세히 기록하지 않았다. 기본적인 자료는 『도쿄대학 백년사』 부국사(部局史) 1권에 실린 문학부 인도철학 항에 의하는 바가 크다. 근대의 불교학사에 대해서는 아직 전체에 걸친 본격적인 연구는 나오고 있지 않지만, 부분에 관한 연구는 적지 않다. 최근 논문으로서 하야시 마코토(林淳)의 「근대 일본의 불교학과 종교학」(近代日本における仏教学と宗教学, 『종교 연구』 333호)이 있다. 나 자신이 관여한 연구로서 『일본불교 사상사 논고』(日本仏教思想史論考, 1993)의 제1부에 수록된 논문은, 어떤 형태로든 관계하는 바가 크다. 그 밖에 「나카무라 하지메 박사의 일본 사상 연구」(中村元博士の日本思想研究, 『아가마』 40호, 1983; 『나카무라 하지메의 세계』, 1985에 재록), 「강단 불교학의 성립—무라카미 센쇼」(講壇仏教学の成立—村上専精, 『메이지 사상가론』, 4장), 「비판불교가 제기하는 문제」(批判仏教の提起する問題, 이 책 3부 2장) 등을 참고하기 바란다.

이 점에서도 제3기에 있어서 나카무라의 역사적 붓다론은 시모다가 주장하는 것과는 반대로 교리에서 역사로라는 지향을 가짐으로써 교리의 추상성에서 사실의 구체성으로 향하려고 하는 것으로, 그 점에서는 또한 계승해야 할 것이 있다고 생각된다. 또한 분야에 따라 연구방법의 차이도 현저하여 예를 들면 일본불교의 연구에 관해서 말하면 전전·전중의 불교일관론에 입각한 일본불교의 고정화에 대한 반동으로부터 전후의 일본불교 연구는 교리가 아니라 역사 중심으로 나아가고 있고, 역으로 교리 연구가 더디게 진행된다고 하는 역전 현상도 일어나고 있다. '생활세계의 복권'이라는 방향은 기본적으로는 올바르다고 나도 생각한다. 그렇지만 거기에는 왜 근대의 일본불교학이 그것으로부터 일탈하게 되었는가 그 근거에까지 거슬러 올라가는 충분한 검토가 요구된다.[*]

제4부

아시아와의 관련

1. 근대불교와 아시아

—최근의 연구동향으로부터

1) 『사상』특집호로부터

수 년 전부터 근대불교에 관심을 갖게 되었고, 그 인연으로 『사상』思想 943호(2002)에 '불교·근대·아시아'라는 특집을 엮을 수가 있었다. 나 자신의 일로서는 나카지마 다카히로中島隆博와의 공편저 『비서구의 시좌』非·西欧の視座(2001)에 이은 것으로, 이 책에서 널리 다룬 '비서구'에 있어서 근대의 문제에 초점을 맞추어 검토하고자 한 것이다. 이 책은 예상 외로 많은 사람들로부터 널리 호평을 받았다.* 종래 근대불교에 관해서는 요시다 히사이치吉田久一·가시와하라 유센柏原祐泉·이케다 에이스케池田英俊 등의 연구자에 의해 충실한 연구가 진행되어 왔다.** 또 민족주의와 전쟁의 관계에 대한 비판적 연구로서 이치카와 하쿠겐市川

---

* 이 특집과 관련하여 2002년 11월 토론토에서 열린 아메리카 종교학회(American Academy of Religion: AAR)에서는, "Colonialism, Transnational Exchange, and Buddhism in China, Korea, and Japan"이라는 패널이 설치되어, 필자도 참가하였다.
** 개론적인 것으로서 吉田久一, 『近現代仏教の歴史』, 筑摩書房, 1998; 柏原祐泉, 『日本仏教史·近代』, 吉川弘文館, 1990; 池田英俊, 『明治の仏教—その行動と思想』, 評論社, 1976 등이 있다.

白弦·나카노 교토쿠中濃教篤·도코로 시게모토戸頃重基 등이 크게 문제를 제기하였다.*** 브라이언 빅토리아에 의한 근년의 연구도**** 이와 같은 흐름에 선 것이다. 그러나 지금까지의 연구에는 몇 가지 점에서 문제가 있다고 생각된다.

첫째로 근대불교 사상은 근대 사상 가운데서도 외부에 위치하는 것으로 사상사의 중심에 놓이는 일은 없었다. 근대 사상사는 서구근대 사상이 어떻게 도입되고 일본이 어떻게 그것에 대응했는가 하는 것에 주안점이 놓여졌지만, 그때는 정치 사상이나 철학 사상이 중심이었다. 근대의 종교사 연구도 최근에는 크게 발전하고 있지만 종교사회학적 입장에서의 신종교 연구가 많았지 꼭 기성불교의 사상에 관심을 두지는 않았다.

그렇지만 실은 서구 근대에 대항하는 원리로서 항상 지식인 사이에서 의식된 것은 불교로서, 근대 사상사는 불교를 빼고는 성립하지 않는다고 해도 과언이 아니다. 그런 까닭에 사상사의 외곽에 특수한 영역으로서 불교 사상이 있는 것이 아니라 사상사의 중핵으로 다른 사상과 능동적으로 교류하는 것으로 불교 사상을 파악하지 않으면 안 된다. 근년 신판『기요자와 만시 전집』清沢満之全集의 간행을 기회로 기요자와 만시에 대한 관심이 높아지고 이마무라 히토시今村仁司의 연구서가 간행

*** 市川白弦, 『仏教の戦争責任』, 春秋社, 1970; 『日本ファシズム下の仏教』, エヌエス出版会, 1975; 戸頃重基, 『近代日本の宗教とナショナリズム』, 富山房, 1966 등. 나카노 교토쿠(中濃教篤)에 대해서는 본문에서 후술하였다.
**** Brian A. Victoria, *Zen at War*, Weatherhill, 1997. 이 책에 대해서는 졸고, 「B·ブィクトリア『禅と戦争』の提起する問題」, 『鈴木大拙全集』 新版 第3巻, 岩波書店, 2000 참조. 에이미 루이스 즈지모토에 의해 일어로 번역된 『禅と戦争』(光人社, 2001)은, 유감스럽게도 오역이 많고 신뢰하기 어렵다. 새로운 저서로서는 *Zen War Stories*, London: Routledge, 2003.

되는* 등 현대 사상 가운데서 다시 돌아보려는 움직임이 나오는 것은 다행스런 일이다.

　본래 불교 연구는 고전문헌학과 전통교학을 기반으로 행해졌기 때문에 근대의 불교에 대한 관심은 약했다. 불교의 전성기는 가마쿠라 시대로 그 이후는 쇠퇴했다고 하는 편견이 여과 없이 전해져 왔다. 일본에서는 사상사·종교학·불교학·역사학 등의 영역이 개별적이며 종적인 관계로 서로 각각의 분야에서만 연구되기 때문에 서로 연계하여 연구되는 일은 적다. 다른 영역에 대해서는 좀처럼 관심을 기울이지 않는다. 그 중에서도 종파적인 차이가 큰 불교는 종파라는 테두리조차 좀처럼 벗어나기 어렵다. 기요자와 만시도 오랫동안 정토진종, 그것도 대곡파大谷派 내부만의 문제와 같이 생각되어 사상사의 공유재산이라는 발상은 없었다.

　둘째로 종래의 불교 연구는 일본 내부라는 닫힌 범위에서 이뤄져 왔다. 이것은 불교에만 국한하지 않는다. 사상사 전체가 일본 일국주의적인 접근방법을 취하는 일이 많았다. 근대 사상에 관해 말하면 서구의 영향이라는 것은 어쩔 수 없이 인정할 수밖에 없지만 아시아와의 관계라는 점에는 거의 발상이 미치지 않았다. 불교의 전쟁협력을 비판하는 경우에도 아시아의 사상가들이 각각 독자적 관점에서 일본에 대치하고 있었던 것에 대해서는 그 시점을 충분히 갖지 않았다. 일본의 선진적인 근대화와 아시아 침략은 아시아 제국에 복잡한 반응을 불러일으켰다. 일부는 일본을 모범으로 간주하고, 혹은 일본과 교류하고, 또는 일본을 비판하는 등의 갖가지 반응이 있어 그것들을 일본 사상사와 관

---

* 今村仁司, 『清沢満之の思想』, 人文書院, 2003; 『清沢満之と哲学』, 岩波書店, 2004.

련시켜 보아야 하지만, 그것은 충분히 행해지지 않았다. 일본의 침략에 대한 비판적인 연구는 이루어졌어도, 침략받는 측에도 일본의 침략 사상에 대치할 수 있는 독자적 사상이 있다는 것을 무시하였고, 그것은 무의식 중의 차별관에 근거하고 있었다고 할 수 있다. 그것을 우리는 반성해야만 한다.

이것은 사상사를 보는 가치관의 문제와도 관계한다. 지금까지의 연구는 자주 전면적인 찬양이든가 전면적인 부정이든가 그 어느 쪽으로 기울어져 그 배경과 상황을 충분히 고려하면서 사상의 위상을 분명히 하는 작업을 행하지는 않았다.

그것은 교토학파의 전쟁협력 문제를 예로 들 수 있다. 그 중에서도 아시아와의 관계는 단순히 침략주의로, 전면적으로 악이라고 결정해 버리는 것만으로는 보이지 않는 부분이 많다. 인도의 독립운동 활동가는 일본에 친근감을 지니고 일본의 아시아주의자와 깊게 관계하였으며, 중국의 경우에도 중국의 불교가는 처음에는 대다수 일본을 찬미하고 있었다. 그것이 점차 일본 비판으로 바뀌어 가지만 거기에는 복잡한 것이 남아 있어 보다 세밀한 분석이 요구된다. 또 아시아로 나아간 일본의 불교가는 자주 침략의 첨병으로 이용되었지만 그들 자신이 침략주의자였는지 어떤지는 간단히 결정할 수 없다. 아시아와의 관계가 강하게 언급되면서도 사상사 속에서 반듯하게 분석하려고 하는 연구는 아직 본격화되지 않았다고 말할 수 있다.

이상과 같은 상황을 염두에 두면서 편집된 『사상』 943호에는, 아시아와의 구체적인 교류에 관한 논문으로서는 「석존을 찾아서 — 근대 일본불교의 탄생과 세계여행」(리처드 자피Richard Jaffe), 「근대불교의 새벽 — 청말·메이지 불교의 교류」(천지둥陳繼東), 「일중전쟁과 불교」(쓰지무라 시노부辻村志のぶ·스에키 후미히코), 「만주국의 불교」(기바 아케시木場明志)의 네 편의 논문이 실려 있다. 그 밖에 「대동아공영권에 이른 화엄철학—가메야 세이케이亀谷聖馨의 '화엄경' 선양」(이시이 고세이石井公成), 「일련주의·천황·아시아—이시하라 간지石原莞爾에 있어 세계통일의 비전」(오타니 에이치大谷栄一)도 침략 긍정의 논리형성에 관한 문제를 다루고 있다.*

자피의 논문은 메이지 시기 인도·스리랑카의 불교를 배운 기타바타케 도류北畠道龍, 샤쿠 고넨釈興然, 샤쿠 쇼엔 등을 취급하며, 천지둥의 논문은 오구루스 고초小栗栖香頂의 활동과 런던을 무대로 한 양원후이楊文會와 난조 분유의 교류 등을 다룬다. 쓰지무라·스에키의 논문은 1934년 동경에서 거행된 제2회 범태평양 불교청년대회를 둘러싼 중국 측과 일본 측의 인식 차이의 문제, 그리고 항일 불교자 러관樂觀의 저작 『분신집』奮迅集의 분석을 통한 중국 항일불교의 사상(이 책 4부 3장 2절)을 취급하고, 기바의 논문에서는 만주국 불교 총회 설립을 중심으로 일본의 식민지 정책에 불교가 어떻게 이용되었는가를 분명히 한다.

이상과 같은 논문은 어느 것을 보더라도 종래 일본에서는 거의 정면에서 논하지 않았던 문제를 다루고 있으며, 이러한 중요한 문제가 새롭다는 것 자체가 일본의 사상사 연구의 왜곡을 여실히 반영하고 있다. 그러나 최근 그 중에서도 중국계의 연구자에 의해 일본의 근대불교와 아시아의 관계에 초점이 맞추어져 연구가 크게 진전을 보고 있다. 그러한 상황을 소개하면서 향후의 문제점을 고찰해 보고자 한다.

---

* 『사상』 943호에는 그 밖에 이 책 1부 2장인 「안으로의 침잠은 타자에게 향할 수 있는가」; 今村仁司, 「清沢満之と宗教哲学への道」; M·모르, 「近代〈禅思想〉の形成」; 葛兆光, 「『海潮音』の十年(上)」, 下田正弘, 「未來に照らされる仏敎」를 포함한다.

2) 선구적인 연구

먼저 일본의 근대불교와 아시아의 관계에 관한 선구적인 연구로서 『천황제 국가와 식민지 전도』天皇制国家と植民地伝道(나카노 교토쿠, 1976) 및 『아시아의 개교와 교육』アジアの開教と教育(고지마 마사루·기바 아케시 편저, 1992)을 거론할 필요가 있다.

나카노 교토쿠의 『천황제 국가와 식민지 전도』는 불교뿐만 아니라 전쟁 중 일본의 모든 종교가 어떻게 식민지주의·침략주의에 가담했는가를 개관한 것으로, 이런 분야의 연구로서는 상당히 빠른 것이다. 그런 까닭에 전체적으로는 종교의 정치적 이용이라는 면만이 지나치게 강조될 위험성은 있지만 중국·조선의 양쪽에 걸친 일본종교의 전체상을 그린 것으로 오늘날에도 높게 평가되고 있다. 그는 또 『전시하의 불교』戰時下の仏教(1977)를 편집하였으며, 이 책은 아시아 전도의 문제도 포함하여 전쟁기의 일본불교를 개관한 매우 정평 있는 연구서이다.

『아시아의 개교와 교육』은 정토진종의 동아시아 개교開教와 현지의 교육활동을 중심으로 한 공동 연구의 성과로 다섯 명의 저자가 분담 집필한 것이다. 이 책의 기본적 방침은 '머리말'에 다음과 같이 기술되어 있다.

일본의 아시아 침략에 대한 일본인 자신의 죄책감과 현지인들의 일본인에 대한 증오·반일감정이 연구를 지탱하고 그리고 규정해 왔다고 해도 과언은 아니지만, 말할 것도 없이 이러한 인식과 감정은 영원히 잊혀지지 않고 자자손손 이어져 가는 것이다. 그러나 동시에 당시의 시대상에 있어 하나뿐인 인생을 진지하게 산 일본인·현지인들의 행

로·기분을 직시하지 않으면 안 되는 것도 또 확실한 것이 아닌가. 그
들이 살았던 현실을 그대로 받아들인다. 그리고 다층적·다문맥적인
상황에 비추어 분석한다. 그러한 연구도 또한 필요한 것이 아닌가.
(『아시아의 개교와 교육』, 1쪽)

이 중층적인 시점은 이후의 연구에 비추어 우리가 마음에 새겨야
하는 것으로, 그 점을 명백히 표명한 『아시아의 개교와 교육』은 연구상
큰 지침을 보이고 있다. 방법적으로 이 책은 역사적인 사료의 수집에
기초한 실증적 연구로서 사상사적인 면은 그다지 보이지 않는다. 그러
나 현지의 사료수집과 실지조사를 병행한 방법은 이제껏 거의 불충분
하였던 것으로 새로운 방법을 개척했다고 할 수 있다. 아직도 현지에서
잠자고 있는 사료가 상당수에 이를 것이지만, 그것은 각국의 연구자와
공동 연구로서밖에 해결할 수 없을 것이다. 이 점은 이 책은 물론 오늘
날에도 아직 충분히 확립된 것이 아니며 앞으로 남겨진 문제이다.

이 책은 제1부에서 개교의 문제를, 제2부에서 개교사와 관련한 교
육사업의 문제를 다루고 있다. 제1부에서는 중국·만주·조선의 경우를
거론하며 진종 가운데서도 본원사파[西本願寺派]보다도 대곡파[東本願寺
派]를 중심으로 고찰하고 있다. 이것은 우연한 것이 아니라 대곡파가 해
외 포교에 보다 일찍 눈을 돌려 메이지 6년(1873)에 오구루스 고초를 지
나홍교계支那弘教係로 임명하였다. 이에 비해 본원사파는 10년 이상 늦
게 출발해 메이지 19년 블라디보스토크에서 개교하였다(같은 책, 9쪽).

본원사파가 일찍부터 근왕파로서 메이지 정부와 관련이 깊어 기
도 다카요시木戶孝允와 시마지 모쿠라이를 축으로 하여 구미시찰과 대
교원 분리운동 등에 있어 선두에 섰던 것에 비해 대곡파는 그것에 뒤따

르는 입장이었다. 이런 가운데 중국포교는 대곡파가 "이 시기에 독자적으로 행동한 시책"(같은 책, 31쪽)이었다. 시마지와 아주 일찍 구미에 유학한 난조 분유·가사하라 겐주 등이 잘 알려져 있는 것에 비해 중국과의 관계에서 중요한 역할을 담당한 오구루스 고초에 대해서는 지금껏 거의 알려지지 않았다. 『아시아의 개교와 교육』과 후에 기술하는 천지등의 연구에 의해 비로소 알려지고 자료의 발굴이 이루어지게 되었다. 이 책의 2부 3장에서는 대곡파·본원사파에 의한 아시아로의 유학승과 아시아로부터의 유학승의 문제를 다루고 있지만 구미 유학과 다른 아시아 유학의 역할과 성과를 무시할 수는 없다.

3) 중국인 연구자의 최신 연구

앞에서 말했듯이 일본불교와 아시아의 관계는 최근 중국계의 연구자에 의해 큰 성과를 거두고 있다. 그 때문에 동아시아 중에서도 중국과의 관계가 주류를 이루며, 이것은 어쩔 수 없을 것이다. 지금 필자가 가진 단행본으로서는 다음과 같은 것이 있다.

러우위례 주편, 『중일 근현대불교의 교류와 비교 연구』(樓宇烈, 『中日近現代佛敎的交流與比較硏究』, 宗敎文化社, 2000).
허진숭, 『근대 동아시아불교』(何勁松, 『近代東亞佛敎』, 社會科學文獻出版社, 2002).
샤오핑, 『근대 중국불교의 부흥』(肯平, 『近代中國佛敎的復興』, 廣東人民出版社, 2003).
천지등, 『청말불교 연구』(陳繼東, 『淸末仏敎の硏究』, 山喜房佛書林, 2003).

마지막 것은 일본어로 된 책으로 제목에는 일본과의 관계가 나오지 않지만 실제로는 양원후이楊文會를 중심으로 하는 일중관계가 큰 비중을 차지하고 있다. 다른 책들은 중국어로 되어 있다. 이외에도 중국에서 이와 관련된 출판이 있을지도 모르지만 이 책들은 필자가 아는 한의 것으로, 빠진 것이 있다면 양해를 바란다.* 논문류는 생략하지만 일본불교로부터의 영향을 사상사적인 관점에서 주목한 거자오광葛兆光의 연구 등은 주목된다.** 중국에서는 근년 근대불교의 연구가 성행하여 일본의 근대불교에 관해서도 일단의 전제가 되는 상식을 제공하며*** 이러한 배경으로부터 이들의 최근 연구가 생겨났다고 생각된다.

러우위례가 엮은 『중일 근현대불교의 교류와 비교 연구』는 본래 1996년에 완성되었던 것으로, 다른 것에 비해 좀더 오래되었으며 또 개인의 저작이 아니라 6인의 저자에 의한 8편의 논문이 수록되어 있는 것으로 반드시 체계적으로 논술된 것은 아니다. 권두의 러우위례, 「중일 근현대불교 교류 개술」을 비롯해 개론적인 논문이 많다. 러우위례의 논문은 양원후이와 난조 분유의 교류로부터 1925년 동아불교회의와 타이쉬太虛의 일본불교관에 이르기까지 요점을 담아 논술하고 있으며, 러우위례의 권말논문 「중국 근대불교학의 진흥자―양원후이」****

---

* 대만에서 나온 것으로서는, 藍吉富, 『二十世紀的中日佛教』, 新文豊出版公社, 1991가 있지만, 이것은 중국과 일본의 20세기 불교에 관한 문제를 개별적으로 논하며, 반드시 양자의 교류에 관한 것은 아니다. 陳玲蓉, 『日據時期神道統制下的臺灣宗教政策』, 自立晚報社文化出版社, 1992는 불교를 포함한 이 시기 대만 종교상황을 논한 것으로 기본이 된다. 논문이지만, 江燦騰, 「日據時期 '日華親善' 架構下的日中臺三角國際新佛教思想交流」, 『思與言』 38-2, 2000도 주목받는 성과이다.
** 葛兆光 「西潮却自東瀛來」, 『葛兆光自選集』, 廣東師範大學出版社, 1997. 관련된 다른 연구에 대해서는 肯平의 저작 제1장 연구사를 참조.
*** 楊曾文 主編, 『日本近現代佛教史』, 浙江人民出版社, 1996.

와 함께 신뢰할 수 있는 개설이다. 야오웨이춘姚衛群의 「일본 인도불교학 연구의 중국에 대한 영향」, 팡구앙창方廣錩의 「일본의 돈황불교문헌의 연구」는 학술적인 면이 주이다.

천사오펑陳少峰의 「일본 근대불교 윤리관의 전환─겸하여 근대 일중윤리 사상 비교 연구의 관점에서 보다」는 『중일 근현대불교의 교류와 비교 연구』 가운데 가장 사상사적인 관점에 선 연구이며, 간단하면서도 일중 비교 연구의 관점을 제시하고 있다. 즉 장타이옌章太炎과 량치차오梁啓超에 끼친 일본 근대불교의 영향 혹은 그 가능성을 보는 한편으로 중국에서는 불교의 박애주의와 의식의 독립사상이 공덕주의와 개성주의를 일으킨 데 비해 일본에서는 민족주의의 존황윤리교육과 결합했다는 점을 지적하고 있다. 이 책은 나아가 「무상無常과 일본인의 미의식」(진쉰金勳), 「스즈키 다이세쓰 선학의 중국에 대한 영향」, 「일본 근현대불교 신종파 연구」(웨이창하이魏常海)를 수록하고 있다.

허진숭의 『근대 동아시아불교─일본군국주의 침략전쟁을 단서로 하여』는 침략시대의 일본불교와 동아시아 각지의 상황을 개론적으로 서술한 것이다. '머리말'에서 이 책이 주로 논한 문제로 다음과 같은 점을 들고 있다.

① 20세기 전반의 일본불교가 파시즘 정부 아래에서 침략전쟁을 수행했다고 하는 특수한 역사적 배경하의 조직구성, 전교傳敎의 방법, 전교의 내용 등의 형태의 변화.

**** 일본어로 번역된 논문이 먼저 발표되었다. 樓宇烈, 「中國近代佛教學の振興者─楊文會」, 『東洋學術研究』 25-1, 1986.

② 정토진종, 일련종 등의 불교종파가 점령지구에서 전교를 행한 구체적인 경과와 침략전쟁에 협력한 구체적인 죄상.

③ 일본불교가 점령지구에서 행한 활동이 그 지구의 불교 발전에 끼친 영향과 후유증.

④ 불교종파가 군국주의와 침략전쟁에 반대한 역사의 분석.

각 장의 내용을 구체적으로 살펴보면 1장 '역사의 변혁과 불교의 대책', 2장 '전시체제하의 일본불교', 3장 '일본불교와 일본의 한국 식민통치', 4장 '일본불교와 일본의 중국·대만 식민통치', 5장 '일본불교와 일본의 중국동북 식민통치'로 되어 있어, 일본의 한국·대만·동북(만주) 식민지 정책과 관련한 일본불교의 전개를 논술하고 있다. 『근대 동아시아불교』는 개론적으로 이제까지의 연구에 의거하는 바가 크고, 저자 자신의 독자적 연구를 반영하고 있지는 않다. 또 평화를 구하는 저자의 열정은 '머리말'에 강하게 나타나고 있어 공감을 불러일으키지만, 그 때문에 가치판단이 약간 획일화되어 침략에 협력했는지 저항했는지만으로 평가를 내리는 면을 부정할 수 없다. 그러나 일본의 식민지 정책과 관련한 불교의 움직임이 전체적으로 개관되어 있어 이 문제에 대해서는 좋은 자료가 되고 있다.

천지등의 『청말불교 연구』는 저자가 도쿄대학에 제출한 박사논문에 기초하며, 부제에 있는 바와 같이 양원후이를 중심으로 한 연구이다. 책 제목만 보면 중국불교에 한정된 것처럼 보이지만, 양원후이는 일본의 불교계와도 관계가 매우 깊어 이 책은 그대로 근대 일중불교 교류사라고도 할 수 있다. 양원후이는 앞서 서술한 러우위례의 논문에서도 거론되어 있듯이 중국 근대불교 부흥의 핵심역할을 한 거사불교가로서 그후의 모든 불교가가 그의 영향을 받았다고 해도 과언은 아니다.

그의 활동은 출판, 교육, 해외교류, 사상 등 폭넓게 걸쳐 있다. 출판에서는 금릉각경처金陵刻經處를 설립하여 다수의 불전을 출판하고 보급하는 데 노력하였다. 교육에서는 기원정사祇洹精舍를 열어 후진의 교육에 매진하였다. 경중의 차이는 있지만 양원후이의 가르침을 받은 사람으로는 타이쉬太虛·어우양징우歐陽竟無 등의 불교가 외에 탄쓰퉁譚嗣同·장타이옌章太炎 등의 혁명가·정치활동가가 포함되어 있어 그 영향력이 컸음을 알 수 있다. 해외교류에서는 난조 분유를 비롯한 일본의 학자와 교류하고, 스리랑카의 불교개혁자 다르마팔라Dharmapala와도 교류를 가졌다. 사상 면에서는 『대승기신론』의 가치를 재발견함과 동시에 독자의 정토사상을 전개했다. 특히 『대승기신론』의 재발견은 후일 중국불교에 커다란 영향을 남겼다.

이와 같이 양원후이의 활동은 근대 중국불교에 있어 결정적인 의미를 갖는 것으로, 좀더 말하면 '불교'라는 틀을 벗어나서도 중국 근대사상의 형성에 큰 발자국을 남긴 것이었다. 그런 까닭에 중국 근대불교를 취급한 연구서에는 반드시 논해지지만, 양원후이만을 다룬 저서는 지금까지 없었으며 이것이 처음이다. 저자는 일본에서 연구하고 있는 이점을 살려 일본에 남아 있는 다수의 관련 자료를 발견하고 그것을 이용해 양원후이의 활동을 상세히 살피고 있다.

그 가운데 일본과의 관계에서 주목되는 것은 3장 '난조 분유 등과의 교류', 4장 '일본 정토진종과의 논쟁'이다. 양원후이는 런던에서 난조와 만난 이래 우정을 맺어 중국에서 없어졌지만 일본에 남아 있는 불서를 받거나 반대로 일본의 『만속장경』卍續藏經 편찬을 위해 중국의 불서를 보내기도 하였다. 3장에서는 그 책의 목록을 상세히 고증하는 것과 함께 양원후이 외에 난조의 중국 네트워크에 대해서도 다루고 있다.

그러나 사상사적인 면에서 흥미 깊은 것은 4장이다. 여기서는 오구루스 고초와 양원후이의 논쟁을 다루고 있다. 앞에서 말했듯 오구루스는 진종대곡파의 승려로 중국에 유학하고 더욱이 지나홍교계로서 중국의 개교에 뛰어들었다. 그 과정에서 1876년에 『진종교지』眞宗教旨를 간행하여 진종의 요체를 중국인에게 알리고자 하였다. 그것에 대해 양원후이가 비판하면서 이것은 오구루스 이외에 일본인도 가담하여 대논쟁으로 전개되었다. 양원후이는 일본의 정토교를 신랄히 비판하며 "불교의 쇠퇴는 실로 선종에 연유한다. 이것은 지나에서는 본래 그대로이지만 일본에서는 정토진종에 의해 쇠퇴한다"(『等不等觀雜錄』권6; 『청말불교 연구』, 241쪽에서 재인용)라고까지 말하고 있다. 그 논쟁의 과정에서 일본 정토교의 기초가 되는 호넨法然의 『선택본원염불집』選擇本願念佛集에 대해서도 비판을 가하고 있다.

결국 천지둥이 요약하듯이 양원후이는 "복고와 총합원융에 의해 중국불교의 진흥을 목적으로 하고 있었다. 그렇지만 진종의 선택적 입장과 그 배타적 경향이 강한 종지는 기본적으로 양원후이의 융합적 입장과 다른 것이다"(『청말불교 연구』, 263쪽)라고 하여 근본적인 입장의 차이를 인정한다. 그러나 그후 오구루스의 책을 출판한 지봉芝峰이 "오구루스가 중국에서 행한 갖가지 활동은 높게 평가되고 있다"(265쪽)라고 말하듯이 중국불교계의 동향도 단순하지 않다. 천지둥의 연구는 갖가지 새로운 자료로부터 이러한 문제점을 분명히 한 점에서 큰 일보를 내딛고 있다.

샤오핑의 『근대 중국불교의 부흥』은 중산中山대학에 제출한 박사논문에 기초한 것이다. 부제는 '일본불교계와의 교제록'으로 일본불교와의 관계로부터 본 근대 중국불교에 대한 연구이다. 개론적인 서술과 함께 저자 자신의 연구와 자료를 다수 포함하고 있어 지금까지의 관련 연구를 총괄하면서도 이후 연구의 출발점이 되는 큰 성과이다.

이 책의 연구방법은 첫째로 원자료의 수집발굴을 중시하는 것과 함께 둘째로 "중국 측의 사료와 일본 측의 사료를 대조하여 사용하는" 것을 들 수 있고 "동일한 사건과 인물에 대해서도 중일 쌍방에서 자주 다른 이해와 해석이 있는"(5쪽) 것으로 복안적인 관점을 갖는 것은 극히 주목되며, 그것을 상당히 성공적으로 수행하고 있다고 생각된다. 이 두 가지 점 모두 천지둥의 연구에서도 공통된 것으로, 시대를 같이하여 기본적인 자료를 중시하면서 지금까지의 일면적인 연구를 뛰어넘어 복안적인 관점에 선 연구가 나온 것은 마음 든든한 일이다. 샤오핑의 것은 천지둥과 같이 범위를 한정하고 있지 않기 때문에 부분적으로는 세밀하고 일반적인 것의 차이가 있지만, 19세기 후반부터 1930년대까지를 다루기 때문에 큰 전망을 가지고 살펴볼 수 있다.

이 책 1장 '서론'에서 연구사와 방법에 대해 논한 후 2장 '일본불교도의 중국진출 동기와 사회적 배경'에서 에도부터 메이지에 걸쳐 일본불교를 개관한다. 다음이 본론에 해당하는 부분으로 3장 '일본 승려의 중국 전교활동', 4장 '불교인쇄사업의 진흥과 중일학자의 교우', 5장 '불학 연구 사업의 회복과 일본의 불학 연구', 6장 '밀교의 발전과 밀교를 구해 일본에 유학한 사람들', 7장 '중일 학자의 불교국제화의 노력', 8장 '중국불교회의 일본유학열', 9장 '일본불교계와 학계의 중국순례활동', 10장 '중국불교도의 일본조사활동'으로 이어지고 있다.

지금 이들 각 장을 상세히 소개할 여유는 없지만, 사상사적으로 보아도 흥미 깊은 문제는 여러 곳에 산재하여 있다. 예를 들면 5장에서는 일본에서 일어난 『대승기신론』의 중국찬술문제가 중국에서도 생겨나 어우양징우파와 타이쉬파가 대립하는 논점이 되었고, 6장과 8장의 중국에 일본 밀교 열풍이 일어, 밀교를 구하러 일본에 유학한 승려가 있었다고 하는 사실은 흥미롭다. 7장에서는 양원후이와 타이쉬의 국제적인 활동을 살피지만 그 중에서도 타이쉬의 경우 일본 측의 침략과 결부된 국제활동에 어떻게 대치해야 하는가라는 것이 문제가 되어 복잡한 양상을 보인다. 제10장에서는 중국 측의 일본불교관을 엿볼 수 있는 자료가 다수 제시되고 있다.

천지등과 샤오펑의 연구에 의해 근대의 일중불교교류에 관한 연구는 크게 진전하였다. 단지 지금까지 그 연구는 중국인 연구자에 의해 이루어졌으며, 일본 측 연구자의 관심은 아직은 그다지 높지 않다. 또한 역사적인 상황의 해명이 먼저 이루어져야 하기 때문에 사상사적인 분석은 아직 뒤처져 있다. 더욱이 한국불교와의 관계 등은 더욱더 그 연구가 뒤처져 있다. 앞으로 남겨진 과제는 실로 크다고 할 수 있다.

4) 넓은 시야에서

이상 중국과의 관계를 중심으로 최근의 연구를 소개하면서 그 문제점을 살펴보았다.* 그러면 동아시아를 뛰어넘어 보다 광범위한 아시아 불교와의 교류는 어떠할까. 인도에 관해서는 가스가이 신야春日井真也의 선구적인 작업** 등이 있지만, 아직은 극히 뒤처져 있다. 앞서의 『사상』특집호에서 자피의 논문 등이 지침이 되지만, 그것에 덧붙여 사토 데쓰로佐藤哲朗의 홈페이지(http://homepage1.nifty.com/boddo/)에 소개된 『대아시아 사상 활극』大アジア思想活劇을 들고 싶다. 이것은 1부 '메이지

21년의 인도여행부터 올코트의 내일來日까지'와, 2부 '랑카의 사자 다르마팔라와 일본'으로 구성되어 있다. 아직 완전하지 않지만, 1부에서는 신지협회神智協會의 올코트의 내일과 강담사講談師 노구치 후쿠도野口復堂의 인도여행 등을, 2부에서는 스리랑카의 불교개혁자 다르마팔라의 내일來日 등 이제껏 무시되어 온 중요한 문제를 다루고 있다.

인도의 문제는 오카쿠라 덴신岡倉天心 등의 아시아주의와도 연결되어 있기 때문에 이후 보다 광범위한 시야로 검토할 필요가 있다. 예를 들면 동아시아의 범위를 넘은 '대동아'의 문제가 클로즈업되었을 때 인도에서 출발해 일본까지 미친 불교가 그 문화적 일체성을 증명하고 있다. 인도·중국·일본이라는 '삼국사관'이 전제되어 종종 조선과 동남아시아가 배제되기도 한다. 다른 한편에서는 일본의 '대동아' 구상을 반열강 식민지주의로서 합리화하기 위해 인도독립운동과의 결합을 구하였다. 이리하여 인도는 극히 중요한 의미를 갖게 되고 그 중에서도 불교에 큰 역할이 부여되었던 것이다. 이것에 대한 해명도 앞으로 중요한 의미를 가질 것이다.

그렇지만 이와 같은 아시아와의 관계 문제를 고찰해 갈 때 좁은 불교에 한하지 않고 근대 사상 연구 전반에 관해서도 유사한 상황이라는 것에 주의하지 않으면 안 된다. 나는 교토학파에 관하여 다음과 같이 서술했다.

---

* 이 분야에 관한 졸고로서 앞서 밝힌 『思想』 특집호에 쓰지무라와 공동 집필한 논문 외에 「日本侵略下の中國仏教」(『季刊仏教』 49, 2000. 이 책 제4부 3장), 「太虛の抗日仏教」(阿部慈園博士 追悼論集 『仏教の実践法』, 春秋社, 2003. 이 책 제4부 2장)가 있다.
** 春日井眞也, 『インド―近景と遠景』(同朋舍出版, 1981)에 오카쿠라 덴신 등과 함께 호리 시토쿠(堀至德)가 논해지고 있다.

그런데 일본의 연구자 입장에서 교토학파를 볼 때 이제껏 무시되어 왔던 또 하나의 견해가 있음을 지적해 두고자 한다. 지금까지는 서구 철학과 비교하면서 교토학파를 논하거나 혹은 그 위상을 정립하는 것이 보통이었다. 그러나 교토학파는 아시아가 근대화하는 과정에서 근대화에 대응하면서 동시에 전통 사상을 살려가고자 분투하는 역사의 전형이다. 그렇게 생각하면 동일하게 근대화 과정에서 전통을 재발견한다는 점에서 다른 아시아의 사상가·철학자들과 비교하는 것이야말로 구미 철학자들과의 비교 이상으로 중요할 것이다. 그러나 이 작업은 의외로 거의 진행되지 않은 상태이다.*

그러면 그와 같은 새로운 방향을 보이는 예로서 『동아시아와 철학』東アジアと哲学(후지타 마사카쓰 외 편, 2003)을 들 수 있는데, 이 책에 대하여 약간 언급하기로 한다. 이 책은 2000~2001년 2회에 걸쳐 열린 국제 심포지엄에 의거한 것으로 일본·중국·한국 그리고 구미 연구자의 논문 25편이 수록되어 있다. 그것들은 ① 세계의 문화와 동아시아 간의 대화, ② 동아시아와 서양철학, ③ 일본철학과 동아시아적 사유의 상극相克, ④ 중국의 일본 연구로 나누어져 있다. 다수의 집필자에 의해 다양한 관점이 나타나 매우 흥미 깊지만, 구체적인 근대 동아시아 간의 철학상 상호영향에 대한 비교는 충분치 않다. 24장 「번역으로 본 20세기 중일문화교류」(루쉬둥鲁旭東)에서 구체적인 사례로서 양자의 관계를 논하는 것 외에, 18장 「'이중성' 二重性과 '화합성' 和合性─일중근대철학의 변용 비교」(리수핑李甦平)에서 일본과 중국에 있어 근대철학의 수용

---

* 拙稿, 「京都学派と仏教」, 『日本仏教 34の鍵』, 春秋社, 2003, 280~281쪽. 이 책 63쪽 참조.

방식을 비교하고 있지만 너무 개괄적인 데 그치고 있다.

본래 서구로부터 받아들인 철학이란 무엇이었던가, 그리고 그것과 전통사상이 어떻게 충돌하였는가. 그것을 동아시아 공통의 과제로서 비교하면서 구체적으로 고찰하는 작업이야말로 중요하지만, 그것은 이후의 과제로 남겨져 있다. 예를 들면 서구철학의 수용에 관해서도 일본의 아카데미즘이 일찍부터 독일 중심의 입장을 취하고 그 중에서도 미국 계통의 프래그머티즘은 아카데미즘 밖으로 쫓겨난 것에 비하여, 중국에서는 후스胡適의 도미渡美와 듀이John Dewey의 내화來華 등에 의해 미국 계통 철학의 영향이 강하다. 그러한 근대철학 수용의 차이를 명확히 비교해 가는 작업이 이제부터 필요하다. 앞으로 남겨진 과제는 극히 크다.

오늘날 아시아론이 사상사에서 큰 문제로 취급되기에 이르렀다.[**] 그것이 헛되이 끝나지 않기 위해서는 복안적인 시점을 분명히 가지고 큰 전망을 갖는 것과 동시에 새로운 자료를 발굴하면서 개별적인 사건에 대한 착실한 실증연구를 진행해 영향관계와 상호비교 등을 확실히 해명해 가는 작업이 요청된다. 그와 같은 넓은 전망 가운데 불교 사상도 새롭게 다시 바라보는 연구가 진행되어야만 한다.[***]

[**] 孫歌, 『アジアを語ることのジレンマ』, 岩波書店, 2002; 子安宣邦, 『'アジア'はどう語られてきたか』, 藤原書店, 2003 등.

[***] 拙稿, 「日中比較より見た近代仏教」, 『現代日本と仏教』 3, 平凡社, 2000. 이 책 제4부 2장은 그와 같은 방향을 향한 대략적인 스케치이다.

2. 일중비교로 본 근대불교

1) 중국의 경우

중국의 근대는 아편전쟁으로부터 시작된다고 한다. 영국의 근대 전력 앞에 너무나 굴욕적으로 패배한 것(1842)은 지식인들에게 위기감을 주어 근대국가의 확립이 급선무라는 생각을 갖게 하였다. 그후 무술변법 戊戌變法(1898)으로 대표되는 근대화의 운동과 그 좌절을 거쳐 마침내 신해혁명辛亥革命(1911)으로 청조는 붕괴한다. 그러나 그것으로 사회는 안정되지 않고, 계속된 내전과 만주사변(1931) 이래의 일본 침략에 대한 저항전쟁을 거쳐 중화인민공화국의 건국(1949)에 이른다.

이와 같이 크게 변동하는 시대는 불교에 있어서도 그다지 순탄치는 않았다. 본래 청대의 불교활동은 정체되어 있었고 지식인으로부터도 환대받지 못했으며 근대화 속에서 불교는 점차 반시대적이고 미신적인 것으로 간주되었다. 계몽적인 근대주의의 입장에서 도움이 되지 않는 사묘寺廟를 접수하여 학교를 만들고 교육을 일으키려는 움직임이 활발하였다. 소위 묘산흥학廟産興學(사묘를 몰수하여 학교로 함) 운동은 무술변법 후 최초로 성황을 이뤘다. 민국시대가 되어서도 불교에 대한 비판은 거셌으며, 1915년 위안스카이袁世凱 정권은 「관리사묘조례」管理寺廟 條例를 공포하여 사묘 관리권을 사원으로부터 박탈하고 또 교단의 개혁 과 불교계의 권리를 주장하는 중화불교총회를 금지하였다. 1927년경 에는 두번째 묘산홍학 운동이 최고조에 달해 1929년에는 난징정부에 의해 「사묘관리조례」寺廟管理條例가 공포되었다.

그러나 이러한 역경 속에서도 다른 한쪽에서는 정체되어 있던 불 교가 새롭게 검토되어 부흥되는 활발한 움직임을 보였다. 불교계의 개 혁을 향한 최초의 기념비적인 활동은 양원후이에 의한 금릉각경처金陵 刻經處의 설립(1866)이었다. 중국 근대의 불교가로 양원후이의 영향을 받지 않은 사람은 없다고 해도 과언은 아니다. 양원후이에 이어서 그의 사후, 신해혁명 이후 시대에 불교계 지도자로서 가장 큰 영향을 남긴 사람은 타이쉬였다. 중국 근대의 불교는 이 두 사람을 축으로 하여 전 개되었다고 말할 수 있다.

청조 말기

양원후이는 큰 병을 얻었을 때 『대승기신론』을 접하게 된 것을 계기로 불교 연구에 입문하여, 1866년 경전의 출판 유포를 목적으로 난징에 금릉각경처를 설립한다. 양원후이의 활동은 주로 이곳을 기반으로 전 개되어, 이곳이야말로 근대불교의 요람이 되었다. 양원후이의 활동은 출판·교육·사상의 다방면에 걸친다.

출판은 금릉각경처의 중심적 활동이었다. 중국에서는 불교가 오 랜 기간 정체된 사이 다수의 불전이 소실되었다. 그 뒤에 청조가 용장龍 藏이라 불리는 흠정欽定의 대장경을 유포시켰기 때문에 그것 이외의 전 적들이 유포되는 길이 막혀 버렸다. 양원후이는 1878년 유럽 여러 나라를 시찰하던 중 런던에서 유학 중이던 일본의 난조 분유와 친하게 되어 그후 난조를 통하여 일본에 남아 있는 다수의 불서 수집에 노력하고 그것들을 간행하였다. 다른 한편으로 일본에 없고 중국에 남아 있는 불전을 일본에 보내어 일본에서 출판되는 것을 도왔다.

양원후이는 또 일찍부터 불교교육의 필요성을 통감하여 교육기관 설치의 구상에 몰두하였다. 그 구상은 1907년에 금릉각경처에 기원정사祇洹精舍를 설립하는 것으로 실현되었지만, 자금 부족으로 불과 2년 만에 문을 닫았다. 그러나 그 사이에 타이쉬를 비롯해 차세대를 담당할 인재가 양성되었다. 또 무술변법의 활동가 탄쓰퉁譚嗣同 등도 금릉각경처에서 양원후이의 교화를 받았다. 탄쓰퉁의 주저 『인학』仁學은 그곳에서 지어졌다고 한다.

양원후이 자신의 사상으로서는 그 경력에서 알 수 있듯이 『대승기신론』을 중시하고 있다. 이후의 근대불교 사상은 크게 두 계통으로서 전개된다. 하나는 『기신론』에 근거한 진여설眞如說을 중시하는 입장과 다른 하나는 유식 사상唯識思想을 중시하는 입장이다. 유식설은 종래 중국에서는 큰 영향력은 가지지 않았지만, 근대에 이르러 서구철학에 대항할 수 있는 정치한 인식론·인간론을 전개하고 있는 점이 평가되어 일약 각광을 받게 되었다. 유식을 중시하는 사상가로서는 장빙린章炳麟〔장타이옌〕, 슝스리熊十力 등이 있고, 어우양징우는 유식설을 지지하는 것과 함께 『기신론』의 위찬설僞撰說을 제기해 논쟁을 일으켰다.

민국시대

양원후이가 신해혁명의 해에 죽고, 그후 민국시대 불교계에 지도자가 된 사람은 타이쉬이다. 양원후이가 평생 거사로서 불교교단과는 일선을 긋고 있었던 것에 비하여 타이쉬는 출가한 승려로서 불교교단의 근대화에 몰두하였다. 그런 까닭에 중국의 마틴 루터라고 일컬어져 현대의 중국·대만 양쪽의 불교교단에 거대한 영향을 남기게 되었다.

타이쉬는 1904년 쑤저우蘇州에서 출가하여 양원후이의 기원정사에서도 배웠다. 그가 불교계의 무대에 등장한 것은 1912년경으로, 그해 중국불교총회가 결성되어 비록 늦긴 하였지만 불교계도 시대의 거친 파도를 헤쳐 나가며 자기주장을 내기 시작한다. 타이쉬는 그 중에서도 급진파로서 1913년에는 교제敎制·교산敎産·교리敎理의 3대 혁명을 강조해 큰 충격을 주었다. 그러나 여건이 성숙되지 않아 1914년에서 17년까지 푸퉈산普陀山에 칩거하며 수행에 전념하였다. 1917년 이후 다시 활동을 개시한 그는 다음 해 상하이에서 각사覺社를 결성하였으며 (기관지 『각사총서』覺社叢書는 후에 『해조음』海潮音으로 이름을 바꾸어 오늘에까지 이르고 있다), 특히 1920년대의 불교부흥에 있어서 지도적인 역할을 담당하였다. 그 외에 우창불학원武昌佛學院을 일으켜 승려의 교육을 도모하고 (1922), 세계불교연합회를 개최(1923)하는 등 광범위한 활동을 펼쳤다.

타이쉬와 위안잉圓瑛 등의 노력에 의해 불교계는 '중국불교회'를 결성하여 정부의 통제정책을 항의했지만(1929), 타이쉬는 온건파인 위안잉과 대립하여 중국불교회를 탈퇴하였다. 그러는 사이 1937년 이후 전면적인 항일전에 돌입하여 불교계도 한층 항일구국의 활동에 전념하게 되었다. 여기에서도 위안잉·타이쉬 등이 그 중심이 되어 활동하여 항일전을 승리로 이끌지만, 그후 국공내전에 의해 국내는 계속 황폐해졌다. 타이쉬 사후 공산군의 승리와 함께 다수의 불교가가 대만으로 망명하는 등 혼란을 거쳐 대륙·대만의 양쪽으로 나뉘어 현대의 불교에 이르고 있다.

타이쉬 등으로 대표되는 20세기 중국불교의 사상은 인간불교人間佛教라는 말로 대표된다. 이것은 세속불교라고도 할 수 있는 것으로, 사회를 떠난 깨달음의 추구가 아니라 현실 사회 속에 이상을 실현하려고 하는 것이다. 여기에서 적극적인 사회참여가 이루어져 불교가는 시대 상황 속에서 전투적으로 활동에 종사하게 되었다. 정부의 종교통제정책에 대한 강경한 항의와 항일전에의 적극적인 참가도 이러한 사상에 근거하고 있다. 이러한 이상은 오늘에 이르기까지 중국·대만 불교가의 공통된 이념으로 작용하고 있다.

2) 일본의 경우

일본의 근대불교를 일단 전전까지로 생각해 시대구분을 하면 중국의 경우보다 훨씬 복잡하고 어려우며 정설도 없다. 일단은 3기로 구분하고자 한다. 제1기는 계몽기로 메이지 초부터 일청전쟁(1894~95)까지. 제2기는 사상 심화기로 일청전쟁 때부터 다이쇼 중기까지. 제3기는 민족주의 운동전개기로 다이쇼 중기부터 제2차 세계대전까지.

제1기

메이지 초부터 일청전쟁에 이르기까지는 메이지 유신 후 일본사회 자체가 개국과 근대화 가운데 급격한 변혁을 겪은 시대로 불교계 또한 예외는 아니었다.

메이지 원년(1868)의 사회정세는 반드시 불교계에 있어 바람직한 것은 아니었다. 존황양이尊皇攘夷와 결탁한 복고신도가 세력을 넓히고, 폐불훼석廢佛毀釋의 광풍이 몰아닥쳤다. 메이지 신정부는 폐불훼석은 승인하지 않았지만 신불분리를 강행하여 종래의 제도에 안주해 온 불교계에 큰 타격을 주었다. 정부는 나아가 신도 중심의 정책을 추진하였지만 불교계의 요청도 받아들여 1872년에 대교원大教院을 설치하여 신불합동을 도모하였다. 그러나 신도 중심에 대한 불교 측의 저항이 강하여 1875년에는 대교원을 해산하기에 이른다. 이 단계에서 불교 측의 이념가로서 활약한 사람이 진종본원사파의 시마지 모쿠라이였다. 시마지는 1872년에 유럽으로 건너가 서구의 종교사정을 접하고 나서 정교분리의 필요성을 일찍부터 주장하여 불교의 근대화를 향하여 큰 걸음을 내딛었다.

그후 불교는 신도와 마찰을 빚긴 하였지만 대체로 반그리스도교, 반서구주의라는 면에서 국수주의적 동향과 손을 잡고 체제 내에서 확고한 위치를 얻기에 이른다. 그리고 그 틀 속에서 근대화를 향하여 나아간다. 난조 분유 등의 유학으로 서구의 새로운 불교학을 도입한 것도 그 하나이지만, 특히 계몽사상가로서 메이지 20년 전후에 활약한 사람이 이노우에 엔료井上圓了이다. 이노우에는 통속적이며 철학적인 입장으로부터 불교를 이론적으로 무장하여 1887년(메이지 20년)에 『불교활론』佛教活論을 간행·개시함과 동시에 철학관哲學館을 창설하여 교육활동에도 손을 뻗쳤다.

불교의 체제적인 입장은 그리스도교도인 우치무라 간조內村鑑三의 불경사건(1891)을 계기로 하는 '교육과 종교의 충돌' 사건에 의해 한층 분명해졌다. 불교는 이노우에 데쓰지로井上哲四郎 등의 그리스도교 배격에 편승하는 형태로 체제 지향을 강화하였지만, 오히려 실질적으로 진지한 종교성은 그리스도교 측에서 발견되어 메이지 말년(1912)부터 시작하는 불교의 내면적 심화에 그리스도교의 영향이 강하게 나타난다.

제2기

일청·일러전쟁 무렵 일본의 근대화는 일단 달성되어, 단순한 계몽이 아니라 보다 심화된 형태로 어떻게 근대를 받아들여 가는가가 문제되었다. 제도적인 근대화는 이어서 근대적 개인의 확립을 요청한다. 그렇지만 그 과제가 달성되기 전에 위로부터의 급속한 근대화에 동반하는 모순이 드러나, 사상의 근대화는 동시에 근대의 비판, 근대의 초극으로 향할 수밖에 없었다.

문학의 세계에서 보면 나쓰메 소세키夏目漱石와 모리 오가이森鴎外 등이 그 과제를 담당하였다. 그 이전의 문학이 일부를 제외하고 역사적 연구 대상 이상의 의미를 갖기 어려웠던 것에 비하여 이 시대의 소세키·오가이의 문학은 곧바로 현대의 문제와 결부된다. 그것은 근대를 담당해야 할 주체적인 개인의 확립에 대한 것이며, 동시에 고립된 개인의 불안을 어떻게 해소하는가라는 문제 제기이기도 하다. 그 과제는 그 시대 지식인의 공통된 과제라고 해도 좋을 것이다. 거기에서 종교가 새롭게 보이게 된다.

근대 일본의 대표적인 불교 사상가로는 정토교의 기요자와 만시, 선의 스즈키 다이세쓰, 일련신앙의 다나카 지가쿠를 들 수 있을 것이다. 그들의 활동시기 혹은 활동을 개시한 것은 일청·일러 전쟁기였다.

기요자와 만시清沢満之는 종교철학의 연구로부터 출발하여 금욕적인 구도생활을 거쳐 1895년 동본원사의 교단개혁에 착수한다. 그러나 보수적인 당국의 방해로 실패하고 1900년에 도쿄로 이주한 뒤에는 열성적으로 문하생을 교육하면서 정신주의운동을 전개했다. 정신주의는 스스로의 내면을 살펴봄으로써 절대무한자인 아미타불과 합치하는 것을 구하고자 한 것으로 정토신앙을 근대적인 '개인'의 신앙으로서 새롭게 세웠다고 할 수 있다. 기요자와의 사상은 정토진종뿐만 아니라 일반의 철학 사상에도 큰 영향을 주었다.

스즈키 다이세쓰鈴木大拙는 1896년에 『신종교론』新宗教論을 저술하고 다음 해 미국으로 건너간다. 10년 이상의 미국생활을 거쳐 1909년 귀국한 후에는 전후에 이르기까지 실로 왕성한 활동을 전개한다. 구미의 사상을 몸에 익힌 다이세쓰는 선을 총림으로부터 해방하고 한편으로는 구미를 향해 선의 포교자로서 성공함과 함께 국내적으로는 지식인의 비판을 견뎌낼 수 있는 선 사상을 확립하였다. 이 일은 맹우 니시다 기타로와의 친교를 통하여 니시다에 의한 일본 독자의 철학 확립에 큰 영향을 주었다. 근대 일본에 있어서 불교의 철학적 이해에는 니시다로부터 시작하는 교토학파가 그 중심적인 역할을 담당하였다.

다나카 지가쿠田中智学는 1884년에 설립된 입정안국회立正安國會, 1914년에 설립된 국주회國柱會를 통하여 국가주의와 결합한 사회활동으로 큰 영향을 끼쳤다. 이 점에서 기요자와나 다이세쓰와 다르며 다음의 제3기의 동향과 관계가 깊다. 메이지 후기에 있어 일련신앙의 내면화라는 점에서는 오히려 다카야마 조규高山樗牛가 주목된다. 니체주의의 세례를 받은 조규는 만년에는 일련 신앙에 이르러 국가를 초월한 불법의 절대성을 주장하였다.

제3기

위에서 서술한 바와 같이 일본 근대의 불교는 근세 이래의 체제 지향과 반서구주의적 입장으로부터 국가주의와 결합하기 쉬운 체질을 가지고 있었다. 그런 가운데 대역 사건에 연루된 우치야마 구도內山愚童와 쇼와기에 신흥불교청년동맹을 결성한 세노 기로妹尾義郎 등은 불교정신에 근거하여 체제 비판을 전개한 소수의 예외였다. 단지 다나카 지가쿠에 있어서도 결코 단순한 국가주의가 아니라 '종문宗門의 유신維新'에 뜻을 두고 폐단이 현저한 종문을 개혁하여 신앙 본위, 신자 본위의 교단을 목적으로 한 혁신적 운동이라는 측면을 가지고 있었다.

　　이러한 국가주의적 혁신운동은 다나카뿐만 아니라 본래 정치지향이 강한 일련주의에 가장 현저하였고 쇼와기의 초국가주의가 일련주의와 긴밀히 결부되어 있었던 것은 잘 알려진 일이다. 초국가주의의 카리스마적 지도자로 2·26사건에 연좌되어 처형된 기타 잇키北─輝와 만주국 건국의 중심인물 이시하라 간지石原莞爾가 그 전형이다. 만주사변 후 전쟁체제가 되자 불교교단은 빠르게 자주성을 버리고 국가통제와 총동원 체제에 순응하게 된다. 정토진종이 전시교학이라 불리는 국가주의적 교학을 전개한 것은 근대의 연구에서 분명해졌으며, 다른 종파도 거의 동일한 경과를 거쳐 전쟁협력과 식민지 교화에 매진하게 된 것이다.

3) 일중 근대불교 비교

이상 간단히 중국과 일본에 있어서 근대불교의 전개를 개관하였다. 양자는 똑같이 근대화와 구미의 위협이라는 문제에 직면하면서 완전히 다른 대응을 보이고 있다. 여기에서 양자를 비교하면서 그 문제점을 살펴보기로 한다.

사회적 상황에 대한 대응

먼저 양자가 처한 배경과 상황에 상당히 큰 차이가 있다. 본래 청조에 있어서 불교는 극히 쇠퇴하여 그 영향력은 매우 한정적이었다. 그런 까닭에 19세기 중엽 이후의 불교부흥은 문자 그대로 부흥이며 발견이었다. 그 부흥의 시기에 있어서도 불교교단 자체는 묘산흥학 운동과 깊이 관련되어 있어 존망의 위기에 있었다. 그런 까닭에 강한 위기의식과 대담한 개혁으로의 지향을 강화할 수밖에 없었다.

또 불교교단뿐만 아니라 국가 자체가 위기적 상황에 있었다. 안으로 계속된 혁명과 내전, 열강의 침략, 특히 일본의 침략은 국토를 황폐화시키고 사람들의 생활을 피폐화시켰다. 그러한 상황에서 불교가도 어쩔 수 없이 사회적 문제에 휘말려 현실의 사회를 어떻게 해야 하는가라는 문제에 직면하였다. 청조 말기에 불교에 관심을 가진 재가 사상가들은 상당수 변법운동에 관계하는 등 적극적인 사회변혁에 열성적이었고, 불교를 그 사상적 무기로 활용하려고 하였다. 또 신해혁명 후 교단개혁에 있어서는 인간불교의 사상이 널리 지지를 받아 항일전의 시대에는 불교가도 선두에 서서 항일운동에 참가하였다.

한편 일본에서는 에도 시대에 불교가 정체되어 있었다고는 하나 실제로는 단가제도檀家制度에 의거하여 사회체제 가운데 은연한 세력을 차지하고 있었다. 본래 불교와 정치체제의 제휴가 그리스도교 신자의 탄압을 큰 계기로 하고 있었던 것에서도 알려지듯이 불교의 체제 지향은 동시에 반서구주의, 국수주의와 결합할 요소를 강하게 가지고 있었다. 메이지 초년의 폐불훼석과 신불분리에 동반했던 불교배격의 움직임은 일시적인 것에 머물렀고, 불교의 기본적인 반서구주의, 국가주의의 본질은 국가체제의 이해와 일치하여 불교는 체제 이데올로기의 일부분을 담당하는 역할을 맡았다. 그런 까닭에 사회와 정치에 대한 비판적인 시각이 생겨나는 일 없이 거의 무반성인 채로 침략전쟁을 돕는 결과를 낳았다.

불교를 담당했던 사람에 대해 부언한다면 중국에서는 처음에 양원후이에 의한 거사(재가)의 활동으로서 출발하여 후에 타이쉬 등의 출가자에 의한 교단개혁의 운동으로 전개되었다. 그 과정에서 타이쉬와 어우양징우 사이에서 보였던 출가불교와 거사불교의 대항, 긴장관계도 나타났다.

이에 반해 일본에서는 일찍부터 불교의 세속화가 현저히 이루어졌으며, 그 가운데서도 1872년에 승려의 육식·대처가 정식으로 인정된 이후에는 한층 그 경향이 짙어졌다. 그런 까닭에 일본에서도 근대불교는 상당 부분 재가자가 담당하면서도 출가자와 재가자의 강한 긴장관계는 보이지 않았다. 오히려 출가자도 계속하여 재가자에 가까워졌다고 볼 수가 있다.

근대 사상으로서의 불교

사상 면에서 살펴보면 중국에서 중시된 것은 유식계와 화엄 및 『대승기신론』 계통의 사상이다. 본래 이러한 사상에 착안한 것은 서구철학이 도입되었을 때 그것에 대항할 수 있는 이론적 무장을 스스로의 전통 속에서 찾을 수 없다고 하는 것이 큰 이유였다. 그런 까닭에 불교는 주체적인 종교성보다도 정신세계를 포함한 세계의 구조를 분석하는 방법으로서 채용된 면이 강하다. 말하자면 객관적·총합적인 설명원리라고도 할 수 있는 것으로, 그 속에는 사회문제와 자연과학도 통합된 것으로 생각되었다. 본래 중국에서 유력한 선 계통이 사상적으로 크게 발전하지 않은 것은 일본과 비교해 흥미 깊다.

이에 대하여 일본에서는 이러한 불교의 통합적인 철학이라는 면이 중시된 것은 이노우에 엔료 등 계몽기 사상에 있어서였으며, 그것이 좌절된 것을 계기로 독자적인 사상이 전개되었다. 메이지 말기 이후의 사상적 심화에 있어서는 정토·선·일련 신앙과 같은 실천적 종교의 측면이 중시되어, 유식 등의 이론적·철학적 측면은 거의 발전하지 않았다. 기요자와 만시에게 전형적으로 보이듯이 근대불교는 자연과학과 사회적 문제로부터 벗어나 순수하게 내면적·주체적 문제로 영역을 한정시켜 사상적인 심화와 예리함을 더하였다. 니시다 철학은 이러한 동향을 계승하면서 새로운 형태의 철학을 세운 것이라고 할 수가 있다.

양자를 비교해 보면 중국에 있어서의 총합적 이론은 종교에만 국한되지 않는 포괄성을 가지고 거기에서 사회적 문제의식도 나오지만, 오늘날 되돌아보면 이론적으로 약하여 그대로 현대에 적용하기는 어렵다. 그것에 비하여 일본의 불교 사상은 시야가 한정되어 버리지만, 그것만으로 한정된 영역에 있어서 깊은 사색을 전개하고 현대에까지 이르고 있다.

서구 사상과의 관계에서 보면 중국에서는 베르그송Henri Bergson 정도에 그치고 있으며, 그후의 현상학과 실존주의를 받아들일 여지가 없었다. 이것은 1830년대 이후 새로운 사상적 발전을 이룰 수 있는 상황이 아니었던 것도 있지만, 그쪽으로 발전하는 방향성을 육성하지 못했던 면도 무시할 수 없다. 그것에 비하여 일본에서는 일찍부터 다카야마 조규와 같이 니체를 수용하거나, 후에 현상학과 실존주의를 받아들이는 방향성이 육성되어 있었던 것으로 생각된다.

이상 일본과 중국을 비교하면서 근대불교의 문제점 가운데 일단을 극히 개략적으로 살펴보았다. 보다 상세한 비교가 이루어진다면 더 여러 가지의 문제들이 논의될 수 있을 것이다.

3. 일본 침략하의 중국불교

1) 일본 침략하의 중국불교─잡지를 단서로 하여

일본 침략하의 중국의 불교계 잡지

1999년 2월 말부터 6월 초까지 베이징 '일본학연구센터'에 체재하면서 일본 문화를 연구하는 대학원생의 지도를 담당하였다. 그 사이 여가를 틈타 베이징도서관(국가도서관)을 들러 그곳에 소장된 일본고사본 및 혁명 전의 불교관계 잡지를 조사하였다. 한정된 시간이었고 매우 불충분한 것이었지만, 당시 조사한 잡지를 여기서 보고하고자 한다.

베이징도서관에 소장된 혁명 전 잡지 분류 목록 중 1920년대부터 1949년까지의 불교 관계 잡지를 살펴보면, 77종이 넘는 잡지의 이름이 보인다. 단 이것들은 어디까지나 목록에 있는 것으로 그것이 실물과 합치하는가를 살펴보면 유감이지만 실제로는 약 반수 이하이다. 베이징도서관의 도서 정리 상황은 좋다고는 할 수 없었고, 청구하여도 나오지 않는 경우가 적지 않았고 목록에 기재된 권·호도 틀리는 경우가 많았다. 심한 경우에는 다른 잡지가 함께 제본되어 있는 경우도 있었다.

이러한 이유로 이들 잡지를 충분히 활용할 수 있는 것은 아니지만, 이들 잡지가 중국 근대의 불교 상황을 생생하게 묘사하는 최고의 자료인 것은 틀림없다. 이번 장에서는 이들 가운데 1930년대 말부터 40년대에 걸친 일본침략시대의 잡지 가운데 몇 개를 골라 일본 침략에 대한 중국불교가의 반응의 일단을 살펴보기로 한다. 그것은 동시에 침략전쟁에 대한 일본불교가의 대응을 살피는 거울이 될 것이다.

이 시기는 일본 침략에 의한 혼란 중에 불교계 자체가 정상적인 활동을 중단하고 인쇄출판도 어려워져 어쩔 수 없이 폐간이나 휴간을 한 잡지도 많다. 일본 점령하에서는 당연한 일이지만 반일적인 활동은 금지되고 반일·항일의 입장을 취하는 불교가는 충칭 등 항일활동이 활발한 지역으로 갈 수밖에 없었다.

그러한 가운데 분명하게 항일의 입장을 취한 잡지로는 『해조음』海潮音(우창·충칭), 『사자후 월간』獅子吼月刊(구이린) 등이 있다. 다른 한편 친일적인 잡지로서 완전히 일본의 어용 기관지의 역할을 한 것으로서 『신종』晨鐘(항저우)이 있고, 그 정도로 극단적이지는 않지만 친일적인 입장을 취한 것으로서 『동원』同願(베이징)이 있다. 더욱이 『중국불교 계간』中國佛教季刊(상하이)과 같이 일본 점령하에서 일단은 일본에 따르면서도 독자의 활동을 전개하고 있는 것도 주목된다. 『연지회문』蓮池會聞(베이징)과 같이 정치적인 문제를 전혀 건드리지 않는 것도 있다.

다음에서 이들 잡지의 일단을 소개하고자 한다.

일본의 괴뢰─『신종』

『신종』晨鐘은 항저우일화불교회杭州日華佛教會가 간행한 것으로, 중화민국 28년(1939)에 창간되었다. 베이징도서관에는 창간호가 소장되어 있다. 목록에는 제2호도 있었지만, 실물은 볼 수가 없었다. 몇 호까지 계

속되었는지는 분명치 않다. 따라서 여기에서는 창간호를 소개하기로
한다. 목차는 다음과 같다.

발간사(룽딩隆定)

서(천빙녠陳炳年)

제사題詞

〔논단〕일중사변에서 동아시아 평화와 중일불교도의 사명을 설하기에 이름
　　　　(바이윈白雲)

〔저술〕중국불교의 8종宗 2행行에 대한 약술(퉁밍通明)

　　　　일본불교 종파의 조감(룽딩)

〔전재〕항저우일화불교회의 회고(룽딩)

　　　　일본 대승불교 연구의 인상(우천無塵)

　　　　서호西湖의 인상(시쯔西子)

〔강연〕사회와 불법(쉐성學聖)

〔문예〕분주한 여행의 도상에서―일본 유학생활의 한때(신광心光)

　　　　한 청년의 참회(바이윈)

　　　　시詩(칭안 거사輕安居士 등)

〔잡문〕본간선언(후이저우慧舟)

　　　　존경하는 『신종』의 독자에게 고함(칭안 거사)

　　　　관음보살영험기(밍더明德)

〔일본어〕『신종』 발간을 축하하며(토교부대 종군승 와카미즈 쇼렌若水昌善)

　　　　　중국불교도에게 드림〔중국어역 딸림〕(후지이 소센藤井草宣)

　　　　　추억단상(이치이 소겐一井宗元)

　　　　　대승불교의 특질과 그 사회성(다이라 세이운平盛運)

　　　　　전환기에 직면한 중국불교계(오쓰 다니야마大津潤山)

〔부록〕항저우일화불교회 연기緣起와 장정章程

이상의 것에서 일본어로 된 다섯 논문을 제외하고는 물론 중국어이다. 이와 같이 형태상으로는 일본 측과 중국 측의 협력에 의한 것같이 보이지만 '일화불교회'에서와 같이 일본 쪽이 앞에 나와 있는 것에서도 알 수 있듯이 일본 측이 주도권을 쥐고 있는 것은 분명하다.

배경이 되는 상황은 「중국불교도에게 드림」에 상세히 나타난다. 거기서는 "이번 사변에 있어서 당초 중일 양국 불교도 중에는 각각 애국의 열정에 불타서 각각 자신의 국가를 위하여 충성하도록 노력하는 것은 당연하다"라고 먼저 양국 각각의 불교도의 민족주의를 인정하는 것같이 시작한다. 그러나 이어서 "그러나 지금 사변은 전시기로부터 일보 나아가 화평기로 접어든 것이다"라고 하여 근위성명近衛聲明으로부터 왕징웨이汪精衛(왕자오밍汪兆銘) 정권의 성립에 의해 "양국의 융화화합에 의한 동아시아 신기구의 수립을 목적으로 한다"와 같이 바뀌었다고 주장한다.

이와 같은 정세에서 "그것을 종교계의 입장에서 되돌아보면 열하의용군熱河義勇軍 총사령 주칭란朱慶瀾(子橋) 거사가 헛수고인 항일운동에 전 중국의 불교도를 끌어모아 대죄업을 쌓는 것 외에, 대다수는 평화적 태도에 입각하고 있는 것은 몹시 유쾌한 것이다"라고 하여 베이징불교회 광제사廣濟寺의 샨밍現明 법사, 염화사拈華寺의 촨랑全朗 법사 등의 난민구제운동, 상하이의 판청範成 법사 등의 정업사淨業社 및 거사림 구제운동, 베이징의 장자오쭝江朝宗, 첸퉁錢桐, 가오관루高觀如 등에 의한 중일불교학회의 성립 등을 들어 그것과 함께 항저우일화불교회의 설립을 평가하고 있다.

거기에서 "일찍이 충칭 및 쿤밍昆明에서 타이쉬 법사가 소위 신중국불교협회라는 계획을 세운 것도 듣고 있고 또 위안잉 법사가 상하이로부터 난양南洋을 왕래하여 화교 사이에서 항일연설을 한 것도 알고 있다. 지금은 그것에 대하여 말하고 싶지 않다. 왜냐하면 그것들은 과거의 일에 속하기 때문이다"라고 하여 타이쉬 등 항일파의 움직임을 무시하는 태도를 취하고 있다.

중국 측의 대응은 바이원의 논문 「일중사변에서 동아시아 평화와 중일불교도의 사명을 설하기에 이름」에 분명히 나타나고 있다. 여기서는 "중일 양민족이 이번 전쟁이라는 큰 용광로에서 하나로 녹아 수족手足과 같은 일대가족으로서 공존공영하여 동아대륙의 부흥과 영구평화를 함께 도모하는" 것을 구하고 있다.

대승불교의 '평등자유의 현세정토를 건설하려고 하는 위대한 정신'은 "중국 고유의 '신의화평' 信義和平, '천하를 공평히 함', '대동세계' 등과 또 일본의 일반 민중이 숭신하는 '팔굉일우' 八紘一宇(팔굉은 4방과 4우로 곧 전 세계. 일본이 태평양전쟁기에 해외진출을 정당화하기 위해 쓴 말로서 전 세계를 하나의 집이라 하는 것이다), '사해동포'의 동붕주의同朋主義 이상과 부합하는" 것이기 때문에 "대공무아의 정신에 근거하여 자아의 일체이욕을 희생시켜, …… 동아민족과 전 인류의 존영과 복리를 목표로 하는" 것이어야 한다. 이것은 거의 일본 측의 논리를 반복하는 데 지나지 않는다.

그러면 항저우일화불교회라는 것은 어떠한 경위로 성립하여 어떠한 사업을 하고 있었던 것일까. 「항저우일화불교회의 회고」(룽딩)에 의하면 "(일화)사변 후 다수의 승려가 다른 곳으로 도망가 사묘가 완전히 쇠락했기 때문에 본회의 전회장 청위안成元 법사가 지방을 번영시키고 불교도와 연락을 취하고 항저우시의 부흥을 도모하려는 관점에서 먼저 항저우불교회를 조직하고 후에 항다오밍杭道明 영사領事 및 시예西野,

친룽성秦龍勝 등 여러 사람의 찬조로 마침내 민국 28년(1939) 1월 15일에 정식으로 일화불교 연구회 항저우지부를 오산吳山 해회사海會寺에 성립시켜 청위안 법사를 회장으로 추대했다." 그후 항저우일화불교회로 명칭을 바꾸어 룽딩 법사를 회장으로 삼았다.

본회의 사업으로서는 ① 선교사업, ② 교육사업, ③ 구제사업이 거론되고 있다. 교육사업은 승려교육과 민중교육으로 나누어지고, 승려교육으로는 3개월의 단기훈련을 거쳐 그 중 우수한 여섯 명을 일본에 유학시키고 있다. 민중교육은 주로 일본어교육이다. 이 책에 수기를 기고한 유학승 우천(고마자와대학), 신광(교토) 등은 이렇게 유학한 자들일 것이다.

항저우일화불교회의 내막에 대해서는 『해조음』 21권 5·6호(1940)에 게재된 「왜구가 중국의 승니를 간살분략姦殺焚掠한 것에 대한 보고」(밍징明靜)에 서술되어 있다. 그것에 의하면 민국 26년 12월에 일본군이 항저우를 유린하고, 그 3일 뒤에 청위안 등이 '일화불교회'를 조직했다(이것은 『신종』의 기사와 다르다. 『신종』쪽이 올바를 것이다). 그 목적은 경제약탈에 있었으며, 항저우시에 남아 있던 민중 약 40만 명으로부터 1각角씩 납부시키는 안까지도 나왔을 정도이다. 그러나 수차례에 걸친 회의는 잘 진행되지 않았고, 회장을 맡고 있던 청위안은 상하이로 피하였다. 항저우의 대다수 승려들은 모두 탈출하였기 때문에 상하이에 있던 일본어에 능통한 룽딩 법사를 명목상 회장으로 삼았고 적들이 실권을 잡고 있었다, 등등이 기록되어 있다.

『해조음』의 기술은 반드시 정확하다고 말할 수는 없지만 일화불교회가 일본 측의 괴뢰인 것은 『신종』으로부터도 확실히 알 수 있다.

친일파의 동향―『동원학보』, 『동원 월간』

『동원학보』와 『동원 월간』은 모두 베이징의 불교동원회佛教同願會에서 간행한 것으로, 『동원학보』는 민국 29년(1940) 12월에 1집이 출간되었다. 베이징도서관에는 제1집밖에 남아 있지 않아 그후 계속 간행되었는지는 분명치 않다. 『동원 월간』은 최초 1940년에 『동원 반월간』으로 출발한 것으로, 2권부터 『동원 월간』이 되었다. 베이징도서관의 카드에는 1944년 5권 1기까지 기재되어 있지만, 실제로는 1943년 4권까지만 들어와 있다.

두 잡지는 대체적으로 시국에 관한 내용이 아닌 학술·신앙적 기사가 많고, 『동원학보』 1집의 '발간사'에도 중일관계는 직접 다루지 않는다. 거기에는 "두 번의 세계대전은 인류 문화 전환의 큰 열쇠가 되고 있다. 과학을 맹신하는 공리주의자도 이후 종교에 대하여, 그 중에서도 종교철학의 최고봉인 불교에 대하여 새로운 평가로 인식을 하여야 할 것이다"라고 보다 보편적인 문제설정을 하고 있다.

그러나 모체가 되는 불교동원회의 결성 경위를 보면, 거기에는 일본의 영향이 강하게 나타난다. 결성 경위는 그 책에 수록된 「불교동원회 28년도 회무보고」에 상세히 나타나 있다. 「발기 인연因緣」에서는 "중국 문화와 동일한 계통에서 나와 세계 불교국으로 지칭되는 것은 동쪽의 일본"이라며 양자가 '일의대수一衣帶水'인 점을 강조한다. 그로부터 루거우차오盧溝橋 사건 이래 양국의 전쟁을 개탄하고 동양의 평화를 도모해야 할 것을 강조하고 있다. 그리하여 "불법을 고양하는 것 외에는 다른 방법은 없다"라고 주장한다. 왜냐하면 첫째는 "불법만이 업장業障을 참회하고 고과苦果를 없앨 수 있기 때문이다"라고 하며, 둘째는 "불법은 중일 양국이 공동으로 신앙하는 종교이며, 인심에 대한 지배력이 양국의 국민성 속에 숨겨져 있다"라고 한다. 셋째는 "중일의 불행한 사건을 개탄하고, 평화를 구하는 마음은 불교에서 고苦를 관하여 비悲를 일으키는 뜻과 가장 상응하기 쉽다"라고 한다.

이와 같이 불교동원회는 항저우일화불교회와 비교했을 때 정치와는 거리를 두고 불교의 자립성에 입각하고 있는 것처럼 보인다. 그러나 결성의 경위를 보면 일본과 상당히 깊게 관련되어 있다. 본래 불교동원회는 민국 27년(1938) 12월 30일에 베이징에서 천여 명이 모여 성립대회를 연 것에서 시작한다. 그후 민국 28년의 회의 동향은 「회무보고」에 첨부되어 있는 '본회 성립 이래의 기사간표紀事簡表'에 상세하다. 그 가운데 일본과 관계 있는 기사는 10회 이상이며 정토종, 고야산, 임제종 등 여러 관계자가 방문하거나 불사를 공동으로 행하고 있다.

특히 '중일 양국 공수염불' 中日兩國共修念佛은 불교동원회의 중요한 행사의 하나로서 별항에서 취급하고 있다. 그것에 의하면 일본 정토종의 하야시 겐묘林彦明 상인과 시이오 벤쿄椎尾弁匡 박사의 방문에 의해 구체적인 방법을 정하고, 5회에 걸쳐서 중일 양국에서 동시에 염불을 행했다고 한다.

더욱이 주목되는 것은 민국 28년 12월 1일부터 제1차년회가 개최되었지만, 그때 일본의 연구자와 불교가 16명이 동회의 고문으로서 초대된 것이다. 16명 중에는 하야시 겐묘, 시이오 벤쿄, 도키와 다이조常盤大定, 세키 세이세쓰関精拙, 안도 마사즈미安藤正純, 오모리 료준大森亮順, 우노 엔쿠宇野圓空 등의 이름이 보인다.

그후의 활동은 『동원 월간』의 기사에 보이는데, 동원회는 일본과의 관계 속으로 점차 깊이 빠져들어 간 것 같다. 2권 6기(1941)에 의하면 본회의 제2차년회는 민국 30년(1941) 6월 2일에 동경학사회관에서 개최되었다. 그때는 상무이사 장쭌이莊尊禪를 단장으로 단원 9명(그 가운데는 고문 나카노 기쇼中野義照의 이름도 보인다)이 교토, 도쿄를 방문하여 일본의 불교가와 연구자들의 환영을 받았다. 『동원 월간』3권은 결락되어 있어 불명이지만, 4권에는 1942년 11월 1일에 도쿄에서 열린 고문회를 위해 방일한 일행의 기사가 「동도유종」東渡遊踪이란 제목으로 연재되어 있다. 거기에는 일본 측 고문의 이름이 실려 있다.

> 안도 마사즈미, 다카쿠스 준지로, 시이오 벤쿄, 오타니 쇼조大谷照乘, 오모리 료준, 나가이 마코토長井真琴, 우노 엔쿠, 니시야마 세이초西山政猪, 우이 하쿠주, 후쿠하라 도시마루福原俊丸, 시모무라 가즈이치下村壽一, 가토 세이신加藤精神, 오타니 에이준大谷瑩潤, 아네사키 마사하루姉崎正治, 사쿠다 고타로作田高太郎, 나카노 기쇼

이들의 이름을 보면 학자가 많은 것을 알 수 있다. 또 대동아성 지나사무국 우사미宇佐美 국장 등의 관리도 참가하고 있어, 정치색이 있는 동향임을 알 수 있다.

또한 4권 10기, 11·12기(합간)에는 「방일시찰보고」라는 쇼와 18년 (1943) 5월에 도쿄에서 거행된 대동아청년불교대회에 참가했을 때의 보고서도 나오고 있다. 이것은 대일본불교청년회연맹의 주최로 개최된 것으로 동원회 이사로서 중국불교학원원장 저우수자周叔迦 등 7명이 참가하고 있다. 그때 동원회 4차 고문회도 열렸다.

이상과 같이 동원회 및 그 기관지인 『동원 월간』 등은 시국과 어느 정도 거리를 두며 종교·학술 중심의 자세를 취하면서도 점차 시국에 빠져든 모습을 볼 수가 있다.

항일구국의 고난―『사자후 월간』

베이징과 상하이 등의 요충지는 일본에 점령되었기 때문에 항일의 투쟁은 충칭과 그 밖에 일본의 힘이 미치지 않는 곳에서 전개될 수밖에 없었다. 불교가가 항일 운동을 전개하는 데 가장 큰 힘이 된 것은 무엇보다도 중국불교계 최대의 지도자인 타이쉬에 의해 이루어진 『해조음』이다. 『해조음』은 1920년 창간된 이래 실로 선두에 서서 중국불교계를 이끌어 온 잡지로서, 『해조음』을 말하는 것은 그대로 중국의 근대불교를 말하는 것이라 해도 과언은 아니다. 그 정도로 여기에서 취급하기에는 대상이 너무 크다.

그래서 여기에서는 광시성廣西省불교협회(구이린)에서 간행된 『사자후 월간』을 보기로 한다. 베이징도서관의 카드에 의하면 『사자후 월간』은 1권 1~12기(1940. 12~1941. 12)가 있는 것으로 나타나지만, 실제로는 1권 가운데 1기와 2기가 독립되어 있고 3·4기, 5·6·7기, 8·9·10기, 11·12기가 각각 합간되어 있기 때문에 1권은 모두 6책이다. 그 이후 계속 발간되었는지 여부는 알 수 없다. 더욱이 『사자후 월간』의 광고에는 『해조음』 외에 『각음』覺音, 『인간불교』人間佛敎, 『불화평론 월간』佛化評論月刊 ,『불화신문보』佛化新聞報가 실려 있어 유사한 입장에 서 있는 것이라 생각된다.

『사자후 월간』의 제자題字는 어우양지안歐陽漸(어우양징우)이 한 것으로, 그 자신 외에 타이쉬도 기고하고 있으며, 양원후이 문하의 라이벌이 결집되어 신불교운동이 여기에서 계승되는 충실한 포진을 이루고 있다.

『사자후 월간』은 각호에 일반기사 외에 특집이 묶여져 있지만, 그 특집의 제목을 나열하면 다음과 같다.

창간호 : 전화 속의 불교 모습

2기 : (특집 없음)

3·4기 : 불교와 미술

5·6·7기 : 고고함을 유지한 불교가

8·9·10기 : 신불교운동의 검토

11·12기 : 항전 이래의 불교 동향

3·4기의 「불교와 미술」을 제외하면, 5·6·7기의 특집도 또 곤란한 상황 아래의 불교가의 자세를 묻는 것이기 때문에 어느 것이나 시대상황 가운데 불교 혹은 불교가가 어떻게 해야 하는가라는 문제의식에 투철하고 있다.

말할 것도 없이 그 근저에 있는 것은 일본의 폭압에 대하여 불교가로서 어떻게 대하여야 하는가의 문제이다. 그것은 창간호와 11·12기의 2회에 걸쳐 유사한 특집이 엮여져 있는 것에서도 알 수 있다. 그와 함께 8·9·10기에서 특집으로 엮여져 있는 양원후이로부터 시작되는 신불교운동을 어떻게 계승할 것인가라는 문제도 이 잡지에서 볼 수 있는 큰 문제의식이다. 일본에 대해서는 무엇보다도 더 이상 일본의 불교가와는 결정적으로 함께할 수 없는 곳까지 왔다는 냉엄한 인식이 있어, 그것은 베이징의 동원회와 정반대의 입장을 보이고 있다. 창간호 특집 「편자 전기前記」(무자暮笳)에서는 다음과 같이 말하고 있다.

중국의 불교도와 일본의 불교도는 확실히 구별되고 양자의 사이에는 운니雲泥의 차가 있다. 일본의 불교도는 지휘도로 사람을 함부로 부리며 거의 대부분 그들이 불제자인 것을 완전히 잊어버렸다. 그들은 흉

악한 존재가 되어 붓다의 모든 가르침을 높은 누각에 던져놓고 침략 전쟁이란 악을 돕는 것을 아쉬워하지 않는다. 그러나 우리 중국의 불교도는 그렇지 않다. 우리는 붓다의 마음을 배반하는 일은 조금도 생각지 않는다.

대체 어느 일본의 불교도가 이것에 대하여 반론할 수 있겠는가. 이미 1937년 일본불교도에 대한 타이쉬의 호소에 일본 측은 누구도 응하는 자가 없었다. "일본은 불교국이다. 그 신앙이 진짜인지 어떤지, 불교의 이치에 맞는지 어떤지, 이것은 제쳐 놓더라도 점령지역에서 가능한 한 불교를 침략의 도구로서 이용하고 있는 것은 사실이다"(톈한田漢, 「신불교운동에 대하여」, 제8·9·10기)라고 기술한 것과 같이 점령지에서의 포교활동은 식민지 정책의 첨병 역할을 하였던 것이다.

그러나 일본의 침략 속에서 중국불교가의 저항운동도 매우 어려운 상황에 있었다. 11·12기의 특집에서는 「상하이·충칭 승구호대 및 국제선전대의 경과」(러관樂觀)로서 이들 지역에서의 승려구호대와 중국불교 국제보행선전대의 경위를 전하고, 그것들이 성공하지 못한 실정도 보고하고 있다.

『사자후 월간』은 제1기에 저명한 혁명과 극작가 샤연夏衍의 글 「일본 인민에 대하여 사자후를 토함」을 싣는 등 항일구국을 호소한다. 그러나 동시에 그 문제는 중국불교 자체의 반성으로 향하는 것이 주목된다. 타이쉬는 8·9·10기의 특집에 「항전 4년 이래의 불교」를 기고하여, "4년 이래 승니사가 피해를 입은 것이 일반민중의 배에 달할 것이다"는 것을 지적하고 있다. 그러나 큰 문제는 "중국불교는 중국정치보다도 20년은 뒤져 있다"는 것이다. 타이쉬는 중국불교의 결점으로서 경직되어 있고 서로 흩어져 단결하지 못하는 것, 어리석고 완고한 것, 시끄럽기만 한 것, 마음이 좁은 것 등을 거론하고, 이들 결점을 극복해 "불교는 국가, 민족, 세계 인류의 앞길에 큰 공헌을 하여야만 한다"라고 호소하고 있다.

이와 같이 항일구국의 문제는 그것만 따로 분리되는 것이 아니라 중국불교 자체의 변혁이란 문제와 밀접히 관련되어 있다. 중국불교의 근대화는 현저히 뒤떨어져 있고, 일본의 침략 전에도 묘산흥학 운동 등에 의해 큰 타격을 받고 있었다. 그 속에서 어떻게 불교를 근대에 적합한 것으로 변혁하는가가 큰 과제였다. 보수파의 저항에 부딪히면서 타이쉬 등이 추진한 것은 실로 이 변혁의 운동이었다. 그 과정에서 새로이 일본의 침략에 대항하지 않을 수 없었던 것이다. 그런 까닭에 이 잡지가 신불교운동의 계승을 큰 기둥으로 삼고 있는 것은 우연이 아니다.

1기의 특집 가운데 완준万均의 「신불교운동의 회고와 전망」은 양원후이로부터 시작해 타이쉬와 어우양지안 등으로 이어진 신불교운동의 흐름을 개관하고, 전시하의 상황을 기록하는 것과 함께 이후의 전망을 논하고 있다. 거기에서는 이후의 과제로서 세 가지를 들고 있다. 첫째는 신불교운동은 전면항전, 전민동원의 진용과 하나가 되어 불교가가 실제 활동에 참가하도록 두루 동원할 것. 둘째는 승제僧制를 정리할 것. 구체적으로는 시대에 맞는 활동으로서 생산화(자급자족체제)와 학술화(원시승가제도를 회복시켜 학술활동을 하는 것)를 할 것. 셋째로는 교리를 정리하는 것이다.

이러한 중국불교의 방식 그 자체에 대한 개혁에의 지향이 항일활동 그 자체에 국한시키지 않고, 그후 오늘날에 이르기까지의 중국불교의 흐름을 만들어 오고 있는 것이다.

지금도 계속되는 단절

이상 몇 가지 잡지를 실마리로 하여 일본침략하의 중국불교 동향의 일단을 살펴보았다. 이 절에서 상세히 검토하지 못했지만, 점령하에 있어서도 독자의 활동을 전개한 경우도 있다. 그 예로서 상하이에서 간행된 『중국불교 계간』中國佛教季刊을 간단히 언급하고 싶다. 이것은 1권 1기, 2기(1943)가 베이징도서관에 소장되어 있다. 이것은 중영문 합본으로 동일한 내용의 중국어판과 영어판을 합책으로 한 것이며 집필자도 스리랑카, 버마(미얀마), 인도 등의 불교가가 참가하고 있다. 아무래도 상하이에 걸맞은 국제성을 정면에 드러내어 일본을 일부러 무시하는 듯한 태도를 보인다. 그 내용만을 보면 어려운 점령하에 있다고는 생각되지 않는다. 극히 어려운 상황을 극복하려고 하고 있다.

이 잡지는 제자·발간사를 위안잉이 써 그가 활동의 중심에 있었던 것을 알 수 있다. 2기에는 위안잉이 베이징에 초대되었을 때의 연설도 게재되어 있다. 당초 타이쉬와 동일하게 항일의 입장을 취한 위안잉이지만, 본래 온건파의 입장을 취해 급진적인 타이쉬와 대립하였다. 위안잉의 활동은 『동원 월간』에도 보고되어 있으며, 이 기간에는 점령지역에서 상당히 광범위한 활동을 전개하고 있었다. 위안잉은 해방 후에 최초로 중국불교협회의 회장이 되지만, 그 활동은 좀더 검토할 여지가 있다고 생각된다.

어쨌든 일본 침략하에 있어서 중국불교가의 활동에는 갖가지 전개가 있었던 것이 알려진다. 종래 이 시기의 중국불교로서는 타이쉬 등의 항일구국의 운동이 알려졌을 뿐으로, 친일협력파의 동향은 중국 측에 있어서도 일본 측에 있어서도 그다지 다루고 싶지 않은 문제로서, 그다지 충분한 검토는 이루어지지 않았다. 그러나 이번 절에서 보았듯이 친일이라 하더라도 거기에는 갖가지 정도의 차가 있어 일률적으로 말할 수는 없다. 어려운 상황하에서의 중국불교가의 동향에 대하여 우리는 더욱 자료를 발굴해 검토해 가지 않으면 안 된다.

그리고 말할 것도 없이 이 문제는 그러한 상황을 만든 일본의, 그리고 일본불교가의 책임을 묻는 것으로 바로 이어진다. 그것은 단순히 전쟁책임의 문제만이 아니다. 어찌하여 타이쉬 등의 외침이 일본의 불교가에게 전해지지 않았는가. 중일불교가의 의식의 단절, 서로 어긋남은 결코 침략기만의 문제가 아니라, 근대의 출발점에서 오늘날에 이르기까지 계속되고 있는 것같이 생각된다.

2) 타이쉬의 항일활동과 그 사상

항일불교의 행로

근대 중국불교의 개혁자 타이쉬太虛가 활동한 시대는 중국역사상 대전환기였고 또 어려운 시기였다. 구미·일본의 외압을 바탕으로 3백년 동안 계속된 청조가 붕괴하고 근대적인 민주국가의 이념을 내건 중화민국도 계속되는 내전으로 피로한 상태였다. 외국의 침략은 가차 없이 진행되고 그 중에서도 구미를 앞질러 노골적으로 침략전쟁을 감행한 일본과 국가의 존망을 걸고 싸우지 않으면 안 되었다.

이와 같이 국가에 닥친 힘든 상황 속에서 불교의 입장은 한층 더 어려운 상황이었다. 청조를 거치며 불교의 활동은 정체되고, 광대한 사묘寺廟를 갖고서도 승려의 질은 낮아졌다. 근대화의 물결 가운데서 불교는 무지몽매한 민중의 미신을 떠받치는 구체제의 유물로서 배척받아야 할 첫번째의 것으로 생각되었다. 사묘의 토지재산을 근대적인 교

육설비로 바꾸려고 한 묘산홍학 운동과 종교비판을 강화하는 신문화
운동의 거센 바람은 불교에 있어 힘든 일들이었다.

그 속에서 불교가는 그것에 저항하면서 스스로의 체질을 변혁하고
근대화에 따른 새로운 불교를 쌓아 가지 않을 수 없었다. 보수파의 저
항을 배제하면서 그와 같은 근대화운동을 솔선하여 지도한 사람이 타
이쉬였다. 타이쉬는 '인생불교', '인간불교'의 슬로건을 내걸고, 불교는
결코 미신이 아니며 또 현세와 관계없는 성불과 왕생을 설하는 것이 아
니라 이 세속사회 속에서 이상을 실현해 가는 것이라고 주장하며 불교
무용론, 불교해독론을 논박했다. 그리고 그 이념을 바탕으로 교리教理,
교제教制(제도·조직), 교산教産(사원재산)의 3대 혁명을 추진하고자 하였다.

하지만 그것이 충분한 성과를 내지 못한 사이 일본의 침략이 시작
되어 불교가도 항일운동의 일단을 담당하여야 하였다. 항일전쟁 속에
서 어떻게 불교의 이상을 살려 가는가가 새로운 과제가 되었다. 여기에
서도 한편으로 타협을 배제하면서 또 다른 한편으로 단지 과격해지는
것이 아니라 적절한 이념과 폭넓은 연대를 쌓으면서 불교가의 항일운
동을 지도한 사람이 역시 타이쉬이었다. 이번 절에서는 이와 같은 타이
쉬의 항일운동과 그것을 지탱하는 사상을 주로『타이쉬 대사 전서』太虛
大師全書 15권「시론」時論에 의거해 살펴보고자 한다. 이하 그 책에서의
인용은 대만의 선도사善導寺 불경유통처佛經流通處판에 의하며 서명은 제
시하지 않고 쪽수만 나타낸다.

항일전쟁은 그 전반부에 나타나는 긴장상태로부터 1931년 9·18
사변〔柳條湖事件〕에서 동북지방을 중심으로 하는 국지적인 항일전쟁(만주
사변)으로 전개되고, 1932년에는 일본의 괴뢰인 '위만주국'僞滿州國에
의해 동북지방은 일본의 실질적인 식민지가 되었다. 1935년에 일본이

화북華北의 통치권을 요구하여 전쟁은 점차 전국규모로 확대되어 간다. 중국 측도 1936년의 시안사변西安事變을 계기로 국공합작의 체제가 성립되어 항일의 체제가 정비되었다.

1937년 7·7사변(루거우차오 사건)을 계기로 일중은 전면전쟁으로 돌입하여 국민정부는 충칭으로 옮겨 배수의 진을 쳤다. 일본은 베이핑北平(베이징)과 난징에 괴뢰정권을 세워 국민정부를 무시하는 정책을 폈으며, 1940년에는 그것들을 통합하여 난징에 왕자오밍 정권을 세웠지만 그 괴뢰정권은 실질적인 힘을 가질 수 없었다. 1941년에는 마침내 태평양전쟁에 돌입하여 전쟁은 세계로 확대된다. 그러나 국력이 피폐해진 일본은 중국에서도 지배를 유지할 수 없었고 마침내 1945년에는 중국 측의 항일전 승리가 확정된다. 하지만 중국의 어려움은 그것으로 끝나지 않았다. 몇 번인가 위기를 극복해 협력을 유지해 온 공산당과 국민당은 항일전 승리와 함께 격렬한 내전이 전개되어 그것은 1949년 중화인민공화국의 성립과 국민당 정부의 대만 망명까지 계속된다.

타이쉬의 항일활동은 이러한 곤란한 시기에 일관되게 계속된다. 『타이쉬 대사 전서』 15권에 수록된 논문·성명·단평 등은 전부 71편이며, 그 중에는 티베트 문제에 관한 것 등 항일과 직접적인 관계가 없는 것도 몇몇 있지만 대부분은 항일전쟁과 관련된 것으로, 항일이 타이쉬의 활동 가운데 얼마나 큰 위치를 차지하고 있었는가를 알 수 있다. 이 책에 실린 글들은 발표연대가 반드시 붙어 있지는 않지만 거의 연대순으로 배열되어 있고, 또 일본불교도 앞으로 보낸 성명문 8편도 끝에 붙어 있다. 이하 연대순으로 '문장의 번호'와 몇 편이 있는가를 표시해 둔다. 집필되거나 강연된 연도를 알 수 있는 것은 그것을 우선으로 하고, 그것을 알 수 없는 경우에는 활자 매체에 발표한 연도에 넣었다(표 1).

⟨표 1⟩ 연도별 타이쉬의 발표 논문 · 성명 · 단평 편수

연도	문장의 번호	편수	연도	문장의 번호	편수
1926	1~2	2	1938	31~35	5
1927	3	1	1939	36~42	7
1928	64	1	1940	43~46, 70	5
1931	4~7, 65~66	6	1941	47~51	5
1932	8~10, 67	4	1942	52~54	3
1933	11~18	8	1943	55~56	2
1934	19~23	5	1944	57	1
1935	24~26, 68	4	1945	71	1
1936	27~28	2	1946	58~60	3
1937	29~30, 69	3	1947	61~63	3

　　편수를 보면 1931~35년이 첫번째 정점, 1938~41년이 두번째 정점이라고 할 수 있다. 내용적으로 보면 1939년에 불교방문단을 결성하여 동남아시아, 남아시아를 방문하던 즈음이 하나의 전환기라고 할 수 있지 않을까 생각된다. 그전까지는 중국의 범위에서 항일불교의 확립에 전력을 다하였지만, 이 방문을 계기로 보다 시야를 넓혀 세계적인 평화와 연대로 나아가고 또 항일전쟁 종결 후를 예상한 미래세계의 전망을 열고자 한다.

　　먼저 항일운동에 이르기까지의 타이쉬의 활동을 간단히 보기로 하자. 타이쉬는 결코 처음부터 반일의 입장을 취했던 것은 아니다. 21개조 요구 이후 일본이 중국에 대한 침략을 강화하는 가운데 1925년에는 동아불교대회에 중화대표단으로 참가하여 약 1개월간 일본을 방문

하여 각지의 사원을 방문하는 한편 일본의 대표적인 불교가, 불교학자와 회견을 가졌다. 다음 해 1926년에는 「중국과 일본이 공동으로 불교를 구미에 포교해야 할 것을 논함」을 발표하여 일본의 문화침략을 비판하는 것과 함께 그것을 대신하여 공동으로 구미에 불교를 넓혀야 할 것을 주장하고 있다. 이 무렵에는 일본의 침략적 태도에 의연한 태도를 취하면서도 아직 일본의 불교가와 협력할 수 있다는 낙관적인 전망이 있었던 것으로 생각된다.

내우외환이 더욱 심해지던 가운데 발표한 「중국 위기의 구제」(1931)는 당시의 위기적인 상황을 분석하는 것과 함께 그 원인을 찾고 나아가 그것에 대한 대처를 불교의 관점에서 설한 역작이다. 그 가운데 중국의 위기에 대한 구제를 불교의 관점에서 설한 제3절을 보면 거기에는 다음과 같은 점이 거론되어 있다.

① '중생을 위한 불법佛法'을 '국민을 위한 삼민주의三民主義'의 선봉으로 삼음.
② 비장悲壯의 마음, 회오悔悟의 마음으로서 전국일치단결의 정신을 이룸.
③ 중연衆緣으로부터 생기고, 유식으로부터 나타나는 우주관으로서 진정한 민국과 대동세계의 의지처로 삼음.

이것들은 이후 타이쉬의 항일이론의 선봉을 이루는 것으로, 주요한 논점은 그대로 계승된다. 첫번째는 불법과 세법의 일치를 설하는 것으로, 타이쉬의 인간불교의 중요한 전개이다. 세번째의 연기라고 하는 것은 항일에 있어서도 더욱 기본의 원리로 간주되는 것이다.

같은 해 9·18사변과 1932년에 일어난 상하이사변은 일중의 관계를 단시간에 전쟁상태로 몰아넣었다. 타이쉬는 빠르게 「일본이 중국을 침략한 것에 대해 그 나라의 불교도에게 전보로 고함」을 발표하여 일본 및 그 식민지인 대만·조선의 불교도에게, 연대하여 일본의 군벌·정벌에 맞설 것을 설하였다. 1932년에는 더욱이 「요遼·호滬〔동북과 상하이〕의 사건으로 인해 중일의 방책의 안부를 물음」을 발표했다.

이렇게 하여 타이쉬는 항일의 자세를 강화해 그것을 표명하는 것과 함께 중국불교가의 통합을 시도하게 된다. 또 1932년 말에는 「불법과 구국」을 강연하고, 1933년에는 「불교와 호국」을 라디오로 방송하여 그후의 항일을 지탱하는 이론적 기초가 건립되었다. 따라서 다음에 이 두 편의 글을 중심으로, 타이쉬의 항일운동을 지탱한 이론을 검토해 보기로 한다.

항일의 이론

「불법과 구국」에서는 다음과 같이 말한다.

> 애국의 길은 매우 많아 단지 하나의 법에 국한되지 않는다. 각각의 사람이 각종의 사회직업에 의해 모두 각자의 역량을 다하여 구국이라는 동일의 목표로 나아가야 할 것이다. 그런 까닭에 불교에 의해 출가한 사람도 또 불법에 따라 사회·사람·국민의 공익에 이익이 되는 어떤 것이라도 그것을 발굴하여 국민들에게 선전하고 구국행위를 불법으로서 도울 수 있다고 한다면, 사회국가에 이익이 있고 동시에 출가교도가 사회인민에 대하여 하나의 작은 책임을 다할 수 있다.(61쪽)

이와 같이 출가자도 구국의 책임을 다해야 할 것이라고 설하고 있다. 거기에서 불교의 입장에서 본 구국의 원리가 세 가지 점에서 지적된다. 제1의 원리는 인연생因緣生이라는 것이다. 즉 "우주의 만물은 모두 중연衆緣이 화합하여 이루어져 있다"(61쪽)라는 것으로, "사회도 동일하여 반드시 몇몇의 인연이 관계하여 하나의 사회를 성립시키고 있다"(62쪽). 그런 까닭에 "각 개인은 먼저 사회국가 전체의 이익을 구하고, 후에 개인의 행복을 구해야 할 것이다"(63쪽). 이것은 일종의 사회유기체설로 사용하는 방법에 따라서는 위험하기도 하지만 여기에서는 그것이 유효한 이론으로서 통용되고 있다.

제2의 원리는 무자성無自性이라는 것이다. "무자성이라는 것은 연에 의해 생기는 것을 근거로 하여 일체만물은 모두 자성이 없다는 것을 분명히 하는 것이다."(63쪽) 일체만물은 인연이 화합하여 성립하고 있기 때문에 자성이라고 할 수 있는 고정적인 본성은 없다는 것이다. 고정적인 본성이 없기 때문에 노력에 의해 변화시킬 수 있다. "만법은 모두 자성이 없다. 중생의 심력에 따라 전변한다"라고 하는 이유이다. 그런 까닭에 "지금 여기에 있는 각 사람은 모두 사회의 주인공, 국가의 주인공이 될 수 있다. 자기를 굴복시킬 필요는 없으며, 자기를 자각시키고 정신을 분기奮起시키면 좋은 것이다"(64쪽). 여기에서는 본래 현세 초월적인 성격을 갖는 무아·무자성의 원리가 오히려 사회 변혁을 위한 적극적·긍정적인 원리로서 사용되고 있다.

제3의 원리는 대비심大悲心이다. "불법에서 '자비를 근본으로 하고, 방편을 문으로 한다'는 것은 사람들이 모두 대비심을 근본으로 하여 출발점을 삼고, 갖가지 방편으로 사람에게 이익을 주는 사업을 행하는 것을 구하는 것이다." 그런 까닭에 "구국의 사업에 임해서는 단지 전 국민의 공공복리를 위하여 자기를 희생하는 것을 아까워하지 않고, '대공무사'大公無私로서, 국민의 고락을 고락으로서, 그것으로 시작하여 실질적으로 구국구민의 진정한 사업을 행하게 된다"(65쪽).

이상이 「불법과 구국」의 요점이다. 여기에 타이쉬의 인간불교 이념이 최대한 살아 있는 것을 알 수 있다. 항일에 관계하게 된 것은 상황에 의한 것이지만, 그것을 적극적으로 추진하는 이념은 타이쉬가 계속 주장해 온 인간불교이며, 그 이념이 실로 현실의 장에서 시험받게 된 것이다. 그러나 종래의 불교 이미지로부터 보면, 이것은 크게 다른 것이다. 「불교와 호국」에서는 이와 같은 오해를 풀어가면서 「불법과 구국」의 주장을 보완하고 있다.

즉 거기에서는 먼저 세인의 불교에 대한 오해로서 두 가지를 들고 있다. 첫째는 "세인은 대다수 불교가 귀신을 미신하는 것으로, 인생의 실제에 절실하지 않은 것이라 생각하고 있다". 둘째로 "세인은 불교를 염세적이며, 공상적이며, 비윤리적이라고 생각하고 있다"(67쪽). 그러나 모두 다 오해이다. 그 밖에 "불교는 구국과 전혀 관계가 없다"라든가 "부처는 인도에서 태어났고, 인도는 멸망했다"는 것과 같은 오해도 있다(68쪽).

그래서 불교 호국의 의의를 설할 필요가 있지만, 불교의 경전에서는 상당수 보은報恩이라는 것을 말한다. 『대승심지관경』大乘心地觀經에서는 부모은父母恩·중생은衆生恩·국왕은國王恩·삼보은三寶恩의 사은四恩을 들어 국가사회의 은혜를 논하고 있다.

또 불교경전에서는 '호국'을 말하지만, 호국에는 광의와 협의의 두 가지가 있다. "협의로 말하면 세간의 사람이 구국이라는 것으로…… 혹은 만약 자기의 나라에서 변란이 발생하거나 재난이 있을 때, 우리는 각종 구호에 힘을 다하여 갖가지 구국의 사업을 해야만 한다. 이것이 불교에서 호국이라는 것으로, 세간의 사람이 구국이라고 하는 것과 다르지 않다." 그것에 비하여 "광의로 말하면 석가불이 교화하는 나라는 사바세계이며, 아미타불이 교화하는 나라는 극락정토이다. 그런 까닭에 호국이란 세계의 일체중생을 지키는 것이다". "이런 종류의 발심은 보살의 마음을 일으키는 것이며, 이런 종류의 수행은 보살의 행을 닦는 것이다." 이것은 "대자대비구세구민大慈大悲救世救民의 마음으로, 국가를 지키는" 것으로, 그것에 의해 "전 세계의 중생은 모두 안락속에 있는" 것이 된다(69쪽).

보통 경전에서 설해지는 것은 협의의 호국이기 때문에 이와 같은 광의의 호국 관념은 일종의 응용해석이지만 그것에 의해 호국은 불교의 근본원리에 기초하게 되었다. 그리고 이와 같은 광의의 호국을 기반으로 협의의 호국 즉 구국이 성립하는 것으로, 이 설은 구국을 불교에 의해 보다 근본적으로 이론화시키는 것이라 할 수 있다. 그것에 의해 세인의 불교에 대한 비판을 피하고 역으로 불교야말로 구국에 최선이라고 말하고자 한 것이다. 그리고 나아가 이 호국의 근본을 반야=지혜에서 구하고 거기에서 「불법과 구국」에서 말한 연기의 원리로 나아가게 된다.

이상과 같이 「불법과 구국」과 그것을 보완하는 「불교와 호국」에 있어서, 항일구국의 이론적인 기초가 제공되었지만, 여전히 다른 논문에 의해 보완해야 할 몇몇 문제가 있다. 제1의 원리로 여기에서 '협의의 호국'과 '광의의 호국'이라고 하는 구별은 자주 다른 형태로 나타나고 있는, 타이쉬에게 있어 중요한 카테고리이다. 「불교와 호국」과 거의 동시기의 「전국의 불교청년에게 호국단 조직을 권함」에서는 불교의

'국가' 를 둘로 나누어, '세계라는 의미의 국가' 와 '국가라는 의미의 국가' 로 구분하고 있다. 그리고 전자가 뜻하는 '호국' 은 '호세' 護世에 가깝고, 후자가 뜻하는 호국이 오늘날 말해지는 호국에 가깝다고 하고 있다(71쪽). 항일의 초기에는 구국에 역점을 두고 있었던 것이 후에 보듯이 점차 '호세' 쪽으로 역점이 옮겨 가 자국을 보호하는 것인 '호국' 으로부터 세계 전체의 평화를 구하는 '호세' 로 발전해 간다.

제2의 원리로 구국의 이념은 세속적인 윤리에 관한 것이기 때문에 유교와도 관계한다. 「어떻게 하여 세계의 두 가지 불평등을 평등하게 할까」(1933)에서는 국내의 불평등과 국제 간의 불평등이라는 두 가지 불평등의 원인을 서양의 "내가 좋아하는 대로 사물을 다스리는" 문화에서 구하고, 그것을 대신하는 것으로서 "나를 극복하고 덕을 숭상하는" 인생관이 필요하다고 말한다(109쪽). 하지만 이와 같은 인생관은 불교보다도 유교의 것이 아닌가. 그것에 대하여 타이쉬는 " '나를 극복하고 덕을 숭상하는' 인생 정의를 가까이에서 그 행을 분명히 하는 것은 유교의 문화이지만 철저하게 그 행을 분명히 하는 것은 불교의 문화이다"(109쪽)라며 '유불 문화의 세계에 대한 선전' 을 해야 할 것을 설하고 있다. 타이쉬의 태도는 소위 유불일치 위에 서면서 불교를 보다 근원적인 것으로 보고 있다고 할 수 있다.

제3의 원리로 타이쉬의 이와 같은 불교구국관은 앞에서 말했듯 상당히 불교의 응용해석이 들어 있어 약간 독특한 것이라 생각된다. 이 점에 관하여 흥미 깊은 것은 「유럽歐州 불교대회의 논쟁」(1934)이다. 이 해 개최된 유럽 불교대회에서 나치의 지배하에 있는 오스트리아 대표가 독일정신은 "국가사회주의 혁명운동에 의해 강고해진 것" 으로 불교와 비교된다고 주장했다라고 한다(131쪽). 이것에 대하여 영국의 불교학자는 "불교와 국가사회주의는 적어도 두 가지 점에서 상반된다" (132쪽)라고 반론했다. 첫째로 국가사회주의가 '생명을 발양發揚하는' 것에 비하여 불교는 "생명에 대하여 비관悲觀의 염을 깊이 가지고, 대고 大苦를 인정하며, 정행淨行에 의해 초월할 수 있다"라고 설한다. 둘째로 국가사회주의가 종족주의(인종주의)를 취하는 것에 비하여, 불교는 "심 령心靈이 각종 가치의 본원이다"(132쪽)라고 설한다.

이것에 대하여 흥미 깊은 것은 타이쉬는 영국 학자의 비판이 소승 불교에 입각한 것이라고 하여 반대한다. 대승불교의 입장에 서면, 국가 사회주의가 조직의 힘으로 생명을 발양하는 것도 불교에 위반하지는 않는다. 또 국가사회주의의 종족주의는 불교의 중생 평등에 반하지만, "한 종족이 위기 속에서 스스로를 구하기 위해 압박하고 방해하는 다 른 종족에 대하여 종족주의를 제창하는 것은 평등을 구하는 방편이라 할 수 있다"(134쪽)라고 하여 종족주의(민족주의)를 조건으로 붙여 인정 한다. 언뜻 보아 불교와 결합하기 어려운 민족주의적 구국의 입장은 이 와 같이 대승불교의 방편사상으로부터 인정된다.

항일활동의 전개와 일본불교관

앞에서 서술했듯이 타이쉬는 1931, 32년의 전쟁발효에 관하여 매우 빨리 「선양 사건에 대해 대만·조선·일본의 4천만 불교민중에게 고하 는 글」, 「일본이 중국을 침략한 것에 대해 그 나라의 불교도에게 전보 로 고함」을 발표하여, 그 상황을 일본의 불교가에게 호소하였다. 또 1933년에는 「전국의 불교청년에게 호국단 조직을 권함」을 발표하여, 불교가에 의한 항일조직의 확립을 호소하였다. 실제 이후 각지에 승려 구호대와 같은 조직이 차츰 만들어져 불교정신에 입각하면서 적극적으로 구호활동에 관계한다.

타이쉬의 일본에 대한 태도는 분명했으며 흔들림이 없었지만, 본래 중국불교의 지도자로서 일본에도 지인이 많았고, 1925년에는 방일한 적도 있었으며, 또 그 제자가 일본에 유학하고 있던 것에서 일본 측으로부터 반응도 적지 않았다.

1934년에는 일본에서 제2회 범태평양불교청년회가 개최되었지만, 그때 만주국의 대표를 초대한 것에 대해 중국 측이 반발하여 참가를 거부했다. 그러나 일부 참가를 희망하는 자가 있어 타이쉬가 그것을 지지하여 타이쉬 자신도 참가한다는 소문이 퍼져 신문에 나왔다. 타이쉬는 그것에 관하여 「제2회 범태평양불교청년회대회를 논함」을 발표하여, "'만주국'이라는 이 악명이 지워지지 않는 한 중일 국민에게 '상호 정신융합'의 가능성은 없다"(120쪽)라고 단언했다.

그러나 일본 측으로부터 타이쉬를 끌어들이고자 하는 시도는 계속되어, 1935년에는 일본의 요시무라 하루노부好村春宣와 유학승 묵선墨禪 등이 타이쉬를 방문하여 중일불학회의 성립에 협력을 구하였다(『타이쉬 법사 연보』太虛法師年譜, 207쪽). 하지만 이것에 대하여 어우양징우를 지도자로 하는 지나내학원支那內學院 일파가 타이쉬와 그 제자들이 일본인과 결탁하여 국가민족에 해를 끼친다고 비난하였다(같은 책, 208쪽). 그래서 타이쉬는 「일본불교대중에게 고함」을 발표하여, 스스로의 태도는 결코 변하는 일이 없기 때문에 일본의 신문이 허위 보도를 하지 않도록 경계했다(334쪽).

타이쉬의 일본관이 잘 나타난 것은 「일위日僞도 자각하는가」(1938)라는 글이다. 이 논문에서는 "몸을 바로 지니고 나라를 세우는[做人立國] 정도正道는 무엇인가"라는 물음에 "타인을 이롭게 하고 서로 함께 이롭게 하는 동방도덕문명이다"라고 답한다(158쪽). 그리고 그것을 체현하고 있는 것이 중화민국의 삼민주의라고 한다. 그것에 대하여 일위(惡者日本)는 "일본은 유불을 숭신하고 있지만, 중국국민당은 소비에트 러시아와 동맹하여 공산당을 받들고 있다"고 비난하지만 이유는 분명치 않다. 도리어 "일본은 혈한血汗을 짜내며 민중을 동원하고 중국에 와서는 매일 무기와 독약 등으로 학살을 자행하고 있다. 실로 유불과 배치되는 것이 이다지도 심한가"(164쪽)라고 말한다.

이와 같이 일본이 유불의 입장을 주장함에도 불구하고 실제로는 그것에 반하고 있는 것을 신랄하게 지탄한다. 그러나 일방적인 비판이 아니라 일본이 인도에서 유래하는 불교, 중국의 유도, 근대 유럽 문명의 과학이라는 3대 문명을 받아들여 "또 검근충애儉勤忠愛의 민덕民德을 더하고 있기 때문에 일본민족도 또 중국민족과 손을 잡는 형제이기에 충분하다"는 것을 인정하고 있다. 하지만 지금은 소수의 군정재벌軍政財閥이 마음대로 하여 조상의 위업을 무화無化시키고 있다. 그런 까닭에 "만약 진실로 유불의 도덕을 받들어 근본으로 한다면 대체 어떻게 일본의 군벌을 무너뜨리고 스스로를 구할 것인가"라고 일본에 호소하고, "오랫동안 중일의 공존공영을 지키고 나아가서는 각국과 협력하여 인류의 평화행복을 구하며 동방 문화를 발양하고 대동의 세계 실현을 기약하자"라고 기대를 표명하고 있다. 이와 같이 한편에서 일본은 중국과 함께 동방 문화를 발양하는 동료이면서 다른 한편에서는 군벌 등의 발호로 유불의 정신에 배치하고 있는 현상을 지적하여, 후자를 쓰러뜨리고 전자로 돌아가야 할 것이라 말하고 있다.

단지 중국 문화와 일본 문화의 관계에 대하여 "중국의 남악혜사南岳慧思 선사가 전생轉生하여 일본의 쇼토쿠 태자聖德太子가 되어 일본 입국립國의 근본을 정했다"(165쪽)라고 하는 것은 좀 기이하다. 중국의 남악 혜사(천태지의天台智顗의 스승)가 쇼토쿠 태자로 전생했다고 하는 전설은 이미 나라 시대에 성립한 것이지만 물론 사실에 충실한 것은 아니다.

이 쇼토쿠 태자의 이야기는 1940년 일본의 불교도에 호소한 「일본의 3천만 불교도는 일어나 스스로를 구하고 국민을 구해야 한다」 등에도 인용되고 있다. 거기에는 "일본은 실로 처음에 중국불교를 받아들여 민족 문화의 기본으로 삼았다"는 것으로, "입으로는 중국의 은덕을 갚고자 한다고 말하고 있다"(341쪽)라고 말하고 있지만, 아무래도 일본 문화는 중국 문화를 그대로 옮긴 것으로 그것에 종속하는 것과 같은 말투로서 반드시 납득할 수 있는 것은 아니다. 이와 같이 타이쉬의 일본인식에는 중국 중심주의라고 받아들일 수 있는 점들이 보인다.

그것을 차치하더라도 일본은 불교의 정신과 배치하고 있다는 지탄은 극히 중압감이 크다. 「불교도는 어떻게 하여 부끄러움을 씻는가」(1938)에서는 다음과 같이 그 책임을 추궁한다.

일본은 불교가 성행하지만 단지 형식뿐으로 실제 행위로 표현하는 것은 실로 불교와 상반하고 있으며, 유명무실하여 형태만 있고 정신이 없어진 불교이다. 그 원인은 불교도가 교법의 참된 정신을 체득하지 않고, 교법에 의거해 몸으로 애쓰지 않고, 불교의 종지를 확실히 잡지 않아 불교도의 단체와 세계 인류 중에서 교의를 실행할 수 없게 된 데 있다.(177쪽)

이 엄한 지탄에 대해 일본불교가 중 어느 정도가 답을 할 수 있겠는가.

세계평화를 향하여

항일전쟁 초기에는 먼저 불교가의 입장에서 적극적으로 구국활동에 관한 필연성을 이론적으로 확립하는 것과 함께 그 조직을 세우지 않으면 안 되었다. 그후 전쟁의 상황은 점차 어려워져 베이징, 상하이의 함락으로 중국불교회의 조직을 유지할 수 없게 되었다. 그리하여 1938년에는 충칭에 '중국불교회 임시변사처'中國佛教會臨時辦事處를 설치하여, 함락지구의 불교회와 관계를 단절하기에 이르렀다(「전국 불교도에 조직을 강화하여 항전토록 통보함」).

그러나 그 가운데 한편에서 항일의 활동을 되돌아보고 장래의 전망을 나타냄과 동시에 점차 항일이라는 것에만 머물지 않고 눈을 세계로 향한 활동에 발을 내딛게 된다. 1941년의 「항전 4년 이래의 불교」에서는 전면 항전으로 접어든 1937년 이래의 불교에 대하여 개관하고, 장래 극복해야 할 과제로서 중국의 불교가가 흩어져 있어 통일되지 않은 것, 완고한 것, 교육이 충분치 않은 것, 시야가 좁은 것 등의 결점을 거론하고 있다(236~239쪽).

이와 같이 4주년에서는 아직 충분히 미래의 전망을 열지 못하지만, 다음 해인 1942년의 「항전 5주년의 신의의新意義」에서는 그 취지가 상당히 바뀌게 된다. 그 항목을 살펴보면 다음과 같다(271~274쪽).

① 동맹국은 이미 주축국을 괴멸시키고 있기 때문에, 세계 평화의 주력을 재건한다.
② 인도와 중국은 더욱더 연대를 진행시킬 필요가 있다.
③ 불교국가는 공동 노력을 해야 할 것이다.
④ 일본의 불교도를 각성시킨다.

여기에서는 동맹국 측의 승리를 전망하고, 그후의 일을 시야에 넣어 큰 전망을 그리고 있다. 물론 그것은 전황의 변화에 동반하는 것이지만, 여기에 이르기까지는 아시아 제국과의 연대를 향한 타이쉬의 적극적인 활동이 배경이 되고 있다. 본래 타이쉬는 1922년에 루산廬山에서 세계불교연합회를 창설하여 다음 해 성립대회를 개최하고 있듯이 세계를 시야에 넣은 활동에 열심이었다. 항일전쟁에 들어가고 나서는 1933년에 「간디의 운동 성패는 세계 문화와 관계한다」, 「시암 국민에게 고함」 등을 발표하고 있지만, 아시아로 향한 활동이 활발해지는 것은 1939년경부터이다. 그것은 일본이 동남아시아를 향해 작전을 전개한 것에 대한 대항이라는 의미를 갖는 것이었다.

1939년의 「하이난다오海南島 점령의 위혁威嚇과 불교국에 대한 유락誘略」에서는 일본이 '동방 문화의 보장과 발양'을 선전하고 있는 것을 들어 "소위 동방 문화의 가장 중요한 것은 불교이다. 시암(타이), 버마(미얀마), 안남安南(베트남), 스리랑카, 인도 등 불교를 신앙하고 있는 민족에 대하여 위협적인 말로 사람을 놀라게 하고, 달콤한 말로 유혹하여 이미 시암에서는 영향을 미치고 있다"(193쪽)라고 지적하고 있다.

동년 8월에는 인도의 지도자 네루의 방중을 환영하는 대회의 고문이 되어 「인도 민족의 지도자 네루 선생을 환영함」을 발표한다. 그 발표문에서는 "중국과 인도의 양민족은 각기 높은 문화를 산출하였고, 그 문화는 실로 세계 인류 도덕의 근본이 되는 것이다"라고 하고, 또 거기에서 "석가의 무상대승無上大乘을 세계에 다시 성행케 하는 것"을 네루에게 희망하고 있다. 또 "일본은 중국이 형태를 제공하고, 인도가 정신을 전하여야 비로소 야만을 벗어나 하나의 문명 민족이 될 수 있었다"(196쪽)라고 하고, "우리 중국, 인도의 양민족이 부형사보父兄師保의 자격을 가지고 불초완열不肖頑劣의 자제인 일본의 군벌에 대처하여 엄정한 교계를 부여해 우리 자신도 구하고, 그들도 구하도록 하자"(197쪽)는 것을 제2의 희망으로 삼고 있다.

동년 가을 타이쉬는 '불교방문단'을 조직하여 11월부터 동남아시아와 인도 방문 길에 오른다. 다음 해 1940년 5월까지의 긴 여행으로, 이것을 통해 아시아제국과의 연대를 모색하게 되었다. 출발에 앞서 행해진 강연 「불교와 반침략의 의의」에서는 "평화를 체體로 하고 반침략을 용用으로 한다'와 '자비를 본本으로 하고 방편을 문門으로 한다'는 것은 완전히 부합한다"(210쪽)라고 하여 불교정신에 기초한 반침략과 평화의 협력을 호소하고 있다.

국제적인 연대에 의해 점차 승리의 전망이 밝게 되자 전승 후를 예상한 평화의 확립을 과제로 하여 새로운 전망을 열고자 하고 있다. 「인간세계의 영구평화 건립」(1941)은 전사자를 위한 화엄법회 당시의 설법이지만, 세계의 영구평화를 쌓기 위해 그 근본의 세계관으로서 화엄의 중중무진重重無盡의 세계관에 기초해야 할 것을 설하고, 나아가 "무력은 폭해暴害를 제거하는 것뿐이며, 문화로서 진화進化를 구해야 할 것"(250쪽)을 주장하고 있다. 그것은 실로 동방문화에 의해서만 가능한 것으로, "만약 중국의 수천년래의 우량한 문화를 세계에 발양하여 빛나게 한다면, 세계의 정세도 다른 모습을 보일지도 모른다"(252쪽)라며, 민족주의적인 입장을 견지하면서 그것을 더욱 세계에 펼쳐 영구평화로 결부시켜 가는 자세를 보이고 있다.

전후를 향한 평화의 구상은 나아가 「연합국 전승 후의 평화세계」(1943) 등으로 이어져 전개되고 있다. 거기에서는 전시에는 국가민족을 지상으로 하더라도 전후에는 "세계인류의 이익을 제1로 하고", "국가·

민족의 이익을 제2로 하는"(286쪽) 것으로서, 전시의 민족주의로부터 세계주의로의 전개를 보여 주고 있다. 항전 초기에 사용된 언어를 사용하면, '호국'으로부터 '호세'로의 전환이며, '호국'의 제1의 의미로부터 제2의 의미로의 발전이다.

하지만 여기에서도 타이쉬의 활동은 미완으로 끝난다. 전후의 중국은 다시 국공의 내전에 빠지고, 타이쉬는 평화를 원하면서 1947년 3월 17일 상하이의 옥불사玉佛寺에서 57세의 생애를 마친 것이다.

이상 이번 절에서는 『타이쉬 대사 전서』 15권의 「시론」을 검토하여 항일시대 타이쉬의 행동과 사상의 전개를 살펴보았다. 타이쉬는 불교가인 동시에, 아니 그보다도 불교가인 까닭에 강한 애국과 민족주의의 신념을 지니고 일본으로부터의 갖가지 자극에도 결코 동요됨이 없이 불교가의 항일활동에 이론적 기초를 제공하고 그 활동을 지도하였다. 그리고 전쟁의 후기가 되면 더욱 전후의 세계를 주시하여 민족을 초월한 영원한 세계평화를 향해 웅대한 계획을 제시하였다. 거기에는 물론 한계도 있고, 오늘날 곧바로 따를 수 없는 것도 있지만, 동일한 시기의 일본불교가의 활동을 돌아볼 때 타이쉬의 지탄은 오늘날에도 충분한 유효성을 가지고 큰 문제를 던지고 있다. 이후 더욱 연구가 깊어져야 할 것은 불가결한 과제이다.

3) 항일불교의 전개—러관의 『분신집』을 중심으로

항일불교의 형성

앞에서 중국불교계 지도자인 타이쉬의 항일활동과 그 사상을 검토하였다. 이번 절에서는 항일시대에 활약하였지만 오늘날 거의 되돌아보는 사람이 없는 한 승려의 활동과 사상을 소개하고 항일불교의 전개에 관하여 다른 측면에서 살펴보고자 한다. 먼저 앞의 내용과 중복되지만 당시 중국불교의 정세를 개관해 둔다.

20세기 전반 중국불교는 두 가지 큰 역경을 견뎌 내야만 하였다. 하나는 열강의 침략에 대항하지 않을 수 없던 것으로, 중국사회 전체가 당면하였던 곤란이었다. 그러나 그뿐만 아니라 또 하나 불교가 처한 독자적인 문제가 있었다. 반제국주의·반식민주의의 운동 진영은 동시에 반종교의 입장을 취해 특히 전통적인 불교나 도교를 미신적인 것으로 비판하였고, 그것은 묘산흥학의 운동으로서 민국정부의 주도로 전개된다. 그 엄격함은 메이지 초기 폐불훼석과 신불분리 이상의 것이었다.

민국 원년(1912) 일찍이 위안스카이가 '사묘관리조례' 31조를 공포하여, 광대한 사묘의 토지를 유효하게 이용하고자 종교세력의 약체화를 기도하였다. 그후에도 불교계의 저항을 받으면서도 갖가지 형태를 바꾸어 집요하게 정부의 간섭은 계속되고, 1929년에는 표현만 부드러워진 '감독사묘조례'로 바뀌지만, 본질은 변하지 않았다.

실제 당시의 불교와 도교 교단은 비판받아도 어찌할 수 없는 상황에 있었다. 승니와 도사의 수준은 낮고, 사회의 근대화에 대하여 어떠한 견해도 가지지 않았다. 19세기 후반 이후 불교부흥은 승니에 의해서가 아니라 거사 양원후이의 노력에 의한 것이 크고, 양원후이에게 배운 장빙린·탄쓰퉁 등 지식인층이 불교에 관심을 쏟음으로써 마침내 부흥의 실마리를 찾았다. 그리고 불교 교단이 마침내 무거운 허리를 펼 수 있게 된 것은 급진적 개혁론자인 타이쉬의 정력적인 활동을 기다려 비로소 이루어졌다.

조직組織·재산財産·학리學理의 3대 혁명을 내건 타이쉬는 온건파인 위안잉圓瑛 등과 대립하면서도 그들을 자극시켜 새로운 중국불교의 창조로 나갔다. 그것은 '인간불교'라 불린 것으로 종래의 불교가 출세간·세속초월의 입장을 취한 것을 바꾸어 적극적으로 사회 속으로 나아가 활동하고자 한 것이었다. 타이쉬는 1918년 잡지 『각사총서』覺社叢書를 간행하고 그것은 1920년에 『해조음』으로 발전하여, 오랜 기간 혁신파 불교가의 지도적인 잡지가 되었다. 중화불교회와 같은 전국조직도 형성되고 나아가 타이쉬 등은 불교청년회를 조직하는 등 새로운 혁신적인 불교의 발전을 지도하였다. 하지만 그것이 충분한 결실을 맺기 전에 일본의 침략이 시작되었다.

중국 근대의 불교가들은 일본에 대하여 처음부터 악감정을 가진 것은 아니었다. 일본의 불교는 일찍부터 근대화를 이루어 사회 속에서 유효하게 기능하였고, 큰 세력을 형성하고 있었다. 그것은 중국의 불교가들에게 있어 모범으로 삼아야 할 것으로 생각되고 있었다. 그런 까닭에 일본불교와의 관계도 친밀하고 적지 않은 승려가 일본에 유학하거나 또 일본불교계로 진출하는 것에도 처음부터 반드시 부정적이지는 않았다.

하지만 국력이 증강된 일본은 구미의 뒤를 쫓아 중국에 침략의 손을 내밀고 일본의 불교가도 그것에 손을 빌리는 상황이 점차 명확해졌다. 1930년 화와이에서 제1회 범태평양청년불교회의가 개최되었을 때도 중국불교계는 그것이 일본 중심인 것에 강한 불만을 표명하여, "일본제국주의자의 손과 입을 바꾼 외교 전략이든가 광고이다"라고 결정하여(닝모궁寧墨公, 「범태평양 청년불교회의 평의」, 『해조음』), 참가하지 말 것을 호소하였다.

1931년 사태는 더욱 절박해졌다. 타이쉬는 「선양 사건에 대해 대만·조선·일본의 4천만 불교민중에게 고하는 글」을 발표하여, 불교도가 일대연합을 결성하여 일본 군벌의 비법적인 행동을 저지하도록 호소했다. 이후 큰 사건이 있을 때마다 타이쉬는 일본의 불교도에게 호소를 하였지만 그것이 일본에 전해지는 일은 없었다.

1932년 '만주국'(중국에서 말하는 '위만주국')이 성립한다. 전화가 번지는 가운데 위나이런余乃仁에 의해 구국승군이 조직되고, 그후 각지에 불교 구호대와 같은 부류가 편성된다. 1933년 타이쉬는 라디오로 「불교와 호국」을 방송하고, 또 「전국의 불교청년에게 호국단을 조직하기를 권함」을 발표하여 '청년불교호국단'의 결성을 지지했다. 이렇게 하여 중국의 불교가는 어쩔 수 없이 전쟁에 휩싸여 가게 된다.

항일전쟁 시대는 불교에 있어서는 더욱이 새로운 시련의 시대였다. 일본의 침략에 의해 정상적인 활동이 봉쇄된 것은 물론이지만 사상적으로도 살인을 동반한 전쟁을 시인하는지의 여부, 불교의 보편주의에 반하는 애국주의를 어떻게 정당화할 수 있는가 등 불교의 근간과 관련된 문제에 직면하지 않으면 안 되었다.

그러나 항일 시대 불교의 실태는 아직 완전히 충분하게 밝혀지지 않았다. 그런 까닭에 이하의 글에서는 구체적인 사례로서 항일활동에 몸을 바친 한 중국 승려의 활동과 사상을 소개하고 검토하여 불교가의 항일운동의 일단을 살펴보기로 한다.

러관의 활동과 『분신집』

여기에 소개하는 것은 항일전쟁기에 승려들의 선두에 서서 항일활동에 활약한 한 정열적인 승려의 기록이다. 그의 이름은 러관樂觀이다. 러관의 활동은 스스로가 편집한 『분신집』奮迅集에 상세하다. 이 책은 '승려 항전 공작사僧侶抗戰工作史라는 부제가 달려 있는 것과 같이 러관의 항일전 당시의 활동에 대하여 그 자신이 쓴 기사와 다른 사람이 쓴 기사를 모은 것이다. 『분신집』 재판은 1941년부터 1946년까지 발표된 23편의 글에 「자전」自傳과 시가詩歌 등을 수록하고 있다. 이하 이 책으로 불교가의 항일운동의 일단과 그것을 지탱한 사상적 근거를 검토해 보기로 한다. 여기에서 사용한 판본은 상하이도서관 소장 재판본으로 상하이의 호국선원護國禪院에서 발행했다(전체 111쪽). 거기에는 1943년 이후의 기사도 포함되어 있어 증보된 것이 분명하다. 이하 『분신집』의 인용은 이 재판본에 의한다.

러관 법사 약전

먼저 이 책의 권말에 수록된 「자전」에 따라 러관의 전기와 그 활동을 개관한다.

러관은 1902년 후베이성湖北省 한양漢陽에서 태어났다. 속성은 유劉, 부친의 휘諱는 흠신伯勳으로 가난한 지식인이었다. 모친은 진陳씨로 4형제의 막내였다. 러관은 어려서부터 학문을 그다지 좋아하지 않았지만, 모친의 감화로 불교에 친숙하여 집 가까이 있었던 귀원사歸元寺 수인修印 법사의 가르침을 받았다. 1919년 18세 되던 해 겨울, 아무도 모르게 잉우주鸚鵡洲 능원빈관陵源賓館의 수찬績參 상인上人을 따라 출가하려고 하였지만 가족에게 알려져 집으로 돌아갔다.

그러나 출가의 생각을 끊지 못하고 1920년 여름 가족을 버리고 샹어湘鄂(호북·호남)의 경계인 랑지陵磯지방으로 가, 사스沙市의 보탑寶塔 관음사觀音寺의 링이靈— 상인을 따라 삭발했다. 법명은 위안인源印.

1921년 수계. 한커우漢口에 창립된 화엄대학華嚴大學에서 수학.

1923년 불교의 쇠퇴를 한탄하여 화엄대학을 떠나 베이징의 용천선사龍泉禪寺에 들어가고, 감옥에서 포교활동에 종사함. 또 가을에 불교청년회를 결성하여 『불화 신청년』佛化新靑年을 창간함.

1924년 감옥의 남녀 6백 인에게 삼귀오계三歸五戒를 줌.

1925년 모친의 병으로 귀향하고, 임종을 지킴. 항저우에서 선과 정토종을 배움. 오사카의 가쓰오지勝尾寺에서 밀종학원密宗學院을 열어 유학생을 모집한다는 소식을 듣고, 다음 해 일본으로 가게 됨.

1926년 오사카의 가쓰오지에 도착했지만, 학교의 설비가 전혀 갖춰져 있지 않았기 때문에 1개월 후 절을 떠나 도쿄, 고야산, 아라시야마, 마야산, 고베 등으로 가 일본불교의 융성한 모습을 봄. 귀국 후 창장長江 일대의 불교를 시찰한 후 사스로 돌아가 베이관悲觀이라 이름을 바꾸고 남몰래 국민당에 입당함.

1927년 우한에서 불교개혁 잡지 『무외 주간』無畏週刊을 간행, 겨울에 정간됨.

1928년 '관리사묘조례'가 공포되어 『쓰촨불화 순간』四川佛化旬刊에 반론 발표.

1929년 시암(타이)에서 싱가포르로 건너가, 싱처우불교회星洲佛敎會의 개조를 돕고, 『각등 반월간』覺燈半月刊을 발행하지만, 정간됨. 귀국하여 베이핑(베이징)의 용천사에 머묾.

1930년 '불국여행단'佛國旅行團 조직, 인도를 목적지로 하고 먼저 시암으로 감.

1931년 베트남을 여행하고 시암으로 건너가 승왕僧王을 알현. 인도 등을 여행한 뒤, 시암으로 돌아와 월색국불학원越色局佛學院에서 배우지만, 병을 얻어 귀국. 티베트에 들어가고자 하였으나 실패하고, 베이핑 용천사에 머묾. 『불국여행기』라는 제목으로 인도 여행기를 출판. 장타이옌이 서문을 씀.

1932년 난징, 상하이로 감.

1933년 항저우 등을 돌며, 상하이에 머묾.

1934년 베이핑의 광혜사廣惠寺에 머묾.

1935년 난징을 중심으로 활동. 시암에 일본의 음모에 의한 신정부가 만들어졌기 때문에, '시암유학단'을 조직, 시암으로 건너감. 더욱이 페낭檳城으로 건너가 실론불학원에 들어가 실론 불교를 연구.

1936년 버마로 건너가 버마불교를 연구, 병을 얻어 귀국.

1937년 인도로 건너가 녹야원 불교대학에서 범문을 배움. 일중전쟁 시작, 상하이로 돌아와, 승려구호대 공작에 참가.

1938년 베이관悲觀이란 이름을 러관樂觀으로 바꿈. 승려구호대 해산. 창사長沙에서 군정부 제170 후방의원에 들어가 부상병을 구호함.

1939년 배도陪都(충칭) 중앙훈련단에서 훈련.

1940년 배도 승려구호대를 조직. 그것을 확대하여 충칭 승려복무대로 개편. 중국불교 국제보행선전대國際步行宣傳隊를 조직, 배도를 출발하여 양곤에 도달함.

1941년 중면불교동맹회中緬佛敎同盟會를 조직. 귀국 후 버마 정세 악화되어, 버마에 재입국하지 못함.

1942년 충칭에 돌아온 뒤 당국이 체포하고자 한다는 정보를 듣고 동굴에 숨고 몰래 쿤밍으로 감. 그후 다후이大慧라는, 신경증을 앓고 있는 승려에 의한 무고인 것을 알고 충칭으로 돌아와 자유를 회복한 뒤, 차오치曹溪의 남화사南華寺에서 정양靜養.

1943년 남화사 체재 중에 지은 『분신집』을 구이린에서 출간. 쓰촨현 윈펑산雲鳳山에서 3개월간 폐관閉關〔토굴에 들어가 사람과 만나지 않는 수행〕. 버마 정세가 긴박해짐에 따라 승려구호대의 지도를 계속해 승려가 주인군駐印軍 운수대運輸隊에 참가할 수 있도록 노력함.

1944년 신체가 쇠약해져 윈펑산에서 3개월간 폐관.

1945년 『구호대 5주년 기념간』救護隊五周年紀念刊을 간행. 9월, 배도 각계 승리여행대회陪都各界勝利遊行大會에 참가.

이상은 「자전」에 의거한 전승까지의 사적 기록이다. 그후의 활동에 대해서는 분명하지 않다. 1945년까지의 활동은 항일활동에 들어가는 1937년까지와 그 이후로 나눌 수 있다. 또 그 어디에서나 활동은 국내와 국외의 양쪽에 걸치고 다소의 휴양시기를 제외하고는 '혁명화상' 革命和尙이란 이름에 걸맞게 항상 격한 행동으로 일관하고 있다. '베이관 悲觀이라 이름한 것은 중국불교의 쇠퇴를 한탄한 것이며 그것을 '러관 樂觀이라 바꾼 것은 거국일치의 항전 가운데 '베이관'이라는 이름은 적당하지 않다는 지적에 의한 것이었다.

승려구호대와 국제선전대의 경위

러관의 보고서인 「상하이 · 충칭 승려구호대 및 국제선전대 조직의 경위」(『분신집』, 24~42쪽)에 의해 승려구호대와 국제보행선전대의 경위를 좀더 상세히 살펴보기로 하자. 본 보고서는 승려의 항일구국활동에 관한 구체적이고도 상세한 얼마 되지 않는 보고서 중의 하나이다.

상하이 승려구호대는 1937년 일중전쟁이 시작되어 상하이가 전장이 되었을 때, 상하이자련회上海慈聯會의 지도 아래 결성되었다. 총 120인으로, 총대장은 자련회 주석인 취잉광屈映光, 부대장은 홍밍宏明 법사였다. 3대대로 나뉜 가운데 분대장을 비롯해 모두가 승려였다. 분대는 총무總務 · 대무隊務 · 구호救護의 셋으로 나뉘고 대원에게는 얼마 안 되는 보수가 지불되었다. 그들 중 3분의 2는 지식층으로 전국 각지의 불교학원의 우수한 인재가 다수 있었다. 그들은 '불 佛이라 쓰여진 깃발 아래 전투복장을 입고, 상하이전쟁 3개월간 8,272인의 부상병사와 조계租界 난민을 구조했다.

격한 전투로 조계 내의 병원이 만원 상태가 되었기 때문에 뉴쟝로

牛莊路에 '불교의원'佛敎醫院을 열고, 부상 병사를 수용하였다. 시의 남부가 일본군에 점령되고 나서는 병원 내를 중심으로 간호를 담당하고, 또 불교의원에서 대규모로 초도진망장사법회超度陣亡將士法會〔전쟁에서 죽은 병사의 명복을 비는 법회〕를 열어 희생이 된 영령을 위로하였다.

상하이에서 군이 철수했을 때 부대의 일부는 한커우로 가고 러관(그 당시는 베이관) 등은 상하이에서의 활동을 인쇄하여 각 방면에 알린 후 1938년 3월에 배를 타고 홍콩으로 건너갔다. 홍콩에서 성대한 연합환영대회가 있어, 그 석상에서 베이관의 이름을 러관으로 바꾸었다. 홍밍 법사 등은 그곳에서 한커우로 향했지만, 러관은 홍콩에 머물며 편집 간행의 일을 맡았다.

부대장인 홍밍 법사는 안후이安徽 사람으로 본래 군인 출신이었다. 출가 후 1년 뒤 난징 향림사香林寺의 주지에 임명되었고, 상하이에 구호대가 만들어졌을 때 부탁을 받아 부대장이 되었다. 스스로 훈련을 지도하고 전선에서 구호활동에 종사하였다. 한커우에서도 불교의원과 초도진망장사법회를 계획하고 있었지만, 생각지 않은 재난으로 계획이 무산되었다. 어느 날 밤 스파이를 색출하는 동지가 수십 명 찾아와 홍밍과 다른 두 사람을 데려갔다. 그후 갖가지 경위를 거쳐 홍밍은 풀려났지만, 그 충격으로 활동은 불가능해져 구호대는 1938년 8월 해산했다.

해산 후 일부의 대원은 시안의 '전지유동복무대'戰地流動服務隊로 들어가고 일부는 쓰촨한창교리원四川漢藏敎理院에서 공부하고 일부는 상심하여 자신의 소묘小廟로 돌아갔다. 러관은 쓰촨으로 갔지만 그곳도 정체되어 있었기 때문에 한커우로 돌아왔고, 나아가 후난의 군정부 후방의 병원에서 부상병을 위한 일을 담당하였다.

1940년 1월 충칭으로 가, 스쯔산獅子山에 있을 때 스쯔산의 100인

이상의 승려로 '승려구호대'를 조직하는 것이 가능하다고 생각해, 당가當家(사원의 사무를 총괄하는 역할)인 줴통覺通 화상과 상담하고 방장 화상 이하 사원의 모든 승려의 찬동을 얻었다. 그리하여 진제위원회振濟委員會 부위원장이었던 취잉광 선생에게 협력을 의뢰해 '배도공습구제연합문제판사처'陪都空襲救濟聯合問題辨事處로부터 원조를 얻을 수 있게 되었다.

상담의 결과 총대장은 절의 방장 화상이 담당하고, 두 개의 부총대를 줴통과 러관 두 사람이 책임을 지게 되었다. 절에서 승려 70명을 뽑아 4개 분대를 편성하고, 총부대가 대내외의 중심이 되고, 다른 부분은 두지 않았다. 3월 18일에 성립식이 성대히 행해지고, 여러 단체로부터 300인의 사람들이 모였다. 충칭이 공습을 받았을 때 구제활동에 종사하고, 6월 13일 하루에 123인을 도왔다. 환수丸首의 군복을 입고 '불'佛자를 쓴 모자를 쓰고 이리저리 다녀도, 승려로서의 본래 자세는 잃지 않았다. 스쯔산은 큰 절이지만, 생산하는 것이 없었기 때문에, 법요를 행하여 금전을 얻을 수밖에 없었다.

그후 조직확대의 말이 나와 '충칭 승려복무대'가 결성되었다. 이것은 승려구호대를 제1분대로 하고, 장베이江北불교회승중을 조직하여 제2분대로 하고, 화암사華岩寺의 승중을 제3분대로 하는 것이었다. 그 조직이 완성되었을 무렵에는 충칭에 대한 공습은 줄어든 상태였다.

'중국불교 국제보행선전대'는 1940년 10월에 조직되었다. 당시 일본 스파이조직은 인도·버마·시암에서 갖가지 기만적인 방법으로 국제적으로 불교도를 속이는 선전을 하고 있었다. 그들은 "중국 정부는 공산주의 정부이며 그리스도교 정부이며 불교를 파괴한다. 우리 일본은 불교의 맹주국이며, 동아의 불교를 보호하기 위해 중국과 싸우고 있다. 이 전쟁은 불교 대 그리스도교의 전쟁이며 성전이다"라고 주장하였다.

거기에서 러관은 이와 같은 황당스러운 선전을 타파하고 국제적으로 반침략을 선전할 필요를 느껴 만린曼林·줴화覺華·넝런能仁 등과 상담하여 '중국불교 국제보행선전대'를 결성하게 되었다. '보행'이라 붙인 것은 『신민보』新民報의 저우중광周重光의 제언으로, 도보방식을 기본으로 하였기 때문이다(실제로는 차를 이용하였다). 결성에 있어서는 각계로부터 지원을 받고, 11월 11일에 충칭을 출발하였다. 구이양貴陽·쿤밍을 거쳐 23일에 양곤에 도착했다. 양곤에서는 각계의 환영을 받고 신문에도 크게 보도되었다.

처음의 계획으로는 버마에서부터 인도·실론·시암 등으로 가 선전할 예정이었지만, 국제상황이 크게 변화하였다. 일본과 시암의 음모가 점차 분명해져 출국이 어렵게 되었다. 그래서 버마를 거점으로 공작을 계속하게 되었다. 거기에는 중면中緬문화협회 주석인 위바룬宇巴倫, 중의원 의원 후마오서胡茂庶, 버마불교의 지도자 우타성달宇朶省達 대사가 협력해 주었다.

1941년 5월 1일에는 버마화교 정신동원위원회에서 「다난多難, 나라를 일으킴」이라는 제목으로 강연하고, 그것을 계기로 일본군 스파이 조직의 방해가 더욱 심해졌다. 그러나 일본이 버마 승려를 세계불교대회에 참가시키고자 한 계획은 러관 등의 선전에 의해 버마 승려 대부분이 거부하였다. 이리하여 '중면불교연맹'을 성립시킬 수 있었다.

『분신집』의 사상

국가와 종교

「중국 승청년은 어떻게 하여 자기를 견고히 하고 위대한 전도前途를 획득할 수 있을까」(1941)라는 글은 말하자면 승려의 구국활동에 대한 선언이라고도 말할 수 있는 것으로, 구국구교의 사명을 세 가지 면에서 논하고 있다.

첫째, 시대를 분명히 인식한다. "불교는 본래 국가사회의 사람들에게 의탁하고 있는 것이기 때문에 솔직히 말하면, 만약 국가가 없고 만약 사회의 사람들이 없으면, 우리의 불교는 근본적으로 성립하지 않는다. '피부가 없으면 털이 붙지 않는' 것이다. 강대한 국가가 있어 건전하고 광대한 신도가 있고 비로소 불교는 위대한 빛을 발휘하는 것이다."(『분신집』 13쪽, 이하 인용은 같은 책) 둘째, 뜻을 세워 성실한 사람이 된다. "우리가 붓다를 믿는 것은 심령상의 신앙이며, 성실한 사람이 되기 위해서는 '몸을 도에 바치는' 돌격정신이어야만 한다."(14쪽) 셋째, 신념을 굳게 정한다. "우리는 불교의 반침략의 입장에 서서, 항상 자기를 경계하고, 우리의 신념을 굳게 정하지 않으면 안 된다."(14쪽)

이와 같은 세 가지 점에서 승려도 '국가지상', '민족지상'이라는 항전의 깃발 아래 일어나야만 한다는 것을 설해, "지금까지 우리 청년승 최대의 결점은 이론을 품격 있게 논하는 것만을 좋아하고 실제 행동은 하지 않은 것이었다. …… 금일 국가든 불교든 모두 실행이 필요하다. 우리 불교에서는 특히 실제實際로 표현하는 것이 필요하다. 이와 같은 실제의 표현은 순결한 청년승이어야 비로소 가능하다"(14~15쪽)라고 하여, 청년승이 일어나기를 호소하고 있다.

여기에서 분명하듯 러관 등의 항일불교의 입장은 불교의 번영을 위해서는 세속의 국가가 안정될 필요가 있으며, 그런 까닭에 국가가 위기에 처해서는 먼저 국가를 지켜야 한다는 것에 있다. 「호국과 위교衛敎」(1940)에서는 이 문제를 불교의 입장에서 어떻게 보아야 할 것인가가 보다 분명하게 서술되어 있다.

불법의 주의는 '세계대동'에 있고 종족계種族界와 국계國界의 구별은 없지만, 교단을 건립하거나 교화를 설치하기 위해서는 역시 국가로부터 떠날 수 없다. 우리의 '의보국토'依報國土(주체의 근거로서 국토)를 지켜야만 하는 것은 여기에서 태어나고, 이 의보국토에서 자라난 우리와 밀접한 이해관계에 있기 때문이다. 우리가 태어나 자란 곳이 다시 한번 타인에게 압박받고 통제되어 멸망한다면, 그때 우리는 망연자실하여 살아갈 수 없을 것이다. 자유를 잃고, 이르는 곳마다 타인의 제한을 받는다면, 어떻게 불법을 널리 펼쳐 중생을 구할 수 있겠는가. 더욱이 붓다의 가르침은 '자비'를 원칙으로 하지만, 잔학한 사람들에 대해서는 그들이 중생의 지혜와 목숨을 끊는 마왕이기 때문에, 자비일 수도 없고, 항복降伏〔법력으로 불적을 누르는 것〕시키지 않으면 안 된다. 불전에도 "마왕에 대하여 자비로운 것은 중생에 대하여 잔인한 것이다"라고 말하고 있다(52~53쪽).

여기에는 두 가지 문제가 제시되어 있다. 첫째는 불교의 보편성에 대하여 특수한 국가를 지키는 것이 어떻게 인정되는가 하는 것이며, 둘째는 불교의 자비정신에 대하여 전쟁이라는 형태로 살생이 인정되는가 하는 것이다. 첫번째에 관해서는 제일의적第一義的인 입장에서 불법은 보편적이라고 하더라도 세속문적世俗門的인 입장에서는 승려라도 '의보'인 국가에 의존하고 있으므로, 거기에 국가를 지켜야만 하는 필연성이 생기는 것이다. 두번째는 자비와 동시에 계율의 문제와 관계한다. 이 점에 관하여 「배도 승려구호대 5주년 기념간 감언」陪都僧侶救護隊五周年紀念刊感言(1945)에서는 승려로서 해야 할 행위의 한계를 넘어도 좋은가라는 형태로 문제를 삼고 있다. 거기에서는 "장래 국가가 다시 한번 우리를 필요로 할 때는 우리는 일보 나아가 무기를 지니고 국가를 지키고자 한다. 그러나 현 단계에서는 박해받는 동포를 구하고, 유민이 된 고독한 여성과 아이들을 위로하는 것과 같은 소극적인 자선사업이 우리가 해야 할 것이다. 이것이 실로 불교승도가 다해야 할 의무이며 동시에 우리의 책임이다"(78쪽)라고 미래에 뜻을 가지면서도 현 단계에서는 어디까지나 무기를 드는 데까지는 가지 않고 구호활동에 따르는 것이 승려로서의 한계라고 하고 있다. 불교승이 불교승으로서 특별시되는 일이 없었던 일본의 경우와 크게 다르다.

일본에 대한 태도

러관은 본래 일본에 대하여 반드시 악감정을 가지고 있었던 것은 아니다. 본디 젊었을 때 관여한 『불화 신청년』의 그룹은 일본과 적극적으로 관계를 가지고자 하였다. 또 러관은 1925년 오사카의 가쓰오지에 유학하였다. 그때 가쓰오지 자체는 몹시 조악하여 어떠한 공부도 하지는 못했지만 일본 각지를 견학하여 그는 큰 충격을 받았다. 「자전」에는 다음과 같이 기록되어 있다.

> 일반적인 불교의 정세를 시찰해 그 나라의 불교를 보면 대다수 적극적으로 방편을 설치하는 것을 중시하고 승려들은 사상이 앞서고 있고 나라와 국민의 관념이 풍부하고 사회에 깊이 들어가 대중을 위해 복리를 꾀하고 널리 일반 민중의 경애와 신앙을 얻고 있다. 그것에 반하여 우리나라의 불교는 흐트러져 멋대로이며 이르는 곳마다 부패·퇴폐의 모습을 보이고 있다.(103쪽)

이와 같은 일본의 진보된 불교에 비하여 중국불교계의 뒤처짐을 한탄하여 스스로 '베이관'이라 이름한 것이기 때문에 그 충격이 얼마나 컸었던가를 알 수 있다. 근대화하고 사회 속에서 활동하는 일본의 불교를 모범으로 삼으려고 한 것은 러관에 한하지 않고 타이쉬도 포함해 중국불교계의 진보적인 승려들에게 공통된 것이었다.

하지만 일본의 침략을 눈앞에서 보고는 그의 일본불교관은 완전히 역전한다. 버마에서의 강연 「다난, 나라를 일으킴」(1941)에서는 다음과 같이 전면적으로 일본불교를 비판한다.

일본불교는 본래 우리나라에서 전래한 것이다(긴메이 천황欽明天皇 13년). 처음에는 불교정신을 매우 잘 표현하였지만 메이지 유신 이후 불교를 폐지하고 반불교의 봉화를 올려 불교의 탑묘를 파괴하고 불상과 불화를 소각시키고 승니를 속인으로 만들어 성을 바꾸고 사원을 학교나 병원으로 바꾸었다. 그 이후 일본불교의 혜명慧命은 완전히 사라졌다. 그후 메이지 말년에 승려를 등용했지만, 더 이상 불교의 면목은 없고 승려들은 멋대로 육식·대처하고 계율을 버리고 외모는 비구인 모습을 하고 있지만 내심은 살인귀와 같다. 항전 이후 일본의 승려는 부대 속에 있어(어느 연대라도 적어도 3~5인의 일본 화상이 있다), 일본군이 우리나라의 불교승중을 살육하거나 불교의 승니를 간음하거나 비행기로 불교사원을 폭파하는 것을 부추기고 있다. 이와 같은 갖가지 폭행으로부터 보면 일본이 스스로 불교국이라고 칭하는 것은 바로 허위이며, 불교란 미명 아래 침략의 구실을 삼고 불교를 방패 삼아 살인자의 얼굴을 감추고 있는 것이다.(「상하이·충칭 승려구호대 및 국제선전대 조직의 경위」, 41쪽에서 요약된 내용 재인용)

여기에서 주목할 것은 단순히 전쟁 중의 불교도를 비판하는 것이 아니라, 근대 이래의 일본불교를 전면적으로 부정하고 있는 것이다. 일찍이 중국불교의 모범으로 간주되고 있던 일본의 근대불교는 실제 그 최초기부터 계율을 버리고, 불교를 버리고 있었던 것이다. 전쟁의 침략 문제뿐만 아니라 그 근저에 근본적인 불교관의 차이가 놓여 있었던 것이다. 그리고 그것이 잔학한 침략으로 현실화했다고 보는 것이다. 그런 까닭에 "우리는 일본에는 불교가 없다고 단정할 수 있다"(「다난, 나라를 일으킴」, 51쪽). 신랄한 지적이지만, 과연 일본의 불교가 중 어느 정도가 그것에 반론할 수 있겠는가. 어떤 의미에서는 이 불교관의 차이는 그대로 오늘날까지 지속되고 있다고 볼 수가 있다.

국제화

인도와 동남아시아의 불교국과 교류를 가질 필요성은 중국에서도 일찍부터 인식되어 특히 일본이 이 지역에도 침략의 손길을 펼쳐 오자 타이쉬와 위안잉 등도 몸소 이 지역으로 가 협력을 호소하였다. 러관 또한 1929년 이래 자주 남아시아·동남아시아 각지로 건너가 단순히 시찰에 그치지 않고 각 지역의 불교를 배웠다. 일중전쟁이 발발했을 때에도 인도 녹야원 불교대학에서 수학하던 중에 급거 귀국하였다.

이러한 국제적인 시야를 갖게 되면, 당연한 것이지만 중국불교의 틀을 고집할 수 없게 된다. 특히 중국불교는 스스로를 '대승'이라 칭하고 남전南傳 계통의 불교를 '소승'이라며 경멸적으로 보고 있다. 그러나 남전계의 불교와 교류하게 되면 그와 같은 태도는 통용되지 않는다. 「일본군은 중국에서 불교사원과 승니를 파괴·살해하고 있다」라는 인터뷰(1942)에서는 "당신의 나라는 소승불법이 전혀 없고, 대승불법만이 있는가"라는 버마 기자의 질문에 대해 러관은 다음과 같이 답변하고 있다.

아니다. 중국과 버마의 불교는 본래 불멸 후 110년경 아소카왕이 사방에 사자를 보내어 불교를 포교시켰을 때 전래한 것이다. 그때 '남전'과 '북전'으로 나누어져 두 노선이 되었다. 중국 본토와 티베트, 몽골 일대는 북전에 속하고 당신 나라와 실론 등의 지역은 남전에 속한다. 두 개의 흐름으로 전파된 불법은 본래 하나의 원시불교에 속하는 것이었다. 북쪽으로 전해진 것은 무수한 (실크로드의) 소국의 번역과 개조를 받았고 중국에 전해져 약간의 영향을 받았다. 북방을 향해 포교한 사람은 '대중부'에 속하고 남쪽을 향한 사람은 '상좌부'이다. 북쪽을 향한 불법사상은 비교적 원융적이며 남쪽을 향한 것은 주로 보수적이다. '대승', '소승'이라고 하기보다는 '남전', '북전'이라는 쪽이 타당하다.(67~68쪽)

이와 같이 중국불교 절대의 입장을 취하지 않고, 각 지역에 따른 불교의 방식을 인정하려고 하고 있다.

이상 『분신집』을 통하여 러관이라는 한 항일승의 활동과 사상의 일단을 살펴보았다. 러관은 타이쉬와 같이 뛰어난 지도자가 아니라 거의 돌아보지 않고 역사 속에 파묻혀 버린 한 승려였다. 그러나 타이쉬와 같은 지도자의 발언은 곧바로 중국불교계의 공식발언에 가까운 것이 되어 도리어 그 육성이 들리지 않게 된 데 비해 러관의 『분신집』으로부터는 그의 정열과 의분 혹은 실망과 좌절이 바로 전해져 온다. 또 그것은 승려구호대의 활동 등을 구체적으로 알 수 있는 귀중한 사료이

기도 하며, 그대로 동일한 시기의 일본불교가의 활동을 비춰보는 거울
도 된다. 역사 속에 파묻힌 이들 승려의 활동에 의해 오늘날 중국불교
의 기초가 세워진 것이다. 하지만 거기에 이르기까지는 항일전 승리 후
의 국공내전과 불교계의 분열, 그리고 혹독한 정치정세 가운데의 고난
의 길이 계속된다.

4. 오카와 슈메이와 일본의 아시아주의

1) 아시아주의의 곡절―다케우치 요시미의 논의로부터

근대의 일본은 흥아興亞와 탈아脫亞의 이중성에 근거하며 전개해 왔다고 말할 수 있지만, 양자가 어떻게 결부되어 아시아 침략을 일으키게 되었는가는 그다지 명확하지는 않다. 탈아에 의해 빠르게 근대화를 달성한 일본이 구미 제국주의의 일원이 되어 아시아 침략으로 향했다고 하는 것이 그 가운데서도 가장 알기 쉬운 설명이다. 다케우치 요시미竹內好는 그것을 다음과 같이 설명한다.

> '탈아'와 '흥아'의 목표는 결합되어 진행되는 것으로 일방적으로 '대동아공영권' 大東亞共榮圈에 묶인 것은 아니다. 그와 유사한 것으로는 오쿠마 시게노부大隈重信의 동서문명융합론과 같은 절충론도 여럿 있다. 단지 큰 흐름으로서는 독립의 수단으로서 '탈아'가 후에 목적화되고, '탈아' 완성에 의해 아시아 인식의 능력을 상실한 후에 내용이 공허한 '흥아'가 간판으로 내걸렸다고 생각해도 좋지 않을까 생각된다.(다케우치 요시미, 『일본과 아시아』, 280쪽)

다케우치에 의하면 '대동아공영권'은 '내용이 공허한 흥아'의 '간판'으로, 진정으로 내용을 갖춘 '흥아'라고는 말하기 어려운 대체물이다. 그런 까닭에 이 요약에 따르면, 근대의 일본은 철저하게 '탈아'의 길을 걸어온 것이 된다. 다케우치는 "태평양전쟁을 탈아의 정점으로 생각하고 싶다"라고까지 말한다(「일본인의 아시아관」, 『일본과 아시아』, 99쪽). 확실히 국가정책의 흐름을 보면 아시아에 대한 냉철한 멸시와 침략에 의한 이권의 획득에 혈안이 되었고, 그것이 어떻게 하여도 움직일 수 없게 되자 점차 일미개전日米開戰으로 향하고, 기회주의적으로 '대동아공영권'을 내세웠다고 보는 것은 잘못이 아니다.

그러나 조선을 식민지화할 때도 만주국을 세웠을 때에도 일단은 흥아적인 구실을 붙이고 있고, 또 침략이 파시즘 이데올로기의 흥아적인 언설에 편승한 형태로 진행되어 온 사실도 부정할 수 없다. 다케우치 자신이 말하듯이 "'침략'과 '연대'를 구체적인 상황에서 구별할 수 있는지 어떤지는 큰 문제이다"(「일본의 아시아주의」, 같은 책, 291쪽). 그런 까닭에 '대동아전쟁'은 "탈아가 흥아를 흡수하여 흥아를 형해화形骸化하고 이용한 구극점"(103쪽)이라고 하는 쪽이 그간의 미묘한 사정을 나타내고 있을 것이다. 더욱이 그것을 '형해화'라고 단정해 버릴 수 있을지 어떤지도 의문이 남는다. 마쓰모토 겐이치松本健一는 다케우치 요시미를 비판하며 '대동아공영권'에 사상성을 인정해도 좋지 않은가라고 말한다.

적어도 시게미쓰 마모루重光葵가 인도의 주권 회복 등을 인정하지 않는 '대서양헌장'의 기만성을 간파하여 그것에 대항관계로 '대동아공동선언'에 '대동아를 미영米英의 질곡으로부터 해방'하는 전쟁목적을 구사한다는 한 가지 점에서 그 사상성을 인정해도 좋지 않은가라고 나는 생각한다.(마쓰모토 겐이치, 『다케우치 요시미의 「일본의 아시아주의」를 자세히 읽는다』, 142쪽)

단번에 대동아공영권 문제까지 건드려 버렸지만, 다시 한번 돌이켜 생각하면 본래 '탈아'와 '흥아'라는 사상적 대립축 그 자체가 과연 적절한 것인가. 대체로 탈아라는 말 자체가 전전에 있어 반드시 정착하고 있었던 것은 아니다. 후쿠자와 유키치福沢諭吉의 '탈아론'이 주목받게 된 것은 전후의 일이다(오카모토 유키치 편, 『근대 일본의 아시아관』, 16쪽). 후쿠자와의 탈아론은 후쿠자와의 아시아에 대한 관심과 냉정한 실정판단 위에 서 있는 것으로, 신경을 쓰지 않는 아시아 무시와는 다른 것이다. 하지만 그것은 극히 특수하여 오히려 일본의 지식인 대다수에게는 아시아에 관심을 두는 것 자체가 드문 일이었다.

물론 당시의 지식인들이 자주 서구적인 것들을 받아들이면서도 서구적인 것에 반발하고, 동양적인 것, 일본적인 것에 친근감을 발견하고 있었던 것은 드물지 않다. 그러나 그 경우 대다수는 동양의 고전 사상 즉 불교와 유교이며, 동시대의 아시아에 대해서는 거의 관심을 갖지 않았다. 전쟁기에 지식인을 매료시킨 테마였던 '근대의 초극'에서도 서구 자체의 과제를 수입하고 동양적·일본적인 고전 회복을 그 위에 올려 놓았던 것이다.

이렇게 생각하면 '탈아'든 '흥아'든 본래 동시대의 아시아에 대한 관심 자체가 일본의 언설공간에서는 극히 한정된 범위에서만 통용되어 광범위한 사상적 과제가 될 수 없었던 것은 명백하다. 즉 '탈아'가 언설공간에서는 성립하지 않고 문제조차 되지 않는 그 공백상태에 있어서 도리어 '탈아'가 사실적으로 성립하고 있었고 혹은 적어도 지향되고 있었다라고 말할 수 있다. 그런 까닭에 '아시아주의'는 성립할 수 있어도 '유럽주의'는 처음부터 성립하지 않는다. 왜냐하면 그것은 특정의 주의가 아니라 오히려 시대의 공통기반이며 전제이기 때문이다. '아시아주의'라 해도 구미에 대한 대항 의식이 없으면 그 자체로서는 성립하지 않았다. 구미의 침략에 대한 위기 의식이 '아시아'라는 의식을 낳은 것이며, 그런 의미에서 '아시아'는 실로 구미의 오리엔탈리즘의 반영으로서 성립한 개념이다.

더욱이 '대아시아주의'는 실제로 주장되었지만, '아시아주의'는 반드시 특정의 형태로 주장된 것은 아니다. 그런 까닭에 '아시아주의'라는 호칭은 반드시 공통의 이해에 기반한 것은 아니다. 다케우치는 말한다.

> 내가 생각하는 아시아주의는 어떤 실질 내용을 갖추고 객관적으로 한정할 수 있는 사상이 아니라 하나의 경향성이라고 말할 수 있는 것이다. 우익이라면 우익, 좌익이라면 좌익 가운데 아시아주의적인 것과 비아시아주의적인 것을 분류할 수 있다고 할 뿐이다.(다케우치 요시미, 「일본의 아시아주의」, 『일본과 아시아』, 292쪽)

'비아시아주의적'이라는 것은 '비아시아' 주의가 아니라 비 '아시아주의'일 것이다. 즉 아시아에 대한 무관심이다. 그리고 그것이야말로 일본 지식인의 주류였다고 생각된다. 특히 전전의 좌익계의 사상에 있어서는 아시아에 대한 관심은 거의 보이지 않고 "다이쇼 중반부터 쇼와 초에 걸쳐서 우익과 좌익의 대항관계 속에서 아시아주의는 우익이 독점하고, 좌익은 프롤레타리아 인터내셔널리즘을 이것에 대치시키는 포진이 된다"(같은 책, 339쪽).

그런 까닭에 본래적으로 아시아주의는 결코 침략주의와 동일화될 수 없음에도 불구하고, 실제로는 우익의 침략주의와 밀접하게 결부되어 버렸다. 아시아주의는 그 침략주의적 성격으로 인해 권력에 이용되었고, 더욱이 그 극단성으로 인해 이단시되어 지식인의 언설공간에 있어서는 더러운 냄새가 나는 것으로 거의 제대로 문제조차 되지 않았다. 아시아의 문제가 그와 같은 형태로밖에 말해지지 못했던 것에 근대 일본의 언설공간의 왜곡된 구조가 있다.

아시아주의의 발생과 팽창주의와의 결합을 다케우치는 다음과 같이 적절히 요약하고 있다.

앞에서 말한 것은 아시아주의는 팽창주의 또는 침략주의와 완전히 중복되지 않는다는 것이다. 또 내셔널리즘(민족주의, 국가주의, 국민주의 및 국수주의)과도 중복되지 않는다. 물론 좌익 인터내셔널리즘과도 중복되지 않는다. 그러나 그것들 어느 것과도 중복되는 부분은 있고 특히 팽창주의와는 크게 중복된다. 좀더 정확하게 말하면, 발생적으로는 메이지 유신 후의 팽창주의 가운데서 하나의 결실로서 아시아주의가 발생했다고 생각된다. 더욱이 팽창주의가 직접적으로 아시아주의를 낳은 것이 아니라 팽창주의가 국권론과 민권론 또는 약간 내려와 서구화와 국수라는 대립하는 풍조를 만들어 내고, 이 쌍생아라고도 할 수 있는 풍조의 대립 가운데 아시아주의가 발생했다고 생각하고 싶다.(같은 책, 293쪽)

메이지 초기의 사상적 혼동 가운데 팽창주의는 그 전체를 통하여 흐르는 기층에 있고, 그 혼돈이 점차 명확한 대립구조를 갖게 되는 가운데 아시아주의가 팽창주의를 계승하는 형태로 우익이 독점하는 것으로 되어 간 것이다.

아시아주의가 우익에 독점된 계기는 우익과 좌익이 분리하는 시기에서 찾을 수 있다. 그 시기는 아마도 메이지 말기이며, 기타 잇키가 평민사平民社와 흑룡회黑龍會 사이에서 동요하고 있던 시기이다.(『일본과 아시아』, 339쪽)

아시아주의가 최종적으로 우익의 침략주의 구실로밖에 기능하지 않은 것은 불행한 것이었다. 그럼에도 다케우치가 정중히 거론하고 있듯이 아시아주의는 다양한 형태와 가능성을 가지고 있다. 다케우치가 엮은 『아시아주의』アジア主義(1963)에는 다케우치 자신의 「일본의 아시아주의」가 해설로 붙어 있고, 그 다양한 가능성을 보이는 실례가 가득 차 있다.

조선이란 국가를 멸망시키고 중국의 주권을 침해하는 난폭함은 있었지만 어디까지나 일본은 과거 70년간 아시아와 함께 살아왔다. 거기에는 조선과 중국과의 관계 없이는 살아갈 수 없다고 하는 자각이 작용하고 있다. 침략은 좋지 않지만 그러나 침략에는 연대감의 잘못된 표현이라는 측면도 있다. 무관심하여 타인에게 맡기는 것보다는 어떤 의미에서는 건전하기조차 하다.(「일본인의 아시아관」, 같은 책, 95쪽)

오해될지도 모르는 곳까지 일부러 발을 내딛은 다케우치의 말을 우리는 마음으로 듣지 않으면 안 된다. 그것은 아직껏 아무렇지 않게 아시아를 무시하고 구미 쪽으로만 얼굴을 돌리고 단순하게 도식적인 선악론으로 전전의 아시아주의를 던져 버리는 전후의 논조에 대한 다케우치의 도전이다. 아시아에 대한 우리의 인식은 지금 거기에서 한 발자국도 나아가지 않고 있다.

2) 아시아주의의 이상과 좌절―오카와 슈메이의 경우

아시아 해방론

파시즘과 결합되어 있던 전전의 아시아주의 가운데 오카와 슈메이大川周明는 특별한 위치에 있다. 그 하나의 이유는 다수의 아시아론자가 동아시아의 범위에서 아시아론을 전개하고 있는 속에서 오카와는 이슬람권까지 포함한 아시아 전역을 염두에 두고 논하는 점이다. 또 다수의 아시아주의자가 한 발자국 어긋나면 대륙의 낭인浪人이 될지도 모르는 무뢰한 무리의 성격을 가진 것에 비하여, 도쿄제국대학에서 종교학·인도철학을 배우고 후에 식민지 제도 연구로 법학박사 학위를 취득한 오카와는 학구파로서 큰 업적을 낸 인텔리였다. 그런 까닭에 그의 학식의 폭은 매우 넓고 또 치밀하였다. 식민지사 연구, 인도 현대사 연구, 이슬람 연구 등에 있어서 선구적인 역할을 담당하였다. 거기에는 뜨거운 열정과 함께 냉정한 현상분석이 이루어져 있어 그의 아시아론은 오늘날에도 귀를 기울여야 할 많은 시사점을 담고 있다.

본래 인도의 고전철학 연구로부터 출발한 오카와는 때마침 헨리 코튼Henry Cotton의 『신 인도』*New India*를 접하고 식민지 현대 인도의

정세에 충격을 받는다. 또 망명 인도인 헤라무바 L. 굽타와 알게 되고 나서 인도 독립운동과 관계하게 된다. 이리하여 저술된 처녀작이 『인도 국민운동의 현상 및 그 유래』印度に於ける国民的運動の現状及び其の由來(1916)이다. 명저로서 이름이 높은 『부흥 아시아의 제문제』復興亜細亜の諸問題(1922)는 그 고찰을 아시아 전역으로 넓힌 것으로, 러시아혁명 및 제1차 세계대전 후의 세계정세를 배경으로 한 현상분석이 극히 정확하게 이루어져 있다. 그 범위는 티베트, 시암, 인도, 아프가니스탄, 페르시아, 러시아와 중동, 터키, 이집트, 회교(이슬람)권, 메소포타미아 각지에 미치고 있다.

단 그 가운데 중국이 빠져 있는 점은 주목된다. 그것은 전문가가 많은 까닭에 일부터 피한 것이라 생각된다. 그러나 오카와의 다른 저작에서도 중국의 고전 특히 유교에 대해서는 논하고 있지만, 현대의 중국 혁명에 대해서는 입을 닫고 말하지 않는다. 이것은 다케우치도 말하고 있듯이 "오카와의 최대의 약점"(다케우치 요시미, 「오카와 슈메이의 아시아 연구」, 『오카와 슈메이집』, 403쪽)이라고도 말할 수 있는 것이다. 전통을 부정한 위에 서구적 민주주의를 도입하려고 한 쑨원孫文 등의 혁명의 동향이, 전통 부흥을 지향하는 오카와와 맞지 않았던 점은 있었을 것이다. 그러나 기타 잇키와 같이 반쑨원적인 형태로도 관계할 수 있었을 것이다. 그가 러시아혁명을 적절히 평가한 것을 보면 나름대로 현대의 중국관이 있어도 좋았을 것이다. 의도적이든 혹은 무의식적이든 현대 중국을 무시함으로써, 감히 말한다면 중국을 타자로서 정립하는 것을 피해 일본의 중국침략 문제를 피해 버렸다고도 말할 수 있다. 이것은 오카와의 사상을 생각할 때 심히 유감스런 것이다.

『부흥 아시아의 제문제』로 돌아가면, 이 책의 제1장은 '혁명 유럽과 부흥 아시아' 革命欧羅巴と復興亜細亜라는 제목으로 총론에 해당한다. 그 서두에서 오카와는 정열을 담아 격조 높게 아시아의 해방을 노래하고 있다.

아시아의 민족은 제1로 자유를 얻지 않으면 안 된다. 자유를 얻은 아시아는 주잡견고周匝堅固하게 통일되지 않으면 안 된다. 어떻게 하여 자유를 얻을 것인가, 어떻게 하여 통일을 실현할 것인가. 이것은 실로 아시아의 당면한 관심사이다. 오늘날의 아시아는 유럽의 신예臣隷이다. 노예에 어떠한 문제가 있을 수 있겠는가. 노예에 어떠한 이상이 있을 수 있겠는가. 노예는 단지 주인의 의사에 따라 주인의 이익을 위해 움직이는 주시행육走屍行肉에 지나지 않는다. 고로 참된 의미에 있어서 아시아의 문제는 아시아가 자유를 얻었을 때 시작한다. 아시아는 모든 것에 선행하여 먼저 노예의 상태를 벗어나지 않으면 안 된다.(『부흥 아시아의 제문제』, 8쪽)

프롤레타리아의 단결을 부르짖는 『공산당 선언』에 비하여도 뒤떨어지지 않는 아시아의 독립을 향한 격문이다. 단 여기에서 자유의 획득은 당연한 것으로서 아시아의 통일이 외쳐지고 있는 것에 주의하여야 한다. '아시아는 하나'가 문화적 이념이 아니라 실제의 정치적 통일로서 이해될 때 그리고 그 통일을 향한 일본의 역할이 강조될 때 아시아 해방의 논리가 일본 침략의 논리와 결합되어 그 대체가 이루어지는 것이다.

그런데 오카와의 아시아 인식은 앞에서 말했듯이 제1차 세계대전 후의 세계정세를 바탕으로 하고 있다. 이 시대의 특징으로서 오카와는 두 가지를 지적하고 있다. 첫째로 유럽이 혁명으로 위협받아 "유럽의 세계제패의 종말이 이미 가까워지고 있다"(『부흥 아시아의 제문제』, 18쪽)라는 인식이며, 둘째로 유럽의 약체화에 따른 비백인非白人 세력의 대두라는 사태이다.

첫째는 무엇보다도 러시아혁명에 의한 노동자·농민의 러시아 성립과 제1차 세계대전 후의 독일혁명 등에 의한 유럽의 혼란이다. 러시아혁명에 대한 오카와의 평가는 적어도 그 책의 범위에 있어서는 극히 정확하고, 러시아혁명에 대한 공감을 가지고 있었다고 생각된다.

그런데 영독쟁패의 세계관은 그 혼돈의 언저리에서 러시아혁명을 낳았다. 그리고 러시아혁명의 성취자 볼셰비키는 이미 러시아 내의 전사로서만이 아니라 동시에 유럽혁명의 전사로서 일어났다. 그들은 소수가 국민의 물질적 이익을 농단하는 자본주의를 그 근저에서 부정하고, 전 국민의 복지를 이상으로 하는 노동주의에 의해 경제생활의 통일을 실현하려고 하였다. 그리하여 그와 함께 자본주의의 정치, 소위 근세민주주의의 정치를 헌신짝같이 내버렸다.(같은 책, 15쪽)

민주주의의 극복은 오카와 등이 구하는 방향과도 일치한다. "국민의 경제적 생활에 입각해 유기적인 정치적 조직을 단행하고, 선발된 소수자의 혼에 의해 신러시아[소련]를 통일·지도하려고 하였다"(같은 책, 16쪽)라는 볼셰비즘에 대한 평가는 찬사라고 해도 괜찮을 것이다. 오카와는 소비에트 러시아의 아시아 민족에 대한 정책도 아시아의 독립을 향한 큰 힘이 되는 것으로 평가하고 있다.

볼셰비키의 동점정책은 분명히 두 개의 목적을 갖는다. 그 하나는 볼셰비즘 그 자체의 선전이며, 둘째는 아시아에 유럽 자본국가를 구축하는 것이다. 두번째의 목적에 있어서 볼셰비키와 아시아가 완전히 일치하는 것은 말할 것도 없다. …… 단 첫번째 목적에 있어서는 이중의 의미에서 신아시아와 서로 용납되지 않는다. 첫째, 볼셰비키의 국가가 과연 새로운 사회의 필연적 형태인가 아닌가 하는 큰 의문이다. 둘째, 그들의 주의는 아시아에 대하여 그것을 강요할 만한 어떠한 정신적 근거도 가지고 있지 않다.(같은 책, 106~107쪽)

여기에서는 볼셰비즘 그 자체와 그 아시아 정책을 구별하고, 후자의 면에서 연대하고자 한다. 당시의 정세 속에서 동시에 또 오카와 자신의 입장을 생각할 때, 이것은 극히 냉정하고 침착한 판단이라 하지 않을 수 없다.

어쨌든 볼셰비키혁명의 제일의 의미는 유럽세계의 문제이며, 유럽의 약체화를 가져오는 큰 요인이라고 생각되고 있다. 대전 후의 독일혁명은 실패로 끝났다고는 하지만 "그러면서도 혁명의 종자는 전 유럽에 깊고 또 넓게 두루 뿌려졌다"(같은 책, 17쪽). 혁명에 의한 국력의 감퇴는 피할 수 없는 것이며, 그런 까닭에 "유럽 세계제패의 종말이 이미 가까워지고 있다"라고 말하고 있는 것이다. 이와 같은 혁명에 의한 유럽의 약체화는 은폐되어 있던 그들의 침략에 대한 불의를 드러내어 '백인 지배에 대한 저항' (21쪽)이 전 세계에 퍼지게 되었다.

유럽 민족이 거의 지구 전면의 주인공인 데 이르러서는 오늘날의 영미인이 즐겨 주장하는 것과 같이, 그들이 '정의인도正義人道의 선수'

인 것이 아니라 실로 '천국에 있어서 예속자이기보다는 오히려 지옥에 있어서 지배자인' 것을 바라는 강건무비剛健無比의 전투적 의지를 소유하기 위함이다. 그들은 자신들이 생존에 적합한 조건을 갖춘 온대지방을 침략하는 경우에는 모두 선주 민족을 구축·소탕하였다. …… 그들이 살기 어려운 열대지방에서는 토인의 노력이 없이는 일체의 사업이 불가능한 까닭에 있는 그대로 그들을 혹사시킨다.(『부흥 아시아의 제문제』, 18쪽)

세계대전 후에 국제연맹도 말한 바와 같이 "구미의 이익을 부르는데 국제적 정의란 이름으로 한편으로는 자기의 양심을 속이고, 다른 한편으로는 세계의 어리석은 자를 속이며 외면적 제도의 확립에 의해 세계의 현상을 가능한 한 지속하려고 한다"(같은 책, 20쪽)는 것에 지나지 않는다. 그와 같은 구미의 지배에 대하여 지금은 "백인 대 비백인의 항쟁이 점차 구체적으로 민족 투쟁의 양상을 취하기에 이르렀다. 그리하여 이 비백인의 대두의 중심적인 힘은 다름 아닌 '부흥 아시아' 그 자체이다"(21쪽).

여기에 '부흥 아시아'라고 말하고 있는 것이 주목된다. 이것은 책 제목으로도 나타나는 키워드이지만, 새롭게 흥륭興隆하는 것이 아니라 부흥이라는 점이 중요하다. 아시아는 유럽을 뛰어넘는 힘을 외부로부터 빌리는 것이 아니라 스스로의 전통 속에서 발견하지 않으면 안 된다. 오카와는 그 예로서 터키와 인도, 또 이슬람제국을 들고 있다.

이들의 모든 운동은 그 표면에 나타난 바로는 정치적 내지 경제적이다. 그러면서 그 내부 깊숙이 흐르는 것은 실로 철저하게 정신적이다.

왜냐하면 지금의 아시아 운동은 눈 뜬 아시아의 혼에서 그 연원을 발하고 있기 때문이다.……이 이중의 독립, 정신적 독립과 정치적 독립, 이것이 눈 뜬 아시아가 지금 구하고 있는 바의 것이다.(22쪽)

인도 및 이슬람제국의 부흥은 오카와의 이념을 가장 잘 체현하는 것이다. 오카와의 아시아 인식의 출발점은 인도 연구이며, 다른 한편 만년에 힘을 기울인 것은 이슬람 연구였다. 이들 지역에 있어서야 말로 '정신적 독립과 정치적 독립'의 이중성이 달성되고 있기 때문이다. 그 가운데서도 인도에 있어서 간디의 출현이야말로 오카와의 이상에 합치하는 것이었다. 언뜻 간디의 비폭력주의는 호전적인 오카와에게는 맞지 않는 것 같이 보이지만, 그렇지 않다.

그는 진리가 최후에 승리할 것을 역설하고, 혼의 힘이 능히 사악한 것을 극복해야 한다고 강조하고 있다. 그는 인도인을 노예로 삼는, 따라서 인도인의 인격을 무시하는 영국의 인도통치를 용서할 수 없는 악이라 주장한다. 그리고 그 악은 폭력으로 없어지지는 않는다. 그것은 인도인이 완전히 영국인과 악을 함께 하지 않는 것으로써 달성된다. 이리하여 그는 '폭력을 쓰지 않는 비협동 운동'을 제기하였다. 그의 주장은 언뜻 보아 하등 신기한 것은 아니다. 그러나 그것은 철저하게 인도적이다.(같은 책, 67쪽)

오카와는 "지금의 세계 최대의 혁명가는 말할 것도 없이 레닌과 간디이다"(같은 책, 70쪽)라고까지 말하고 있다.

이상 일단을 살펴보았듯이 확실히 『부흥 아시아의 제문제』는 중국을 시야에 넣지 않은 점 등의 한계는 있지만, 제1차 세계대전과 러시아 혁명 후의 세계정세를 바탕으로 아시아 해방을 향한 타오르는 정열과 냉정한 학술성이 가미된 결정체로서 희유의 명저라고 말할 수 있다. 그 오카와가 왜 다른 한편으로는 아시아 침략의 최선봉에 선 이념가였던 것일까. 그것이 다음의 큰 문제이다.

해방인가 침략인가

앞서 언급한 정신과 정치의 이중성은 『부흥 아시아의 제문제』의 서두에 보다 명백히 서술되어 있다.

> 아시아의 노력 특히 인도의 지고한 노력은 내면적·정신적 자유의 체득에 있으며, 또 그것에 의해 위대한 평등일여의 정신적 원리를 파악했다. …… 더욱이 아시아는 이 원리를 사회적 생활 위에 실현시키는 사자왕獅子王의 노력을 기울이지 않았다. 그 필연의 결과는 내면적·개인적 생활과 외면적·사회적 생활이 상호 분리·고립하는 소승 아시아로 나타났고, 한편으로는 정신적 원리의 경화, 다른 한편으로는 사회적 제도의 이완을 불러 마침내 도리어 백인 아수라의 예속에 이르렀다. 아시아는 그 본래의 고귀성을 회복해야 하여, 먼저 이원적 생활을 탈각하여 묘법을 현세에 실현하는 무이무삼無二無三의 대승아시아인 것에 노력하지 않으면 안 된다.(『부흥 아시아의 제문제』, 오카와 슈메이 전집 2권, 5~6쪽)

내면적 생활만을 추구해 온 '소승 아시아'는 그 원리를 사회를 살리는 '대승 아시아'로 변화시키지 않으면 안 된다는 것이다. 정치가 정치의 차원에 머물지 않고, 거기서 정신적 이념을 구하고자 하는 것은 실로 간디와 이슬람 지도자에게도 보이는 것이며, 거기에서 아시아의 새로운 방향을 보는 것은 타당한 일이다. 그러나 그곳에 '대승', '소승'이라는 분류가 나오게 되면 그 순간 무엇인가 어정쩡하게 된다. 근대 일본에서 사용되는 '대승'은 자주 다른 사람에게 쓸데없는 개입을 합리화하는 데 좋은 말이기 때문이다. 그 예상은 적중한다.

> 일본은 '대승상응大乘相應의 땅'이다. 고로 그 정치적 이상은 멀고 높지 않을 수 없다. 나라를 들어 도에 바치는 각오를 품고, 그리고 대의를 사해에 펴려고 하는 것, 이것이 실로 메이지 유신의 참정신을 체현하려는 선배의 본원本願이었다. …… 그리하여 아시아의 지도, 그 통일은 실로 대의를 사해에 펴는 유일의 길이다. 그것은 일본을 위해, 아시아를 위해, 그리고 전인을 위함이다.(같은 책, 6~7쪽)

아시아는 통일되지 않으면 안 된다. 그리고 '대승상응의 땅'인 일본이야말로 그 통일자여야만 한다. 침략은 '대의'大義로서 합리화된다. 하지만 이와 같은 '대의'를 내세우는 것은 침략받는 타자에게 있어서는 더없이 곤란스러운 일이다. 그것은 결국 유럽과 동일한 전철을 밟아 아시아를 유린하고, 식민지화하는 것에 다름 아니다. 이렇게 하여 아시아 해방의 투사는 그대로 아시아 침략의 첨병이 된다. 하지만 다케우치가 말하듯이 '연대'와 '침략'은 종이 한 장 차이라도, 깊이 아시아를 연구한 오카와에게 있어 그 전환은 너무도 안이하지 않는가. 그것으로는 상황주의적인 침략 이데올로기와 어떠한 차이도 없는 것이 아닌가.

그 이유로는 몇 가지가 추측되지만, 무엇보다도 러시아의 사상가

소로비요프Vladimir Sergreevich Solov'yov의 영향 아래 형성되었다고 하는 강한 동서대립사관東西對立史觀이 그 근저에 있다. 그것은 『아시아·유럽·일본』亞細亞·歐羅巴·日本(1925)에서 가장 전형적으로 표명된다. 동양과 서양, 아시아와 유럽은 세계사에 있어서 고대부터 전쟁을 반복해 왔다. 지금은 아시아의 부흥과 함께 신세계 출현을 위한 양자 간 전쟁이 일어나지 않으면 안 된다. 하지만 "연합아시아와 연합유럽과의 대전이라고 속단해서는 안 된다. …… 아시아를 대표하는 강국과 유럽을 대표하는 강국이 각각 동서의 전사로 선발되어, …… 그들 양국의 결전으로서 싸워야 한다"(『오카와 슈메이 전집』 2권, 870쪽). 그리고 "아시아에 있어서 최강국은 일본이며, 유럽를 대표하는 최강국은 미국이다. 이 양국은 …… 서로 싸워야만 하는 운명에 있다"(872~873쪽). 이 책이 일미결전을 예언했다고 양국 개전 후에 크게 떠들었지만(그렇지만 오카와 자신은 일미개전의 회피를 위해 분주했다), 그것은 어쨌든 이와 같은 종말론적인 결전을 예상하는 위기의식은 이시하라 간지의 세계최종전론 등에도 통하는 것이 있다. 이 위기의식이 일본의 강대화를 정당화하고, 침략을 정당화하게 된다.

하지만 오카와에게 있어 주목되는 것은 일본은 어디까지나 '대의'가 있어 비로소 아시아를 대표하는 강대국이 될 권리를 갖는다는 강한 윤리관이다. 오카와가 상황주의적인 패권주의자와 다른 것은 그 대의를 다하기 위해서는 먼저 스스로를 올바로 해야만 한다는 엄격주의를 스스로에게 부과한 것이다.

우리의 손에 있는 검은 양날의 검이다. 그 검은 아시아에 뻗친 불의에 대하여 준엄함과 동시에 일본에 서식하는 사악에 대하여 더욱 추상열

일秋霜烈日과 같다. 이렇게 아시아 부흥의 전사는 다름 아닌 일본 개조改造의 전사이지 않으면 안 된다.(『부흥 아시아의 제문제』, 7쪽)

이렇게 하여 아시아주의자인 오카와는 쇼와 유신의 혁명가가 된다. 먼저 일본부터 개조하지 않으면 안 된다. 그것이 이루어지지 않고, 미국과 대치할 만한 정의와 힘을 지닐 수 없다면, 일본은 아시아에 대한 의무를 다할 수 없는 것이 된다. 일본은 아시아에 대하여 그만큼 큰 의무를 갖는 것이며, 아시아와의 관계는 적어도 주관적으로는 침략이 아니라 연대이다.

국방적 내지 경제적 견지에서 만몽滿蒙이 일본에 있어 중대한 관계를 갖는 것은 말할 것도 없다. 그렇지만 단순히 일본의 생존을 위해 필요하다고 하는 데 그친다면, 일본의 주장은 자신도 모르게 확고한 도덕적 근거를 잃게 된다. 적어도 만몽으로부터 일본을 구축하려는 지나의 정책을 도덕적으로 분개할 하등의 근거도 없다.(「만몽 문제의 고찰」, 『오카와 슈메이 전집』 2권, 653쪽)
우리는 동양의 평화를 확보하는 사명과 책임을 가진다. 그리하여 그것을 위해 가장 필요한 담보는 실로 만몽의 지역이며, 만몽이 다시 한번 혼란해지면 극동은 곧바로 혼돈 난리의 장이 된다. …… 소위 일본의 특수 권익이라는 것은 동양의 평화를 보전하는 필요에서 얻어지는 권리나 이익 외에 다른 것이 아니다.(같은 책, 679~680쪽)

하지만 주관적 의도로서는 '동양'을 위한다고는 하지만 현실의 결과로서는 국권론자와 동일하게 침략을 지지하고 오히려 그 선두에 서서 그 선봉을 담당하게 된다. 아시아와의 연대가 아니라 아시아를 침략하고 아시아와 싸운다는 결과가 생겨 버린다. 오카와의 논리전개는 아무래도 이상하였다.

> 일지日支 양국은 언제까지나 싸움을 계속해야만 하는가. 이것은 실로 국민 총체적인 깊은 한탄이다. 보통의 상식으로서도 일지 양국이 서로 화합하여 손을 잡으면 헤아릴 수 없는 이익이 있고, 서로 싸우면 백해무익하다. …… 지금 일지 양국이 부흥 아시아의 대의에 의해 서로 결합해 그 실현을 위해 손을 잡고 일어난다고 한다면, 인도도 또 바로 우리에게 호응하고, 여기에 독자의 생활과 이상을 갖는 대동아권의 건설이 순풍에 돛을 올려 진행될 것이다.(『대동아 질서 건설』, 오카와 슈메이 전집 2권, 802쪽)

중국과의 전쟁에 빠진 데 잘못된 점을 느껴 '국민 총체적인 깊은 한탄'을 자각하면서도 중국 측에 이 논법에 따르라는 것은 불가능한 말이다. 식민지의 비참한 인식과 반식민지 투쟁에의 연대를 외치면서도 스스로의 침략과 식민지화에 대한 충분한 자각을 가질 수 없었던 것은 왜일까. 이 점은 좀더 깊이 고찰할 필요가 있다.

'아시아' 와 '동아'

이와 같이 오카와는 동서대립사관에 서면서 일본이야말로 아시아를 떠맡는 대표이며, 그런 까닭에 일본의 책무가 큼과 동시에, 다른 아시아 제국은 다소 희생이 되더라도 일본에 협력해야 한다고 생각했다. 이것이 일본의 아시아 침략을 정당화하는 이유이다. 아시아는 하나이지 않으면 안 된다.

　오카쿠라 덴신岡倉天心에 의해 제시된 '아시아는 하나'(『동양의 이상』東洋の理想)라는 너무나도 유명한 슬로건은 '서구의 영광이 아시아의 굴욕'(『동양의 각성』東洋の覚醒)이라는 인식 위에 성립한 것이었다. 서구의 침략에 의해 식민지화되고 고뇌하면서 독립을 목표로 하는 동일한 과제를 지니는 한에서 확실히 '아시아는 하나'이다. 하지만 그것을 초월해 아시아의 동질성을 보증하는 것은 무엇일까. 아시아 제민족은 '일본'에 동질화할 수 없는 타자일 것이지만, 그 타자성이 약해져 영웅인 일본에 종속되는 위치까지 떨어져 버린다. 어떻게 그와 같은 일이 생긴 것인가. '아시아는 하나'라는 논의보다 심층의 문제를 생각해 보자.

　여기에서 조선의 경우를 생각해 보자. 조선의 식민지화에 대해서는 중국의 경우 이상으로 국내에서의 논의는 거의 이루어지지 않았다. 대다수 일본의 논객에게 있어 그것은 논의 이전의 당연한 것으로 비쳐졌을 것이다. 그 가운데서 오카와 슈메이가 인도의 국민운동이 조선 통치에 악영향은 없는가 하는 다소 굴절된 형태로 조선 통치의 정당성을 드러내어 논하고 있는 것은 주목된다.

　그는 영국의 인도 통치와 일본의 조선 통치는 성질이 다르고, 조선 통치는 충분히 맥락이 통한 것이라고 말하고 있다. 첫번째로 그 동기가 본질적으로 달라 결코 영리목적이 아니다. 둘째로 일본과 조선은 지리적으로도 문화적으로도 가까워 아주 먼 지역의 다른 문화를 지배하는 인도 통치와는 성질이 다르다. 세번째로 일본은 역사적으로도 충분히 조선을 이해하고 있어, 갑자기 이치에 닿지 않는 정책을 강요한 영국과는 차이가 있다고 말한다.(「인도 국민운동의 유래」, 『오카와 슈메이 전집』 2권, 508~510쪽)

오카와가 한편에서 인도의 독립운동을 지지하면서 다른 한편에서 조선 식민지 지배를 지지한다는 모순을 충분히 자각하고 있었던 것은 확실하다. 하지만 영국의 인도 지배와 일본의 조선 통치는 전혀 성질이 다르다고 본 것으로 그 문제를 넘어간다. 앞서 거론한 세 가지 이유 중 둘째, 셋째는 여러 관점에서의 일본과 조선의 친근성으로, 요컨대 조선 지배는 이질적인 타자를 자기편의대로 이익을 위해 식민지화하는 것이 아니라 친한 동료가 서로의 이익을 위해 충분히 이해한 것을 바탕으로 지배하고 있는 것이기 때문에 문제가 없다고 하는 것이다. 즉 여기에는 '조선'을 타자로 보는 시점이 결여되어 있다.

그런데 오카와의 아시아 관계 저작을 보면서 눈에 띄는 것은 '아시아'와 '동아'를 나누어 사용하는 것이다. 이것은 과거의 논객들도 대다수 간과한 것이다. 저술상에서 정면으로 '동아'가 언급되는 것은 대미 개전 이후로 『미영 동아 침략사』米英東亞侵略史(1942), 『대동아 질서 건설』大東亞秩序建設(1943)에서 '아시아'가 아니라 '동아'를 외치고 있다. 본래 대동아공영권 구상은 1938년경 작성된 '국방국책안' 國防國策案에서부터 사용된 것이지만, '대동아'가 가리키는 범위는 반드시 일정하지 않다. 마쓰오카 요스케松岡洋右는 일본·만주·지나를 근간으로 하여 여기에 남양(인도차이나)을 더한 지역이라 하고 있다(스즈키 아사오, 「대동아 공영권의 사상」, 오카모토 유키치 편, 『근대 일본의 아시아관』). 이것에 대하여 인도까지 포함하는 견해도 있었던 것 같다. 실제로 일본 세력이 미친 범위는 결국 동남아시아까지로, 인도까지 미치지는 않았다. 하지만 오카와가 '대동아'라 부를 때, 인도까지를 포함하여 당시의 정치정세 가운데 생각된 '대동아'와는 조금 다르게 파악을 하고 있다.

그런데 아시아의 습윤지대는 지형적으로 3대 지대를 포함하고 있다. 그런데 이 3대 지구를 대표하는 것은 바로 일본·지나·인도이다. 우리가 구미와 접촉하기 이전에 우리의 세계란 당과 천축, 즉 지나와 인도를 중심으로 하는 아시아의 동양을 의미하며, 이들 양국에 일본을 더해 그곳을 '삼국'이라 불러 왔다. 지금 우리는 이 '삼국'을 대동아권이라 불러, 새로운 질서를 이곳에 실현하기 위해 싸운다.(『대동아 질서 건설』, 오카와 슈메이 전집 2권, 809쪽)

대동아가 아시아와 다른 것은 두 가지 점에서 이다. 첫째는 '대동아'는 이미 언급했듯이 아시아 전역이 아니라 아시아의 동쪽 반이다.

그런데 유럽이 옛날부터 '동방'Orient이라 불러 온 곳은 우리가 말하는 동양이 아니다. 우리의 동양 즉 대동아권은 파미르 고원의 동쪽지역인 아시아의 동쪽 반을 의미하지만, 그들이 말한 동방은 파미르 고원 서쪽의 아시아 서쪽 반 지역으로 이집트를 포함한 지역을 의미한다.(같은 책, 834쪽)

이것은 오늘날 에드워드 사이드Edward W. Said가 제시한 오리엔탈리즘의 문제에까지 통용되는 예리한 지적이다. 더욱이 아시아를 논하는 대다수의 논객이 간과하는 중요한 문제이다. 사이드의 논의가 실제로는 거의 아랍세계의 문제로 일관하고 있어 그곳보다 동쪽의 아시아에 대해서는 극히 부분적으로밖에 언급하지 않는 것은 자주 지적된다. 그러나 그것은 사이드가 제기한 문제뿐만 아니라 유럽에서 동양을 본 경우 본래 '오리엔트'라는 말 자체가 직접적으로는 서아시아를 가리키고 있다. 그것에 비하여 일본에 있어서 아시아를 논하는 논객은 '아시아'라 말하면서 실제로는 '동아', 그것도 인도까지 포함하지 않는 오늘날 말하는 동아시아로부터 기껏 동남아시아까지를 상상하는 경우가 많다. 따라서 동일하게 아시아를 논하면서 일본의 논객과 구미의 논객의 논의는 반드시 합치하지는 않는다. 그리고 이 차이에 둔감한 것에서 점차 오해가 커져 가게 된다.

오카와가 이 점을 자각하여 대동아=동양을 문제로 하는 것은 적절하지만, 그러면 그 자신 속에서 아시아와 대동아의 차이는 무엇을 의미하는 것일까. 대동아의 경우 서아시아의 이슬람권이 배제된다. 그렇다면 아시아의 해방과 대동아의 해방은 다른 것일까. '대동아전쟁'에 의해 도달되어야할 목표는 이슬람권의 해방을 포함하지 않는 한정적인 것일까. 그 경우 오카와가 주장하는 '아시아 대 유럽'의 싸움은 어떻게 되는 것일까. 이 점에 이르면 아무래도 확실치 않게 된다. 오카와의 아시아 연구에 있어서 이슬람 연구가 큰 비중을 차지하지만 '대동아권'의 주장에 있어서 그 지역은 빠져 버린다.

그것에 대하여 오카와는 어디까지나 아시아가 문제이며 '대동아'는 '대동아전쟁'이라는 외적인 상황에 좌우된 결과라고 말할지도 모른다. 그러나 반드시 그렇다고 말할 수는 없다. '대동아'는 그것만을 취한다면 그 나름의 정합적인 설명이 가능하다. 그것이 두번째 점으로, 그것은 대동아가 결코 새로운 개념이 아니라 전통적으로 '삼국'이라 일컬어진 영역의 새로운 이해방식이라는 것이다. '삼국'은 지리적 개념인 동시에 문화적 개념이다.

이미 언급했듯이 오카와에 있어 아시아의 해방이란 단순히 '정치적 독립' 뿐만 아니라 동시에 '정신적 독립'을 요구하는 것이었다. 그리

고 그 '정신적 독립'의 요구는 무엇보다도 민족적인 전통의 부흥이었
던 것이다.

> 동아 부흥을 위한 근본적인 조건 중의 하나는 동아 제민족이 그 고대
> 문화의 순수성을 각자의 내부에 살아 있는 것으로서 부활시키는 것이
> 다. 그리고 지금 살려야만 하는 신동아 정신의 가장 중요한 구성요소
> 가 되어야 할 것은 지나정신 및 인도정신이다.(『신동양정신』, 오카와 슈메
> 이 전집 2권, 964~965쪽)

이러한 한정에 있어서는 동아론도 그 아시아론과 크게 다르지 않
다. 하지만 크게 다른 것은 '삼국'이라는 관념이 일본에서 형성된 것으
로, 일본이라는 한정적인 장에서 보여진 것이다.

> 일본은 일찍부터 많은 것을 지나 및 인도로부터 배우고 있다. 우리 현
> 재의 정신은 지나 및 인도의 사상·문화를 유감없이 흡수하여 배양된
> 것으로, 동양의 위대한 중심으로 이 양국의 사상·문화는 거부할 수
> 없는 사실로서 우리의 혼에 섭취, 통일되어 있다. 우리는 천년에 걸친
> 생활 기반에 의해 현재 지나 및 인도를 우리의 생명 속에 섭취시키고
> 있는 까닭에, 일본정신은 동양정신으로서 비로소 올바로 이해할 수
> 있다.(『대동아 질서 건설』, 오카와 슈메이 전집 2권, 838쪽)

여기에 일본이 동아=동양을 대표해야할 근거가 있다. 일본정신
속에는 인도정신도 중국정신도 포함되어 있다. 그렇다면 일본의 흥륭
이야말로 동아의 흥륭과 다름 아닌 것이다.

지나는 일본을 거의 안중에 두지 않고 인도는 아마 일본의 존재도 알지 못했을 텐데, 오직 우리 일본만이 자신의 내면에 지나와 인도를 섭취하여 명백히 '삼국'을 의식하고 있던 것은 마침내 일본이 아시아에 위대한 사명과 책임을 느껴야 할 날이 올 것을 시사하는 것이다. 그리고 그날은 마침내 왔다. 지금 실로 실현하려고 하는 동아 신질서의 정신적 기초여야 할 것은 일본이 천 년에 걸친 생활체험에 의해 연마되고 완성된 삼국혼이다. 삼국혼의 객관화 또는 구체화야말로 다름 아닌 동아공영권이다.(『대동아 질서 건설』, 오카와 슈메이 전집 2권, 838쪽)

일본이 삼국의 전통을 모두 흡수해 버렸다고 한다면, 일본만으로 충분하며 지금 새삼스레 인도와 중국을 되돌아볼 필요는 없어진다. 인도도 중국도 타자가 아니라, 일본 속에 포함된다. 그렇다고 한다면 일본이 확장되는 것이야말로 동아 이상의 달성과 다르지 않다. 일본에 있어 타자란 구미이며, 동아의 여러 나라가 아니다. 동아는 일본 속에 흡수되고, 타자성을 상실한다. 타자가 아니면, 그곳에의 침략은 성립하지 않는다. 이리하여 그 동아론은 침략에 대한 쐐기 역할을 잃는 것이다.

3) 아시아의 가능성

오카와는 아시아에 대한 한없는 공감과 서구의 식민지 지배에 대한 신랄한 규탄을 시종 지니고 있었다. 그럼에도 불구하고 일본이 서구의 전철을 밟아 아시아를 유린하는 것을 저지하는 논리를 만들지 못하고, 역으로 그것을 추진하는 결과를 낳았다. 그 이유 중의 하나는 동서대립사관에 입각하여 일본이 아시아를 대표하기 때문에 다른 아시아 여러 나라는 그것에 따라야 할 것이라는 논법이었다. 또 다른 하나는 '동아'의 전통이 일본에게만 모두 집약되어 있다고 하는 사고방식이었다. 그것이 타자를 타자로서 인정하는 것을 막았다.

　오카와의 대동아론이 오카쿠라 덴신의 동양론을 이어받고 있는 것은 쉽게 알 수 있다. 오카쿠라의 『동양의 이상』도 또 인도·중국정신의 틀이 일본 속에 들어 있어 일본의 이상이 실현되는 것이야말로 아시아의 이상이 실현된다는 시점과 관통하고 있다. 그 점에서 말하면 오카와의 대동아론은 오카쿠라 이론의 반복에 지나지 않는다. 단지 오카쿠라에게 있어서는 어디까지나 그 이상은 예술에 있어서 실현되어야 할 것이었지만, 오카와에게서는 정치적, 군사적 차원으로 문제가 옮겨가고 있는 것이 최대의 차이이다. 또 하나 지적할 점이 있다고 한다면 과거의 영광을 그대로 현재에 소생시킨다는 복고의 입장은 현실적으로는 성립하지 않는다. 과거에 대한 비판을 상실한 복고는 완고한 반동으로 밖에는 되지 않는다.

　대동아공영권의 이상은 일본의 패전에 의해 곧바로 그 광채가 벗겨졌다. 과거의 아시아주의는 모두 청산된 것처럼 보였다. 하지만 그 후 전개된 아시아 여러 나라의 독립의 물결은 전후에 새로운 아시아주의의 고양을 낳았다. 일본이 맹주가 되는 것이 아니라 오히려 신흥 아시아의 이상을 배우라는 새로운 아시아주의이다. 전전의 인터내셔널리즘의 반성에 선 좌익계의 사상이 우익을 대신해 그 새로운 담당자가 되었다. 그 가운데 좌익적 교조주의에 의문을 제기하고 아시아와 일본의 굴절된 관계를 해명하려고 한 것이 다케우치 요시미였다. 그 다케우치도 아시아(동양)에 대해 꽤 낙관적인 전망을 가지고 있다.

서구적인 뛰어난 문화가치를 보다 대규모로 실현하기 위해서 서양을 다시 한번 동양에 의해 재포장함으로써 거꾸로 서양 자신을 이쪽에서부터 변혁하는, 이 문화적인 되갚음 혹은 가치상의 되갚음에 의해 보편성을 만들어 낸다. 동양의 힘이 서양을 만들어 낸 보편적 가치를 보다 높이기 위해 서양을 변혁한다. 이것이 오늘날 동東 대 서西의 문제점이 되고 있다.(다케우치 요시미, 「방법으로서의 아시아」, 『일본과 아시아』, 469쪽)

하지만 민족 독립의 이상에 불탄 아시아의 상은 마침내 민족분쟁과 각국 내의 어려움에 의해 퇴조한다. 아시아적 맑스주의로서 미래를 여는 것처럼 보였던 마오쩌둥 사상도 또 실제로는 실패의 연속이었던 것이 분명해져 개혁·개방 노선에 그 길을 양보했다. 아시아란 결국 무엇이었는가 그리고 무엇인가. '아시아는 하나'는 완전히 사멸한 것인가. 마쓰모토 겐이치는 더욱이 오늘날도 다케우치를 이어받아 "'공생' 이라는 아시아적 가치로 서양을 '재포장한다'"(『다케우치 요시미의 「일본의 아시아주의」를 자세히 읽는다』, 190쪽)는 것이 가능하다고 생각한다. 그러나 그 경우의 아시아란 무엇인가, 또 하나가 분명치 않은 채 있다.

그러면 '아시아'라는 이념은 완전히 사멸한 것인가. 놀랄 만한 일은 대동아론의 선두에 서 있던 오카와 슈메이는 일찍이 그 저서에서 "'아시아는 하나'라고 외친 어떠한 사람도 아직 일찍이 표면에 나타난 아시아의 복잡다양을 부정하는 자는 없다"(『신동양정신』, 오카와 슈메이 전집 2권, 951쪽)라고 냉정하게 아시아 다양설에 배려를 보이고 있다. 더욱이 이어서 "만약 차별과 대립에만 눈을 돌린다고 한다면 오늘날의 서양은 동양보다도 한층 복잡 다양하다고 말할 수 있다"(952쪽)고, 유럽에서도 다양성을 보려고 하는 것은 당시의 연구자로서는 극히 선진적인 형안이었다. 그러나 유럽의 다양성이 단지 무질서의 다양성이 아닌 것과 같이 아시아의 다양성도 또 각각의 나라와 문화가 고립해 있는 것은 아니다. 오히려 그 고립은 유럽에 의한 식민지에 의해 생긴 것이다.

> 오직 근세에 들어와서부터 아시아 제국諸國의 대부분이 유럽의 식민지 또는 반식민지가 되기에 이르러 동양의 문화는 유린되고, 역사는 무시되고, 각 나라는 개별적으로 분열·대립의 상태에 놓여졌다. 이 분열은 필시 아시아 여러 나라의 상호 이해와 인식을 방해한 것이다. 각국은 단지 자국만을 염두에 두고 또 타국을 돌아보려고 하지 않았다. 아시아 여러 나라의 지식층은 신선한 정열을 가지고 구미를 알려고 했지만, 아시아의 각 나라들에 대해서는 거의 관심을 가지지 않았다. 그들은 영어를 배우고, 프랑스어를 배우고, 독일어를 배웠지만, 자기 나라의 국어 이외에 단 하나의 동양 언어도 열심히 배우려고 하지 않았던 것이다.(같은 책, 952~953쪽)

이 말은 전후에 '유럽의 식민지 또는 반식민지'로부터 해방되었어도 그대로 적용되었다. 동아시아의 범위 내에서만 말하더라도 중국도, 대만도, 한국도, 일본도, 모두 각기 구미를 지향하여 아시아 국가 상호 간에 서로 마주 보는 일 없이 지나왔다. 확실히 '아시아는 하나'라고 실체적으로 어떤 통일이 이루어진다고 생각하는 것은 대단한 몽상으로 오늘날 거의 불가능한 일이다. 하지만 가까이에 있는 나라의 사람들이 서로 밀접히 관계하면서 문화·사회를 형성하고 있는 것은 누구도 부정할 수 없다. 화교의 진출과 재일조선인을 생각하면 개개의 문화와 사회를 폐쇄된 고립적인 것으로, 상호 대립적으로 생각하는 것도 또 아시아라는 균질화한 통일체를 생각하는 것과 동일하게 무리이며 위험하다. 헌팅턴Samuel P. Huntington의 '문명의 충돌' 이론은 언뜻 문화의 다원성을 인정하는 것 같이 보이면서도 실제로는 각각의 문화 내부의 다원성을 부정하고 여러 문화를 대립적으로 고정화한다는 점에서 비현실적이다.

하지만 그럼에도 불구하고 오늘날에 있어서도 더욱 극히 가까운 사람들이 서로를 외면하고, 구미라는 매개체를 통해서만 상호이해가 성립한다고 한다면, 그것은 비극 이외에 어떠한 것도 아니다. 그러한 와중에 최근 쑨거孫歌와 미조구치 유조溝口雄三 사이에 계속적으로 논해진, 전쟁을 둘러싼 일중 간의 오해와 그것을 해소하려고 하는 노력은 극히 주목된다(각각 『세계』 2000년 4·9월호 참조). 쑨거가 지적하듯이 난징 대학살에 관한 언설은 가령 그 자체로서 올바르더라도 중국과 일본의 상황 속에서 공포스러울 정도의 정치적인 왜곡을 만들어 낸다. 미조구치가 말하듯이 일본에서 전쟁책임의 문제가 솔직하게 논의되어 왔어도 그 소리는 중국에 전해지지 않았고 도리어 일본에서 거의 문제도 되지 않는 아즈마 시로東史郎의 사죄가 중국에서 크게 거론된다. 그 차이는 어디에 있는 것인가.

일중 양국의 민중 사이에 있는 이 단절, 그것을 단절로서 민중은 물론 중국 연구자나 지식인들도 자각하여 문제화하지 않았다고 하는 것의 단절까지를 포함한 심각한 단절에 우리는 어떻게 대처하면 좋은가.
(미조구치 유조, 「일중 간의 지의 공동공간을 만들기 위하여」, 『세계』 9월호, 129쪽)

서로 간의 이해가 얼마나 단절되어 있는가라는 것조차도 느끼지 못할 정도로 양자는 단절되어 있다. 국내의 전쟁책임론과 사죄론은 타자에게 올바로 전해지지 않았다. 타자부재의 책임론과 사죄론이 태연하게 이루어져 있던 것이다. 놀랄 만한 일은 이웃나라로 접해 있으면서 "우리는 전후 중국의 지식인과 각각의 나라들이 과제로서 품고 있는 문제를 지知의 레벨에서 서로 말하는 기회를 가진 적이 없다"(같은 책, 132쪽). 쑨거와 미조구치 유조의 논의는 처음으로 서로 간의 차이를 언설화하여, 서로 간의 어긋남을 어긋남으로서 인식하려고 하는 시도이다. 무려 전후 50년 이상 경과하여 마침내 서로가 오해하고 있었다는 것에 눈뜬 것이다. 하지만 이번에는 또 미조구치 등이 주장하는 '일중·지知의 공동체'가 어찌하여 '일중'에 한정되지 않으면 안 되는가, 어찌하여 '공동체'에 자기가 포함되어야 하는지 등등 새로운 의문이 솟아난다.

이제 와서 '아시아는 하나'라는 것은 성립하지 않는다. 그러나 그렇다고 하여 모두를 균질화하여 아시아든, 유럽이든, 무엇이나 같다고 하는 것은 아니다. 길고 복잡한 역사를 가지고 관련되어 온 그리고 지금도 관련하고 있는 민족과 문화의 뒤틀린 관계를 해명하는 것은 우리에게 있어 불가결의 문제이다. 하지만 그 해명이 순탄히 갈 리는 없다. 좀 추상적으로 말하면 타자는 어디까지나 알 수 없는 불투명함을 가진 존재이다.

그러나 불투명하고 알 수 없는 것은 타자만이 아니다. 나 자신이 역사를 쌓아가는 불투명한 하부를 지니면서 살고 있다. 그리고 그 타자 가운데 나는 들어가고 또 내 속에 타자가 들어온다. 그런 까닭에 그 복잡한 구조를 무리하게 일체화시키는 것이 아니라, 또 역으로 고립한 존재로서 무리하게 대립화시키는 것이 아니라 상호 불가해함을 인정하면서, 그 불가해한 영역을 더듬어 가는 것에 의해 비로소 반응이 있는 관계로 향할 수 있을 것이다. 침략으로 전환하지 않는 연대의 가능성은 아직 겨우 출발점에 서 있을 뿐이다.

후 기

『현대 사상』 2004년 3월호에 「사형을 생각한다」라는 특집에 우카이 사토시鵜飼哲 씨와 모리 다쓰야森達也 씨의 대담이 실렸다. 그 가운데 뜻하지 않게 두 사람이 오늘날 일본의 사상 현황을 말하는 데 불교가 중요하다는 인식에 도달하고 있는 것은 매우 흥미로웠다.

예를 들면 우카이 씨는 "내 자신은 불교적인 배경이 약하지만, 불교의 일본적인 방식에는 관심을 가지고 있습니다. 지금 불교적인 것을 보수적인 것으로 말해 온 사람들 사이에서도 분열이 있습니다. 전형적으로는 가와이 하야오河合隼雄와 우메하라 다케시梅原猛에게서 보이는 것으로, 지금의 사회 움직임에 따라가고 있는가, 여기에서 무엇인가를 말하고 있는가에 따라 나누어지고 있습니다"(30쪽)라고 하여, 불교의 불살생不殺生을 강조하는 우메하라 씨를 평가하고 있다. 시대를 강하게 자극하는 발언을 계속해 온 우카이 씨가 현대의 사상으로서 불교에 관심을 가지고, 종래대로라면 보수반동으로서 보이기 쉬웠던 우메하라 씨에게 일정의 평가를 내리고 있는 것은 몹시 주목할 만한 일이다. 그 정도로 현대의 정신·사상 상황은 불교를 빼고서는 말하기 어려워졌다.

그러나 한편 '죽어서 사죄함' 과 같은 "어떤 종류의 응보관념이 불교적인 것이라고 생각하고 있는 곳도 있습니다" 등으로 불교적인 것 가운데에 반대의 동향도 있는 것을 지적하여 "불교라고 하더라도 여러 가지 요소가 있는데 그것을 어떻게 나누어 생각하면 좋을까"(31쪽)라고 문제를 제기하고 있다. 그리고 그와 같이 말하고 있는 것은 매우 가슴 깊이 새겨들을 만한 심각한 시대인식이다.

여기에서 먼저 인식해야 할 것은 불교 하나라고 해도, 그 정도로 모순된 것이 문화적 전통이라는 한마디의 말 속에 담겨져 있다는 것입니다. 그러한 다양한 요소를 어떻게 분명히 밝히고, 거기에서 무엇을 선택해 취할 것인가. 그것이 장래 우리가 나아가야 할 방향입니다. 그렇다 해도 그와 같은 작업에 좀처럼 시간을 들이지 못하는 듯한 리듬으로 1995년 이래 모든 일이 진행되고 있습니다. …… 전쟁의 방식, 세계에 대한 견해, 그리고 사형제의 존치 방식에 대하여 현재 일본에는 미국 이외의 기준은 없습니다. 자기 자신의 과거와 현재에 무자각인 채로, 지니고 있는 것을 구체적으로 살펴보고 선택하는 것도 할 수 없습니다.(31~32쪽)

여기에서는 불교라고 하더라도 다양한 측면을 가지며 그것을 역사적으로 확실히 나누어 인식할 필요가 있다고 하는 것, 나아가 거기에서 미래를 향해 활용 가능한 것을 선택해 가는 작업이 필요하다는 것, 현재는 그것에 시간을 들이는 것이 허용되지 않는 위기적인 상황에 있다는 것을 말하고 있다.

우카이 씨의 이 발언에는 극히 공감되는 점이 있다. 첫째로 불교를 포함하여 확실하게 전통에 근거하지 않으면 오늘날의 사상은 더 이상 한 발자국도 앞으로 나아가지 못한다는 것이다. 구미에서 유행하는 사상의 표면적인 것만을 들여온 점에서, 그것이 일본의 현실에 어느 정도 유효성을 가질 수 있는가. 듣기 좋은 말을 입으로만 하는 것으로 최첨단의 사상이 통용되던 시대는 끝났다. 한 시기에 아무리 유행하더라도 그러한 사상은 십 년만 지나면 모두 잊혀지고 고서점에서나 팔릴 정도가 된다. "자기 자신의 과거와 현재에 무자각인 채로, 지니고 있는 것을 구체적으로 살펴보고" 가는 것이 불가능하고, 바깥만 보고 자신의 내면을 돌아보지 못한다면 그것은 사상이라고 말할 수 없는 쓰레기에 불과한 것이다. 마침내 일본의 사상계가 그러한 점에 눈을 뜨게 되었다. 이것은 획기적인 일이다.

그러나 우카이 씨는 다른 한편에서 그것이 오늘날 매우 곤란하게 된 어려운 상황을 지적한다. 확실히 급격한 시대의 변화는 그것을 따라가는 것이 매우 힘든 상황을 만들어 낸다. 그것은 오늘날 조금이라도 사상적인 것에 관계하려고 하는 사람이라면 누구라도 통감하는 것이다. 그러나 그것을 인식하더라도 단지 억눌려 흘러가는 것만으로는 어찌할 수 없다. 흘러가더라도, 아무리 적은 가능성이라도 구하여 모색하여 가지 않으면 안 된다. 그것이 아무리 곤란하더라도 "자기 자신의 과거와 현재에 무자각인 채로, 지니고 있는 것을 구체적으로 살펴보고" 가는 작업을 진행하여 가지 않으면 안 된다. 그것은 결코 불가능하지 않다고 나는 생각한다.

지금까지 전통 사상에 대한 연구가 결코 이루어지지 않았던 것은 아니다. 거기에는 착실한 성과의 축적이 있다. 그러나 불행한 것은 그와 같은 연구의 흐름은 시대 상황에 자극을 주는 최첨단의 사상과는 인연 없는 곳에 위치한다는 점이다. 최첨단의 사상을 담당하려고 하는 사람들이 전통에 대하여 무지하고, 다른 한편 전통 사상의 연구자는 그 전문의 영역에서 나오지 못하고 시대와는 무연無緣한 낙원에서 만족하고 있다. 거기에서 어떻게 빠져나올 수 있을까 그것을 묻지 않으면 안 된다. 그리고 그 둘의 흐름이 교차하고 서로 연결되지 않으면 안 된다. 반복하지만 그것은 결코 불가능하지 않다고 나는 생각한다.

*　*　*

그러면 전통과 현대는 어떻게 서로 이어지는가. 그 열쇠를 쥔 것은 근대 사상의 재검토이다. 전근대의 사상을 갑자기 현대에 가지고 와도 극히 당돌하고 자의적인 해석에 빠질 수밖에 없다. 전통과 현대를 잇는 것으로서 근대 사상을 다시 한번 살펴보는 절차가 불가결하다.

이제까지 자주 근대 사상은 어디까지나 전근대와 분리된 것으로 생각되어 왔다. 근대가 근대인 까닭은 당연히 전근대의 부정에 있지 않으면 안 된다. 그것이 근대화라는 것이다. 그런 까닭에 전근대가 잔존하고 있다 하더라도 그것은 본래 있어서는 안 되는 것이 왜곡되어 남아 있는 것이고, 그와 같은 전근대성이 남아 있는 곳에 일본 근대의 불철저성이 있다고 생각되는 것이다.

하지만 실은 그렇게 간단하지 않다. 〔이 책과 함께 시리즈로 묶인〕 제1권 『메이지 사상가론』明治思想家論에서 보았듯이, 메이지의 사상을 보는 데 전통 사상, 그 중에서도 불교 사상을 무시할 수 없다. 그뿐만 아니라 근대에 있어 불교는 사상사에서 상당한 중심에 위치하고 있다. 특히 메이지의 사상이 원숙해지는 일청·일러전쟁 기간에 불교가 큰 역할을 담당한 것은 제1권에서 상당히 분명해졌다고 생각한다.

이것은 메이지 시기뿐만이 아니다. 그 가운데 전통 사상이 큰 역할을 한 것은 쇼와 전기前期의 전쟁 기간이다. 일본 파시즘 시대에 파시즘 이외의 다른 사상이 모두 소멸한 것은 아니다. 사회운동이 압살되고, 더욱이 전쟁이라는 장에서 죽음에 직면해 가지 않으면 안 되는 가운데 어디에 의지처를 구할 것인가는 참으로 중요한 문제였다. 일본 낭만파로 대표되는 일본 고전으로의 회귀回歸와 함께 신란親鸞·도겐道元·니치렌日蓮 등의 불교 사상이 새롭게 조명을 받게 되었다.

그리고 다시 한번 불교를 비롯한 전통 사상이 조명받게 된 것이 20세기 말기부터 금일에 이르는 시기이다. 이렇게 본다면 현대의 사상계에 있어서 불교 부흥 현상이 갑작스런 것이 아니라 근대의 역사 가운데 반복된 회귀현상이라고 볼 수 있을 것이다.

더욱이 전통 사상이 재조명되는 이들 시기를 사상사의 흐름 가운데서 보면 공통적인 시대의 추이를 지적할 수 있다. 메이지 시기를 보면 계몽주의로부터 [싹튼] 자유민권 사상이 더 이상 갈 곳을 잃고 탄압받고 정체했을 때 전통 사상의 재발견으로 심화가 이루어졌다. 다음에 다이쇼 데모크라시로부터 맑스주의로 나아가던 방향이 길을 잃고 탄압받았을 때 제2의 전통 사상 재발견의 시대가 온다. 그리고 전후의 진보파와 혁명 사상이 좌절했을 때 제3의 전통 사상으로의 회귀가 나타난다.

이것을 정치 사상사라는 면에서 매우 도식적으로 말하면, 진보로부터 보수반동으로의 교체이며, 보편주의로부터 민족주의로, 낙관주의로부터 비관주의로, 합리주의로부터 비합리주의로의 이행이라고도 특징지을 수 있다. 그러나 그것을 정치 사상사라는 면에서 본다는 것은 말하자면 어떤 평면을 잘라낸 것뿐이므로 입체적인 구조가 보이지 않는다. 전통으로 회귀가 이루어진 시기는 정치적으로 새로운 방향이 보이지 않는 어두운 시대에 위치한 것이다. 그러나 그것으로 끝나는 것일까. 거기에 종교사라는 관점을 대입시키면, 정치에 기대를 가진 시대로부터 그것이 막힌 폐쇄 상황으로의 전환은, 다른 표현을 사용하면 정치로는 해결이 될 수 없는 문제가 발견되어 거기에서 종교적인 심화가 이루어지는 시대로의 추이라고 볼 수 있는 것이다.

이렇게 본다면 정치 사상사라는 평면만으로 근대 사상을 해명하려고 하는 것이 무리인 것은 명백할 것이다. 적어도 동일한 자격을 가지고 종교 사상, 그 중에서도 불교 사상을 보아야만 한다. 물론 불교 사상 만으로 근대 사상이 설명된다고는 생각지 않는다. 그러나 거기에 눈을 돌림으로써 현대의 불교 회귀를 현대만의 갑작스런 현상으로 보고 당황할 것이 아니라 배워야 할 과거가 지닌 반복된 현상이라고 보는 것이 가능해진다. 그렇다면 우카이 씨가 그 필요성을 통감하면서도 불가능하다고 절망한 "자기 자신의 과거와 현재에 무자각인 채로, 지니고 있는 것을 구체적으로 살펴보고" 가는 작업이, 이와 같은 순서로 다소라도 가능해질는지도 모른다. 혹은 이미 그 작업을 시작했다라고 말해도 좋을지 모른다.

* * *

제1권의 『메이지 사상가론』에 이어서, 제2권 『근대 일본과 불교』도 동일한 문제의식에 기초하여 불교라는 관점으로부터 일본의 근대 사상을 재조명하고자 한 것이다. 그런 까닭에 '근대 일본의 사상·재고' 라고 이름하여 양 권을 한 세트로 묶었다.

제1권이 일관된 스타일로 사상사를 묘사하려고 한 것에 비하여, 제2권은 개별적으로 발표한 논문과 에세이를 모은 것이다. 따라서 각

장은 체재나 길이가 제각각이다. 또 문제를 충분히 망라하여 취급하고 있는 것이 아니고, 당연히 다루어야 할 문제가 빠져 있기도 해서 상당히 거친 면이 많다. 1, 2년 좀더 시간을 들이면 체재가 보다 정비될지도 모른다. 그러나 오히려 여기에서는 작업 중인 현장을 그대로 드러내어 나 자신이 완전히 소화시키지 못한 덜 익은 소재를 그대로 드러내는 것을 일부러 택하였다. 나 개인으로는 완전히 감당할 수 없는 갖가지 문제를 공동의 장으로 끌어내어 뜻있는 사람들의 논의 대상이 되기를 바란 까닭이다. 하나하나 비판받게 된다면 오히려 다행이다.

그런데 우카이 씨의 발언 가운데 한 가지 미묘한 점에서 동의할 수 없는 것이 있다. 그것은 미래를 향한 작업을 '나누어' 라든가, '무엇을 선택해 취할 것인가' 라고 하는, 기존의 것으로부터 선택한다고 하는 발상을 하는 것이다. 그것으로 좋은 것인가. 불교 사상은 몇 가지의 명확한 주제를 마치 법령집처럼 나열하고 있어, 그 가운데서 현재 적용 가능한 것을 선택해 취할 수 있는 것인가. 그렇지는 않을 것이다.

불교라고 하면 과거에 이미 창조적인 활동을 완결하여 그 사상적 요소는 모두 드러나고 정렬되어, 오늘날 해야 할 것은 그것을 선별해 나누어 사용할 수 있는 것은 사용하면 좋다는 발상은 결코 우카이 씨뿐만 아니라 자주 볼 수 있는 것이다. 불교 연구자 가운데에도 혹은 불교가조차도 그와 같은 경향을 다수 볼 수 있다. 그것은 전통의 유지로 이어진다. 그러나 과연 그것은 괜찮은 것일까.

나는 그렇게 생각지 않는다. 외부에서 가져온 새로운 사상을 그대로 천박하게 받아들일 것인가, 그렇지 않으면 전통으로 회귀하여 그 가운데에서 사용할 수 있을 듯한 것을 선택해 취하는 것과 같은 양자택일이 너무나 당연한 것으로 받아들여지고 있는 것은 아닌가. 그러나 어디서건 잊고 있는 것은 스스로 괴로워하고, 스스로 생각하고, 그리고 그 가운데서 스스로 만들어 내고자 하는 주체적인 활동이 아닌가. 기성복을 선택하듯이 자신의 형편에 좋은 것을 기존의 것으로부터 취한다고 하는 발상은 더 이상 없어야 하는 것은 아닌가. 가령 서툴더라도 주어진 것을 그대로 사용하는 것이 아니라, 자신의 사상은 스스로 만들어 가야 하는 것은 아닌가.

오늘날 주체성 없이 미국 추종에 빠져서 시대를 따라가지 못한다고 한탄하는 것은, 시대를 뒤쫓아 가는 것만을 생각하고 그 속에 머물러 무엇인가를 만들어 내고자 하는 주체적인 활동을 방기하고 있기 때문은 아닌가. 아무리 막다른 곳에 몰린 상황이라 하더라도 자신의 사상은 자신이 만들 수 있어야 하고 그렇게 해야만 한다고 나는 생각한다.

전통은 거기에 그저 던져 있는 것은 아니다. 전통을 배우는 사람은 그것을 비판하고 붕괴시키고, 해체하여 새로운 것을 만들어 가지 않으면 안 된다. 그리고 그것은 가능하다. 이 책은 거기에 도달하기 위한 기초 작업이지만, 거기에서부터 앞으로 즉 전통의 해체와 새로운 가치관의 창조라는 곳까지는 나아가지 않는다. 나 자신은 조금씩 그 작업을 진행하고 있지만, 시행착오의 연속으로 명확한 형태로 정리하기까지는 아직 상당한 시간이 필요할 것이다. 그것이 다음의 큰 과제이다.

* * *

이 책도 또 트랜스뷰 출판사의 나카지마 히로시中嶋廣 씨의 조언에 의해 체재가 갖추어졌다. 본래 독립적인 것으로 개별로 간행할 예정이었던 책을 '근대 일본의 사상·재고'로서 통합한 것도 나카지마 씨의 조언에 의한 것이다. 나 자신에게도 보이지 않았던 사고의 뼈대가 나카

지마 씨와의 논의 가운데서 점차 명확해지고 형태를 갖추게 된 것에는 나 자신도 놀라고 흥분하였다. 훌륭한 편집자와 만나게 된 행운이다.

50대도 중반이 되면 보통 지금까지 이루어 온 과거의 작업을 집대성해야 할 단계에 이르렀다고 할 수 있다. 그런데 뜻하지 않게 전혀 새로운 세계로 나아가 버리고 말았다. 과거 작업의 지속과 새로운 과제라는 이중의 부담을 지고, 나 자신이 지금부터 어떻게 될 것인가는 스스로도 알 수 없다. 과거의 사상을 해체하기 전에 자기 자신이 분열하고 해체되어 버릴지도 모른다. 그러나 이렇게 된 바에 갈 곳까지 갈 수 밖에 없다.

이번 인용의 확인 작업은 일본학술진흥회 특별연구원인 쓰지무라 시노부鷹村志のぶ 씨에게 부탁하였다. 또 각각의 논문 집필 단계에서 신세를 진 사람이 매우 많다. 여기에서 감사를 드리고 싶다.

2004년 4월

스에키 후미히코

근대 일본불교사 연표

게이오慶應(1865~1868년)

1867   신기관(神祇官)이 부흥되고 제정일치의 신체제가 성립.

메이지明治(1868~1912년)

1868   신불분리령(神佛分離令) 발표. 폐불훼석(廢佛毀釋) 운동.

1872   신기관을 폐지하고 교부성(敎部省)을 설치. 대교원(大敎院) 설치.
        후쿠자와 유키치(福沢諭吉), 『학문의 권장』(学問のすすめ) 간행.
        시마지 모쿠라이(島地黙雷), 12월에 「삼조교칙비판건백서」(三條敎則批判建白書)
        주상.
        승려의 육식(肉食), 대처(帶妻), 축발(蓄髮)을 허가.

1873   시마지 모쿠라이, 「대교원분리건백서」(大敎院分離建白書) 제출.
        모리 아리노리(森有礼) 등이 일본 최초의 학술단체 메이로쿠샤(明六社) 결성.

1875   대교원 해산.

1876   난조 분유(南条文雄), 가사하라 겐주(笠原研寿) 영국 유학.
        오구루스 고초(小栗栖香頂), 중국에서 『진종교지』(眞宗敎旨)를 간행. 양원후이
        (楊文會) 등이 이를 비판함.

1877   교부성 폐지.
        세이난(西南)전쟁 발발.
        도쿄(東京)대학 창설.

1878   양원후이, 런던에서 난조 분유를 만남.

1879   하라 단잔(原坦山), 도쿄대학에서 불서(佛書) 강의를 담당.
        우에키 에모리(植木枝盛), 『민권자유론』(民權自由論) 간행.
        도쿄쇼콘샤(東京招魂社)를 야스쿠니신사(靖國神社)로 고치고, 별격관폐사(別格
        官幣社)로 삼음.

1884 다나카 지가쿠(田中智学), 입정안국회(立正安國會) 설립.

1886 이노우에 엔료(井上圓了), 이듬해까지 『철학일석화』(哲學一夕話), 『철학요령』(哲學要領), 『진리금침』(眞理金針)을 저술.
　　　샤쿠 고넨(釈興然), 스리랑카로 가서 상좌부 불교를 수행(1893년 귀국).

1887 이노우에 엔료, 철학관(哲學館; 도요東洋대학의 전신) 창설.
　　　다나카 지가쿠, 전년의 강연을 『불교부부론』(佛教夫婦論)으로 간행.
　　　샤쿠 소엔(釈宗演), 스리랑카로 감.

1888 미야케 세쓰레이(三宅雪嶺), 세이교샤(政教社)를 결성하고, 『일본인』(日本人)을 발행.

1889 대일본제국헌법 반포.
　　　노구치 후쿠도(野口復堂)의 노력으로 올코트와 다르마팔라 일본에 옴.

1890 무라카미 센쇼(村上専精), 도쿄대학에서 인도철학을 강의.
　　　교육칙어(教育勅語) 발표.
　　　제1회 제국회의 개회.

1891 우치무라 간조(内村鑑三)의 불경(不敬) 사건 일어남.
　　　이노우에 데쓰지로(井上哲次郎), 독일에서 귀국, 동경제국대학 교수가 되어 비교종교 및 동양철학을 담당, 『칙어연의』(勅語衍義) 저술.
　　　다나카 지가쿠, 「불교승려 육처론」(佛教僧侶肉妻論)을 『사자왕』(獅子王)에 연재.
　　　'교육과 종교의 충돌' 논쟁 일어남.

1892 기요자와 만시(清沢満之), 『종교철학해골』(宗教哲學骸骨) 저술.

1893 이노우에 데쓰지로, 『교육과 종교의 충돌』 출간.
　　　세키 고사쿠(関皐作) 편, 『이노우에 박사와 그리스도교―일명 「교육과 종교의 충돌」 전말 및 평론』을 간행.
　　　샤쿠 소엔, 시카고에서 개최된 만국종교회의에 참가.

1894 일청전쟁 시작(~1895년).
　　　무라카미 센쇼, 『불교사림』(佛教史林)을 창간.
　　　다카야마 조규(高山樗牛), 익명으로 『용구입도』(龍口入道)를 저술.
　　　후루카와 이사무(古河勇) 등, 경위회(經緯會)를 결성하여 전통불교교단을 비판.

1896 스즈키 다이세쓰(鈴木大拙), 『신종교론』(新宗教論)을 저술.
　　　기요자와 만시, 진종대곡파(眞宗大谷派)의 종문개혁운동에 편승.

1897 무라카미 센쇼, 와시오 준쿄(鷲尾順敬)·사카이노 사토루(境野哲)와 함께 『대일본불교사』(大日本佛教史) 저술.
　　　기요자와 만시, 동본원사(東本願寺)로부터 제명처분을 받음.
　　　다카야마 조규, 『태양』(太陽)의 편집주간이 되어 일본주의·국가주의를 고취.
　　　스즈키 다이세쓰, 도미(1909년 귀국).
　　　가와구치 에카이(河口慧海), 티베트를 향해 출발.

1898 무라카미 센쇼, 다음 해에 걸쳐서 『일본불교사강』(日本佛教史綱)을 공간.
오카쿠라 덴신(岡倉天心) 등, 일본미술원 설립.
청나라에서 캉유웨이(康有爲)·량치차오(梁啓超)·탄쓰퉁(譚嗣同) 등이 개혁운동
을 일으킴(무술변법戊戌變法).
1899 사카이노 고요(境野黃洋) 등, 불교청도동지회(佛教淸徒同志會)를 결성.
1900 기요자와 만시, 고코도(浩浩洞)를 엶.
1901 기요자와 만시, 『정신계』(精神界)를 창간하여 정신주의운동을 시작.
다카야마 조규, 「미적 생활을 논하다」를 저술하여 일본주의에서 전환.
다나카 지가쿠, 『종문의 유신』(宗門之維新)을 저술.
무라카미 센쇼, 『불교통일론』(佛教統一論)의 제1편『대강론』(大綱論)을 저술하고
대승비불설(大乘非佛說)을 주장.
다카쿠스 준지로(高楠順次郎), 도쿄제국대학 범문학(梵文學) 강좌 교수가 됨.
오카쿠라 덴신, 인도에 감(그 다음 해 귀국).
1902 이노우에 데쓰지로, 『윤리와 종교의 관계』를 저술.
다카야마 조규, 「니치렌(一蓮) 상인은 어떤 사람인가」, 「니치렌과 그리스도」, 「니
치렌 상인과 일본국」을 저술.
다나카 지가쿠, 입정안국회의 교의대강(敎義大綱)을 『본화묘종식목』(本化妙宗式
目)으로 정함.
오카쿠라 덴신, 인도에서 『동양의 각성』(미완)을 집필.
오타니 고즈이(大谷光瑞) 등, 제1회 서역탐험 출발.
1903 무라카미 센쇼, 『불교통일론』의 제2편 『원리론』(原理論)을 저술.
무라카미 센쇼, 『대승불설비판』(大乘佛說批判)을 저술.
후지무라 미사오(藤村操), 게곤폭포에 투신자살.
오카쿠라 덴신, 『동양의 이상』(The Ideals of the East)을 간행.
다나카 지가쿠, 『본화묘종식강의록』(本化妙宗式講義錄)을 저술.
사카이노 고요 등, 신불교도동지회(新佛教徒同志會)를 결성하여 사회개선활동을
지향.
고토쿠 슈스이(幸德秋水) 등, 헤이민샤(平民社)를 결성하여 『헤이민 신문』(平民
新聞)을 창간.
1904 일러전쟁 시작(~1905년).
쓰나시마 료센(綱島梁川), 3회에 걸쳐 견신(見神)의 실험(實驗)을 함(다음 해 「나
의 견신의 실험」이란 글을 발표하여 센세이션을 일으킴).
오카쿠라 덴신, 보스턴미술관 동양부의 고문이 됨. 『일본의 영성』(The Awakening
of Japan)을 저술.
이토 쇼신(伊藤証信), 스가모(巢鴨)에 무아원(無我苑)을 엶.
1905 무라카미 센쇼, 『불교통일론』의 제3편 『불타론』(佛陀論)을 저술.

나쓰메 소세키(夏目漱石), 『나는 고양이로소이다』를 간행(~1906년).

아네사키 마사하루(姉崎正治), 도쿄제국대학의 초대 종교학 강좌 교수가 됨.

니시다 덴코(西田天香), 나가하마(長浜)의 애염당(愛染堂)에서 대오(大悟), 뒤에 잇토엔(一燈園) 운동을 펼침.

1906　구즈미 겟손(久津見蕨村), 『무정부주의』를 저술하지만 발매 금지 당함.

오카쿠라 덴신, 『차의 책』(*The book of tea*)을 저술.

1907　쓰나시마 료센의 견신 실험에 관한 논평을 모아 우사미 에이타로(宇佐美英太郎) 편, 『견신논평』(見神評論) 간행.

양원후이, 금릉각경처(金陵刻經處)에 기원정사(祇洹精舍)를 설립.

1909　스즈키 다이세쓰, 귀국.

1910　고토쿠 슈스이 등, 천황암살계획 혐의로 체포. 세 명의 불교가 우치야마 구도(内山愚童)·다카기 겐묘(高木顕明)·미네오 세쓰도(峰尾節堂) 등도 모의에 가담했다고 하여 체포, 기소(대역 사건大逆事件, 다음 해 12명 사형).

이시카와 다쿠보쿠(石川啄木), 「시대폐쇄의 현상」을 저술.

한일병합.

시가 나오야(志賀直哉), 무샤 쇼지 사네아쓰(小路実篤) 등과 『백화』(白樺) 창간

1911　구즈미 겟손, 니체에 경도되어 『초인교』(超人教)를 저술하지만 발매 금지 당함.

중국에서 신해혁명(辛亥革命)이 일어나 청조(清朝) 멸망.

히라쓰카 라이초(平塚雷鳥) 등 『청도』(青鞜) 창간

다이쇼大正(1912~1926년)

1912　쑨원(孫文)을 임시대총통으로 하여 중화민국 성립.

신도·불교·그리스도교의 대표자 간담회(삼교합동三教合同).

메이지 천황 붕어(崩御). 노기 마레스케(乃木希典) 장군 부부 순사(殉死).

1913　타이쉬(太虛), 중화불교총회(中華佛教總會) 제1회 전국대표회의에서 연설.

1914　나쓰메 소세키, 『아사히 신문』에 『마음』(こころ) 연재.

나쓰메 소세키, '나의 개인주의' 강연.

다나카 지가쿠, 입정안국회를 개편하여 국주회(國柱會)를 만듦.

제1차 세계대전 발발, 일본도 참전(~1918년).

1915　중국 위안스카이(袁世凱) 정권, '관리사묘조례'(管理寺廟條例)를 공포, 불교계에 타격.

1916　요시노 사쿠조(吉野作造) 등의 민본주의 사상이 이 시기부터 확대됨.

1917　러시아 혁명.

무라카미 센쇼, 야스다 젠지로(安田善次郎)의 기부로 개설된 도쿄대학 인도철학 강좌의 초대 주임교수가 됨.

니시다 기타로(西田幾多郎), 『자각에 있어서 직각과 반성』 간행.

구라타 햐쿠조(倉田百三),『출가와 그 제자』간행.

1918 타이쉬, 각사(覺社)를 결성하여『각사총서』(覺社叢書)를 간행.

시베리아 출병(出兵).

1919 와쓰지 데쓰로(和辻哲郎),『고사순례』(古寺巡禮)간행.

중국에서 5 · 4 운동 일어남.

간디에 의한 최초의 비폭력저항운동(사티아그라하satygraha) 시작.

1920 와쓰지 데쓰로,『사문 도겐』(沙門道元)을 저술(~1923).

타이쉬의『각사총서』가 중국의 지도적 불교잡지『해조음』(海潮音)으로 발전.

국제연맹 발족, 일본도 가맹하여 상임이사국이 됨.

1921 중국공산당 결성.

1922 오카와 슈메이(大川周明),『부흥 아시아의 제문제』간행.

전국수평사(全國水平社) 결성.

일본공산당 결성.

소비에트 사회주의공화국연방 성립.

1923 관동대지진.

누카리야 가이텐(忽滑谷快天),『선학 사상사』(禪學思想史, 전2권) 간행(~1925).

기타 잇키(北一輝),『일본개조법안대강』간행.

1924 다카쿠스 준지로(高楠順次郎) 등,『대정신수대장경』(大正新修大藏經) 간행 개시.

미야자와 겐지(宮沢賢治),『봄과 수라』와『주문 많은 요릿집』간행.

1925 치안유지법 · 보통선거법 성립.

타이쉬, 동아불교대회의 중화대표단으로 참가하여 일본 방문.

오카와 슈메이,『아시아 · 유럽 · 일본』간행.

쇼와昭和(1926~1989년)

1926 와쓰지 데쓰로,『원시그리스도교의 문화사적 의의』,『일본정신사 연구』간행.

1927 니시다 기타로,『활동하는 존재에서 보는 존재로』간행.

무라카미 센쇼,『불교통일론』의 제5편『실천론』(實踐論, 상 · 하)을 저술.

와쓰지 데쓰로,『원시불교의 실천철학』간행.

1929 뉴욕의 주가폭락으로 세계공황 시작.

중국불교회 창설.

1930 세노 기로(妹尾義郎), 불교사회주의의 입장에서 신흥불교청년동맹 결성.

마키구치 쓰네사부로(牧口常三郎), 창가교육학회(창가학회의 전신)를 결성.

1931 만주사변 일어남.

이노우에 닛쇼(井上日召), 혈맹단을 결성.

1932 상해사변 일어남.

일련주의자 이시하라 간지(石原莞爾)의 추진으로 일본, 만주국을 세움.

타이쉬, 「선양 사건에 대해 대만·조선·일본의 4천만 불교민중에게 고하는 글」
등으로 일본의 불교도에게 호소. '불법과 구국'을 라디오에 방송.

5·15사건 발생.

1933   일본, 국제연맹 탈퇴.

일본공산당 간부 사노 마나부(佐野学)·나베야마 사다치카(鍋山貞親), 옥중에서
전향. 이후 전향이 이어짐.

1934   제2회 범태평양불교청년회 개최. 만주국 대표의 참가를 이유로 중국이 보이콧.

1935   아키야마 한지(秋山範二), 『도겐 연구』 간행.

대본교(大本敎)의 데구치 오니사부로(出口王仁三郎) 등 검거.

다카쿠스 준지로, 『아시아 제민족의 중심 사상』 간행(~1937).

1936   2·26사건 발생.

1937   루거우차오(盧溝橋) 사건 일어남. 일중전쟁 발발.

문부성(文部省)에서 『국체의 본의』 간행.

1938   국민 총동원법 공포.

중국불교회 업무를 중지, 충칭(重慶)에 중국불교회 임시변사처를 설치.

1939   다나베 하지메(田辺元), 『정법안장의 철학사관』 간행.

제2차 세계대전 발발.

1940   스즈키 다이세쓰, 『선과 일본문화』 간행.

쓰다 소키치(津田左右吉)의 『신대사(神代史)의 연구』 등 발매 금지.

이에나가 사부로(家永三郎), 『일본 사상사에 있어서 부정의 논리의 발달』 간행.

일본·독일·이탈리아 삼국동맹 성립.

왕자오밍(汪兆銘)에 의해 일본의 괴뢰인 난징(南京) 정부 수립.

1941   기히라 다다요시(紀平正美), 『과연의 철학』 간행.

타이쉬, 「항전 4년 이래의 불교」를 발표.

태평양전쟁 시작.

1942   기히라 다다요시, 『과연의 논리학』 간행.

1943   스즈키 다이세쓰·고사카 마사아키(高坂正顯)·고야마 이와오(高山岩男)·니시타
니 게이지(西谷啓治)의 좌담회를 책으로 묶은 『세계사적 입장과 일본』 간행.

1942년 『문학계』에서 열린 강좌회 '근대의 초극'이 단행본으로 간행.

오카와 슈메이, 『대동아 질서 건설』 간행.

항일 중국승인 러관(樂觀)의 문집 『분신집』(奮迅集) 초판 간행.

마키구치 쓰네사부로 등, 치안유지법 위반으로 체포. 마키구치는 그 다음 해에
옥사.

도쿄에서 대동아 청년 불교대회 개최.

1944   스즈키 다이세쓰, 『일본적 영성』 간행.

미야모토 쇼손(宮本正尊), 『대승과 소승』 간행.

1945 니시다 기타로, 최후의 논문 「장소적 논리와 종교적 세계관」을 집필.
일본의 항복으로 태평양전쟁 종전.
미키 기요시(三木清), 옥사. 유고 『신란』(親鸞)이 발견됨.
국제연합 성립.
1946 스즈키 다이세쓰, 『선계쇄신』(禪界刷新) 간행.
다나베 하지메, 『참회도(懺悔道)로서의 철학』 간행.
일본국헌법 공포.
1947 파키스탄, 인도로부터 독립.
우이 하쿠주(宇井伯寿), 『불교범론』(佛教汎論) 간행(~1948년).
1948 나카무라 하지메(中村元), 『동양인의 사유방법』(東洋人の思惟方法) 간행(~1949).
1949 중화인민공화국 성립.
1950 한국전쟁 발발.
1951 샌프란시스코강화조약 체결. 일미안전보장조약 체결 .
1952 마루야마 마사오(丸山真男), 『일본 정치 사상사 연구』 간행.
1953 고사와 헤이사쿠(古沢平作), 아사세(阿闍世) 콤플렉스론을 발표.
1960 일미안전보장조약 조인 전, 안보투쟁 발생.
1961 마루야마 마사오, 『일본의 사상』 간행.
1964 마루야마 마사오, 동경대학에서 고대·중세 정치 사상사를 강의(『마루야마 마사오
강의록』 제4책에 수록).
1969 각지의 대학에서 대대적으로 전공투(全共闘) 운동 발생.
1970 이치카와 하쿠겐(市川白弦), 『불교가의 전쟁책임』(仏教者の戦争責任) 간행.
1975 구로다 도시오(黒田俊雄), 『일본 중세의 국가와 종교』(日本中世の国家と宗教)를
저술하여 현밀체제론(顯密體制論) 제시.

참고문헌

가가미시마 겐리유·스즈키 가쿠젠, 『12권본 '정법안장'의 제문제』; 鏡島元隆·鈴木
格禅 編, 『十二巻本 '正法眼蔵' の諸問題』, 大蔵出版, 1991.

가마다 도지, 『신도란 무엇인가』; 鎌田東二, 『神道とは何か』, PHP新書, 2000.

가스가이 신야, 『인도―근경과 원경』; 春日井真也, 『インド―近景と遠景』, 同朋舎出
版, 1981.

가시와하라 유센, 『일본불교사·근대』; 柏原祐泉, 『日本仏教史·近代』, 吉川弘文館,
1990.

가쓰라시마 노부히로, 『사상사의 19세기』; 桂島宣弘, 『思想史の19世紀』, ぺりかん社,
1999.

거자오광, 『거자오광 자선집』; 葛兆光, 『葛兆光自選集』, 廣東師範大學出版社, 1997.

_____, 「『해조음』의 10년」(상); 「『海潮音』の十年」(上), 『思想』 943, 2002.

고가 히데히코, 『선어사전』; 古賀英彦 編著, 入矢義高 監修, 『禅語辞典』, 思文閣出版,
1991.

고바야시 요시노리, 『전쟁론』; 小林よしのり, 『戦争論』, 幻冬舎, 1998.

고사와 헤이사쿠, 『프로이트 선집』 3; 古沢平作, 『フロイド選集』 3, 教文館, 1953.

_____, 「죄악의식의 이중」; 「罪悪意識の二重」, 『精神分析研究』, 1954.

고사카 마사아키 외, 『세계사적 입장과 일본』; 高坂正顕 等, 『世界史的立場と日本』,
中央公論社, 1943.

고지마 마사루·기바 아케시, 『아시아의 개교와 교육』; 小島勝·木場明志 編著, 『アジ
アの開教と教育』, 法蔵館, 1992.

광시성 불교협회, 『사자후 월간』 1기; 廣西省佛教協會, 『獅子吼月刊』 第1期, 1940.

_____, 『사자후 월간』 제2기; 『獅子吼月刊』, 第2期, 1940.

_____, 『사자후 월간』 제3·4기; 『獅子吼月刊』, 第3·4期, 1941.

_____, 『사자후 월간』 제5·6·7기; 『獅子吼月刊』, 第5·6·7期, 1941.

_____, 『사자후 월간』 제8·9·10기; 『獅子吼月刊』, 第8·9·10期, 1941.

_____, 『사자후 월간』 제11·12기; 『獅子吼月刊』, 第11·12期, 1941.

구라타 햐쿠조, 『출가와 그 제자』; 倉田百三, 『出家とその弟子』, 岩波書店, 1917.

구로다 도시오, 『일본 중세의 국가와 종교』; 黒田俊雄, 『日本中世の国家と宗教』, 岩波
書店, 1975.

기리타 기요히데, 「청년 스즈키 데이타로 다이세쓰의 사회관」; 桐田清秀, 「青年鈴木
貞太郎大拙の社会観」, 『禅学研究』 72, 1994.

기바 아케시, 「만주국의 불교」; 木場明志, 「満洲国の仏教」, 『思想』 943, 2002.

기요자와 만시, 『기요자와 만시 전집』 6; 清沢満之, 浩浩洞 編, 『清沢満之全集』 6, 有
光社, 1934.

_____, 『종교철학해골』; 『宗教哲学骸骨』, 第一書房, 1935.

_____, 『기요자와 만시 전집』 6; 『清沢満之全集』 6, 法蔵館, 1953.

_____, 「나의 신념」; 「我信念」, 『清沢満之全集』 6, 法蔵館, 1953.

_____, 「만물일체」; 「萬物一体」, 『清沢満之全集』 6, 法蔵館, 1953.

_____, 「정신주의와 타력」; 「精神主義と他力」, 『清沢満之全集』 6, 法蔵館, 1953.

_____, 「종교적 도덕(속제)와 보통도덕의 교섭」; 「宗教的道徳(俗諦)と普通道徳の交
渉」, 『清沢満之全集』 6, 法蔵館, 1953.

_____, 「종교적 신념의 필수조건」; 「宗教的信念の必須条件」, 『清沢満之全集』 6, 法蔵
館, 1953.

기히라 다다요시, 『과연의 철학』; 紀平正美, 『なるほどの哲学』, 畝傍書房, 1941.

_____, 『과연의 논리학』; 『なるほどの論理学』, 畝傍書房, 1942.

나쓰메 소세키, 『풀베개』(오석윤 옮김, 책세상, 2005); 夏目漱石, 『草枕』(『鶉籠』 수록),
春陽堂, 1907.

_____, 『그후』(윤상인 옮김, 민음사, 2003); 『それから』, 春陽堂, 1910.

_____, 『나의 개인주의』(김정훈 옮김, 책세상, 2004); 『私の個人主義』, 1914.

_____, 『마음』(박유하 옮김, 웅진지식하우스, 2002); 『こころ』, 岩波書店, 1914.

나카노 교토쿠, 『천황제 국가와 식민지 전도』; 中濃教篤, 『天皇制国家と植民地伝道』,
国書刊行会, 1976.

_____, 『전시하의 불교』; 『戦時下の仏教』, 国書刊行会, 1977.

나카무라 하지메, 『동양인의 사유와 방법』; 中村元, 『東洋人の思惟方法』, みすず書房, 1949.

_____, 『나카무라 하지메 선집』; 『中村元選集』, 春秋社, 1969~72.

_____, 『고타마 붓다 석존의 생애』; 『ゴータマ・ブッダ釈尊の生涯』(中村元選集 11), 春秋社, 1969.

_____, 『원시불교의 성립』; 『原始仏教の成立』(中村元選集 12), 春秋社, 1969.

_____, 『원시불교의 생활윤리』; 『原始仏教の生活倫理』(中村元選集 15), 春秋社, 1969.

_____, 『원시불교의 사상』; 『原始仏教の思想』上・下(中村元選集 13~14), 春秋社, 1970~71.

_____, 『불교어대사전』; 『仏教語大辞典』, 東京書籍, 2001.

누카리야 가이텐, 『선학 사상사』; 忽滑谷快天, 『禅学思想史』上・下, 玄黄社, 1923~1925.

니시다 기타로, 『선의 연구』(서석연 옮김, 범우사, 2001); 西田幾多郎, 『善の研究』, 1911.

_____, 「자각에 대하여」; 「自覚について」, 『哲学論文集』第5, 岩波書店, 1944.

_____, 「장소적 논리와 종교적 세계관」; 『哲学論文集』第6, 岩波書店, 1944.

니시아리 긴에이, 『정법안장 계적』상・하; 西有瑾英, 『正法眼蔵啓迪』上・下, 正法眼蔵啓迪頒布会, 1941.

니시타니 게이지, 『선의 입장』; 西谷啓治, 『禅の立場』, 創文社, 1986, 『西谷啓治著作集』11, 創文社, 1987.

닝모궁, 「범태평양청년불교회의 평의」; 寧墨公, 「汎太平洋佛教青年會之評議」, 『海潮音』11券 7期, 1930.

다나베 하지메, 『정법안장의 철학사관』; 田辺元, 『正法眼蔵の哲学私観』, 岩波書店, 1939.

다나카 요시아키, 『선학 연구 입문』; 田中良昭, 『禅学研究入門』, 大東出版社, 1994.

다이라 마사유키, 『신란과 그 시대』; 平雅行, 『親鸞とその時代』, 法蔵館, 2001.

다카사키 지키도, 「최근 10년의 불교학」; 高崎直道, 「最近十年の仏教学」, 『仏教学』36, 1994.

다카야마 조규, 『조규 전집』4; 高山樗牛, 姉崎正治 編, 『樗牛全集』4, 博文館, 1913.

_____, 「니치렌과 그리스도」; 「日蓮と基督」, 『樗牛全集』 4, 博文館, 1913.

_____, 「니치렌 상인과 일본국」; 「日蓮上人と日本国」, 『樗牛全集』 4, 博文館, 1913.

_____, 「니치렌 상인은 어떤 사람인가」; 「日蓮上人とは如何なる人ぞ」, 『樗牛全集』 4, 博文館, 1913.

_____, 「메이지 사상의 변천」; 「明治思想の変遷」, 『樗牛全集』 4, 博文館, 1913.

_____, 『조규 전집』 6; 『樗牛全集』 6, 博文館, 1931.

다카쿠스 준지로 편, 『대정신수대장경』; 高楠順次郎 編, 『大正新脩大蔵経』 1~85, 大正一切経刊行会, 1924~1940.

다카쿠스 준지로, 『아시아 제민족의 중심 사상』; 高楠順次郎, 『アジア諸民族の中心思想』(高楠順次郎全集 1·2), 教育新潮社, 1935~37.

_____, 『다카쿠스 준지로 전집』 1·2; 『高楠順次郎全集』 1·2, 教育新潮社, 1977.

다케우치 요시미, 『일본의 아시아주의』; 竹内好 編, 『日本のアジア主義』, 筑摩書房, 1963.

_____, 『일본과 아시아』(백지운·서광덕 옮김, 소명출판, 2004); 『日本とアジア』, 筑摩書房, 1993.

_____, 「방법으로서의 아시아」; 「方法としてのアジア」, 『日本とアジア』, 筑摩書房, 1993.

_____, 「일본의 아시아주의」; 「日本のアジア主義」, 『日本とアジア』, 筑摩書房, 1993.

도겐, 『정법안장』; 道元, 『正法眼蔵』.

도코로 시게모토, 『근대 일본의 종교와 내셔널리즘』; 戸頃重基, 『近代日本の宗教とナショナリズム』, 富山房, 1966.

도쿄대학백년사편집위원회 편, 『도쿄대학 백년사』 부국사 1; 東京大学百年史編集委員会編, 『東京大学百年史』 部局史 1, 東京大学, 1986.

도쿠토미 로카, 『불여귀』; 徳富蘆花, 『不如帰』, 民友社, 1903.

란지푸, 『20세기의 중일불교』; 藍吉富, 『二十紀的中日佛教』, 新文豊出版公社, 1991.

러관, 『분신집』; 樂觀, 『奮迅集』, 護國禪院, 1947.

러우위례 주편, 『중일 근현대 불교의 교류와 비교 연구』; 樓宇烈 主編, 『中日近現代佛教的交流與比較研究』, 宗教文化社, 2000.

러우위례, 「중국 근대불교학의 진흥자—양원후이」; 樓宇烈, 「中國近代佛教學的振興者 — 楊文會」, 『中日近現代佛教的交流與比較研究』, 宗教文化社, 2000.

_____, 「중일 근현대불교 교류 개술」; 「中日近現代佛教交流概述」, 『中日近現代佛教的交流與比較研究』, 宗教文化社, 2000.

마루야마 마사오, 「충성과 반역」; 丸山真男, 「忠誠と反逆」, 『近代日本思想史講座』6, 1960.

_____, 「일본의 사상」; 「日本の思想」, 『日本の思想』, 岩波新書, 1961.

_____, 『일본의 사상』(김석근 옮김, 한길사, 2003); 『日本の思想』, 岩波新書, 1961.

_____, 『충성과 반역』(김석근 외 옮김, 나남, 1998); 『忠誠と反逆』, 筑摩書房, 1992.

_____, 「역사의식의 '고층'」; 「歴史意識の古層」, 『歴史思想集』, 筑摩書房, 1972, 『忠誠と反逆』, 筑摩書房, 1992.

_____, 『마루야마 마사오집』10; 『丸山真男集』10, 岩波書店, 1996.

_____, 「사상사의 방법을 모색하여」; 「思想史の方法を模索して」, 『丸山真男集』10, 岩波書店, 1996.

_____, 「일본 사상사에 있어서 '고층'의 문제」; 「日本思想史における'古層'の問題」, 『丸山真男集』11, 岩波書店, 1996.

_____, 「원형·고층·집요저음」; 「原型·古層·執拗低音」, 『丸山真男集』12, 岩波書店, 1996.

_____, 「정사의 구조―정치의식의 집요저음」; 「政事の構造―政治意識の執拗低音」, 『丸山真男集』12, 岩波書店, 1996.

_____, 『마루야마 마사오 강의록』4; 『丸山真男講義録』4, 東京大学出版会, 1998.

_____, 『마루야마 마사오 강의록』5; 『丸山真男講義録』5, 東京大学出版会, 1998.

_____, 『마루야마 마사오 강의록』7; 『丸山真男講義録』7, 東京大学出版会, 1998.

_____, 『자기내대화』; 『自己内対話』, みすず書房, 1998.

마쓰모토 겐이치, 『다케우치 요시미의 '일본의 아시아주의'를 정밀하게 읽는다』; 松本健一, 『竹内好'日本のアジア主義'精読』, 岩波書店, 2000.

마쓰모토 산노스케, 『메이지 사상사』; 松本三之介, 『明治思想史』, 新曜社, 1996.

마쓰모토 시로, 「여래장 사상은 불교가 아니다」; 松本史朗, 「如來藏思想は仏教にあらず」, 『印度学仏教学研究』, 1986.

_____, 「하카마야의 '호넨과 묘에' 서평」; 「袴谷'法然と明恵'の書評」, 『駒沢大学仏教学部論集』29, 1998.

_____, 『연기와 공―여래장 사상 비판』; 『縁起と空―如來藏思想批判』, 大蔵出版, 1992.

_____, 『선 사상의 비판적 연구』; 『禅思想の批判的研究』, 大蔵出版, 1994.

_____, 『도겐 사상론』; 『道元思想論』, 大蔵出版, 2000.

_____, 『호넨 신란 사상론』; 『法然親鸞思想論』, 大蔵出版, 2001.

모리 오가이, 「그와 같이」; 森鴎外, 「かのように」, 『中央公論』 1月号, 1912.

몰, M., 『근대 '선 사상'의 형성』; モール, M., 「近代 '禅思想'の形成」, 『思想』 943, 2002.

무라카미 센쇼, 『불교통일론』; 村上専精, 『仏教統一論』, 金港堂, 1901.

무사도학회 편, 『무사도의 진수』; 武士道学会 編, 『武士道の真髄』, 1941.

문부성 편, 『국체의 본의』; 文部省 編, 『国体の本義』, 文部省, 1937.

미야모토 쇼손, 『부동심과 불교』; 宮本正尊, 『不動心と仏教』, 有光社, 1941.

_____, 『근본중과 공』; 『根本中と空』, 第一書房, 1943.

_____, 『중도 사상 및 그 발달』; 『中道思想及びその発達』, 法蔵館, 1944.

_____, 『대승과 소승』; 『大乗と小乗』(仏教学の根本問題 3), 八雲書店, 1944.

_____, 『대승불교의 성립사적 연구』; 『大乗仏教の成立史的研究』, 三省堂出版, 1954.

_____, 『불교의 근본진리』; 『仏教の根本真理』, 三省堂, 1956.

미조구치 유조, 「일중 간의 지의 공동공간을 만들기 위하여」; 溝口雄三, 「日中間に知の空間を創るために」, 『世界』, 2000. 9.

불교동원회, 『동원학보』 제1집; 佛教同願會, 『同願學報』 第1集, 1940.

_____, 『동원 월간』 제2·4권; 『同願月刊』 第2·4券, 1941~42.

빅토리아, 브라이언, 『선과 전쟁』; Victoria, Brian, *Zen at War*, Weatherhill, 1997; エイミ ルイーズ ツジモト 訳, 『禅と戦争』, 光人社, 2001.

사와이 게이치, 『'기호'로서의 유학』; 沢井啓一, 『記号としての儒学』, 光芒社, 2000.

사토 데쓰로, 『대아시아 사상의 활극』; 佐藤哲朗, 『大アジア思想活劇』, オンブック, 2000.

새 역사교과서를 만드는 모임, 『새 역사교과서』; 新しい歴史教科書をつくる会, 『新しい歴史教科書』, 扶桑社, 2001.

샤오핑, 『근대 중국불교의 부흥』; 肖平, 『近代中國佛教的復興―與日本佛教界的交往錄』, 廣東人民出版社, 2003.

선도, 『관경소』; 善導, 『観經疏』.

세키 고사쿠 편, 『이노우에 박사와 그리스도교도』; 関皐作 編, 『井上博士と基督教徒――名「教育と宗教の衝突」顛末及び評論』, 1893.

슝스리, 『신유식론』(김제란 옮김, 소명출판, 2007); 熊十力, 『新唯識論』, 浙江省立圖書館, 1932.

스에키 후미히코, 「나카무라 하지메 박사의 일본 사상 연구」; 末木文美士, 「中村元博士の日本思想研究」, 『アーガマ』 40, 1983.

_____, 「나카무라 하지메의 세계」; 「中村元の世界』, 青土社, 1985.

_____, 「관무량수경」; 「観無量寿経」, 『浄土仏教の思想』 2, 講談社, 1992.

_____, 『일본불교 사상사 논고』; 『日本仏教思想史論考』, 大蔵出版, 1993.

_____, 「종교와 윤리의 틈새―신란에 있어서의 악」; 「宗教と倫理の狭間―親鸞における悪」, 『解体する言葉と世界』, 1998.

_____, 『가마쿠라 불교 형성론』; 『鎌倉仏教形成論』, 法蔵館, 1998.

_____, 「신불습합으로부터 신불보완으로―시마지 모쿠라이의 종교론을 중심으로」; 「神仏習合から神仏補完へ―島地黙雷の宗教論を中心に」, 『福神』 2, 太田出版, 1999.

_____, 「윤리화한 종교―이노우에 데쓰지로」; 「倫理化される宗教―井上哲次郎」, 『福神』 3, 太田出版, 1999.

_____, 「강단불교의 성립―무라카미 센쇼」; 「講壇仏教の成立―村上専精」, 『福神』 4, 太田出版, 2000.

_____, 「순정철학과 불교―이노우에 엔료」; 「純正哲学と仏教―井上圓了」, 『福神』 5, 太田出版, 2000.

_____, 「B. 빅토리아의 『선과 전쟁』이 제기하는 문제」; 「B. ブィクトリア『禅と戦争』の提起する問題」, 『鈴木大拙全集』 新版 第3巻, 岩波書店, 2000.

_____, 「내면에의 침잠―기요자와 만시」; 「内面への沈潜―清沢満之」, 『福神』 6, 太田出版, 2001.

_____, 「'개체'의 자립은 가능한가―다카야마 조규」; 「〈個〉の自立は可能か―高山樗牛」, 『福神』 7, 太田出版, 2001.

_____, 「체험과 사회―스즈키 다이세쓰의 출발」; 「体験と社会―鈴木大拙の出発」, 『福神』 8, 太田出版, 2002.

_____, 『일본불교의 열쇠 34』; 『日本仏教34の鍵』, 春秋社, 2003.

_____, 「신을 본다―쓰나시마 료센」; 「神を見る―綱島梁川」, 『福神』 9, 2004.

_____, 『메이지 사상가론』(근대 일본의 사상·재고 I); 『明治思想家論』(近代日本の思想·再考 I), トランスビュー, 2004.

스에키 후미히코 · 나카지마 다카히로, 『비서구의 시좌』; 末木文美士 · 中島隆博, 『非 · 西欧の視座』, 大明堂, 2001.

스에키 후미히코 · 쓰지무라 시노부, 「일중전쟁과 불교」; 末木文美士 · 辻村志のぶ, 「日中戦争と仏教」, 『思想』 943, 2002.

스완슨, P. and J. 허버드, 『보리수 가지치기』; Swanson, P. and J. Hubbard, *Pruning the Bodhi Tree*, Univ. of Hawaii Press, 1997.

스즈키 다이세쓰 옮김, 『대승신기론』; Trans. Suzuki Daisetsu Teitaro, *Açvagosha's Discourse on the Awakening of Faith in the Mahayana*, Open Court, 1900.

스즈키 다이세쓰, 『신종교론』; 鈴木大拙, 『新宗教論』, 1896.

_____, 『선불교에 대한 소론』 1; *Essays in Zen Buddhism: First Series*, Grove Press, 1927.

_____, 『'능가경' 연구』; *Studies in the Lankavatara Sutra*, 1930.

_____, 『'능가경' 색인』; *An Index to the Lankavatara Sutra*, The Sanskrit Buddhist texts publishing society, 1933.

_____, 『선불교에 대한 소론』 2; *Essays in Zen Buddhism: Second Series*, Samuel Weiser, Inc, 1933.

_____, 『선불교에 대한 소론』 3; *Essays in Zen Buddhism: Third Series*, Samuel Weiser, Inc, 1934.

_____, 『지나불교 인상기』; 『支那仏教印象記』, 森江書店, 1934.

_____, 『선 불교와 일본 문화에서의 그 영향력』; *Zen Buddhism and Its Influence on Japanese Culture*, Eastern Buddhist Society, 1938.

_____, 『선과 일본 문화』; *Zen and Japanese Culture*, Bollingen, 1940.

_____, 『선 사상사 연구』 1; 『禅思想史研究』 1, 岩波書店, 1943.

_____, 『일본적 영성』; 『日本的霊性』, 大東出版社, 1944, 『鈴木大拙全集』 8, 岩波書店, 1999.

_____, 『선 사상사 연구』 2; 『禅思想史研究』 2, 岩波書店, 1951.

_____, 『스즈키 다이세쓰 전집』 23; 『鈴木大拙全集』 23, 岩波書店, 1982.

_____, 『스즈키 다이세쓰 전집』 9; 『鈴木大拙全集』 9, 岩波書店, 2000.

_____, 『선계쇄신』; 『禅界刷新』(鈴木大拙全集 28), 岩波書店, 2002.

스즈키 다이세쓰 · 에리히 프롬, 『선과 정신분석』; 鈴木大拙 · フロム, 『禪と精神分析』 (*Zen Buddhism and Psychoanalysis*), 東京創元社, 1960.

스톤, 재클린, 『본각과 중세 일본불교의 변화』; Stone, Jacqueline, *Originary Enlightenment and the Transformation of Medieval Japanese Buddhism*, Univ. of Hawaii Press, 1999.

시가 나오야, 『암야행로』; 志賀直哉, 『暗夜行路』(1922~1937), 岩波書店, 2004.

시마지 모쿠라이, 『시마지 모쿠라이 전집』 1; 二葉憲香, 福嶋寬隆 編, 『島地黙雷全集』 1, 本願寺出版協会, 1973~78.

_____, 「건언」; 「建言」, 『島地黙雷全集』 1, 本願寺出版協会, 1973~78.

_____, 「대교원분리건백서」; 「大教院分離建白書」, 『島地黙雷全集』 1, 本願寺出版協会, 1973~78.

_____, 「삼조교칙비판건백서」; 「三條教則批判建白書」, 『島地黙雷全集』 1, 本願寺出版協会, 1973~78.

_____, 「삼조변의」; 「三條弁疑」, 『島地黙雷全集』 1, 本願寺出版協会, 1973~78.

시모다 마사히로, 「생활세계의 복권」; 下田正弘, 「生活世界の復権」, 『宗教研究』 333, 2002.

_____, 「미래를 비추는 불교」; 「未來に照らされる仏教」, 『思想』 943, 2002.

신란, 『교행신증』; 親鸞, 『教行信証』.

쓰나시마 료센, 「나의 견신의 실험」; 綱島梁川, 「予が見神の実験」, 『梁川全集』 5, 大空社, 1995.

_____, 「나는 견신의 실험을 통해 무엇을 배웠는가」; 「予は見神の実験により何を学びたる乎」, 『梁川全集』 5, 大空社, 1995.

쓰다 신이치, 「'반야경' 부터 '화엄경' 까지」; 津田真一, 「『般若経』から『華厳経』へ」, 『成田山仏教研究所紀要』 11, 1988.

아라키 겐고, 『불교와 유교』(심경호 옮김, 예문서원, 2000); 荒木見悟, 『仏教と儒教』, 平樂寺書店, 1963.

아카마쓰 도시히데, 『신란』; 赤松俊秀, 『親鸞』, 吉川弘文館, 1961.

아키야마 한지, 『도겐 연구』; 秋山範二, 『道元の研究』, 岩波書店, 1935.

야나기다 세이잔, 『초기선종사서의 연구』; 柳田聖山, 『初期禪宗史書の研究』, 法藏館, 1967.

_____, 『조당집 색인』 상·중·하; 柳田聖山, 『祖堂集索引』 上·中·下, 京都大学人文科学研究所, 1980.

야나기다 세이잔·이리야 요시타카, 『선의 어록』; 柳田聖山·入矢義高, 『禅の語録』, 筑

摩書房版, 1968~1976.

야마모토 히로코, 『중세신화』; 山本ひろ子, 『中世神話』, 岩波新書, 1998.

야마오리 데쓰오, 「'진수의 숲'은 울고 있다」; 山折哲雄, 「'鎭守の森'は泣いている」, 『中央公論』, 2000. 7.

_____, 『악과 왕생―신란을 배신하는 '탄이초'』; 『惡と往生―親鸞を裏切る '歎異抄'』, 中公新書, 2000.

야스다 쓰네오, 사토 요시마루 편, 『사상사의 발상과 방법』; 安田常雄, 佐藤能丸 編, 『思想史の発想と方法』(展望日本歷史 24), 東京堂出版, 2000.

야오웨이춘, 「일본 인도학불교학 연구의 중국에 대한 영향」; 姚衛群, 「日本の敦煌仏教文献の研究」, 『中日近現代佛教的交流與比較研究』, 宗教文化社, 2000.

양쩡원 주편, 『일본 근현대 불교사』; 楊曾文 主編, 『日本近現代佛教史』, 浙江人民出版社, 1996.

오구루스 고초, 『진종교지』; 小栗栖香頂, 『眞宗教旨』, 1876.

오카모토 유키치, 『근대 일본의 아시아관』; 岡本幸治, 『近代日本のアジア観』, ミネルヴァ書房, 1998.

오카와 슈메이, 『인도 국민운동의 현상 및 그 유래』; 大川周明, 『印度に於ける国民的運動の現狀及び其の由來』, 1916.

_____, 『부흥 아시아의 제문제』; 『復興亜細亜の諸問題』, 大鐙閣, 1922, 『大川周明全集』 2, 大川周明全集刊行会, 1962.

_____, 『영미 동아 침략사』; 『米英東亜侵略史』, 第一書房, 1942.

_____, 『대동아 질서 건설』; 『大東亜秩序建設』, 第一書房, 1943, 『大川周明全集』 2, 大川周明全集刊行会, 1962.

_____, 『아세아·유럽·일본』; 『亜細亜·欧羅巴·日本』(大川周明全集 2), 大川周明全集刊行会, 1962.

_____, 『신동양 정신』; 『新東洋精神』(大川周明全集 2), 大川周明全集刊行会, 1962.

_____, 「인도 국민운동의 유래」; 「印度国民運動の由來」, 『大川周明全集』 2, 大川周明全集刊行会, 1962.

오카쿠라 덴신, 『동양의 이상』; 岡倉天心, 『東洋の理想』, 創元社, 1939.

_____, 『동양의 각성』; 『東洋の覚醒』, 明玄書房, 1965.

오코노기 게이고, 『일본인의 아사세 콤플렉스』; 小此木啓吾, 『日本人の阿闍世コンプレックス』, 中央公論社, 1982.

_____, 『아사세 콤플렉스』; 小此木啓吾·北山修 編, 『阿闍世コンプレックス』, 創元社, 2001.

오타니 에이치, 「일련주의·천황·아시아 ―이시하라 간지에 있어 세계통일의 비전」; 大谷栄一, 「日蓮主義·天皇·アジア―石原莞爾における世界統一のビィジョン」, 『思想』 943, 2002.

와쓰지 데쓰로, 『우상재흥』; 和辻哲郎, 『偶像再興』, 岩波書店, 1918.

_____, 『고사순례』; 『古寺巡礼』, 岩波書店, 1919.

_____, 『니체 연구』; 『ニイチェ研究』, 内田老鶴圃, 1919.

_____, 『일본 고대 문화』; 『日本古代文化』, 岩波書店, 1920.

_____, 「사문 도겐」; 「沙門道元」, 『日本精神史研究』, 岩波書店, 1926.

_____, 『원시그리스도교의 문화사적 의의』; 『原始キリスト教の文化史的意義』, 岩波書店, 1926.

_____, 『원시불교의 실천철학』; 『原始仏教の実践哲学』, 岩波書店, 1927.

_____, 「근본자료를 다루는 방법에 대하여」; 「根本資料の取り扱いについて」, 『原始仏教の実践哲学』, 岩波書店, 1927.

_____, 「불교에서 '법'의 개념과 공의 변증법」; 「仏教における '法' の概念と空の辨証法」, 1931.

_____, 『인간의 학으로서의 윤리학』; 『人間の学としての倫理学』, 岩波書店, 1934.

_____, 『풍토―인간학의 고찰』; 『風土―人間学的考察』, 岩波書店, 1935.

_____, 『인격과 인류성』; 『人格と人類性』, 岩波書店, 1938.

_____, 『호메로스 비판』; 『ホメーロス批判』, 要書房, 1946.

_____, 「일본에 있어서 불교 사상의 이식」; 「日本における仏教思想の移植」, 『続日本精神史研究』, 岩波書店, 1935.

_____, 「일본의 문예와 불교 사상」; 「日本の文芸と仏教思想」, 『続日本精神史研究』, 岩波書店, 1935.

_____, 『윤리학』 상; 『倫理学』 上, 岩波書店, 1937.

_____, 「보편적 도덕과 국민적 도덕」; 「普遍的道徳と国民的道徳」, 『思想』 179, 1937.

_____, 『공자』; 『孔子』, 岩波書店, 1938.

_____, 『윤리학』 중; 『倫理学』 中, 岩波書店, 1942.

_____, 『쇠렌 키르케고르』; 『ゼエレン·キェルケゴオル』, 筑摩書房, 1947.

_____, 『폴리스적 인간의 윤리학』; 『ポリス的人間の倫理学』, 白日書院, 1948.

_____, 『윤리학』 하; 『倫理学』 下, 岩波書店, 1949.

_____, 『이탈리아 고사순례』; 『イタリア古寺巡礼』, 要書房, 1950.

_____, 『불교윤리 사상사』; 『仏教倫理思想史』, 岩波書店, 1963.

_____, 『와쓰지 데쓰로 전집』 5; 『和辻哲郎全集』 5, 岩波書店, 1989.

_____, 『와쓰지 데쓰로 전집』 6; 『和辻哲郎全集』 6, 岩波書店, 1989.

_____, 『와쓰지 데쓰로 전집』 9; 『和辻哲郎全集』 9, 岩波書店, 1990.

_____, 『와쓰지 데쓰로 전집』 17; 『和辻哲郎全集』 17, 岩波書店, 1990.

요시다 규이치, 『근현대불교의 역사』; 吉田久一, 『近現代仏教の歴史』, 筑摩書房, 1998.

우이 하쿠주, 『불교범론』; 宇井伯寿, 『仏教汎論』, 岩波書店, 1947~48.

웨이창하이, 「일본 근현대불교 신종파 연구」; 魏常海, 「日本近現代佛教新宗派研究」, 『中日近現代佛教的交流與比較研究』, 宗教文化社, 2000.

유이엔, 『탄이초』; 唯円, 『歎異抄』.

이노우에 데쓰지로, 『칙어연의』; 井上哲次郎, 『勅語衍義』, 敬業社/哲眼社, 1891.

_____, 「교육과 종교의 충돌」; 「教育と宗教の衝突」, 敬業社, 1893.

_____, 『윤리와 종교의 관계』; 『倫理と宗教との関係』, 富山房, 1902.

이노우에 엔료, 『불교활론』; 井上圓了, 『仏教活論』, 哲学書院, 1887.

이리야 요시타카, 『구도와 열락―중국의 선과 시』; 入矢義高, 『求道と悦樂―中国の禅と詩』, 岩波書店, 1983.

_____, 『마조의 어록』; 『馬祖の語録』, 禅文化研究所, 1984.

_____, 『자기와 초월』; 『自己と超越』, 岩波書店, 1986.

_____, 『공화집』; 『空花集』, 思文閣出版, 1992.

이리야 요시타카 역·주, 『임제록』; 入矢義高 訳·注, 『臨済録』, 岩波書店, 1989.

이마무라 히토시, 「기요자와 만시와 종교철학의 도」; 今村仁司, 「清沢満之と宗教哲学への道」, 『思想』 943, 2002.

_____, 『기요자와 만시의 사상』; 『清沢満之の思想』, 人文書院, 2003.

_____, 『기요자와 만시의 철학』; 『清沢満之と哲学』, 岩波書店, 2004.

이마키타 고센, 『선해일란』; 今北洪川, 『禅海一瀾』, 1862.

이시이 고세이, 「대동아공영권에 이른 화엄철학―가메야 세이케이의 『화엄경』 선양」; 石井公成, 「大東亜共栄圏に至る華厳哲学―亀谷聖馨の『華厳経』宣揚」, 『思想』 943, 2002.

이시이 세이지, 「포스트 근대주의자, 히사마쓰 신이치」; 石井誠士, 「ポストモダニス
　　ト一久松真一」, 『日本近代思想を学ぶ人のために』, 世界思想社, 1997.

이시이 슈도, 『송대 선종사의 연구』; 石井修道, 『宋代禅宗史の研究』, 大東出版社,
　　1987.

＿＿＿, 『도겐 선의 성립사적 연구』; 『道元禅の成立史的研究』, 大蔵出判, 1991.

이에나가 사부로, 『일본 사상사에 있어서 부정 논리의 발달』; 家永三郎, 『日本思想史
　　に於ける否定の論理の発達』, 弘文堂, 1940.

이치카와 하쿠겐, 『불교자의 전쟁책임』; 市川白弦, 『仏教者の戦争責任』, 春秋社,
　　1970.

＿＿＿, 『일본 파시즘하의 종교』; 『日本ファシズム下の宗教』, エスエス出版会, 1975.

이토 다카토시, 『중국불교의 비판적 연구』; 伊藤隆寿, 『中国仏教の批判的研究』, 大蔵
　　出版, 1992.

일화불교회, 『신종』 창간호; 日華仏教会, 『晨鐘』 創刊号, 1939.

자피, R., 「석존을 찾아서一근대 일본불교의 탄생과 세계여행」; ジャフィ, R., 「釈尊
　　を探して一近代日本仏教の誕生と世界旅行」, 『思想』 943, 2002.

장찬텅, 「일본 점령기 '일화친선'을 위한 일본·중국·대만 삼국 국제 신불교 사상 교
　　류」; 江燦騰, 「日據時期「日華親善」架構下的日中臺三角國際新佛敎思想交流」, 『思與
　　言』 38-2, 2000.

중국불교계간사, 『중국불교 계간』; 中國佛敎季刊社, 『中國佛敎季刊』, 第1券 1·2期,
　　1943.

지엔, 『우관초』; 慈円, 『愚管抄』, 1220.

진쉰, 「무상과 일본인의 미의식」; 金勳, 「無常と日本人の美意識」, 『中日近現代佛敎的
　　交流與比較研究』, 宗敎文化社, 2000.

천린룽, 『일본 점령기 신도통제하의 대만종교 정책』; 陳玲蓉, 『日據時期神道統制下的
　　臺灣宗敎政策』, 自立晩報社文化出版社, 1992.

천사오펑, 「일본 근대불교 윤리관의 전환一겸하여 근대 일중 윤리 사상 비교 연구」;
　　陳少峰, 「日本近代仏教倫理観の転換一兼ねて近代日中倫理思想比較研究の観點か
　　らみる」, 『中日近現代佛敎的交流與比較研究』, 宗敎文化社, 2000.

천지둥, 「근대불교의 새벽一청말·명치불교의 교류」; 陳繼東, 「近代仏教の夜明け一
　　清末·明治仏教の交流」, 『思想』 943, 2002.

＿＿＿, 『청말불교의 연구一양원후이를 중심으로』; 陣繼東, 『清末仏教の研究一楊文

会を中心として』, 山喜房仏書林, 2003.

타이쉬, 『타이쉬 대사 전서』; 太虛, 『太虛大師全書』, 佛教流通處, 1948~56.

팡구앙창, 「일본의 돈황불교문헌의 연구」; 方廣錩, 「日本の敦煌仏教文献の研究」, 『中日近現代佛教的交流與比較研究』, 宗教文化社, 2000.

포르, 베르나르, 『직접성의 수사학』; Faure, Bernard, *The Rhetoric of Immediacy*, Princeton University Press, 1994.

_____, 『선, 통찰과 간과』; *Chan Insight and Oversight*, Princeton University Press, 1996.

푀르트너, P. and J. 하이제, 『일본철학』; Pörtner, Peter and Jens Heise, *Die Philosophie Japans*, Kröner, 1995.

하비토, 루벤, 『본각』; Habito, Ruben, *Originary Enlightenment*, Tokyo, 1996.

하세가와 신, 『눈꺼풀의 엄마』; 長谷川伸, 『瞼の母』, 新小説社, 1936.

하야시 마코토, 「근대 일본의 불교학과 종교학」; 林淳, 「近代日本における仏教学と宗教学」, 『宗教研究』 333, 2002.

하이지크, J. W. and J. C. 마랄도, 『쓰라린 현실에 눈뜸』; Heisig, J. W. and J. C. Maraldo, *Rude Awakening*, University of Hawaii Press, 1994.

하이지크, J. W., 『무의 철학자: 교토학파에 대한 소론』; Heisig, J. W., *Philsophers of Nothingness: An Essay on the Kyoto School*, University of Hawaii Press, 2001.

하자마 지코, 『일본불교의 전개와 기조』; 硲慈弘, 『日本仏教の展開とその基調』, 三省堂, 1948.

하카마야 노리아키, 「차별 사상을 낳은 사상적 배경에 관한 사견」; 袴谷憲昭, 「差別事象を生み出した思想的背景に関する私見」, 1985.

_____, 『본각 사상 비판』; 『本覚思想批判』, 大蔵出版, 1989.

_____, 『비판불교』; 『批判仏教』, 大蔵出版, 1990.

_____, 『도겐과 불교』; 『道元と仏教』, 大蔵出版, 1992.

_____, 『호넨과 묘에』; 『法然と明恵』, 大蔵出版, 1998.

허진숭, 「근대 동아시아불교—일본 군국주의 침략전쟁을 단서로 하여」; 何勁松, 『近代東亞佛教—以日本軍國主義侵略戰爭爲線索』, 社會科學文獻出版社, 2002.

호넨, 『선택본원염불집』; 法然, 『選択本願念仏集』, 1198.

후루타 다케히코, 『신란 사상』; 古田武彦, 『親鸞思想』, 富山房, 1975.

후바타 겐코, 『고대불교 사상사연구』; 二葉憲香, 『古代仏教思想史研究』, 永田文昌堂, 1962.

후지타 마사카쓰 편, 『일본 근대 사상을 배우는 사람을 위하여』; 藤田正勝 編, 『日本近代思想を学ぶ人のために』, 世界思想社, 1997.

_____, 『교토학파의 철학』; 『京都学派の哲学』, 昭和堂, 2001.

_____, 『동아시아와 철학』; 『東アジアと哲学』, ナカニシヤ出版, 2003.

후쿠자와 유키치, 『문명론의 개략』; 福沢諭吉, 『文明論之概略』, 岩波書店, 1931.

히사마쓰 신이치, 「학구생활의 기억」; 久松真一, 「学究生活の思い出」, 1955, 『久松真一著作集』 1, 理想社, 1969.

『관무량수경』(觀無量壽經).

『열반경』(涅槃經).

『조명보살경』(照明菩薩經).

원문 출처

제1부 근대 사상과 불교

제1장 일본의 근대는 왜 불교를 필요로 했는가
「日本の近代はなぜ仏教を必要としたか」, 『日本の仏教』第2期 1, 法藏館, 1998. 8.

제2장 안으로의 침잠은 타자에게 향할 수 있는가
「内への沈潛は他者へ向かいうるか―明治後期仏教思想の提起する問題」, 『思想』943, 岩波書店, 2002. 11. 이 글은 2002년 5월 브리티시컬럼비아대학(캐나다)에서 열린 국제 심포지엄 '불교와 평화'(Buddhism and Peace)에서 "Is Japanese Buddhism Deficient of Morality?: Focusing on the Modern Buddhist Ideas on Politics"라는 제목으로 발표했다.

제3장 교토학파와 불교
「京都学派と仏教」, 『日本仏教34の鍵』, 春秋社, 2003.

제4장 아사세 콤플렉스론을 둘러싸고
「阿闍世コンプレックスと日本人」, 『生死観と仏教』(現代日本と仏教 I), 平凡社, 2000. 본래 「아사세 콤플렉스론을 둘러싸고」라는 제목으로 『비교 사상 연구』 12(1985)에 발표한 것을 『현대 일본과 불교』에 수록할 때 가필·수정하였다.

제2부 해석의 지평

제1장 와쓰지 데쓰로의 원시불교론
「和辻哲郎の原始仏教論」, 『日本仏教文化論叢』上(北畠典生博士古稀記念論文集), 永田文昌堂, 1998. 1997년 9월 독일의 혜광일본문화연구센타(뒤셀도르프 소재)에서 행해진 '인과'(因果)에 관한 심포지엄에서 영어로 발표한 내용을 고쳐 썼다. 독일어역은 Watsuji Tetsurōs Interpretation des Frühbuddhismus, trans. Übersetzt von Claudia Romberg, *Hōrin* 7, 2000.

제2장 마루야마 마사오의 불교론
「「原型＝古層」から世界宗教へ―『丸山真男講義録』第4冊を読む」, 『思想史家丸山真男論』, ぺリカン社, 2002. 1999년 동경여자대학에서 개최된 일본 사상사학회의 심포지엄 '마루야마 사상사학의 지평'에서 「마루야마 중세 사상사를 둘러싸고」라는 제목으로 발표하였고, 그 원고는 『일본 사상사학』 32호(2000년 9월)에 게재되었다. 이후 『사상사가 마루야마 마사오론』을 출간할 때 전면적으로 개정하였다.

제3장 『탄이초』의 현대
「唯円はユダか?―山折哲雄『悪と往生』に寄せて」, 『思想』929, 岩波書店, 2001.

제3부 불교 연구에 대한 비판적 시점

제1장 불교사를 넘어서
「結語—仏教史を超えて」, 『日本の仏教』 第2期 2, 法藏館, 2000. 11.

제2장 비판불교가 제기하는 문제
「コラム 批判仏教」, 『日本の仏教』 第2期 2, 法藏館, 2000. 11.

제3장 일본에서 선학의 전개와 전망
「日本における禅学の展開と展望」, 『中国—社会と文化』 17, 中国社会文化学会, 2002. 본문 서두에 서술했듯이 본래 2001년 8월 중국인민대학 및 중국사회과학원 세계종교연구소에서 강연한 것이다.

제4장 아카데미즘 불교학의 전개와 문제점
「日本における近代仏教学の展開と問題点—東京(帝国)大学の場合を中心に」, 『古典学の再構築』, 総括班, 2003.

제4부 아시아와의 관련

제1장 근대불교와 아시아
「近代仏教とアジア—最近の研究動向から」, 『日本思想史学』 35, 日本思想史学会, 2003.

제2장 일중비교로 본 근대불교
「日中比較よりみた近代仏教」, 『現代思想・文学と仏教—仏教を超えて』(現代日本と仏教 III), 平凡社, 2000. 이 글에 근거하여 2003년 10월 북경에서 열린 제10회 일중불교학술회의에서 「근대불교를 어떻게 볼 것인가」라는 논문을 발표하였다. 그 원고는 『중외일보』 2003년 12월 13일호에 게재되었다.

제3장 일본 침략하의 중국불교
1절 일본 침략하의 중국불교 : 「日本侵略下の中国仏教」, 『季刊仏教』 49, 法藏館, 2000.
2절 타이쉬의 항일활동과 그 사상 : 「太虚の抗日活動とその思想」, 『仏教の修行法』(阿部慈園博士追悼論集), 春秋社, 2003.
3절 항일불교의 전개 : 「日中戦争と仏教」, 『思想』 943, 岩波書店, 2002. 11. 이 글은 2002년 11월 토론토에서 열린 아메리카 종교학회대회에서 "Japanese Buddhism from the Viewpoint of Modern Chinese Buddhism"이란 제목으로 발표되었다. 또한 「타이쉬의 항일활동과 그 사상」과 함께 2004년 2월에 듀크대학에서 개최된 회의에서, "Anti-Japan War and Chinese Buddhism"이란 제목으로 발표하였다.

제4장 오카와 슈메이와 일본의 아시아주의
「'連帯'か'侵略'か—大川周明と日本のアジア主義」, 『非・西欧の視座』(宝積比較宗教・文化叢書 8), 大明堂, 2001. 11.

옮긴이 후기

지난 3월 이 책의 번역을 마쳤을 때 크게 안도의 한숨을 내쉬었던 순간이 떠오른다. 그간 들였던 시간과 노고가 마침내 끝을 본다는 편안의 마음도 있었지만, 반드시 해내야 한다는 책임감에서 해방되었다는 마음이 앞섰다. 그러한 마음들이 앞섰던 것처럼 이 책의 번역에 임했던 열정과 관심은 실제 다른 어떤 일에 뒤지지 않았다고 생각한다. 그것은 이 책이 갖는 시사적인 성격과 역사적인 성격이 적어도 우리 한국에는 반드시 알려지고 이해되기를 바랐기 때문일지도 모른다.

한국과 일본은 실제 매우 가까운 이웃임은 말할 것도 없지만, 조선 후기 이래, 특히 근현대 이후 한일 양국의 관계는 매우 복잡한 갈등의 역사로 점철되어 왔다. 이러한 갈등과 반목의 직접적인 원인 중의 하나는 근대 시기 일본의 식민지 지배와 관련된 굴절된 한일 간의 역사에 기인하는 것은 말할 것도 없다. 메이지 유신으로 새로운 사회 개혁에 성공한 근대 일본은 서구의 문물을 받아들여 부국강병에 힘쓴 것은 물론이지만, 서양의 제국주의를 본받아 한국을 강점하고 나아가 중국을 침략·유린하는 등 폭거를 서슴지 않았다. 전통적인 중국 중심의 동아시아 정치 문화의 질서가 근대에 이르러 철저하게 와해됨은 물론 근대 일본제국주의에 의거한 새로운 정치사회질서가 동아시아에 전개된 것이다.

이러한 근대 일본제국주의에 의해 전개된 정치·사회윤리 속에 불교는 어떠한 위치를 차지하고 있는 것인가? 불교는 이미 삼국 시대 일본에 전래된 이래 일본사회의 중요한 정신 문화의 역할을 담당하였고, 특히 에도 시대에는 불교에 의거해 사회윤리가 형성될 정도로 기층의 정신 문화를 담당하였다. 그와 같이 뿌리 깊고 중요한 문화를 가진 불교가 근대 일본에서 담당한 역할은 무엇이었는가? 근대 일본의 제국주의가 동아시아를 침략·유린하는 과정에 불교는 어떠한 역할을 담당했는가? 또 근대 일본에서 소위 불교학은 어떤 연유로 생겨나게 되었고, 그 불교학은 기존의 역사적 전통을 갖는 종단의 교리 또는 교학과 어떠한 상관관계를 보였는가? 이러한 문제들은 역자가 오랫동안 가지고 있었던 의문점이었고, 그러한 의문점을 해결하고자 하는 과정에서 만난 것이 이 책, 『근대 일본과 불교』였다.

역자의 본래 전공은 인도대승불교 후기 중관 사상으로, 벌써 20년 전이지만 젊은 날 일본에서 공부한 적이 있었다. 물론 일본에 있었던 당시 직접적으로 일본불교에 대해 공부할 수 있는 기회를 갖지는 못했지만, 일본불교학의 형성이나 근대 일본불교는 늘 관심의 대상이었다. 그러한 관심의 일단으로 귀국 후 「근대 일본불교학의 공과功過」(『인도철학』, 1995)를 번역한 적이 있고, 최근에는 「일본 메이지 시기 불교의 전개와 근대불교학의 성립」(『최병헌 선생 정년퇴임기념논문집』 수록 예정)을 번역했다. 이러한 관심은 일본불교학을 통해 우리가 무엇을 배우고, 어떻게 사회에 회향시켜야 하는가에 대한 역자 나름의 고민을 드러낸 것이지만, 또한 우리가 일본으로부터 배우는 것뿐만 아니라 일본불교학의 문제점은 무엇인지를 나름대로 파악해 보고자 하는 시도이기도 하였다. 이런 역자 나름대로의 노력과 시도가 쉽게 그 성과를 맺기에는 아직 우리 학계에 자료나 정보가 많이 부족하다고 생각되지만, 스에키 선생의 이 책은 역자의 그간의 관심과 의문의 해결에 많은 도움을 주었음은 물론, 이 책이 우리 학계를 포함해 우리 사회에 유익한 정보를 제공해 주리라 생각하였기에 번역에 임하였다.

사실 스에키 선생의 본서를 접하게 된 것은 2007년 초로 거슬러 올라간다. 2006년 가을 부산에 근거를 둔 동아시아불교문화학회가 주최한 추계 국제학술대회(발표주제: 동아시아 근대와 불교)에서 역자는 당시 일본 근대와 불교를 발표한 스에키 선생의 통역을 맡았다. 통역을 통해 큰 인연을 맺은 것만 해도 행운이었지만, 그후 선생께서 보내주신 이 책은 정말 그간 가슴속에 담겨 있던 많은 의문점을 해소시키는 중요한 계기를 만들어 주었다. 책을 읽고 느낀 감동 끝에 선생께 연락을 드려 번역을 하고 싶다는 말을 전한 것이 2007년 초이니, 지금으로부터 3년 전의 일이다. 하지만 당시 역자가 중심이 되어 이미 마쓰모토 시로松本史朗의 『티베트 불교철학』의 번역을 진행하고 있어 번역을 끝내기까지 오랜 시간이 걸렸던 것에 대해서는 스에키 선생께도 양해를 구하였다. 그리고 번역에 임하여 역자 혼자서는 도저히 감당이 되지 않던 차, 이제는 막역지우莫逆之友로서 역자를 이해해 주는 부산대학교 권서용 선생이 절대적인 도움을 주었다. 권서용 선생과의 공동작업이 아니었다면 책의 출간은 더욱 요원하였을 것이다. 그간의 배려와 격려에 다시 한번 고마움을 표하며, 앞으로도 많은 일 함께하길 바라는 마음이다. 그리고 이 책의 출간을 흔쾌히 결정해 준 그린비 출판사에 감사를 올린다. 번역을 마쳤는데 딱히 출판사를 구하지 못하고 있었을 때의 난감함이란! 생각하고 싶지 않은 순간이다. 그러기에 출간 결정의 연락을 받았을 때의 기쁨이란! 다시 한번 그린비에 감사를 드린다.

　끝으로 후기를 마무리하면서 느끼는 한두 가지를 기록하고 싶다. 『근대 일본과 불교』의 번역을 마치며 느껴졌던 생각 중의 하나는 불교와 불교학의 위상에 대한 것이었다. 살아 있는 종교 문화로서 불교에 대해 학문적인 접근에 의거한 불교학은 어디까지 그 설명을 할 수 있을까. 다시 말해 불교학이란 객관적인 방식으로 살아 있는 불교의 개별적이고 주관적인 문화를 설명할 수 있을까. 분명 할 수 있다고 생각되지만, 그것의 접점과 차이는 당연히 있을 것이다. 그리고 같은 불교라고 하더라도 시대적인 차이를 어떻게 이해하여야 할까라는 문제이다. '근대 일본'처럼 근대라는 말이 붙어 있으면 오늘날 현대라는 시점에서는 어떻게 이해하여야 할까. 분명 비판되어야 할 점과 이해할 수 있는 점이 있겠지만, 그 비판과 이해는 어디에 의거해야 할까. 또 '근대 일본'이란 전제가 있다면 '근대 한국'의 입장, '현대 한국'의 입장에서 어떻게 이해하고 받아들여야 할까. 실로 번역을 마치고 출간에 임한 시점에서 보다 새롭게, 또 더욱 크게 다가오는 문제들이다. 번역을 통해 많은 것을 배우고 알 수 있었던 것 이상으로 또한 새롭게 해결·해소시켜야 할 과제도 커 보이는 시점이다.

2009년 8월 23일
옮긴이를 대표하여 이태승 씀

찾아보기